HISTORIA, CIENCIA, SOCIEDAD

144

ÁGNES HELLER

SOCIOLOGÍA DE LA VIDA COTIDIANA

PREFACIO DE GYÖRGY LUKÁCS

TRADUCCIÓN DE J. F. YVARS Y E. PÉREZ NADAL

Ediciones Península

Barcelona

Diseño de la cubierta: Llorenç Marquès.

Primera edición: diciembre de 1977.
Quinta edición: noviembre de 1998.
© de esta edición: Ediciones Península sa.,
Peu de la Creu 4, 08001-Barcelona.
E-MAIL: correu@grup62.com
INTERNET: http://www.peninsulaedi.com

Impreso en Romanyà/Valls s.a., Plaça Verdaguer 1, Capellades.
DEPÓSITO LEGAL: B. 46.006-1998.
ISBN: 84-8307-170-3.

Prólogo a la edición castellana

El libro que se presenta ahora a los lectores españoles fue realizado hace diez años. Durante este tiempo he seguido pensando y trabajando sobre algunas cuestiones contenidas en él —sobre todo, en lo concerniente a la teoría de los sentimientos y de las necesidades. Sin embargo, en estos nuevos trabajos no se contiene nada que contradiga el contenido de la presente *Sociología de la vida cotidiana*; a lo sumo se completa su discurso extendiéndolo en otras direcciones. Por ello, no vi ninguna razón para modificar el texto original.

Fueron múltiples los impulsos que en su momento me llevaron a elegir precisamente lo cotidiano como tema filosófico. Entre los impulsos positivos quisiera citar en primer lugar las dos obras estéticas de György Lukács. Tanto su obra temprana —la *Estética de Heidelberg*— como la posterior —*La peculiaridad de lo estético*— se vinculan al pensamiento cotidiano; éste representa para Lukács la fuente primitiva del pensamiento —es decir, del comportamiento— estético y científico. Ambos brotan del pensamiento cotidiano para diferenciarse y regresar luego, en el proceso de la recepción, al lugar de donde salieron. Un impulso intelectual igualmente positivo fue para mí la categoría husserliana de *Lebenswelt* y el escepticismo con que el padre de la fenomenología consideró el despegue del lenguaje de la ciencia moderna con respecto a la «actitud natural».

Entre los impulsos negativos no puedo menos de citar igualmente dos: Heidegger y Hegel. No podía ser de otro modo: la teoría de la vida cotidiana *debía* formularse mediante una discusión directa e indirecta con ellos, si bien partiendo respectivamente de una motivación distinta. Hegel se convirtió en la figura decisiva, porque en él la vida cotidiana queda *por principio* fuera de la filosofía. En consecuencia, el objeto de la filosofía es la alienación y el posterior retorno del espíritu universal a la historia universal. Pero en este retorno, el hombre particular y su vida no cuentan absolutamente para nada. El hombre particular sólo cuenta, únicamente puede ser tema filosófico en Hegel en la medida en que es portador del espíritu universal y, con ello, una personalidad histórico-universal. A lo sumo, la vida de los hombres adquiere significación en la medida en que realizan contra su voluntad el espíritu universal: «El derecho del espíritu universal está sobre todos los derechos particulares.» Por ello escribía Kierkegaard que la libertad individual no podía ser objeto de la filosofía de la historia. Se trataba por tanto de elaborar una concepción teórica en la cual *la vida del «todo» y la racional, plena de sentido, de cada hombre individual fuesen simultáneamente y, a su vez, pensables cuando menos.*

En el caso de Heidegger el planteamiento de la polémica fue distinto. En *Ser y Tiempo* colocó, más que ningún otro, la vida cotidiana y su análisis en el centro de la filosofía. Pero Heidegger describe la vida cotidiana como una vida *enajenada por principio*: en efecto, el punto nodal de su teoría es precisamente el estar arrojados a esta vida alienada. Sólo habría una salida para el individuo y sólo en un sentido negativo: a saber, la elección del ser para la muerte como ser auténtico. Esto significaba por tanto que debía elaborarse una concepción que, como teoría de la vida cotidiana, no negase su afinidad con la enajenación y, sin embargo, afirmase al mismo tiempo que *junto a la estructura intranscendible de la vida cotidiana y a pesar de ella una vida cotidiana no alienada es también al menos concebible.*

Esta tarea y esta problemática estaba, naturalmente, ampliamente entrelazada con una determinación de la idea del socialismo.

Yo sentía como insuficiente la formulación de la idea del socialismo con ayuda de términos puramente estructurales, bien fueran políticos o económicos, y aún hoy la entiendo así. Por detrás de semejantes interpretaciones creo descubrir siempre el fantasma de la filosofía hegeliana de la historia; con ello se pierde la promesa de una forma de vida digna del hombre. La visión de Karl Marx —ciertamente utópica— entraña la supresión de la enajenación, la apropiación de la riqueza social —de la totalidad de la cultura— por parte de *cada individuo particular.* En el espíritu de tal utopía el socialismo constituye una cualidad vital; su idea conductora es el sentido de la vida de los individuos; y la transformación revolucionaria de la estructura social es únicamente su instrumento. Una interpretación del socialismo de esta índole era el valor predominante en mi libro sobre la vida cotidiana: la concreción de este valor dominante constituye el hilo conductor de todo el discurso. Por ello, citaré aquí sólo algunos de los momentos de este discurso: la personalidad individual, rica en matices, que configura por sí misma su modo de vida, las comunidades libremente elegidas por los individuos, la pluralidad de las formas de vida, la convivencia democrática mediante la supresión de la jerarquía de relaciones de subordinación y superioridad —de la división social del trabajo.

Bajo el signo de la misma idea de valor pueden también construirse, en efecto, teorías completamente distintas, y elegirse, desde el punto de vista metodológico, diversas soluciones. Desde el punto de vista teórico, por el contrario, el libro puede disponerse alrededor de dos focos: la estructura de la personalidad y la estructura de las objetivaciones.

La teoría de la personalidad que en él se expone polemiza con la tradición llamada «esencialista», según la cual el hombre consta propiamente de dos hombres: uno sustancial y otro fenoménico. Desde este punto de vista es indiferente cómo se conciba la «sustancialidad», bien como caótico mundo de instintos, como razón pura o como «núcleo humano» no corrompido por la sociedad. La antropología del presente libro descansa sobre el supuesto de que la esencia humana no es el punto de partida, ni el «núcleo» al que se superponen las influencias sociales, sino que constituye un resultado; sobre el supuesto de que el individuo se encuentra desde su nacimiento en una relación activa con el mundo en el que nació y de que su personalidad se forma a través de esta relación. El individuo no puede ser nunca idéntico a la especie humana, pero puede mantener una relación consciente con ella —en este caso la personalidad no es particular, sino individual. La personalidad individual es el *protagonista* de este libro. Quise mostrar que cada hombre puede ser una individualidad, que puede haber también en la vida personalidades individuales, que también la vida cotidiana puede configurarse individualmente.

El segundo foco teórico del libro es el «escenario» de este protagonista: el mundo de las objetivaciones. La idea fundamental de la teoría de la objetivación es que las objetivaciones representan distintos niveles. El primer «nivel» lo constituyen el lenguaje, el sistema de hábitos y el uso de objetos: a este nivel lo llamo la *esfera de la objetivación que es en sí*. Sin la apropiación activa de este «nivel» no hay vida cotidiana en absoluto, pues sin ella no existe tampoco socialidad. No debe sin embargo entenderse con ello que sólo esta esfera tiene importancia para la vida cotidiana. Cuanto menos enajenada es la vida cotidiana, en mayor grado se relaciona el hombre, dentro también de lo cotidiano, con otros niveles —superiores— de las objetivaciones. Tal superposición de las relaciones con los niveles de objetivación cotidianos y no cotidianos se considera detenidamente desde sus distintos aspectos. Quizá estaría de más malgastar más palabras diciendo que el primer foco de la teoría se dirige contra la concepción hegeliana y el segundo contra la heideggeriana.

En cuanto al método, el libro es considerablemente analítico. La primera parte considera la vida cotidiana en una perspectiva funcional y la segunda en una perspectiva estructural. El lector notará tal vez cierta simetría especular: lo que en la primera parte se presenta como relación funcional del pensamiento cotidiano y no cotidiano aparece en la segunda parte como discusión de la estructura del saber cotidiano y de los elementos no cotidianos de esta estructura. En ambas partes domina sin embargo el aspecto analítico del método. El análisis detallado de los problemas teóricos, fue necesario desde varios puntos de vista. En primer lugar, porque estos problemas parciales desempeñan separadamente un importante papel en las diversas disciplinas científicas —en la sociología, en la teoría del lenguaje, etcétera—, y, en consecuencia, no podían dejar de perfilarse. En segundo lugar —y éste es quizás el punto de vista más importante— el lector debía reconocer en los problemas abstractos su *propia vida* y los hechos corrientes de la misma, experimentados y vividos cien veces. La frecuente redundancia de los ejemplos sirve al mismo fin.

Para comprender el libro no es necesario contar con ningún saber especializado. Fue escrito para todos los hombres que pueden y quieren pensar, que no temen plantear siempre de nuevo las preguntas infantiles: ¿Por qué esto es así? ¿Podría ser de otra forma?

ÁGNES HELLER
Budapest, abril, 1977

Prefacio *

Los estudios sobre aquello que constituye la esencia de la vida cotidiana no han tenido una larga prehistoria. Henri Lefèbvre ha redactado un trabajo monográfico sobre este conjunto de cuestiones; yo mismo he tratado sobre ello en lo que se refiere a diversos aspectos relativos a la génesis de la posición estética. Ágnes Heller arranca de estos trabajos preparatorios, remitiéndose ampliamente a ambos, pero según un método implícitamente crítico.

Sin embargo, la carencia de una vasta «literatura» no significa en absoluto que tal conjunto de problemas sea meramente periférico o de importancia secundaria. Sino más bien todo lo contrario. Cuando intentamos comprender o hacer comprensible efectivamente en el sentido del método marxiano la totalidad dinámica del desarrollo social, nos encontramos con él cada vez que el razonamiento llega realmente al nudo de la cuestión. Más todavía, desde un punto de vista negativo ha quedado demostrado desde hace tiempo que en el hombre, considerado particularmente, la religación inmediata con los momentos de desarrollo de la economía o del ser y devenir social completamente desarrollados puede clarificar solamente conexiones abstractas y, en su abstracción, extrañas a la vida. El decisivo estado de condicionamiento en que se encuentra la totalidad de las expresiones vitales, de los modos de vida, etcétera, del hombre no puede ser descrito de un modo realista con una combinación inmediata entre principios causales puramente objetivos y el mundo de sus efectos concretos. Las ciencias sociales de nuestros días, en cambio, desprecian a menudo esta zona intermedia concreta, aquella en la que se encuentra el nexo real, considerándola como un mundo de mera empiria que, en cuanto tal, no es digno de un análisis científico en profundidad destinado a examinar las constituciones internas.

Pero cuando se reflexiona con la mirada puesta en la realidad, resulta, por el contrario, que solamente a través de la mediación de una esfera tal pueden ser comprendidas científicamente las interrelaciones e interacciones entre el mundo económico-social y la vida humana. Los hombres —en su particularidad— se adaptan a las formas sociales que sus fuerzas productivas hacen

* Este prefacio fue redactado por Lukács poco antes de su muerte, acaecida en junio de 1971.

9

nacer cada vez concretamente. En la medida en que tales adaptaciones se realizan, como de costumbre, inmediatamente en actos particulares, esto se verifica precisamente en actos particulares de hombres particulares, en el interior de grupos concretos de un proceso social conjunto concretamente determinado. No sólo los impulsos que provocan los actos particulares son originados cada vez por el ser-así concreto de cada conjunto económico-social, sino también el campo de acción real de las decisiones entre alternativas realizables en tales actos está cada vez determinado —como campo de acción concreto— del ser-así de socialidades concretas. Por consiguiente, ya que los hombres que trabajan, que consumen los productos del trabajo, en una palabra, la mayoría de los hombres que forman parte inmediatamente de la sociedad que así funciona sobre base económica, por consiguiente, éstos, en la mayoría de sus modos particulares de reaccionar a las pretensiones de la propia socialidad, reaccionan en cuanto hombres particulares de manera particular; el ser de cada sociedad surge de la totalidad de tales acciones y reacciones.

Marx, en la crítica a Feuerbach, ha definido su esencia sosteniendo que la genericidad que se realiza en la sociedad ya no es una genericidad muda, como en el ámbito ontológico de la vida que se reproduce de un modo meramente biológico. La historia de la sociedad muestra que este ir más allá de la genericidad muda, biológica, se objetiva por último en las formas ideológicas más elevadas: en la ciencia, filosofía, arte, ética, etcétera. Esto significa que los hombres que forman parte de ella crean productos con la ayuda de los cuales están en condiciones de realizar su genericidad a un nivel cada vez más alto (cada vez menos inmediatamente particular).

Este importante proceso de desarrollo del género humano sería incomprensible si intentásemos establecer una relación inmediata entre la base que actúa objetivamente y sus máximos resultados. No podría surgir simplemente la apariencia del actuar de una «legalidad» mecánica, cuyo grado de abstracción no podría jamás hacer realmente comprensibles en su auténtico y preciso ser-así la génesis concreta, la esencia interna de los productos concretos que de este modo alcanzan el ser, los tipos de comportamiento concretamente esenciales.

Precisamente su inmediatez objetiva, que surge del modo de reaccionar y de actuar de los hombres particulares, da lugar en la vida cotidiana a una zona de mediación, apta para superar este aparente abismo del pensamiento. Y esto de hecho es posible en cuanto los contrastes aparentemente irreconciliables en que suelen presentarse las actividades humanas cuando se da de ellas una interpretación puramente gnoseológica, son en mayor medida consecuencias conceptuales, derivadas de una tentativa de captarlas de un modo científico-filosófico con la metodología de una posición gnoseológica, que modos de manifestarse de la realidad social misma. Y precisamente esta confusión ontológica constituye un momento históricamente necesario en el proceso genético del autoconocimiento de la genericidad humana, que ya no es muda. Piénsese, por ejemplo, en la ética de Kant. Cuando, en un acto ciertamente importante para la historia humana, se sitúa un comportamiento puramente ético en la praxis (como directriz de una posición auténticamente humana hacia la realidad social), se presupone que el individuo partícipe se eleva separándose de la propia particularidad. Por consiguiente, en esta zona del ser el comportamiento particular y el ético aparecen como opuestos incompatibles.

Aunque tal constatación pueda parecer importante a primera vista, si fuese aplicada a la totalidad del ser social, como verdad universalmente válida, no provocaría más que confusión. En efecto, la neta separación que acabamos de esbozar no hace más que poner de relieve la contrariedad necesaria de determinados actos de la praxis cuando son considerados en referencia a su pura forma. Pero, al mismo tiempo, la naturaleza del ser social hace que cada actitud, netamente separada, hacia la praxis, no solamente pueda (sino más bien deba) coexistir en una misma persona, sino que a menudo se transforme ininterrumpidamente la una en la otra en el proceso social en su conjunto. Hasta el aislamiento extremo del comportamiento puramente ético kantiano presupone —ontológicamente— una multitud de sujetos puramente particulares que se apropian de esta posición hacia la vida asumiéndola como directriz de su praxis —en principio partiendo naturalmente de la propia particularidad—, la cual se convierte en inevitablemente problemática a un nivel superior de genericidad. Y cuando se afirma, justamente, que estas dos posiciones son incompatibles, nos referimos solamente a este su homogéneo realizarse en la pura eticidad. El camino humano hacia tales realizaciones (así como el desviarse de él) muestra una vez más que también estas determinaciones son en su totalidad partes integrantes reales de la praxis humana, es decir, que en el desarrollo social siempre existen vías que pueden conducir de la particularidad a las formas más altas de genericidad (y viceversa).

Por consiguiente, la esencia y las funciones histórico-sociales de la vida cotidiana no suscitarían interés si ésta fuese considerada una esfera homogénea. Pero precisamente por esto, precisamente como consecuencia de su inmediato fundamentarse en los modos espontáneo-particulares de reaccionar por parte de los hombres a las tareas de vida que la existencia social les plantea (so pena la ruina), la vida cotidiana posee una universalidad extensiva. La sociedad sólo puede ser comprendida en su totalidad, en su dinámica evolutiva, cuando se está en condiciones de entender la vida cotidiana en su heterogeneidad universal. La vida cotidiana constituye la mediación objetivo-ontológica entre la simple reproducción espontánea de la existencia física y las formas más altas de la genericidad ahora ya consciente, precisamente porque en ella de forma ininterrumpida las constelaciones más heterogéneas hacen que los dos polos humanos de las tendencias apropiadas de la realidad social, la particularidad y la genericidad, actúen en su interrelación inmediatamente dinámica.

Por consiguiente, un estudio apropiado de esta esfera de la vida puede también echar luz sobre la dinámica interna del desarrollo de la genericidad del hombre, precisamente en cuanto contribuye a hacer comprensibles aquellos procesos heterogéneos que, en la realidad social misma, dan vida realmente a las realizaciones de la genericidad.

El presupuesto implícitamente necesario de tales enfoques es, por consiguiente, la superación de la homogeneización puramente gnoseológica —y en esta unilateralidad extraña a la realidad— del proceso social en tendencias ineliminablemente heterogéneas; ésta es una vía equivocada para conocer el proceso real conjunto. Sin embargo, no deben ser ignoradas las diferencias, mejor dicho las oposiciones fundantes, auténticas y por consiguiente ontológicas. Sólo que el conocimiento crítico de su naturaleza no debe llevarse hasta negar su coexistencia real. Del hecho de que la genericidad supera la posición ética del hombre, supera su particularidad, no debe sacarse la consecuencia de que tales conflictos no puedan, o más bien no deban ser combatidos en la realidad misma. No comprenderíamos nunca correctamente los procesos reales si no estudiásemos el significado de las interrelaciones —basadas en la particularidad inmediata— de tales tendencias, precisamente en la vida cotidiana, en el teatro real de su resolución.

Así la vida cotidiana, la forma inmediata de la genericidad del hombre, aparece como la base de todas las reacciones espontáneas de los hombres a su ambiente social, la cual a menudo parece actuar de una forma caótica. Pero precisamente por esto está contenida en ella la totalidad de los modos de reacción, naturalmente no como manifestaciones puras, sino más bien caótico-heterogéneas. Por consiguiente quien quiera comprender la real génesis histórico-social de estas reacciones, está obligado, tanto desde el punto de vista del contenido como del método, a investigar con precisión esta zona del ser.

Esta investigación, en cuanto al modo de exposición, puede recorrer dos caminos que aparecen como diversos, y cuya justificación metodológica depende de los objetivos concretos de la investigación. Si se quiere llevar a nivel conceptual la génesis social de determinadas formas concretas en que se expresa la genericidad, es natural que se elija un método genérico, iluminando así con claridad el camino que recorre los diversos modos de reaccionar desde el momento en que afloran espontáneamente hasta que adquieren una figura completa. En mi *Estética* —en la que he intentado mostrar de qué modo la posición estética tiene su base ontológica en el terreno de la espontaneidad de la vida cotidiana, pero cómo sin embargo, para poder realizar su nueva fisonomía histórico-social, debe ser (consciente o inconscientemente) sometida —por un camino que naturalmente también está socialmente determinado— a transformaciones cualitativas fundamentales ya sea de contenido o ya sea formales—, yo he escogido este camino. Poner de relieve con fuerza semejantes tendencias evolutivas significa precisamente intentar demostrar de qué modo esta importante forma de la genericidad humana puede surgir, necesariamente, sólo sobre este terreno y cómo de tal modo este terreno, precisamente en el proceso de su radical devenir-otro, revela sus rasgos más propios y más específicos. No se puede negar que con tal metodología aunque puedan destacar plásticamente determinados rasgos esenciales de la vida cotidiana, sin embargo, no se está en condiciones de exponer la totalidad de su ser específico.

Probablemente a causa de su conocimiento crítico de esta situación, Ágnes Heller toma un camino muy distinto. Aunque también para ella las conexiones prácticas e histórico-ontológicas de la vida cotidiana con las posiciones de valor auténticas de la genericidad (ética, filosofía, arte y, natural y principalmente, praxis social y política) constituyen un problema central en sus investigaciones, su exposición está siempre orientada hacia las formas particulares de objetividad y de actividad de la vida cotidiana como totalidad específica. La idea de génesis, que parece así llevada a segundo plano, reaparece, por el contrario, enriquecida: en efecto, frente a todos los fenómenos importantes de la vida cotidiana se remite constantemente a aquellos procesos que, por una parte, producen tales reacciones cotidianas (incluida naturalmente también su índole interior, según la cual pueden quedar al nivel de la particularidad o bien —eventualmente también sin eliminarla— pueden implicar categorías de tipo más elevado) y, por otra parte, pueden manifestarse a priori solamente sobre la base de tales situaciones.

Se hace comprensible así la extrema y paradójica heterogeneidad de la vida cotidiana: su base ontológica está constituida por la espontaneidad inherente a la naturaleza particularista de las actividades humanas que necesariamente acompañan a las reacciones primarias de los hombres a su humanización y que se expresan en ella. Pero el desarrollo muestra cómo, incluso en los complejos suscitados por las reacciones particulares más primitivas, está cada vez más presente como tendencia objetiva, y opera necesariamente, algo más elevado de lo que se podría deducir de esta pura inmediatez. Y precisamente esta escala —que llega de la «pura» particularidad inmediata hasta las posiciones más generales y elevadas, para dejar tras sus espaldas, en la expresión de la genericidad humana, todo mutismo y realizarse precisamente como ser para-sí— define la esfera ontológica de la vida cotidiana. Justamente en esta evidente heterogeneidad de sus componentes, en su heterogeneidad inmediata, en su «ilimitación», etc., que parece contradecir directamente nuestras ideas usuales sobre la «esfera de vida», precisamente aquí se expresa la auténtica constitución ontológica de la vida cotidiana. Sólo de este modo ésta puede convertirse en el factor ontológico general, fundamentador, de mediación entre «esferas de vida» diversas, delimitables. El modo «genético» de considerar la vida cotidiana, que hemos esbozado anteriormente, puede conducir en sí a los mismos resultados, aun teniendo en cuenta las diferencias resultantes de las diversas posiciones metodológicas.

Dado que Ágnes Heller explicita este principio más coherentemente que cualquier predecesor suyo, ella es la primera en ofrecernos la vida cotidiana, que ha llegado a ser tan importante como factor de mediación, en su verdadera figura, universal. Es decisivo a los fines de este resultado el hecho de que la Heller mantiene firmemente con gran coherencia la prioridad del ser, sin permitirse concesiones de ningún tipo. En efecto, cualquier otro modo de ver (fundamentalmente el gnoseológico) se encuentra obligado a considerar cada esfera específica del ser sobre la base de una homogeneidad interna. Kant, por ejemplo, a causa de este postulado se ve obligado a contraponer la actividad ética a la vida cotidiana y a excluir todo paso de una a la otra. En el plano ontológico, por el contrario, resulta —como aparece claramente en el discurso de Ágnes Heller— que el contraste, la heterogeneidad constituye realmente una de las determinaciones importantes del ser mismo, pero, precisamente en y a causa de la heterogeneidad de sus componentes, éste se halla en condiciones de producir efectos inesperados reales y concretos. Elaborando con claridad estos caracteres paradójicos del ser y del devenir de la vida cotidiana, Ágnes Heller consigue darnos un cuadro conjunto en el cual tenemos con nitidez frente a nosotros, no solamente las funciones de la vida cotidiana, sino la misma vida cotidiana en el concreto ser-así de su génesis, de sus límites, de su actuar auténtico. Este complejo de problemas extremadamente importante de la vida social es de este modo expuesto por Ágnes Heller con mayor claridad, globalidad, con mayor disponibilidad para desarrollos ulteriores, de lo que habían hecho los escasos autores que hasta ahora se han ocupado de tan importante tema. Ésta es la razón por la que su escrito representa uno de los estudios más importantes de todo el campo de investigación sobre la génesis y el devenir del ser social concreto.

GYÖRGY LUKÁCS

Budapest, enero de 1971

Ihr saht das Übliche, das immerfort Vorkommende.
Wir bitten Euch aber:
Was nicht fremd ist, findet befremdlich!
Was gewöhnlich ist, findet unerklärlich!
Was da üblich ist, das soll euch erstaunen.
Was die Regel ist, das erkennt als Missbrauch
Und wo ihr den Missbrauch erkannt habt
Da schafft Abhilfe!

B. Brecht

(Habéis asistido a lo cotidiano, a lo que sucede cada
Pero os declaramos: [día.
Aquello que no es raro, encontradlo extraño.
Lo que es habitual, halladlo inexplicable.
Que lo común os asombre.
Que la regla os parezca un abuso.
Y allí donde deis con el abuso
ponedle remedio.)

Primera parte

PARTICULARIDAD, INDIVIDUALIDAD, SOCIALIDAD Y GENEROSIDAD

Die Welt ist nicht aus Brei und Mus geschaffen,
Deswegen haltet euch nicht wie Schlaräffen;
Harte Bissen gibt es zu kaven,
Wir müssen erwürgen oder sie verdaven.

GOETHE

(El mundo no está hecho de mermelada y papilla,
no os comportéis, pues, como haraganes;
duros bocados hay que masticar,
debemos engullirlos o nos ahogamos.)

I. Sobre el concepto abstracto de «vida cotidiana»

Para reproducir la sociedad es necesario que los hombres particulares se reproduzcan a sí mismos como hombres particulares. La vida cotidiana es el conjunto de actividades que caracterizan la reproducción de los hombres particulares, los cuales, a su vez, crean la posibilidad de la reproducción social.

Ninguna sociedad puede existir sin que el hombre particular se reproduzca, así como nadie puede existir sin reproducirse simplemente. Por consiguiente, en *toda* sociedad hay una vida cotidiana y *todo* hombre, sea cual sea su lugar ocupado en la división social del trabajo, tiene una vida cotidiana. Sin embargo, esto no quiere decir de ningún modo que el contenido y la estructura de la vida cotidiana sean *idénticos* en toda sociedad y para toda persona. La reproducción del particular es reproducción del hombre *concreto*, es decir, el hombre que en una determinada sociedad ocupa un lugar determinado en la división social del trabajo. Para la reproducción de un esclavo le son necesarias actividades distintas de las necesarias a un ciudadano de la polis, a un pastor o a un obrero de la metrópoli.

En la vida cotidiana de cada hombre son poquísimas las actividades que tiene en común con los otros hombres, y además éstas sólo son idénticas en un plano muy abstracto. Todos necesitan dormir, pero ninguno duerme en las mismas circunstancias y por un mismo período de tiempo; todos tienen necesidad de alimentarse, pero no en la misma cantidad y del mismo modo. Cada uno —considerando el hombre particular en la media de la sociedad— debe además reproducir la especie, es decir, traer hijos al mundo. Los hombres, por consiguiente, tienen en común entre ellos actividades que —haciendo abstracción de su contenido concreto— son comunes a las de los animales. Y se trata de las actividades que sirven para conservar el hombre en cuanto *ente natural*.

De estos ejemplos se desprende ya con claridad de qué modo la conservación del particular, incluso la más elemental —natural—, es en lo concreto un hecho social. En efecto, hasta en las sociedades más primitivas la conservación del particular requiere un gran número de actividades muy diversas. ¿Por qué?

Hemos empezado afirmando que los particulares sólo pueden reproducir la sociedad si se reproducen en cuanto particulares. Sin embargo, la reproducción de la sociedad no tiene lugar automáticamente a través de la autorreproducción del particular (como sucede, por el contrario, en las especies animales, que se reproducen automáticamente con la reproducción de los animales particulares). El hombre sólo puede reproducirse en la medida en que *desarrolla una función en la sociedad: la autoreproducción es, por consiguiente, un momento de la reproducción de la sociedad.* Por lo tanto, la vida cotidiana de los hombres nos proporciona, *al nivel de los individuos particulares* y en términos muy generales, una imagen de la reproducción de la sociedad respectiva, de los estratos de esta sociedad. Nos proporciona, por una parte, una imagen de la *socialización* de la naturaleza y, por otra, el grado y el modo de su *humanización.*

Examinando los contenidos que la vida cotidiana de cada particular tiene en común con la de los otros hombres, llegamos en último análisis a lo no humano. El resultado será diverso si, por el contrario, examinamos la vida cotidiana no *desde el punto de vista de los rasgos comunes,* sino desde el de la *relativa continuidad.* En este caso constatamos que, en el proceso de socialización y de adecuación al género (y como tendremos ocasión de comprobar los dos fenómenos no son mecánicamente paralelos), en la vida cotidiana se determinan nuevas categorías, las cuales posteriormente o se conservan, o al menos se despliegan por algún tiempo, y por lo tanto se desarrollan, o bien retroceden. Es decir, la vida cotidiana también tiene una *historia.* Y esto es cierto no sólo en el sentido de que las revoluciones sociales cambian radicalmente la vida cotidiana, por lo cual bajo este aspecto ésta es un *espejo* de la historia, sino también en cuanto los cambios que se han determinado en el modo de producción a menudo (y tal vez casi siempre) se expresan en ella antes de que se cumpla la revolución social a nivel macroscópico, por lo cual bajo este otro aspecto aquélla es un fermento secreto de la historia. Marx escribe en los *Grundrisse* que en el siglo XVIII la relación del particular con su propia capa era ya casual, como lo será después la relación del particular con su propia clase. Esto significa que en la vida cotidiana la estructura interna de las capas había cambiado ya para el particular antes de que este hecho fuese explicitado y codificado por la revolución, por el Estado y por la ordenación jurídica.[1]

1. Sobre la base de lo que hemos afirmado hasta ahora, se podrían discutir ya otros dos conceptos de la vida cotidiana. El primero es característico de la filosofía vitalista —y en parte del existencialismo—, el segundo ha sido expuesto por Henri Lefèbvre en su interesante estudio dedicado al análisis sociológico de la vida cotidiana (*Critique de la vie quotidienne,* vol. I, París, Grasset, 1974; vol. II, París, L'Arche, 1961).
Según el primer concepto, la vida cotidiana sería *sensu stricto* «lo que sucede cotidianamente», es decir, sería sinónimo de gris, convencional. A ella se contrapone lo que no sucede todos los días, el hecho dominical, el *Erlebnis* o experiencia vivida interiormente. Pero si la vida cotidiana es considerada como

Sostenemos, en consecuencia, que la vi[...]
producción del hombre particular. Pero, ¿[...]
particular «se reproduce»?

Todo hombre al nacer se encuentra en u[...]
tente, independientemente de él. Este mundo s[...]
«constituido» y aquí él debe conservarse y dar p[...]
cidad vital. El particular nace en condiciones s[...]
tas, en sistemas concretos de expectativas, dentro [...]
nes concretas. Ante todo debe aprender a «usar» las [...] apropiarse de los sistemas de usos y de los sistemas de expectativas,
esto es, debe conservarse exactamente en el modo necesario y
posible en una época determinada en el ámbito de un estrato

---

la reproducción del hombre particular, forma también parte de ella y en muchos aspectos precisamente lo que no sucede todos los días: por ejemplo, un nacimiento o una muerte. En determinadas sociedades el *Erlebnis*, e incluso la organización ceremonial de éste, forman parte ampliamente de la reproducción del particular: piénsese, durante el medioevo, en la participación en la misa solemne de los domingos. Que un *Erlebnis* sea cotidiano o no, no depende del hecho en sí y ni siquiera de la circunstancia de que se verifique o no todos los días, sino del contenido, de lo que se moviliza. Thomas Mann, como es sabido, escribía cada día algunas páginas, pero esto no significa que se tratase de una «actividad cotidiana». En este caso el *Erlebnis* —como veremos— está garantizado por la genericidad y no por la excepcionalidad de tales acciones. La definición de la vida cotidiana proporcionada por la filosofía vitalista, si bien no nos presenta una categoría aceptable, contiene, sin embargo, un momento importante. El *Erlebnis* —incluso cuando en la estructura de la actividad social acompaña a una acción perfectamente cotidiana o un hecho de la vida cotidiana— tiene una determinada afinidad con lo no cotidiano. El *Erlebnis* se imprime en la memoria de un modo más profundo de lo que no es vivido interiormente. Las experiencias interiores que se verifican en la vida cotidiana provocan en el hombre una disponibilidad psicológica a las reacciones del mismo tipo en las actividades no cotidianas, incluso a la catarsis.

Henri Lefèbvre, por el contrario, usa un criterio objetivo: la vida cotidiana sería la mediadora entre la naturalidad y la socialidad del hombre, entre la naturaleza y la sociedad. Pero esta concepción, aun conteniendo elementos dignos de reflexión, no nos ofrece una solución satisfactoria. Es cierto, como hemos visto, que la reproducción del particular como ente natural socializado se desarrolla en la esfera de la vida cotidiana, y es ésta, por consiguiente, la que nos dice cómo, en qué medida y con qué contenidos se ha socializado el particular como ente natural. Toda actividad directamente relacionada con la naturalidad del particular (dormir, comer, reproducirse) es una actividad cotidiana. Sin embargo, tal definición no es aceptable: por una parte, no todas las mediaciones entre la naturaleza y la sociedad son cotidianas, por otra, la vida cotidiana no se agota en este papel de mediación, sino que contiene también, y en número cada vez creciente, actividades relacionadas solamente con la sociedad. En cuanto a la primera objeción, basta remitir al trabajo como actividad genérica del hombre. Más adelante veremos cómo el trabajo, si bien bajo determinado aspecto es parte integrante de la vida cotidiana, por otro lado no lo es en su aspecto de actividad que proporciona las bases materiales del desarrollo social, es decir, como actividad inmediatamente genérica. En lo referente a la segunda objeción quisiéramos recordar simplemente la asimilación de las costumbres, del modo de moverse en una integración social determinada, pero podemos remitirnos también a las murmuraciones o a la meditación, es decir, a categorías que no tienen una relación más estrecha con el elemento natural del particular que las actividades no cotidianas (por ejemplo, las artísticas).

ado. Por consiguiente, la reproducción del hombre par-
tilar es siempre reproducción de un hombre histórico, de un
particular en un mundo concreto.

Para reproducirse en su singularidad un indio de América
debía obligatoriamente aprender a reconocer las huellas; en caso
contrario le esperaba la muerte. Por el contrario, el hombre moderno corre el riesgo de sufrir accidentes incluso mortales si no
aprende a atravesar la carretera. Un conde puede reproducirse
como particular sin haber aprendido a vestirse por sí mismo;
un campesino, si quiere sobrevivir, debe necesariamente aprender a hacerlo. Sin embargo, por diferentes que puedan ser las
cosas concretas y los sistemas concretos de usos, en líneas
generales se puede decir que es necesario saber «usar» —en
mayor o menor medida— las cosas e instituciones del mundo
en el que se nace.

«En mayor o menor medida»: esta precisión no es irrelevante. No todos aprenden a usar las cosas e instituciones, a
orientarse en el marco de los sistemas de usos en igual medida.
Sin embargo, cada uno debe adquirir una capacidad *media,* debe
tener un *mínimo* de capacidad práctica en las cosas más importantes, sin lo cual es imposible vivir. Hay que añadir que tal
adquisición tiene lugar «naturalmente». Y aunque no es fácil,
aunque presente diversos grados de dificultad para las diversas
personas, todo hombre *normal* es capaz de cumplir, y en efecto
cumple, tal operación. Pero volveremos después sobre el concepto de normalidad.

La apropiación de las cosas, de los sistemas de usos y de
instituciones no se lleva a cabo de una vez por todas, ni con-
cluye cuando el particular llega a ser adulto; o mejor, cuanto
más desarrollada y compleja es la sociedad tanto menos está
concluida. En épocas estáticas y en las comunidades naturales
(por ejemplo, en una comunidad de siervos de la gleba de la Alta
Edad Media), una vez alcanzada la edad adulta, se estaba ya en posesión del «mínimo» de la vida cotidiana. Lo que seguía, era sólo
una acumulación de experiencias de vida, en el campo del trabajo o de la comunicación, pero ya no era puesta en duda la
capacidad de reproducirse por parte de los particulares. Nótese,
sin embargo, que, incluso en tales sociedades, la adquisición
perdía cualquier valor cuando el particular era sacado de su
ambiente natural. Por ejemplo, el que era reclutado en el ejército debía aprender muchas cosas nuevas para llegar a ser un
buen soldado y reproducirse como particular.

Cuanto más dinámica es la sociedad, cuanto más casual es
la relación del particular con el ambiente en que se encuentra
al nacer (especialmente después de la llegada del capitalismo),
tanto más está obligado el hombre a poner continuamente a
prueba su capacidad vital, y esto *para toda la vida,* tanto menos
puede darse por acabada la apropiación del mundo con la mayor

edad. El particular, cuando cambia de ambiente, de puesto de trabajo, o incluso de capa social, se enfrenta continuamente a tareas nuevas, debe aprender nuevos sistemas de usos, adecuarse a nuevas costumbres. Aún más: vive al mismo tiempo entre exigencias diametralmente opuestas, por lo que debe elaborar modelos de comportamiento paralelos y alternativos. Resumiendo, debe ser capaz de luchar durante toda la vida, día tras día, contra la dureza del mundo.

No obstante, la sociedad más dinámica, la sociedad «pura», si bien obliga al hombre a una lucha continua contra la dureza del mundo, le ofrece, al mismo tiempo, varias alternativas. Quien vive en una comunidad restringida, todavía seminatural, o se apropia de *su* vida cotidiana, que se le da *acabada* desde su nacimiento, o está destinado a morir. Sus posibilidades de movimiento son extremadamente limitadas. Pero desde que ha surgido la «sociedad pura», el «mundo acabado» en el que el hombre se encuentra al nacer no es idéntico al mundo con el que se encuentra en contacto directo. Después de haberse apropiado de los usos de este mundo más inmediato (después de haber alcanzado la edad adulta), tiene varias ocasiones para escoger por sí mismo su ambiente directo (los amigos, el tipo y el puesto de trabajo, la familia, etcétera), en resumen, puede escoger un «pequeño» mundo suyo relativamente nuevo (aunque dentro de límites precisos más o menos amplios).

Prescindiendo del momento y del modo en que el hombre se apropia de las diversas capacidades (manipuladoras y orientadoras), éstas son posteriormente ejercitadas *siempre y con continuidad*. Lo que, obviamente, no quiere decir «cada día». Las mujeres de determinadas épocas y capas deben aprender costura, ya que de otro modo no pueden desarrollar su función de mujeres de una determinada capa en una determinada época. La costura forma parte de su figura de mujeres adultas, de su autorreproducción, y en este sentido tiene un carácter de continuidad; pero naturalmente ellas no cosen vestidos cada día. Entre las capacidades ejercitadas con continuidad, algunas son cotidianas en el estricto sentido del término (comer, vestirse, ir al trabajo, etcétera), otras, por el contrario, son características de una fase determinada (o de ciertas fases) de la vida del particular (por ejemplo, siguiendo con la mujer: el cuidado de los hijos).

En el ámbito de *una determinada fase* de la vida el *conjunto* (el sistema, la estructura) de las actividades cotidianas está caracterizado, por el contrario, por la *continuidad absoluta*, es decir, tiene lugar precisamente «cada día». Éste constituye el fundamento respectivo del *modo de vida* de los particulares. La delimitación «en el ámbito de una determinada fase de la vida» es aquí extremadamente importante, incluso cuando se examinan las «comunidades naturales». En estas últimas, en efecto, el sistema de los conjuntos se modifica *necesariamente con las diferentes edades de las personas* (la edad contribuye a determinar el tipo de función del particular en la división del trabajo de la comunidad, de la tribu o incluso de la familia). En las sociedades «puras» y especialmente al nivel actual de la producción, el puesto asumido en la división del trabajo —ya «casual» respecto al nacimiento— puede ser cambiado incluso *en el ámbito* de una de las fases «naturales» de la vida (juventud madurez, etcétera), y en consecuencia puede también verificarse una reestructuración más o menos relevante del conjunto cotidiano. Además las catástrofes han creado siempre la posibilidad de un cambio radical en la vida cotidiana (por ejemplo, una mujer que se convierte en viuda). A partir del Renacimiento estos cambios radicales, creciendo numéricamente, preparan las revoluciones sociales, que a su vez sacuden y cambian los fundamentos del modo de vida de todos los particulares. Sin embargo, las revoluciones sociales forman el modo de vida en un sentido que va más allá de la esfera de la vida cotidiana; la modificación de ésta representa en aquéllas sólo un momento, aunque no irrelevante.

Por consiguiente, como hemos dicho, el conjunto de las actividades cotidianas en el ámbito de una determinada fase de la vida está caracterizado por una continuidad absoluta. Pero también aquí es necesario hacer una precisión, aunque en verdad no muy importante: sólo la tendencia fundamental, general, es continua de un modo absoluto. Puede suceder que se caiga enfermo durante unas semanas o unos meses, o bien estar algunas semanas de vacaciones. Durante estos períodos la vida cotidiana se configura de un modo relativamente diverso; después de la curación o del retorno de las vacaciones todo queda igual que antes: la tendencia general no ha cambiado.

En la vida cotidiana el hombre *se objetiva* en numerosas formas. El hombre, formando su mundo (su ambiente inmediato), se forma también a sí mismo. El término «formar» parece aquí a primera vista exagerado; en efecto, hasta ahora hemos subrayado siempre que la peculiaridad de las actividades cotidianas —ya que el particular madura para un mundo «acabado»— es la interiorización casi *adaptativa* de este mundo. En el término «madurar», hay que ponerlo de relieve, incluimos también el sentido de «educar». En la vida cotidiana se expresa no solamente el modo por el cual yo he aprendido de mi padre ciertas reglas de vida fundamentales, sino también el modo en el que yo las transmito a mi hijo. *Yo soy representante de aquel «mundo» en el que otros nacen.* En mi educar (en el modo en que yo presento el mundo «acabado») repercutirán también mis experiencias personales, cuando *comunico* mi mundo, *expreso* también estas experiencias, cuando «transmito» mi mundo, contemporáneamente me objetivo también a mí mismo en cuanto me he apropiado ya de este mundo. Es evidente que esto no es solamente válido para la educación, sino *siempre y en toda situación de la transmisión de experiencias específicas* (de trabajo), cuando se dan consejos e incluso se dan ejemplos conscientemente. En mi *relación* con la vida cotidiana dada, en mis afectos y reflexiones respecto a estas relaciones, en la eventual «descomposición» de las actividades cotidianas, nos enfrentamos, y esto subrayado, con procesos de objetivación. (No nos referimos aquí a las objetivaciones en sentido estricto *objetuales*, como un vestido cosido, un fuego encendido o una sopa cocida. Hablaremos de éstas cuando estudiemos las relaciones entre el trabajo y la vida cotidiana.)

Cuando decimos que el particular se objetiva en la vida cotidiana, debemos, una vez más, hacer una precisión: el particular forma su mundo *como su ambiente inmediato*. La vida cotidiana se desarrolla *y se refiere* siempre al ambiente inmediato. El ámbito cotidiano de un rey no es el reino sino la corte. Todas las objetivaciones que no se refieren al particular o a su ambiente *inmediato*, trascienden lo cotidiano.

Todo esto no significa que el radio de acción de las objetivaciones de la vida cotidiana se quede en el particular y en su ambiente inmediato. Seguidamente veremos como éste alcanza hasta las objetivaciones más elevadas. Sin embargo, en tal caso hallamos «solamente» una repercusión, una resonancia, no una relación directa, hallamos el fenómeno causado por una piedra lanzada al agua, no el movimiento ondulatorio provocado por una borrasca.

Obviamente la metáfora se ajusta hasta cierto punto. *Todas las capacidades fundamentales, los afectos y los modos de comportamiento fundamentales con los cuales trasciendo mi ambiente y que yo remito al mundo «entero» alcanzable por mí y que yo objetivo en este mundo, en realidad yo me los he apropiado en el curso de la vida cotidiana*: el coraje (cuando de niño he aprendido a entrar en una habitación oscura), el autocontrol (cuando he comenzado a no poner en mi plato los mejores bocados), el compromiso hacia las tareas a desarrollar y la alegría del éxito, la consciencia de la existencia de una comunidad (por ejemplo una familia), el apego, la gratitud, etcétera, solamente por citar algunos ejemplos de las esferas más diversas. Por lo tanto, no se trata tan sólo de que la acción ejercida en mi ambiente continúa repercutiendo de modo imperceptible e invisible, sino también de que yo mismo, sin las capacidades de que me he apropiado en este ambiente, sin mis objetivaciones ambientales, sería incapaz de objetivar en formas más elevadas mis capacidades humanas. *La vida cotidiana hace de mediadora hacia lo no cotidiano y es la escuela preparatoria de ello.*

Estos ejemplos deberían haber mostrado ya que en la vida cotidiana la actividad con la que «formamos el mundo» y aquella con la que «nos formamos a nosotros mismos» coinciden. La fisonomía específica del particular, la estructura fundamental de su personalidad llegan a ser a través de la apropiación de la respectiva socialidad concreta, a través de la participación activa de ésta. Cuando decimos que esta estructura fundamental surge en la vida cotidiana, no queremos afirmar que en su nacimiento formen parte únicamente capacidades cotidianas. Capacidades espirituales extraordinarias pueden intervenir no solamente en la actividad directamente genérica (por ejemplo, en la actividad científica), sino también en el desarrollo de la personalidad en el curso de la vida cotidiana (cuando se trata de valorar el contenido de la actividad cotidiana, de frenar los malos sentimientos, etcétera). Una función similar puede ser desarrollada por una fantasía rica, el talento, etcétera. Sin embargo, hay que repetir que aquí hablamos solamente de la estructura fundamental de la personalidad; la cualidad concreta de la personalidad no se desarrolla tan sólo en la vida cotidiana. A menudo la estructura fundamental no se desarrolla más allá de lo cotidiano —frecuentemente los hombres no ejercen ninguna actividad que vaya más allá de la vida cotidiana—, en otros casos, por el contrario, ésta alcanza un completo florecimiento precisamente en las objetivaciones genéricas superiores.

En el curso de la historia humana —como veremos más adelante— sólo *en casos excepcionales* ha sido posible a la media de los hombres una actividad genérica inmediata y, al mismo tiempo, consciente. En cuanto a la media de los hombres, por consiguiente, puede decirse con tranquilidad que *la unidad de la personalidad se realiza en la vida cotidiana.* (Aquellos para los cuales la actividad genérica consciente representa en cada momento el contenido esencial de la vida, realizan la unidad de la personalidad *también* en la vida cotidiana.) Para la mayoría de los hombres la vida cotidiana es «la» vida. Éste es el banco de pruebas para ver si el hombre, según las palabras de Goethe, es el hueso o la piel.

II. Descomposición de los conceptos de «hombre particular» y «mundo»

Hemos dicho que en la vida cotidiana el particular se reproduce a sí mismo y a su mundo (el «pequeño mundo») directamente y el conjunto de la sociedad (el «gran mundo») de modo indirecto. Pero hemos utilizado estos conceptos de un modo todavía muy abstracto, muy indeferenciado. Hemos aclarado ya que los conceptos de «hombre particular» y de «mundo» son históricos, pero sin precisar las categorías específicas de esta historicidad. Y esto es precisamente lo que intentaremos hacer ahora.

En su abstracción tales conceptos pueden ser aplicados sin más a las sociedades tribales indiferenciadas que preceden a la civilización: [2] es decir, para aquellas sociedades en las que el «ambiente inmediato» (el «pequeño mundo») y el «mundo» como representante de la socialidad, como representante de la máxima integración social, coincidía; en las que —y esto se desprende de lo afirmado hasta ahora— la relación entre el particular y el ambiente y entre el particular y la integración social era una única y misma relación. Todo el transcurso de la vida de los particulares estaba determinado por costumbres reguladas y por un sistema compacto de representaciones colectivas entre las que no había posibilidad de escoger. Su existencia de hombres particulares no estaba caracterizada por una relación específica con estas reglas de costumbre, sino por algún «signo particular», que podía ser de naturaleza física (las piernas torcidas, las manos grandes) o bien una capacidad (escasa o notable destreza, vista aguda o débil, poca o mucha fuerza). Lévi-Strauss nos ha proporcionado un análisis muy interesante del modo en que tal relación indiferenciada entre el mundo y los hombres particulares se manifiesta en la imposición de los nombres.[3] En las tribus totémicas cada uno tiene dos nombres. El primero indica el *lugar preciso* de quien lo lleva en la estructura de su

2. Ésta es solamente una de las posibles interpretaciones de las sociedades precivilizadas. En general es arriesgado sacar conclusiones definitivas sobre la base de la vida cotidiana de los «primitivos» actuales. Los análisis del «particular» perteneciente a pueblos primitivos recientes están basados en fuentes muy contradictorias. Pero lo que nos interesa es poner de relieve tan sólo que el particular de las sociedades primitivas todavía no está escindido en particularidad e individualidad, como sustancialmente nos confirman los autores importantes (Malinowski, Mead, Lévi-Strauss).

.3. Claude LÉVI-STRAUSS, *El pensamiento salvaje*, México, 1964, Fondo de Cultura Económica.

tribu, el segundo se refiere a sus características *individuales casuales*. Este sistema muestra la ausencia de cualquier socialidad diferenciada así como de la personalidad. El puesto en el sistema de parentesco de sangre y las características naturales —que, sin embargo, responden a un objetivo social— agotan al hombre en su totalidad y determinan su vida.

La primera fase decisiva en el «alejamiento de las barreras naturales», en la cual las integraciones surgidas sobre la base del parentesco de sangre dejan de ser las integraciones más elevadas de la sociedad, se identifica prácticamente con el nacimiento de las sociedades de clase, de la división social del trabajo, de la propiedad privada (diversos aspectos de un único y mismo desarrollo); en otras palabras, con el inicio de la alienación de la esencia humana. En el curso de este proceso de alienación va diferenciándose paulatinamente la relación entre el particular y su mundo en la vida cotidiana. Ahora, en consecuencia, estudiando la estructura de la vida cotidiana y, en el interior de ésta, la relación entre el hombre particular y su mundo, deberemos distinguir cada vez aquellos momentos los cuales, aunque surgiendo en el proceso de alienación, forman también parte del proceso de desarrollo de la esencia humana y tienen por consiguiente un valor duradero, de aquellos otros momentos que hasta ahora han caracterizado de hecho la media de la vida cotidiana, pero los cuales no deben ser transferidos necesariamente a un futuro que prevé la superación de la alienación.

Con la aparición de la división social del trabajo, el «encontrarse al nacer» en un ambiente social concreto, es decir, el primado de la apropiación de este ambiente en la vida cotidiana, se convierte en un fenómeno de alienación.[4] La división social del trabajo, en el sentido marxista de la categoría, comprende no sólo la que se verifica entre las clases, los estratos, las capas sociales, sino también todos aquellos tipos de división del trabajo que, estrechamente ligados a la precedente, la expresan y se manifiestan como división social del trabajo entre la ciudad y el campo, entre el trabajo físico y el trabajo intelectual. En las comunidades que preceden a las sociedades de clase (en las tribus, en los clanes) cada particular está en relación con el conjunto dado, con la *totalidad* de la integración social más elevada, el particular, por consiguiente, se apropia el máximo desarrollo humano incorporado en la integración dada. Después de la aparición de la división social del trabajo, el desarrollo genérico del hombre en el interior de una integración dada está todavía encarnado por el conjunto de la unidad social, sin embargo, *el particular ya no puede estar en relación con toda la*

---

4. No hay que confundir la división social del trabajo, que Marx a menudo llama «natural», con la «división del trabajo social» (Marx), cuyo ejemplo más claro es la división del trabajo en el interior de una hacienda.

28

integración; en su ambiente inmediato, en su vida cotidiana, el particular no se apropia este máximo —es decir, *el nivel de desarrollo de la esencia humana en aquel momento dado*—, sino el nivel de su propio estrato, capa, clase, las habilidades, normas, capacidades relativas a las funciones que, en el seno de la división social del trabajo, pertenecen a su estrato, capa, clase, etcétera. La relación con la integración social como *totalidad* —criterio determinante para que las capacidades personales se eleven al nivel de la genericidad— se convierte en una capacidad específica de los representantes de algunas actividades intelectuales, individuos que pertenecen a la clase o estrato dominante o que provienen de sus filas. Al mismo tiempo se convierte en «privilegio» de los estratos que trabajan en la producción de la base material de la sociedad: el trabajo como actividad basilar, genérica, del hombre, como intercambio orgánico entre la sociedad y la naturaleza. (Un bello análisis de la superioridad de este tipo de genericidad se encuentra en el capítulo «Señorío y servidumbre» de la *Fenomenología del Espíritu* de Hegel.) En la historia son raros los períodos en que estos dos momentos —el desarrollo genérico y el individual— se aproximan. La estructura de Atenas en los siglos VI-V a. J. y la de Florencia en los siglos XIII-XIV d. C. están entre estas grandes excepciones. (No es éste el lugar para detenerse a discutir de qué modo tal estado de excepción se expresa a través del florecimiento de la filosofía y del arte.)[5]

Por consiguiente, después de la aparición de la división social del trabajo los particulares, una vez que han nacido en su «mundo», se apropian tan sólo de algunos aspectos de las capacidades genéricas que se han desarrollado en aquella época dada. Otros aspectos de la genericidad le son extrañados, están frente a ellos como un *mundo extraño*, como un mundo de costumbres, normas, aspiraciones, formas y modos de vida diversos, que se contrapone a su mundo (a sus normas, costumbres, formas de vida, aspiraciones) como algo absolutamente extraño y a menudo incluso *hostil*. La concisa expresión del *Manifiesto del partido comunista*, según la cual la historia de la sociedad es la historia de las luchas de clases, resume también este proceso.

Apropiarse de las habilidades del ambiente dado, madurar para el mundo dado, significa, por lo tanto, no solamente interiorizar y desarrollar las capacidades humanas, sino también y al mismo tiempo —teniendo en cuenta la sociedad en su conjunto— *apropiarse de la alienación*. En consecuencia, luchar contra la «dureza del mundo» significa no solamente que el hombre debe aprender a manipular las cosas, debe apropiarse

5. *Cf.* Ágnes Heller, *Az aristotelési etika és az antik ethos* (La ética de Aristóteles y el ethos antiguo), Budapest, Akadémiai Kiadó, 1966, y también Ágnes Heller, *A reneszánsz ember* (El hombre del Renacimiento), Budapest, Akadémiai Kiadó, 1967.

las costumbres y las instituciones, para poder usarlas, para poder moverse en su propio ambiente y para poder mover este ambiente, sino también que él va aprendiendo a *conservarse a sí mismo y a su ambiente inmediato frente a otros ambientes, frente a otros hombres y estratos.*[6]

La exigencia de afirmarse frente a los otros no se deja sentir únicamente en la relación recíproca entre las clases fundamentales. El particular se contrapone también a «otros», que pertenecen a un mundo o mundos similares al suyo, durante el proceso de reproducción de sí mismo y de su propio ambiente. La vida cotidiana de los hombres está completamente impregnada de la lucha por sí mismos que es al mismo tiempo una lucha contra otros. El comerciante en su actividad cotidiana no sólo debe tener en cuenta a los compradores, sino también a los otros negociantes; el obrero falto de consciencia no lucha solamente contra los capitalistas, también está en competencia con otros obreros. Por consiguiente, en la historia de las sociedades de clase la vida cotidiana es —en mayor o menor medida— también una *lucha*: lucha por la simple supervivencia, por un puesto mejor en el interior de la integración dada, por un puesto en el seno del conjunto de la sociedad, cada uno según sus necesidades y sus posibilidades. Y veremos más adelante cómo la vida, en cuanto apropiación de la alienación, forma (y deforma) al hombre particular.

Hemos dicho que, con la aparición de la división social del trabajo (de las sociedades de clase, de la propiedad privada, de la alienación), «mundo» y «hombre particular» se diferencian. Ahora estudiaremos más de cerca este proceso y en primer lugar desde el lado del «mundo».

DESCOMPOSICIÓN DE LA CATEGORÍA «MUNDO»

Evidentemente, no intentamos aquí descomponer la categoría «mundo» en todos sus aspectos. En lo relativo a nuestro tema, nos interesa clarificar de qué modo esta categoría se manifiesta en su relación con el hombre particular y en la relación de éste con el mundo. Por consiguiente, debemos *distinguir la comunidad, la clase (estrato), la sociedad y la genericidad.*

Por lo que respecta a la *media* de los hombres particulares en la historia de las sociedades de clase, estas categorías, consideradas desde el punto de vista de la vida cotidiana, se encuentran en una especie de *jerarquía.* Hasta el capitalismo, *en el*

6. Sobre este tema véase lo que dice F. ENGELS en el *Origen de la familia, la propiedad privada y el Estado*, refiriéndose a la disolución de la sociedad gentilicia.

plano de la vida cotidiana la categoría fundamental es la comunidad; a partir de la aparición del capitalismo es la *clase* (y en el interior de ésta el estrato social).

En los *Grundrisse*, Marx distingue con nitidez el capitalismo de las sociedades que lo han precedido precisamente debido al aspecto que aquí nos interesa. En las épocas precapitalistas la situación-base de la vida de cada particular consiste en que él es «miembro de la comunidad». Con la comunidad él recibe como dadas las condiciones de vida y el objeto de su trabajo. Estas condiciones de vida se le aparecen como la naturaleza misma, como sus órganos sensoriales, como su piel. El particular es un individuo solamente como miembro de una comunidad. Las comunidades tienen límites fijos y apenas la economía hace saltar estos límites, la sociedad decae («la eliminación de las limitaciones muestra los signos de la ruina y de la decadencia»).[7]

Apenas comienza el desarrollo infinito de la productividad, las comunidades primitivas, naturales, se disuelven: el hombre al nacer ya no se encuentra en una comunidad, sino *directamente* en una estructura social pura (estrato, clase). Por ello la relación con la propia clase se convierte en *casual* (el elemento natural es eliminado). En este punto se puede considerar por terminado el proceso de alejamiento de las barreras naturales por lo que afecta a la socialización. El desarrollo infinito de la productividad en la sociedad «pura» implica que la riqueza social dada debe ser continuamente superada. Aquel determinado estado de la estructura social se transforma continuamente en un límite; paralelamente, el hombre particular advierte que deben ser superados los confines de su existencia; en consecuencia, se esfuerza por superarlos y por crear nuevas (diversas) posibilidades de vida. Existe ya simplemente una única «comunidad» (en sentido figurado): la relación de mercancía.[8]

Pero bien sea que la categoría fundamental del ambiente social esté constituida por la comunidad (y sólo a través de su mediación por la clase, por la capa) o directamente por la clase (por el estrato), en todo caso el hombre particular se apropia de la *genericidad* en su respectivo ambiente social. Decir que el hombre es un ente genérico, significa afirmar por lo tanto que es un ser social. Efectivamente, él sólo puede existir en sociedad; e incluso sólo puede apropiarse de la naturaleza con la mediación de la socialidad. El hombre se objetiva siempre *en el interior de su propio género y para el propio género*; él siempre tiene *noticia* (está consciente) de esta genericidad. Milenios

7. K. MARX, *Elementos fundamentales de la crítica de la economía política*, vol. I, Madrid, Siglo XXI, 1972, p. 446.
8. Cuando se afirma que la relación mercantil es la única comunidad del capitalismo, se afirma indirectamente que la comunidad ha dejado de ser una célula fundamental de la integración social.

antes del nacimiento de los conceptos de «género humano» o de «sociedad», las diferencias entre los hombres se le aparecen ya como diferencias entre *hombre y hombre*. Marx escribe: «...cada uno trasciende como hombre su propia necesidad particular, etcétera [...], se conducen entre sí como seres humanos [...], son conscientes de pertenecer a una especie común. No sucede que los elefantes produzcan para los tigres o que animales lo hagan para otros animales».[9] Por consiguiente, *la producción* que el hombre necesariamente lleva a cabo en común con otros y para otros (también para otros), es la forma fenoménica elemental de la genericidad.

Sin embargo, es necesario observar aquí que la *consciencia* de la genericidad no implica por completo una *relación consciente* con ella. Yo tengo consciencia de la genericidad cuando actúo como ser comunitario-social, con mis acciones voy más allá de mi ser particular y dispongo para este fin de los conocimientos necesarios (consciencia). Tengo una relación consciente con la genericidad cuando, por el contrario, me la planteo como *fin* (sea cual sea su forma fenoménica), cuando la genericidad (su forma fenoménica) se convierte en la *motivación* de mis actos. A su vez, la genericidad como motivación no presupone que ya haya sido elaborado el *concepto* de genericidad: simplemente yo tengo de vez en cuando una relación consciente hacia objetivaciones genéricas de tipo superior (integraciones, valores, arte, ciencia, etcétera). Cada acción de cada hombre está caracterizada —desde el momento en que el hombre es hombre, esto es, ente genérico— por la consciencia de la genericidad, pero no por una relación consciente hacia ésta. Por consiguiente, tal consciencia pertenece necesariamente a la vida cotidiana, mientras la relación consciente puede incluso no aparecer en ella.

Ya que la genericidad implica en primer lugar la socialidad o historicidad del hombre, su forma fenoménica primaria es para el particular la sociedad *concreta*, la integración *concreta* en la que nace, representada por el mundo más próximo a él, por el «pequeño mundo». Como hemos visto el hombre se apropia en éste de los elementos, las bases, las habilidades de la socialidad de su tiempo. Sin embargo, *no sólo* estas integraciones representan la genericidad. Ante todo la representan también aquellas integraciones de las cuales puede él tener noticia: por ejemplo, según la sucesión histórica de los conceptos, la polis, el pueblo, la nación, el género humano. Además la representan todos los medios de producción, cosas, instituciones que son medios de esta sociedad, que median las relaciones humanas en las cuales el trabajo de las épocas precedentes, la serie de sus objetivaciones, ha asumido una forma objetiva, se ha

9. K. MARX, *Elementos fundamentales...*, *op. cit.*, vol. I, p. 181.

encarnado. Después la representan todas aquellas objetivaciones —inseparables de las precedentes— en la que se ha expresado la esencia humana y que son heredadas de generación en generación al igual que los medios y que el objeto de la producción: ante todo las formas en las que se ha encarnado la consciencia del género humano, como por ejemplo las obras de arte y la filosofía. Y finalmente, la representan las normas y aspiraciones abstractas (en primer lugar las normas morales abstractas), en las cuales se ha modelado ya la esencia humana y que son transmisibles al máximo nivel a las generaciones futuras. (Obviamente también éstas aparecen encarnadas en el arte y en la filosofía.)

Por consiguiente, en una primera aproximación, la genericidad es idéntica a la socialidad, pero la sociedad, la estructura social de una sociedad dada en una época dada, no encarna (o no encarna *completamente*) la genericidad, el desarrollo genérico. Así pues será posible que un hombre *afirme* el desarrollo genérico *negando* una estructura social dada. De un modo aislado, como excepción, este comportamiento puede tener lugar también en las comunidades «naturales». Sócrates, que se enfrentó a la polis de su tiempo remitiéndose a una fase —considerada por él superior en el plano genérico— precedente del desarrollo de la comunidad de la polis; Jesús, que propugnaba un desarrollo moral genérico, también en contraste con las normas y aspiraciones concretas de su tiempo; y precisamente por eso ambos se convirtieron en representantes del desarrollo de la esencia genérica de la humanidad. En las sociedades «puras» dinámicas de la edad moderna, este comportamiento llega a ser típico.

Las tendencias de desarrollo de las sociedades de épocas diferentes divergen o convergen de diversos modos con respecto al desarrollo de la genericidad. El criterio para medir tal divergencia o convergencia es el grado actual de desarrollo del género humano. Mirando hacia atrás desde este observatorio, podemos afirmar que el desarrollo asiático (al igual que el africano) se ha demostrado un callejón sin salida [10] y que la gran línea genérica de la humanidad ha sido la de Europa, la cual ha llegado al feudalismo, al capitalismo, al socialismo, a las sociedades «puras», al «alejamiento de las barreras naturales» y a la perspectiva del comunismo. Esto no significa que tales desarrollos, que desde el punto de vista de nuestro presente aparecen como divergentes, no hayan tenido ningún contenido social e ideológico que haya sido acogido y heredado por sociedades «convergentes». Probablemente, sin el modo de producción asiático no habríamos tenido ni siquiera la formación de la Antigüedad clásica; lo que sin embargo no nos impide definirlo,

10. *Cf.* F. Tokei, *La forma di produzione asiatica*, Milán, Sugar, 1970.

con Marx, como la infancia «no normal» de la humanidad y, por el contrario, definir la Antigüedad clásica como infancia «normal».

El desarrollo genérico, o el grado de divergencia o convergencia, de determinadas sociedades *no es de ningún modo* sinónimo del grado de alienación de la esencia humana (o genérica). Las facultades genéricas de la humanidad, su esencia genérica, han podido desarrollarse únicamente a través de la alienación de esta esencia; la esencia humana sólo ha podido desarrollarse al precio de la desesencialización de los hombres particulares (y de los estratos sociales) (véase al respecto lo que dice Marx en las *Teorías de la plusvalía*). En el capitalismo, por ejemplo, donde la convergencia entre el desarrollo de las fuerzas esenciales de la sociedad concreta y del hombre es máxima frente a todas las sociedades precedentes, es también máxima la alienación de la esencia humana. Preservar esta convergencia suprimiendo la alienación: ésta es precisamente la perspectiva del comunismo.

Es importante establecer estas distinciones puesto que son decisivas en la vida cotidiana. En primer lugar, es particularmente importante la distinción entre consciencia de la genericidad y relación consciente con el desarrollo genérico en aquellas sociedades que convergen con el desarrollo de la genericidad. De hecho, en este caso la relación consciente con la genericidad forma parte de la tendencia de desarrollo de la humanidad.[11]

Sin embargo, el grado de alienación en una sociedad dada depende en gran medida de la posibilidad para el hombre medio de realizar en la vida cotidiana una relación consciente con la genericidad y del grado de desarrollo de esta relación cotidiana. En tales épocas la consciencia cotidiana es, en la mayoría de los casos, fetichista, como escribe Marx refiriéndose a la producción de mercancías: «...el interés común, lo que aparece como móvil del acto conjunto, es, ciertamente, reconocido por ambas partes como facto, pero en sí no es el móvil; se produce, por decirlo así, a espaldas de los intereses particulares reflejados en sí mismos y contrapuesto el del uno al del otro».[12] Para el ciudadano de la polis nacido libre en el período de máximo poderío de Atenas, la relación consciente hacia su polis era un hecho cotidiano. Sin esta consciencia no hubiera podido reproducirse como ciudadano de la polis.

Al mismo tiempo, desde el punto de vista de la vida cotidiana, no son indiferentes en absoluto la *amplitud* y el *contenido* de la integración respecto a la cual también la vida cotidiana exige una relación consciente. Puede decirse que no ha

---

11. Esto es válido también para el caso en que nosotros reconozcamos *post festum* nuestra prehistoria en objetivaciones particulares en múltiples sociedades divergentes.

12. K. MARX, *op. cit.*, vol. I, p. 182.

existido nunca en la historia del mundo una formación social que no haya requerido una tal relación consciente con la integración más circunscrita, con la *familia*. En el Medioevo, en la época de la «democracia de la libertad» (Marx), el requerimiento mínimo era, en la mayoría de los casos, una relación consciente con una comunidad más amplia, la capa. La sociedad burguesa es la primera que se ha desintegrado completamente en sus átomos, en los hombres particulares; por consiguiente, en ella la relación consciente con el elemento genérico no es requerida por lo que respecta a la reproducción del particular (aquí, como hemos visto, «el interés común» sólo puede realizarse «a espaldas» de los «intereses particulares»). Por el contrario, la relación consciente con el género es, en esta sociedad —cuando y en la medida en que se realiza—, netamente más amplia que en el pasado. Para el capitalista esta integración puede ser la clase en su totalidad y hasta incluso la *nación* entera; por el contrario, para el proletario —planteada la liberación de su clase— es el *género humano* en su totalidad. La familia, la capa, que habían sido el objeto máximo de la intención genérica, quedan reducidas a la particularidad.

DESCOMPOSICIÓN DE LA CATEGORÍA «HOMBRE PARTICULAR»: LA PARTICULARIDAD

Después de haber esbozado, aunque de un modo suscinto, el concepto de «mundo», afrontaremos ahora el concepto de «hombre particular».

Las características particulares

Todo hombre singular es un *ser singular particular*. Cada hombre viene al mundo con determinadas cualidades, actitudes y dificultades que le son propias. Puede ser alto o bajo, fuerte o débil, sano o enfermizo, puede ser más o menos hábil con las manos, puede tener un oído bueno o malo, un temperamento frío o caliente. La afirmación de Marx según la cual la comunidad es para el hombre un hecho dado como el color de su piel, es también válida en sentido inverso. Las cualidades y las disposiciones innatas existen para el hombre como una especie de naturaleza. Estas disposiciones lo acompañan durante toda su vida y el hombre debe tenerlas en cuenta si quiere dar cuenta de sí mismo.

No es necesario gastar muchas palabras sobre el hecho evidente de que una cualidad, aunque natural, es siempre social, socializada. El hombre como ente natural particular es un producto del desarrollo social. Pero lo que nos interesa aquí es otra cosa, y es que el hombre, puesto que desde su nacimiento —al inicio menos, después cada vez más consciente de su ambiente— entra en relaciones determinadas con los objetos y los sistemas de aspiraciones sociales de este último, cultiva desde los primeros comienzos determinadas cualidades suyas innatas. Los sistemas de aspiraciones en continua mutación de la vida cotidiana en constante cambio exigen que se cultiven cualidades siempre nuevas. En un mundo en el que sea particularmente necesaria la fuerza bruta, el hombre cultivará instintivamente su fuerza física y su destreza mucho más que en las condiciones de la civilización moderna. Cuando hemos dicho que el particular quiere afirmarse ante todo en el interior de su ambiente inmediato, decíamos implícitamente que él, en un sentido muy general, comienza a cultivar aquellas facultades y disposiciones que son necesarias para su existencia, para su afirmación en esta comunidad dada. Cultivar estas cualidades particulares es por consiguiente el criterio mínimo, sin el cual es imposible la apropiación de la vida cotidiana.

El punto de vista particular

Después de haber analizado las características particulares, tomaremos ahora brevemente en consideración el punto de vista particular. El hombre *percibe y manipula* el mundo en el que nace *partiendo siempre de sí mismo.* En el centro del descubrimiento del mundo se encuentra siempre su propio *yo.* Sin embargo, nos encontramos aquí con una situación distinta de aquella del animal, cuya vida aislada está dirigida a satisfacer las necesidades vitales particulares. La satisfacción de las necesidades naturales particulares es también, evidentemente, en el hombre un factor de primera importancia; sin embargo, este factor se verifica mientras el hombre es consciente de estas necesidades, las sintetiza y las contrapone como hecho *subjetivo* al ambiente circundante, al objeto de sus acciones. *El animal particular es parte constitutiva de su mundo; la particularidad humana es parte de este mundo en cuanto se contrapone a él.*

Si un ser singular particular se apropia del mundo, lo hace *con objeto de conservarse,* por consiguiente, pone teleológicamente su auconsciencia y coloca conscientemente su yo en el centro del mundo. La *consciencia del yo* aparece simultáneamente a la consciencia del mundo.

Este significado fundamental de autoconservación, de consciencia del yo —de consciencia particular—, presente en el comportamiento y en la actividad del hombre es conocido por la filosofía y ha sido estudiado por Vives, Hobbes y Spinoza. Sin embargo, del reconocimiento de este significado fundamental, los filósofos llegaron a la conclusión de que *toda* pasión, *todo* afecto, *toda* motivación e incluso el comportamiento moral del hombre deben ser deducidos de esta «autoconservación». No obstante, si bien es incontestable que sin autoconservación no existe vida humana, no se puede decir que ésta sea el origen del comportamiento humano. Cuanto menos, porque la autoconservación (la consciencia del yo, la relación sujeto-objeto, el planteamiento del fin), como hemos visto, tiene ya en sí un contenido genérico: es la forma específica en que se manifiesta en el hombre la genericidad. *Es la genericidad la que hace comprensible la especificidad de la autoconservación humana*; y si se quiere, es esta última la que es deducible de la primera y no viceversa.

La deducción de todas las pasiones humanas, de la moral, de las actividades, etc., del punto de vista particular, deriva, como hemos visto, de la ignorancia de la categoría de «genericidad» como categoría primaria. No es que los pensadores citados, desde Vives hasta Spinoza, no hayan conocido *ninguna* categoría de genericidad; se trata simplemente de que aquéllos han identificado la genericidad con el relacionarse conscientemente con el género. Para ellos la sociedad constituía una suma de singulares seres particulares y solamente algunos de ellos podían alcanzar la genericidad. Pero estos seres singulares —solamente singulares—, que al igual que todos los otros han venido al mundo con el instinto fundamental de la autoconservación, ¿cómo alcanzan esta genericidad? Según los autores citados, únicamente a través del *conocimiento*. La relación consciente con la genericidad se convierte así únicamente en una función del conocimiento y, a pesar de toda «deducción», queda despegada de la totalidad de la vida, de la totalidad del comportamiento humano. (Más adelante volveremos sobre el papel del conocimiento en la elaboración de la relación consciente con la genericidad y veremos que también hay algo de cierto en tal visión.)

Las tentativas de deducir las pasiones y las actividades genéricas de la particularidad indican ya que ésta aparece mistificada. Pero existe también una forma más moderna de mistificación de la particularidad, que procede del romanticismo y que continúa viviendo en el existencialismo y en sus formas vulgarizadas. Aquí el punto de partida viene dado por el hecho de que el hombre es único, *irrepetible*; además, este ser particular irrepetible y único sería incapaz de comunicar su yo, sus percepciones, y por ello quedaría irremisiblemente *recluido en su unicidad*. No se pretende aquí describir simplemente un estado de cosas, sino que se pretende una *valoración*: la unicidad incomunicable es puesta por encima de la singularidad socializada, que es comunicable, que vive en el mundo.

La unicidad y la irrepetibilidad del hombre son ciertamente hechos ontológicos. Pero de ello no se deriva ni la imposibilidad de una comunicación real entre hombre y hombre, ni la reclusión en la unicidad, y menos aún que la unicidad represente en sí y para sí la esencia del hombre.

Hay que decir en primer lugar que la unicidad y la irrepetibilidad del hombre también se realizan en sus *objetivaciones* y solamente en éstas. No existe autoconservación humana sin *autoexpresión*; la *consciencia del yo* en cuanto síntesis específica (nos hemos referido ya a este carácter de síntesis) surge mediante una serie de objetivaciones (incluso la satisfacción de las necesidades vitales en el hombre no tiene lugar sin objetivación). Las objetivaciones primarias son, en este sentido, el trabajo y el lenguaje. Solamente quien *generaliza* posee una consciencia del yo, una consciencia particular. Y una generalización de este tipo es precisamente el trabajo al igual que la comunicación lingüística primitiva. Quien no generaliza, quien no *manifiesta* su genericidad humana, no es ninguna particularidad humana.

Repetimos: no existe consciencia del yo sin generalización. ¿Pero no es esta generalización un límite de la autoexpresión? ¿No se pierde en la generalización del yo precisamente algo esencial del yo? [13]

Se dice: un hombre no puede conocer al otro porque no puede *percibir* la misma cosa. No existen dos hombres que perciban el *mismo* rojo (en todo caso no podremos saberlo nunca), como no existen dos hombres que *hayan sentido la misma cosa* cuando se trate de sentimientos, por ejemplo, alegría o dolor. Por esto los hombres están recluidos en su singularidad, sin conocerse recíprocamente, sin poder comunicarse el uno con el otro.

En efecto, no sabemos si los particulares perciben o sienten *exactamente* la misma cosa, si son capaces de percepciones o sentimientos idénticos. Pero esto no nos dice nada sobre la incognoscibilidad o sobre la facultad de comunicarse. Es decir, todo esto tiene *importancia* para el hombre solamente desde el punto de vista de la praxis, de la acción. La cuestión no es nunca si yo percibo como los otros el mismo rojo, sino si yo, a lo que percibo como rojo, reacciono unívocamente (y del mismo modo que los otros) como al rojo; y esto es válido desde la esfera pragmática cotidiana hasta la estética. Si soy capaz de esto, entonces, expresando mi percepción del rojo, expreso mi propia percepción y la comunico de un modo unívoco y comprensible a los demás. Las cosas son un poco más complicadas, pero análogas, por lo que respecta a los sentimientos. Si demuestro amor, no es importante para mí que el otro perciba

---

13. Examinaremos con más detenimiento este problema en la última parte de este libro.

el *mismo* amor (mi amor tal como lo siento yo), sino más bien que él, a través de mis objetivaciones, tenga conocimiento de mi amor, reconozca mi amor y actúe también él con amor (con su amor). Nosotros no sentimos el dolor ajeno. Solamente un psicópata puede pretender que otros *sientan* su dolor; para las personas normales *es importante* solamente que las cosas que despiertan en mí alegría o dolor tengan el mismo efecto sobre otro hombre. Cuando decimos: «¡Siente mi dolor!», simplemente pretendemos que el otro *sienta dolorosamente la misma cosa,* al igual que nosotros.

La comunicación entre los hombres no resulta problemática por el hecho de que la unicidad como tal no sea expresable en su ser-así, sino por el contrario: la cuestión surge solamente siempre y cuando la comunicación que se expresa en la objetivación sea alienada. La mistificación de la unicidad es la mistificación de un aspecto de la particularidad alienada.

La «deducción» de las pasiones genéricas de la particularidad constituye ya una fijación filosófico-generalizante de un grado de la alienación. Rousseau lo había observado y por este motivo criticaba la teoría del egoísmo razonable. Es decir que, según Rousseau, hay que distinguir netamente la categoría de la autoconservación *(amour de soi-même)* de la de egoísmo *(amour-propre).* Para él la autoconservación es también una característica ontológica o antropológica fundamental del hombre. Sin embargo, continúa Rousseau, paralelamente a la autoconservación, y por motivos igualmente fuertes, nace la compasión, la *conmiseración,* frente al otro. La autoconservación se convierte en heroísmo, alcanza el primado frente a la conmiseración (o a pesar de ésta) apenas se forma la *propiedad privada.* La teleología referida al yo y la edificación de la personalidad humana sobre la teleología del yo son hechos históricos, esto es, hechos donde el elemento histórico es por lo menos tan importante como el hecho en sí. Esta teleología no constituye la esencia del hombre, sino una característica del hombre alienado.

Las dos teorías de la particularidad mistificada han surgido, a decir verdad, en dos fases diferentes del desarrollo de la alienación y expresan por consiguiente dos posiciones diferentes hacia la particularidad. La teoría mencionada en primer lugar aprueba ingenuamente la alienación en la fase en que la sociedad burguesa está en ascenso, la encuentra «natural», no ve ningún conflicto entre ésta y el libre desarrollo multilateral de la individualidad. Y con razón. Esta fase, en efecto, estaba produciendo los héroes del egoísmo, los *self-made-man,* Napoleón a la cabeza. (Para los Estados Unidos de América esto es cierto incluso mucho más tarde, y aquí la teoría del egoísmo razonable —aunque en variantes más superficiales— duró precisamente mucho más tiempo.) La segunda teoría se abre paso apenas el mundo burgués se ha, por así decir, «realizado», cuando el mundo de las objetivaciones se transforma todavía más en el mundo de las relaciones reificadas que enmascaran las relaciones personales y cuando el espacio para la autorrealización de la personalidad va siendo cada vez más restringido. Este carácter del mundo de las objetivaciones que destrozando al hombre se vuelve cada vez más rígido en un papel, en un cliché, hace surgir modos de comportamiento y puntos de vista extremos de dos especies. Ambos representan una crítica de la vida cotidiana burguesa, pero la primera es positiva, y la segunda negativa. La positiva acepta la estructura reificada del «mundo» del hombre, pero no como un destino. Busca y encuentra los fundamentos de esta situación en la estructura social en su totalidad, la niega y proyecta de un modo revolucionario un mundo nuevo, humanizado. La crítica negativa considera el mundo reificado como una consecuencia necesaria e inevitable de la objetivación y rechaza toda actividad y toda comunicación. Esta crítica no opone al mundo reificado otra cosa que la incógnita de la unicidad no comunicante: la particularidad pasiva, que se plantea solamente a sí misma. El sentimiento fundamental de la primera crítica es la rebelión, el de la segunda es la desesperación. La primera está representada en su forma más radical por Marx, la segunda por Kierkegaard.

Las motivaciones particulares (los afectos particulares)

Hemos examinado hasta ahora dos aspectos de la particularidad: las características particulares y el punto de vista particular (y en tal contexto nos hemos referido a la autoconservación). Pero cuando hablamos de la alienación debemos considerar atentamente un tercer aspecto de la particularidad: la *motivación particular*.

De la presencia ontológico-antropológica del punto de vista particular resulta que no *existe ningún hombre sin motivaciones más o menos particulares*, así como nadie sabe por experiencia directa a propósito de la propia vida ni de los demás. La jerarquía de valores entre los hombres no es construida preguntándose si éstos tienen o no motivaciones particulares, sino examinando cuáles son estas motivaciones, cuál es su contenido concreto, su intensidad, y examinando además en *qué relación* se encuentran con la particularidad del sujeto, *en qué medida pueden plantearse como objeto del propio sujeto*.

La forma más elemental, más espontánea, de la motivación particular se tiene cuando el punto de vista particular hace de móvil: desde la autoconservación instintiva hasta las problematizaciones finalizadas en el yo. *Yo* estoy hambriento y por ello quito el pan a mi prójimo; tengo una mala opinión de alguien, porque *yo* no le gusto o porque creo que *yo* no le caigo bien; *yo* no soy bueno para nada, por consiguiente me pregunto *por qué*, por qué motivo, estoy en el mundo. Todo esto expresa los más diversos niveles de vida, así como también la función motivadora del punto de vista particular.

Todos mis sentimientos guardan alguna *relación* con mi punto de vista particular como hecho motivante; pero esto no significa ni mínimamente que todos mis afectos estén construidos sobre él o que puedan ser deducibles de él. Los sentimientos puramente particulares son muy pocos. En primerísimo lugar se encuentran la envidia, la vanidad y la vileza; más bien en segundo plano se encuentran los celos y el egoísmo. Esta enumeración muestra ya cuán poco pertinente es identificar la categoría de particularidad con el egoísmo. Si existe algún afecto que no proporciona ninguna ventaja, éste es sin duda la envidia. Jamás la envidia ha proporcionado bienes a nadie, sino más bien desagrado y dolor. Lo cual es cierto incluso cuando se considera la envidia al margen de su relación con la ética, es decir, cuando se piensa en el ejemplo abstracto del hombre sin normas morales.

Con la vanidad sucede lo mismo que con la envidia. La vanidad es el *sentimiento de confirmación* del yo particular. Es la sobrevaloración de mis acciones y actitudes en cuanto *mías*, la sobrevaloración de toda persona que apruebe *mi* persona y *mis* acciones y actitudes. *Yo* soy guapo, inteligente y bueno, *yo* he actuado justamente, y todos los que *me* encuentren guapo, inteligente y bueno y que consideren justas *mis* acciones, actúan justamente. Precisamente por esto la vanidad es un afecto más *perjudicial* que útil para el yo —incluso para el yo particular. Obnuvila la lucidez de juicio, hace imposible alcanzar incluso el mínimo de conocimiento indispensable para orientarse de un modo funcional en la vida cotidiana.

La *vileza* es el sentimiento de salvación del yo particular. Su contenido depende siempre *de lo que* el hombre quiera preservar a su yo particular. Si uno es vil en el campo de batalla es porque quiere salvarse de la aniquilación física o de daños en su propio cuerpo; si es vil cuando debería comprometerse en una causa, quiere salvarse de una pérdida de posición o de daños materiales, es decir, de menores posibilidades de saciar sus necesidades. Cuando alguien «tiene miedo» de algo que no está relacionado con la defensa de su particularidad, no tiene sentido aplicar la categoría de vileza. Se puede tener miedo de perder el honor, pero este miedo se refiere a la individualidad. Por ello quien esto teme no es vil en absoluto.

En el caso de la vileza, la relación con lo «útil» y lo «perjudicial» es más compleja de lo que ocurría, por ejemplo, en el caso de la vanidad o de la envidia. La vileza puede ser un sentimiento útil a la particularidad (quien huyendo conserve su vida

41

o su integridad física), pero también en este caso no lo es de un modo absoluto. No son raros los casos en los cuales las reacciones de vileza, consideradas desde el punto de vista de la totalidad de la vida, lesionan también los intereses particulares.

El *egoísmo* es más bien una posición y una motivación particular que no un afecto específico *sensu stricto*; sin embargo, es de tipo afectivo. No obstante, debemos distinguirlo netamente del egoísmo como principio de vida. El egoísmo a que nos referimos es una manifestación antropológica-elemental; por el contrario, este último es un fenómeno relativamente tardío cuya época áurea coincide con la sociedad burguesa. El egoísmo en cuanto posición y motivación particular elemental significa simplemente que yo quiero saciar ante todo mis propias necesidades, que yo deseo el bien para mí mismo; por ello se trata de una manifestación afectiva de la autoconservación. El egoísmo como principio de vida transforma conscientemente el mundo, el ambiente, las integraciones, en *instrumentos* del yo, propone como único fin consciente el éxito del yo, subordinándole todo lo demás. (Dicho sea de paso: el egoísmo como principio de vida, a pesar de que constituye también una motivación de la particularidad, invade y ordena la entera *individualidad*, cosa que *no sucede nunca* en el caso del egoísmo elemental.)

De todos los otros sentimientos puede decirse que no son *puramente* particulares. Pueden referirse ya sea a la particulariridad, a la individualidad, como también inmediatamente a la genericidad (y veremos que los dos últimos casos se implican recíprocamente).

Este hecho es sustancialmente conocido desde hace tiempo, si bien tales categorías no habían sido distinguidas. Aristóteles, por ejemplo, analizando el concepto de amor propio, afirma que puede medirse el valor o la falta de valor de este sentimiento distinguiendo *que es lo que* uno ama en sí mismo. Amor propio puede significar una posición afectiva positiva unívoca e indiferente hacia mi yo, una «tierna» posición hacia todo lo que yo soy, pero puede significar también que amo en mí el haber resistido honorablemente en una situación difícil, que amo, por consiguiente, mis valores individuales genéricos y sus manifestaciones. Puedo odiar a alguien (y odiarlo *solamente* por esto) porque no le caigo bien, porque me ha impedido alcanzar algún objetivo —no elevado, sino particular—, además puedo odiar a un hombre porque ha destruido mi ciudad natal o incluso otra ciudad con la que no tengo nada que ver, porque aflige a su familia con la que tampoco tengo nada que ver. *Por consiguiente, los sentimientos no son por norma ni particulares, ni individuales y genéricos, sino que más bien cambian según a lo que se refieren y según su contenido concreto.* (Hay que observar aquí que no existen afectos puramente genéricos. Existen, por el contrario —como veremos más adelante hablando de la ética—, *valores* antiparticulares, puramente *genéricos*.)

Hemos distinguido los afectos particulares (pocos, como hemos visto) de los no puramente particulares. Ahora, sin embargo, debemos clarificar —contra los que sostienen la teoría deductiva— que los sentimientos particulares no tienen ninguna *prioridad ontológico-antropológica* respecto a los no puramente particulares. Es decir, cuando decimos que el hombre alcanza la madurez para la vida cotidiana, para el «mundo», no queremos decir en absoluto que él nace «egoísta» (envidioso, vil, etcétera) y que seguidamente *se adapta* a las exigencias de su ambiente. El hombre nace con características particulares y con un punto de vista particular, pero no con motivaciones particulares. Determinadas motivaciones particulares se desarrollan inevitablemente a partir de las características y de los puntos de vista. Pero ya que el hombre nace en el mundo, entre sistemas de exigencias y de usos, en relaciones afectivas gozables por él que son independientes de su yo, todas estas cosas constituyen para él otras tantas «circunstancias», como su particularidad, *y de éstas surgen de un modo igualmente inevitable otras motivaciones*. Todas estas circunstancias entran en relación recíproca, en correlación la una con la otra, sin que la una sea la «causa» de la otra. El grado en que el hombre referirá a su yo el mundo descubierto a su alrededor, el grado en que la particularidad tendrá un lugar dominante en el mundo afectivo del que él se ha apropiado depende de muchísimos factores. Ante todo depende del mundo en el que nace; en segundo lugar de sus circunstancias (y no de las motivaciones) particulares, de sus características y de la medida en que éstas son «cultivables» en el seno de su ambiente dado. Por esto debemos aclarar desde ahora que la exacerbación de la particularidad es una reacción del mundo de los afectos en su conjunto ante la realidad *alienada*; el hecho de que en la historia del género humano haya bastado la particularidad a la media de las clases (estratos), a la media de los hombres singulares para orientarse en la vida cotidiana, el hecho de que haya sido considerado como excepcional el caso de que alguien se haya elevado *de un modo duradero* por encima de la particularidad, indica que estamos en presencia de la alienación.[14]

Cuando hablamos de las motivaciones particulares damos importancia al análisis de los sentimientos particulares no porque identifiquemos las dos cosas, sino solamente porque es indudable que toda motivación particular lleva también cierta carga de afectividad. Por ello debemos empezar planteando el problema por este punto. Hasta ahora, sin embargo, hemos es-

---

14. Anteriormente a las sociedades de clase el particular no estaba todavía diferenciado en particularidad e individualidad.

bozado solamente los afectos referidos al yo, y cuando se trata de afectos puramente particulares esta limitación queda justificada. Pero, aunque discutamos sobre los sentimientos que conciernen a la particularidad, no podemos quedarnos en el yo indiferenciado. La particularidad es, incluso en sus formas más simples, un fenómeno notablemente complejo.

Ante todo, la particularidad se extiende a todo lo que irradia del yo, a todo lo que el yo conoce y reconoce como suyo. Hasta uno de los afectos particulares —la vanidad— tiene tal «halo», un campo tal de irradiación. Mi vanidad no abarca solamente lo que yo personalmente soy o lo que he hecho, sino que puede extenderse también a todo lo que está en relación conmigo sólo casualmente: por ejemplo, la belleza o la capacidad de mi mujer o de mi hijo. Yo puedo tomar a alguien bajo mi protección únicamente porque proviene de mi pueblo; puedo despreciarlo porque su mundo moral no concuerda con el de mi ambiente inmediato; puedo demostrar simpatía hacia alguien porque cultiva el mismo *hobby* que yo.

Todo lo que se ha dicho hasta ahora debería indicar ya que la *consciencia del nosotros* no constituye siempre una antítesis de la *consciencia del yo*. Los sentimientos relativos a la consciencia del nosotros pueden ser afectos particulares precisamente como los referidos a la consciencia del yo. Sin embargo, ya que a continuación nos ocuparemos extensamente de la relación entre hombre particular y comunidad, nos limitaremos aquí a unas pocas observaciones preliminares.

Cuando el hombre se apropia de su ambiente inmediato, de su mundo, lo reconoce como *su propio mundo*. En las sociedades comunitarias, en las cuales la apropiación del mundo implica simultáneamente la apropiación de una comunidad y de la consciencia del nosotros de esta comunidad, ello tiene lugar de un modo distinto que en las sociedades «puras», donde significa ante todo aceptación del sistema de usos y de aspiraciones o del modo de pensar como identificación de sí con tales cosas; y de un modo distinto tiene lugar en el caso de integraciones más restringidas o más amplias, más compactas o más desunidas, etcétera. Sin embargo, suceda como suceda, el hombre percibirá siempre su propia existencia como existencia de un particular perteneciente a una integración (o bien, en casos más complejos, como la de un particular perteneciente a diversas integraciones). La integración le pertenece y él pertenece a la integración; el sistema de usos de esta integración es el suyo, las exigencias de la integración son las suyas, el particular *se identifica* con su integración. Esta identificación se verifica *espontánea* y simultáneamente al desarrollo de la consciencia del yo. La contraposición de *nuestra* familia, de *nuestra* ciudad, de *nuestra* nación a las «otras» (a su familia, a su ciudad, a su nación) es tan obvia para el particular como la pura motivación del yo.

En la infancia del género humano esta consciencia del nosotros acompaña al hombre para toda la vida; Marx dice que un hombre nacido en una comunidad natural puede ser un particular concreto sólo en cuanto es miembro de la comunidad dada. En el género humano que ha alcanzado la edad adulta esto es válido solamente para la infancia; cuando se alcanza la edad adulta se tiene la posibilidad de escoger la propia (o ninguna) integración. No obstante —y veremos seguidamente por qué—, la fuerza de motivación de esta consciencia del nosotros y de la referencia a ella no se amortigua ni siquiera durante la «madurez».

El «nosotros» es, por consiguiente, aquello por lo cual existe el «yo». Si mi consciencia del nosotros significa una identificación *espontánea* con una integración dada, todos los sentimientos que yo refiero a la integración *pueden* ser afectos particulares, como si fuesen referidos a mí mismo.

Pueden pero no deben serlo necesariamente. Sin embargo, como ya hemos apuntado, hasta los afectos concernientes al yo deben ser obligatoriamente particulares; piénsese en el discurso citado de Aristóteles sobre aquello que amamos en nosotros mismos y con lo que nos identificamos. En el caso de la consciencia del nosotros el asunto es más complicado. Si me identifico solamente con la eliminación de mis necesidades egóticas particulares, mi sentimiento será necesariamente particular; pero si me identifico con la necesidad particular en sí de mi integración, puedo elevarme todavía *respecto de mi yo* por encima de esta particularidad. Mi posición es indiferenciadamente particular cuando empleo mis fuerzas en favor de mi egoísmo; pero yo puedo —por dar sólo un ejemplo— emplear mis fuerzas en el interés puramente egoísta de mi nación, incluso *en perjuicio* de mi egoísmo privado. La elevación a la consciencia del nosotros, la identificación con los objetivos del nosotros, la actividad para su consecución, pueden ser, por consiguiente, la escuela donde se aprenden a superar las motivaciones particulares, incluso en el caso de que los objetivos de la integración sean particulares.

Puedo superar mis motivaciones particulares incluso partiendo de tendencias, contenidos de valor y motivaciones totalmente diversas respecto del objetivo de la integración. Dedicaremos por ahora apenas unas palabras al tercer momento. Puede suceder que la misma motivación no sea particular. Batirse en duelo con el ofensor de mi familia, constituía una cuestión de honor en una determinada integración de una época determinada: el móvil particular (es decir, aquel por el cual también *yo* había sido ofendido) actuaba sólo de un modo subordinado con relación a las leyes morales no escritas del código de honor. Pero puede servir incluso una motivación puramente particular: yo defiendo una causa común porque hasta ahora he «invertido» muchísimo en ella; estoy dispuesto a hacer sacrificios para no perder mis «inversiones» pasadas. La motivación particular puede ser también consciente, pero regularmente no lo es, la mayoría de las veces es espontánea: me refiero tan sólo a la consciencia del nosotros; me indigno solamente porque la integración ha sido ofendida, sin notar que en el fondo me indigno por la pérdida de mis inversiones y que —en última instancia— me defiendo a mí mismo. *Cuando se defienden la consciencia del nosotros y las integraciones, las motivaciones particulares y no particulares están en la mayoría de los casos indisolublemente entrelazadas.*

Nos hemos detenido brevemente sobre este tema sólo para poder mostrar que también los sentimientos relativos a la integración, a la consciencia del nosotros, pueden ser particulares; que defender la integración puede significar (es decir, significa entre otras cosas) defender mi particularidad.

Hablando de la particularidad hemos mencionado solamente hasta ahora los sentimientos, distinguiendo entre los particulares y los *también* particulares. No hemos hecho referencia a la objetivación lingüística de la particularidad, a la particularidad que se expresa en juicios, deducciones, etcétera.

La formulación lingüístico-conceptual se encuentra en una peculiar relación con los afectos particulares o con las relaciones afectivas particulares. *En la mayoría de los casos los expresa de un modo tal que los oculta.* Este ocultamiento puede ser de varios géneros y de diversa intensidad, *desde el ocultamiento espontáneo hasta el conscientemente hipócrita.* Cuando el particular no se da cuenta en absoluto de sus motivaciones, nos hallamos frente al ocultamiento espontáneo. Cuando se encuentra hasta tal punto en una relación no consciente consigo mismo, cuando no se pone a sí mismo como objeto de su conocimiento hasta el punto de no saber en absoluto qué siente y por qué motivo, el particular expresa simpatías y antipatías con las fórmulas que encuentra ya dispuestas en su ambiente, sin advertir el más mínimo conflicto con ellas. Encontramos la hipocresía consciente en aquellos que conocen y reconocen las normas con las que se enfrentan —entre ellas las morales—, pero, aun sabiendo que éstas no son sus propias motivaciones, o lo que es lo mismo, aun teniendo claro cuáles son las motivaciones de su particularidad, las traduce, sin embargo, al lenguaje de las pretensiones morales. En este caso, la defensa de la particularidad aparece *redoblada*. Por una parte, es defendida por obra de la motivación particular, y por otro lado por el ocultamiento de esta motivación, a través del cual el particular se hace *comme-il-faut* en el mundo de las personas moralmente exigentes. Un fenomeno extremo de este comportamiento se da cuando es redoblada también la expresión lingüística, la generalización. Por un lado, una persona articula en palabras la defensa de su propia particularidad como principio vital, y por otro, articula al mismo tiempo en palabras —para otros— la moralidad. En la media de la sociedad el contraste entre motivación particular y generalización lingüístico-conceptual no alcanza este estadio extremo: el particular racionaliza de un modo aceptable para él, mientras que como fenómeno secundario advierte también la presencia de motivaciones particulares.

La particularidad organiza normalmente la propia defensa lingüístico-conceptual (bajo la forma del ocultamiento) aprovisionándose del arsenal de la consciencia del nosotros, de la defensa de la integración. Lo que resulta tanto más sencillo en cuanto, como hemos visto, la defensa de la consciencia del nosotros puede ser también objetivamente la defensa de una motivación particular y —al menos para los miembros de la integración dada— puede aparecer totalmente aceptable y plausible. Sin embargo, cuanto más complejo es el intelecto del individuo tanto más complejas son las formas que asume normalmente el ocultamiento lingüístico-conceptual de las motivaciones particulares.

La particularidad se presenta sin enmascaramiento —pero únicamente en la media social— sólo en la fase ascendente de la sociedad burguesa, cuando y donde el egoísmo se convierte en principio. No obstante, incluso en este caso, el egoísmo es generalmente racionalizado a nivel ideológico, es decir, a través de la concepción según la cual los egoísmos individuales se fundían en el conjunto de la sociedad en última instancia al servicio del «bien común» *(salut public)*.

El ocultamiento lingüístico-conceptual de las motivaciones particulares es solamente una de las formas conceptuales en que se manifiesta la particularidad. El *juicio sobre los otros* es inseparable de lo anterior —y de importancia central en la vida cotidiana. Es conocida la fuerza que mis motivaciones particulares tienen al juzgar a los demás —hombres particulares, integraciones. Yo encuentro ridículo el heroísmo porque no sabría comportarme valientemente, insulto a la mujer de otro porque se la envidio, juzgo inmoral una costumbre porque estoy habituado de otro modo, etcétera.

La particularidad como comportamiento general

Defender mi particularidad no significa evidentemente defender solamente mis motivaciones particulares o referidas a la particularidad, sino también la *totalidad del sistema* que se ha construido encima. A este sistema pertenecen mis acciones, opiniones, pensamientos, tomas de posición del pasado. Debo defender todo lo que *yo* he hecho (o que nosotros, con lo cual el yo se identifica, hemos hecho) si quiero defender mi particularidad con alguna esperanza de éxito. Por consiguiente, racionalizo mi pasado atribuyendo *a otros* mis errores: a mis características innatas (por cuya causa —y ésta también es una racionalización— no puedo hacer nada), a intrigas ajenas, a la casualidad, o, si me parece oportuno, a la desventura.

Evidentemente, no sólo racionalizo mis acciones pasadas, sino también mis *acciones futuras*. El lobo, antes de devorar el cordero, debe explicar por qué viene obligado a hacerlo: su acto, ya antes de ser ejecutado, aparece circundado por la aureola del derecho.

La generalización lingüístico-conceptual muestra la forma compleja en que la particularidad se expresa, se oculta y, al mismo tiempo, se hincha. Es decir, mientras los hombres, o sea su media, se caracterizan por *una relación no distanciada con la consciencia del yo —y al mismo tiempo con la consciencia del nosotros—*, el desarrollo de la civilización y las relaciones sociales cada vez más complejas nutren y alimentan la particularidad. La esencia del hombre se desarrolla, como hemos visto, a través del vaciamiento de los particulares; el desarrollo rico de la esencia del hombre va a la par con la desesencialización del particular. Por consiguiente, es este proceso, la alienación, el que «alimenta» la particularidad: tenemos así la época —muy dilatada— de la alienación, en la cual *el sujeto de la vida cotidiana es la particularidad.*

El mundo en el que los hombres nacen y en el que deben conservarse es, según Goethe, duro. En este mundo duro ellos trabajan (en general muchísimo), comen y beben (en general menos de lo que necesitan), aman (en general uniformándose a las convenciones), educan a los hijos para este mundo y custodian con temor y aprensión el rinconcito que han conquistado luchando, por el cual han dispendiado fuerzas y fatigas. En general encuentran ya preparada la jerarquía de su actividad cotidiana; jerarquía que está normalmente estructurada de un modo conforme al lugar ocupado en la división del trabajo y por lo tanto difícilmente pueden cambiarla. No tienen casi ninguna posibilidad de «cultivar» sus características, y cuando tal posibilidad existe, los límites son muy restringidos. Cuando la vida aparece relativamente completa, está también embotada o «limitada» (Marx). Cuando no es limitada, ya no existe una comunidad que te nutra ni te defienda. Una vez, escuchando la *Apasionata*, Lenin comentó que era para maravillarse de que los hombres, aun viviendo en un sucio infierno, supiesen crear tales obras. Y en efecto el problema no es tanto que el desarrollo alienado de la esencia humana produzca hombres singulares cuyas motivaciones son particulares y que tal desarrollo «alimente» la particularidad; lo que suscita admiración es que en este sucio infierno consiga desarrollarse a pesar de todo la libre individualidad, tal como acontece.

DESCOMPOSICIÓN DE LA CATEGORÍA DE «HOMBRE PARTICULAR»: LA INDIVIDUALIDAD

Nadie está exento de motivaciones particulares, pero no existe ningún hombre particular que no se haya elevado nunca, más o menos, de algún modo, por encima de su propia particularidad. Por ello no es posible separar rígidamente el hombre particular del hombre individual. La individualidad es *desarrollo*, es *devenir individuo*. En cada época el particular se convierte en (se desarrolla en) individuo de un modo diverso. Pero sea cual sea el individuo o el ideal de individuo de una época determinada, siempre y en toda ocasión el individuo no está nunca acabado, está en continuo *devenir*. Este devenir constituye *un proceso de elevación por encima de la particularidad, es el proceso de síntesis a través del cual se realiza el individuo.*

Individuo e historia

Si bien es cierto que cada época tiene su *propio* individuo (desde que ha surgido la individualidad), es decir, que las diversas épocas son representables a través de los diferentes individuos-tipo, sin embargo, tales tipos de individualidad —aunque de una manera compleja— están construidos el uno sobre el otro. Al igual que siguiendo el curso de la historia hemos hablado (metafóricamente) de un «hincharse», de una «alimentación» de la particularidad, del mismo modo podemos hablar metafóricamente de un «madurar», de un «desarrollarse» de la individualidad. El «hincharse» de la particularidad y el «madurar» del individuo, considerados desde el ángulo del particular, son dos aspectos recíprocamente integrantes de un mismo proceso histórico.[15]

Tratando de la esencia humana, Marx indica como rasgos característicos fundamentalísimos el trabajo, la socialidad (historicidad), la consciencia, la universalidad y la libertad.[16] Estas características —*en contraste con el mundo animal*— son inherentes al hombre desde que ha llegado a ser hombre; sin embargo, su desarrollo concreto se verifica solamente *en el curso de la historia.* En el curso de la historia el hombre ha podido llegar a ser —hasta ahora a través de la alienación— cada vez más productivo, cada vez más social (histórico), cada vez más consciente y libre: es decir, podemos hablar de un desarrollo de la esencia humana sólo si y en la medida en que el hombre desarrolla estas características. El desarrollo de la esencia humana es la base de todo y cualquier *desarrollo de valor.* De

15. Pensamos estudiar en un trabajo específico la evolución histórica de la individualidad.
16. *Cf.* G. Markus, *Marxismo y «antropología»*, Barcelona, Ed. Grijalbo, 1974.

49

ahora en adelante indicaremos como valor, o como cargado de un contenido de valor, todo aquello y sólo todo aquello que promueve directa o indirectamente el desarrollo de la esencia humana. Las esferas de la realidad son heterogéneas y su desarrollo es contradictorio. Por esto, normalmente no se desarrollan todos los aspectos de la esencia humana, y ni siquiera en todas las esferas. A menudo sucede que una esfera desarrolla determinados valores los cuales, al mismo tiempo, se atrofian en otra, o bien que un tipo de valores se enriquezca mientras otro empobrece.

Miembros *singulares* de dos sociedades escogidos *al azar* (pensamos en una elección en el sentido del *random sample* sociológico) no nos dicen nada o muy poco sobre el modo y la medida en que estas dos sociedades han hecho posible el desarrollo de la esencia humana. Confrontando por consiguiente hombres singulares tomados *al azar* no podemos dar ningún juicio sobre el desarrollo, sobre el contenido de esta esencia. Aquéllos, como hemos visto, son hombres particulares en la media de la sociedad y en su tendencia; no teniendo una relación consciente con la genericidad —no habiéndose elevado hasta ella—, no encarnan ni pueden expresar sus valores. Pero una cosa sí puede saberse a través suyo, y se trata de un aspecto decisivo en el juicio sobre una sociedad: qué posibilidad de autodesarrollo ha ofrecido un estrato (clase) dado en un mundo dado a sus propios hombres singulares *medios*. La sustancia de valor de aquella sociedad, por el contrario, no es deducible de estos últimos, sino de las *individualidades*. Son los individuos —y su tipo que ha alcanzado el máximo desarrollo, que acoge en sí en mayor medida las sustancias de valor tipo que llamaremos *individuo representativo*— los que *singularmente* encarnan el máximo desarrollo genérico de una sociedad determinada.

A decir verdad, ni siquiera la «galería» de individuos representativos ofrece una imagen completa del carácter de una sociedad determinada respecto al desarrollo o a la negación del valor. Sólo se obtiene una imagen completa analizando la totalidad de la estructura social, no el hombre singular. La individualidad no es más que una posibilidad del *singular*, aunque en su forma *máxima*, que acoge en sí la posibilidad de la genericidad, y es por lo tanto sólo representativa.

Sin embargo, esto significa que en la medida en que entre determinadas sociedades se puede encontrar un aumento de valores —es decir, si una sociedad desarrolla más diversos valores respecto de la precedente—, este aumento de los valores es también deducible en relación a los individuos representativos; y no sólo en cuanto que el individuo representativo de una sociedad es *distinto* del de otra época —es decir, simplemente en el sentido del cambio—, sino también en el sentido de un *desarrollo*. Evidentemente, este desarrollo puede ser contradictorio, y en este caso expresa las contradicciones en el desarrollo de los valores en el interior de un complejo social. Lo cual no significa que los individuos representativos de una época precedente sean menos bellos, menos perfectos, menos ejemplares, etcétera, que los de una época posterior. Los individuos de aquellas estructuras sociales que divergen del desarrollo de la esencia humana —en cuanto que su relación consciente con su propia integración no está en la línea del desarrollo de la esencia humana— son efectivamente menos bellos, perfectos y ejemplares; en las individualidades de aquellas sociedades en las que la relación conscientemente genérica con las integraciones se mueve en el sentido del desarrollo de la esencia humana, las cosas suceden de otro modo. Lo que Marx define como infancia normal del género humano, se aplica precisamente a estas sociedades. La metáfora es ilustradora. La individualidad infantil puede ser bella, perfecta y ejemplar; pero esto no significa evidentemente que la individualidad adulta no constituya un desarrollo frente a la infantil. *Todo individuo que represente el desarrollo «normal» es parte y expresión del desarrollo de la esencia humana*; nadie es en sí perfecto; sin embargo, la serie entera está construida sobre la base de un crecimiento en relación al anillo precedente.[17]

En los *Grundrisse*, Marx habla difusamente de esto bajo un cierto ángulo. Compara la sociedad antigua con la moderna tomando en consideración el hecho de que la primera, basada en la «comunidad natural», es estática, mientras que la segunda es dinámica. Lo que tiene una notable influencia sobre las posibilidades de grandeza del individuo. Refiriéndose a la primera escribe: «Pueden darse aquí grandes desarrollos dentro de un ámbito determinado. Los individuos pueden aparecer como grandes. Pero no hay que pensar aquí en un desarrollo libre y pleno, ni del individuo, ni de la sociedad, pues tal desarrollo está en contradicción con la relación originaria.»[18] La nueva y libre individualidad puede darse solamente allí donde las relaciones establecidas no son límites para el hombre, sino obstáculos, obstáculos que hay que superar continuamente.[19]

Después de esta breve exposición, según la cual la individualidad representa el desarrollo genérico, debemos estudiar la razón y el modo de este hecho. Pero antes es necesario examinar con mayor detenimiento el concepto de «individuo».

---

17. Solamente en este sentido se puede hablar de desarrollo del arte.
18. K. MARX, *Elementos fundamentales...*, *op. cit.*, vol. I, p. 447.
19. *Ibid.*, vol. II, p. 32.

Comportamiento particular e individual

Recordemos ante todo un pensamiento de Marx ya citado y es éste, que el hombre es un ente genérico y que —si se compara con el mundo animal— todo hombre es «en sí» un ente genérico. Sin embargo, sólo en la medida en que una sociedad determinada, una estructura social determinada, contribuye al desarrollo de las fuerzas esenciales del hombre, de la esencia humana, el hombre, como ente genérico en sí, puede convertirse en representante de la esencia humana. Puede, pero no se convierte en ello necesariamente, y —según el grado de alienación— *en la media de la sociedad menos que nunca se convierte necesariamente en ello.*

En los *Manuscritos económicos y filosóficos* Marx escribe: «La producción práctica de un *mundo objetivo*, la elaboración de la naturaleza inorgánica, es la afirmación del hombre como ser genérico consciente, es decir, la afirmación de un ser que se relaciona con el género como con su propia esencia o que se relaciona consigo mismo como ser genérico.»[20] «La actividad vital consciente distingue inmediatamente al hombre de la actividad vital animal. Justamente, y sólo por ello, es él un ser genérico. O, dicho de otra forma, sólo es ser consciente, es decir, sólo es su propia vida objeto para él, porque es un ser genérico. Sólo por ello es su actividad libre. El trabajo enajenado invierte la relación, de manera que el hombre, precisamente por ser un ser consciente, hace de su actividad vital, de su esencia, un simple medio para su *existencia.*»[21]

Resumiendo: como consecuencia de la alienación, para la media de los hombres singulares que viven la consciencia del hombre en sociedad, es decir, su cualidad genérica, se convierte al mismo tiempo en un medio para negar su esencia genérica y, en efecto, el hombre hace de su esencia el medio de su existencia. Para ser exactos, esto afecta al hombre particular, alienado. Pero no necesariamente todos; sin excepción, llevan a cabo esta inversión entre el fin y el medio. Siempre hay, o mejor, puede haber siempre alguno que, luchando, llegue a considerarse a sí mismo, su propia esencia singular, como esencia genérica, que llegue a tener una relación consigo mismo como ente genérico. Siempre puede haber alguien que sea capaz de verse como objeto desde el punto de vista de la genericidad, desde el punto de vista del grado de desarrollo genérico alcanzado en una época determinada. Puede haber siempre alguien que consiga no identificarse del todo con las necesidades de su propia existencia, no reducir su esencia, sus fuerzas esenciales, a instrumento de las necesidades de su existencia. *Por consiguiente, llamamos in-*

20. K. MARX, *Manuscritos: economía y filosofía*, Madrid, Ed. Alianza, 1968, p. 112.
21. *Ibid.*, pp. 111, 112.

dividuo a aquel particular para el cual su propia vida es conscientemente objeto, ya que es un ente conscientemente genérico.[22]

Es evidente que para el hombre su vida puede llegar a ser conscientemente objeto en diversos grados y sobre diversos planos; puede ser un ente genérico en grados y sobre planos diversos de consciencia. *El límite superior de esta consciencia es cada vez el nivel al que se ha desarrollado objetivamente la esencia humana en el interior de la sociedad determinada. El límite inferior es siempre la particularidad del singular,* la cual, como veremos seguidamente, no cesa nunca de actuar ni por un momento incluso en el individuo.

Marx ha distinguido la situación particular (el hombre como pura existencia) y la situación individual (el hombre que desarrolla las fuerzas de la esencia) desde el punto de vista del trabajo y de la consciencia. En otro lugar —en la tercera parte de los *Manuscritos económicos y filosóficos*— Marx se ocupa también de esta diferenciación en un tercer aspecto de la esencia humana: la totalidad. «El hombre se apropia de su esencia universal de forma universal, es decir, como hombre total. Cada una de sus relaciones *humanas* con el mundo (ver, oír, oler, gustar, sentir, pensar, observar, percibir, desear, actuar, amar), en resumen, todos los órganos de su individualidad, como los órganos que son inmediatamente comunitarios en su forma, son en su *comportamiento objetivo,* en su *comportamiento hacia el objeto,* la *apropiación de éste.* La apropiación de la *realidad* humana, su comportamiento hacia el objeto, es la *afirmación de la realidad humana;* es, por esto, tan polifacética como múltiples son las *determinaciones esenciales* y las *actividades* del hombre; es la eficacia humana y el *sufrimiento* del hombre, pues el sufrimiento, humanamente entendido, es un goce propio del hombre.» «La propiedad privada nos ha hecho tan estúpidos y unilaterales que un objeto sólo es *nuestro* cuando lo tenemos, cuando existe para nosotros como capital o cuando es inmediatamente poseído, comido, bebido, vestido, habitado, en resumen, utilizado...» «En lugar de *todos* los sentidos físicos y espirituales ha aparecido aquí la simple enajenación de *todos* estos sentimientos, el sentido del *tener.* El ser humano, tenía que ser reducido a esta absoluta pobreza para que pudiera alumbrar su riqueza interior.»[23]

En el comunismo, con la supresión positiva de la propiedad privada, se realiza la unidad de esencia y ser: cada hombre podrá desarrollar sus facultades genéricas; la misma vida cotidiana se convertirá en el terreno del desarrollo consciente de todas las

22. Repitámoslo una vez más: un «ente conscientemente genérico» no posee necesariamente el *concepto* de genericidad; la referencia al género humano como tal es un producto relativamente tardío en la historia.

23. K. MARX, *Manuscritos, op. cit.*, pp. 147-148.

facultades genéricas. Por consiguiente, en este análisis de la alienación, como ha visto justamente Lefèbvre, Marx habla de la alienación de la vida cotidiana. Si el trabajo, el desarrollo de las facultades genéricas, se convierte en medio de la existencia humana, si en el lugar de todos los sentidos humanos se introduce el sentido del tener: ¿qué significa esto sino que la vida del hombre en su totalidad, la vida del hombre medio, la vida cotidiana se concentra alrededor del mantenimiento de la mera existencia y el poseer? ¿Qué otra cosa significa sino que la vida cotidiana es «organizada» en torno a la particularidad, a la mera conservación de la existencia, a la conservación de la existencia orientada hacia el poseer? En este sentido —y no de una forma secundaria— *la teoría marxista de la alienación es una crítica de la vida cotidiana de las sociedades de clase, de la propiedad privada y de la división del trabajo.* En última instancia la alienación —en el sentido marxiano de la palabra— no es en absoluto una categoría negativa desde el punto de vista de la sociedad en su totalidad. Considerada en este sentido, en el plano de la genericidad significa también el desarrollo de la producción, de la economía e inclusive del arte y de la ciencia. Precisamente, «sólo» que los hombres desarrollan su esencia genérica de tal modo que ésta se encarna para ellos en potencias extrañas —evidentemente en diversa medida y en diverso modo para los miembros singulares de las diversas clases o estratos—, que ellos, a causa de la estructura económica y social en la que nacen, son *incapaces* —por lo menos la media es como media incapaz— de cultivar sus propias cualidades de tal modo que se apropien conscientemente del desarrollo de la genericidad.

Sin embargo, según la concepción de Marx, ésta es la tendencia dominante solamente en la vida media. Marx subraya siempre cómo precisamente la historia de las sociedades de clase ha producido no sólo las condiciones *materiales* del comunismo, sino también las cualidades humanas, los modos de comportamiento, *la relación humana con la genericidad*, sin los cuales el objetivo del comunismo sería impensable. Cuando habla de la «dignidad humana» que se encarna en los trabajadores singulares, o bien de su «gran sentido teórico», alude precisamente a esto. Para Marx *un cierto grado de realización de la individualidad* es una condición preliminar del comunismo, tanto como el alejamiento de las barreras naturales.

Hasta hoy, por consiguiente, los hombres han desarrollado su esencia humana, pero desesencializándose, concentrando su vida en torno a la particularidad. Sin embargo —y esto clarifica el desarrollo actual de la individualidad— la alienación no ha sido siempre igual en cada época, ni para cada sociedad de clase ni para cada capa; por lo tanto, ni siquiera el grado de vaciamiento ha sido siempre el mismo. Por otra parte, precisamente la sociedad, o quizá la *necesidad* de la sociedad, ha producido formas ideológicas y de comportamiento que han explicitado la esencia humana frente a los particulares, creando la corriente específica que pasa entre la particularidad y la relación consciente con la genericidad; es decir —en parte—, la *moral* y la *política*, y también, el *arte*, la *ciencia* y la *filosofía*. La situación no cambia por el hecho de que incluso estas objetivaciones podían alienarse y en parte se han alienado efectivamente. La presencia de estas objetivaciones genéricas para-sí que, como hemos visto, deriva de la necesidad misma de la sociedad— *ofrece al particular la posibilidad de elevarse por encima de la particularidad, de elaborar una relación consciente con la genericidad, de llegar a ser un individuo.* El hombre nace en un mundo —concreto— que está más o menos alienado. Sin embargo, no *todos* los particulares deben aceptar obligatoriamente este mundo, ni aceptarlo precisamente tal como es; no todos están obligados a identificarse con las formas alienadas de comportamiento. Como hemos visto, la particularidad aspira a la autoconservación y a ella lo subordina todo. Si uno llega a ser individuo, ésta ya no es la ley dominante de su vida: el individuo ya no quiere conservarse «a toda costa» y «de cualquier modo». Hasta su vida cotidiana está motivada (entre otras cosas) por valores que para él son más importantes que la autoconservación. El individuo —precisamente en base a su relación consciente con el género— puede *escoger arruinarse o sufrir.* Ésta es la circunstancia en que y la razón por la que el sufrir —como dice Marx— se convierte en «autofruición». Hay que decir que la elección de la propia ruina también representa para el individuo un *caso-límite* pero de cualquier modo forma parte de la definición. Todo individuo ve el hecho particular como una «situación» que no debe ser simplemente conservada, sino también plasmada.

Por consiguiente, un individuo es un hombre que se halla en relación consciente con la genericidad y que *ordena* su vida cotidiana en base también a esta relación consciente —evidentemente en el seno de las condiciones y posibilidades dadas. El individuo es un singular que *sintetiza* en sí la unicidad accidental de la particularidad y la universalidad de la genericidad.

Tal «síntesis» es aquí extremadamente importante. En última instancia todo particular es al mismo tiempo único y genérico-universal. Sin embargo, asume como «circunstancias definitivas» tanto su propia unicidad como las formas concretas de la universalidad genérica (el ambiente inmediato, la comunidad y las aspiraciones de ésta). El particular comienza a madurar para transformarse en individuo cuando deja de aceptar la «circunstancia definitiva», y en ambas direcciones. Tampoco esta última precisión carece de importancia. Si estoy insatisfecho solamente de mi «destino» o solamente de «mí mismo», no alcanzo todavía el grado de la individualidad. El no-aceptar-como-definitivo significa que existe una *acción recíproca* consciente entre el individuo y su mundo. Cada particular forma su mundo y por consiguiente también a sí mismo; pero no todos los particulares tienen como motivación la voluntad de plasmar su propio mundo y a sí mismos. Yo emprendo el camino que me lleva a convertirme en individuo solamente si plasmarme a mí y a mi mundo (lo que no significa necesariamente transformar), cambiar mis facultades en objetivaciones y asumir en mí las facultades y los modos de comportamiento que se han realizado en la esfera genérica alcanzable por mí, si todo ello se convierte en mi motivación.

Apenas el hombre particular se apropia del mundo, y apenas se objetiva en éste, en el curso de sus apropiaciones y objetivaciones se realiza necesariamente una *continuidad*, que no se distingue de un modo relevante de la continuidad *exterior* del hombre. El carácter sintetizador del individuo se revela también en este plano: la continuidad de su vida es —al menos en parte— *elección*. Entre su singularidad y su destino la relación no es accidental; *su destino no está fuera de él*: es *su* destino. Cuanto más se interioriza la síntesis consciente de genericidad y singularidad, tanto más el destino del individuo llega a ser personal.

Apenas la personalidad se pone en relación consciente con el género, apenas la objetivación genérica es elevada a motivación, la personalidad se sitúa también hacia sí misma como *hacia un ente genérico*. Marx habla de esto como de una característica universal de la genericidad. Y efectivamente es así, si mi relación conmigo mismo como ente genérico es espontánea. Sin embargo, la toma de consciencia de esta posición tiene lugar y, una vez más, su elevación a motivación tiene lugar solamente en el curso del proceso que ordena al hombre singular en individuo.

Nos hemos referido ya al hecho de que cada particular tiene consciencia del yo. así como tiene noticia de la genericidad. Sin embargo, sólo el individuo tiene consciencia *de sí*, tiene autoconsciencia: es decir, *la autoconsciencia es la consciencia del yo mediada por la consciencia de la genericidad*. Quien es autoconsciente *no se identifica espontáneamente consigo mismo*, sino que se mantiene *a distancia* de sí mismo. El individuo se conoce a sí y a sus circunstancias. Sabe, o al menos quisiera saber, cuáles de sus facultades en su desarrollo están más acordes con la genericidad, con el desarrollo genérico, cuáles tienen «más valor». El individuo no cultivará —o al menos no les dará preferencia— las cualidades que le garantizen la mejor orientación en su ambiente inmediato o que le hagan sobrevivir más fácilmente, sino aquellas que él siente como más cargadas de valor (e intenta al mismo tiempo desarrollar los aspectos más cargados de valor en todas sus facultades). «Cargado de valor» se refiere evidentemente no sólo a los valores morales, sino a todos los valores, y por consiguiente también a aquellos que pueden estar en contradicción con determinados valores morales. El «conócete a ti mismo» en la interpretación socrática es la primera ley de la autoconsciencia, del proceso de organización en individuo.

Cuando examinemos la alienación de la moral, hablaremos también del modo y de los límites mediante los cuales el individuo puede «violar» su *propia* particularidad. Por ahora nos limitaremos a examinar la posición «normal» del individuo hacia sus circunstancias particulares. Sobre esto basta observar cómo el hombre, en el curso de su ascenso a la individualidad, da conscientemente espacio a sus motivaciones particulares, cómo él, en conformidad con su propia ordenación de los valores, puede «desviarlas», regularlas y eventualmente, en caso extremo, incluso impulsarlas. Sin embargo, no está en absoluto en condiciones de «rechazar» sus *circunstancias* particulares. En el caso normal el individuo eleva su propia particularidad a un nivel más alto; opera con las cualidades innatas, con las facultades hacia las cuales tiene una «propensión» natural. No puede suprimir —esta vez también estamos hablando del caso normal— su punto de vista particular. En realidad el hombre quiere encontrar ante todo su puesto (su *propio* puesto) en el mundo, aspira no a la «felicidad» —como acostumbra a decir la ética en el espíritu del pensamiento cotidiano—, sino a una vida que tenga sentido *para él*. He aquí el núcleo racional de la teoría del denominado «egoísmo razonable». La particularidad y la genericidad muda son ineliminables, aunque sólo sea porque nadie, en cuanto autoconsciente, puede dejar de tener en cuenta su propia *muerte* en sus propias decisiones: la muerte en que la particularidad (la unicidad, la irrepetible singularidad) y la genericidad muda (la mortalidad del hombre como ente natural) ponen los *límites temporales* entre los que el particular desarrolla su propia actividad. Hay casos extremos en los cuales el individuo escoge la muerte («mejor morir con honor que vivir deshonrado»); pero en este caso la muerte pierde su naturalidad y se convierte en individual, esto es, el interés prioritario de la particularidad pasa a segundo plano. Pero en el plano general el *hecho* de la muerte representa un límite natural (es decir, particular y mudo-genérico); únicamente puede ser individual el modo en que es afrontada. De otro modo, sin la muerte como hecho natural no se habría producido ni siquiera la necesidad de la moral: si los hombres no se encontrasen frente a una perenne escasez de tiempo, no se llegaría ni siquiera a una lucha implícita o explícita entre la particularidad y la genericidad; tendrían la eternidad a su disposición para apagar todos sus deseos y necesidades. Marx escribe: «La *muerte* parece ser una dura victoria del género sobre el individuo y contradecir la unidad de ambos; pero el individuo determinado es sólo un *ser genérico determinado* y, en cuanto tal, mortal.»[24]

24. K. MARX, *Manuscritos, op. cit.*, p. 146.

Al distinguir la particularidad de la individualidad es fundamental distinguir la *alternativa*, y la consciencia de la alternativa, de la *autonomía*, y la consciencia de la autonomía. Entendemos por autonomía lo que sucede cuando, en la elección entre alternativas, el hecho de la elección, su contenido, su resolución, etcétera, están marcados por la individualidad de la persona. Evidentemente, en el plano ontológico, tiene el primado la alternativa: sin alternativa no hay autonomía, mientras que sin autonomía siempre puede haber alternativas. El carácter de elección entre alternativas del actuar humano deriva de la genericidad en-sí. La posición teleológica —que afecta no sólo al objetivo final de un acto, sino a cada momento del camino que conduce al objetivo— es connatural a la esencia del hombre.[25] No sólo es objeto de mi alternativa atravesar la calle por aquí o por allá, sino también atravesarla evitando a aquel vehículo de un modo o de otro, andar ligero o lento, etc. La actividad cotidiana está compuesta por una serie prácticamente infinita de elecciones tales. La mayor parte de ellas son indiferentes por lo que respecta al éxito de la acción (de un modo u otro, yo atravieso la calle); el resultado —considerando la mayoría de los casos— es un objetivo *relativo*, y también él objeto de una elección relativamente indiferente (si atravieso la calle por uno u otro punto alcanzo igualmente el objetivo).

Evidentemente no *todas* las alternativas son indiferentes respecto del resultado. Algunas no permiten alcanzar el objetivo, otras, por un lado o por otro, son fatales al particular. Tenemos entonces las *catástrofes de la vida cotidiana* (por ejemplo, yo atravieso la calle de un modo equivocado y soy atropellado por un automóvil). Por ello la catástrofe no tiene nada que ver con la tragedia. La primera es consecuencia de un error de alternativa, mientras que la segunda es consecuencia de una elección autónoma y no puede ser definida como un «error».

Toda elección es *irreversible*. En el caso de elecciones que sean indiferentes para el resultado final, este aspecto no tiene importancia. Pero hay elecciones —siempre muy alejadas de las catástrofes de la vida cotidiana— en las cuales la irreversibilidad, que va paralela con la exclusión de determinadas alternativas e incluso de *ámbitos enteros de alternativas*, produce efectos sobre la totalidad del destino sucesivo del individuo.

No existe ningún individuo que no realice también elecciones de las denominadas indiferentes, elecciones en las que su individualidad no tiene ninguna función. Sin embargo, entre las elecciones indiferentes con respecto de las consecuencias, hay una parte que no sobrepasa nunca el radio de acción de la particularidad. Es el caso en el cual la alternativa *aparece* como indiferente, pero que después llega a ser fatal a causa de accidentes

25. Sobre la posición teleológica y sobre la alternativa, *cf.* G. Lukács, *Zur Ontologie des gesellschaftlichen Seins* (Ontología del ser social).

imprevisibles: el hecho de que el automóvil en el que estoy sentado, pero que no conduzco, se estrelle o no contra otro, no dice nada sobre la estructura de mi personalidad. Pero cuando el error —accidental— de alternativa se ha verificado ya, aparecerá claramente *post festum*, en la nueva situación, *quién* es el individuo, *en qué medida* lo es y *qué tipo* de personalidad posea. El hombre particular se lamentará y maldecirá, el individuo, por el contrario, intentará dejar la impronta de su personalidad al mundo dado en la situación dada. Wedekind escribe de manera ingeniosa: todo el mundo sabe tener mala suerte, pero sólo la persona sabia sabe utilizarla.[26] Pero la «sabiduría» es una característica exclusiva de la individualidad.

En caso de alternativas que no sean indiferentes con respecto a las consecuencias, el individuo no solamente elige, sino que hace una elección tal —y conscientemente— que realice su personalidad. Lo cual no significa que el individuo *se ponga como objetivo de la realización de la propia personalidad*. Este último caso es también posible, pero la mayoría de las veces no sucede así. El individuo, por lo regular, hace su elección considerando aspiraciones y valores concretos —valores genéricos—, esto es, en interés de las aspiraciones y valores que él asume como sus motivaciones. La realización de la personalidad es el *resultado*, aunque, precisamente en el plano de la vida cotidiana, no el único. Si doy pan a un hambriento, el resultado es que este hombre no muere de hambre, *además* es la continuidad de mi personalidad. *Por consiguiente, es autónoma la elección que yo realizo partiendo de la necesidad de mi propia individualidad* (Spinoza).

Todo hombre nace en una situación concreta, y por ello *el campo de sus alternativas está siempre definido*. No existe ninguna elección en la que esta delimitación no esté presente y no actúe, con mayor o menor amplitud, en la forma de un círculo más estrecho o más amplio. Sin embargo, el parangón con el «círculo» no encaja bien. El mundo externo no constituye un obstáculo, sino que al mismo tiempo es un momento vivificador de la autonomía. El mundo externo establece las tareas, los problemas, los deberes. «¿Qué es el deber? Lo que exige el día», dice Goethe. Cada autonomía es por ello una *autonomía relativa*.

El particular lleva en cada caso la responsabilidad de lo que ha hecho, tanto si su elección ha sido autónoma como si no. En cada caso deberá soportar los efectos, llegará sin más el momento de las consecuencias. Pero mientras que para el hombre particular la responsabilidad es una cosa externa, por ello se cree inocente y vive con el continuo sentimiento de «no poder hacerlo de otro modo», para el individuo, por el contrario, es un hecho interior: no sólo es responsabilidad, sino también asun-

26. Naturalmente también se puede sacar provecho de algunas desgracias, pero se trata una vez más de situaciones límite.

ción de la responsabilidad. Por esto hemos afirmado anteriormente que —al revés que el hombre particular, cuyo destino se le aparece siempre como una potencia suspendida sobre él— el individuo asume el destino como *destino propio*. (Veremos seguidamente en qué medida la religión representa una necesidad de la particularidad.)

Hemos mencionado ya *per tangentem* que la «sabiduría» es una característica de la individualidad. Evidentemente, en este caso no nos referimos a las capacidades intelectuales en general, sino a *una específica capacidad espiritual que puede surgir solamente cuando exista una cierta distancia de la particularidad* y que en cierta medida se convierte en un «sentido» del individuo. Aristóteles ha denominado *fronesis* a la capacidad de encontrar cada vez el «camino de en medio»: y ésta es, para él, la categoría central de la ética. Hemos intentado mostrar en otro lugar cómo la teoría del camino de en medio tiene escasa validez precisamente en la ética; esa teoría es válida más bien en la actividad cotidiana del individuo, en el trabajo y —por lo que afecta a la consciencia del nosotros— en la actividad política.[27] *Mesotes* es una medida que concierne a los afectos y no implica más que el juicio sobre cómo, hasta qué punto, cuándo, por qué motivo y por qué un afecto, comparado con las normas generales establecidas, es realizable. El particular debe encontrar la forma de actividad en la que mejor coincidan su singularidad, su circunstancia, la exigencia general y la situación concreta, es decir, teniendo en cuenta estos tres factores (circunstancia particular, exigencia, situación), él debe tomar una decisión lo más cargada posible de valor y transformarla en actos suyos. Evidentemente se trata aquí de las habilidades de la *singularidad*, de la síntesis específica entre genericidad y circunstancias particulares en una situación determinada; sin embargo, es evidente también que las decisiones autónomas de esta especie quedan dentro de los confines de la vida cotidiana o por lo menos se afirman *también* en el interior de estos confines. También Aristóteles propone como datos los sistemas de normas y de exigencias y no piensa en absoluto (ni puede pensar, encontrándose en una sociedad estática) que tales exigencias morales puedan ser rechazadas, superadas (en cuyo caso se superaría necesariamente la esfera de la vida cotidiana). Y ni siquiera nos dice *qué alcance* puedan tener estas decisiones relativas a una situación: toma prestados sus ejemplos en igual medida de la vida cotidiana y de la vida no cotidiana. La particularidad no dispone de este tipo de sabiduría —de la *fronesis*—; ésta, en efecto, no aspira a otra cosa que a mantener en pie su yo irreflexivo, evidentemente de tal modo que no entre abiertamente en colisión con los sistemas de exigencias establecidos

27. A. HELLER, *Az aristotelési etika es antik ethos, op. cit.*

60

(en parte por conformismo, en parte por miedo). En este caso no aparece la relación fuertemente mediada —pero que se sintetiza espontáneamente— con la situación, como sucede por el contrario en el individuo.

Después de todo lo dicho parece superfluo preguntarse si la individualidad es una categoría con un contenido de valor positivo. En un aspecto la respuesta es clara: el hecho de que una individualidad haya surgido (precisamente porque ello presupone una relación consciente con la genericidad) y el hecho de que ésta se vaya desarrollando (en correlación cada vez con las posibilidades que la sociedad dada pone a su disposición) son respectivamente un *fenómeno de valor* y un *desarrollo de valor*. Sin embargo, esto no significa en absoluto que cada individuo tenga un contenido de valor moralmente positivo. Nos limitamos aquí solamente a algunas observaciones puesto que seguidamente afrontaremos de nuevo la relación entre la moral y la vida cotidiana. También la individualidad puede tener un contenido de valor en el plano moral netamente *negativo*. Puede escoger su destino optando por el mal. La decisión de Ricardo III de ser malvado deriva también de una posición reflexiva y distanciada hacia la genericidad y hacia sí mismo. Ricardo *se desespera* ante la corrupción del mundo; cuando después comienza a jugar con los hombres tratándolos de marionetas, lo hace porque está lleno de un odio perfectamente reflexionado y no por espontánea avidez de poder. Es cierto que éste es un caso extremo. Sucede más frecuentemente que los particulares hagan emerger uno de sus afectos particulares de la espontánea accidentalidad y lo transformen conscientemente en su *principio*. De modo que ellos gobiernan la barca de su propio destino precisamente como todo individuo que tenga un contenido de valor moralmente positivo y del mismo modo guían las reacciones espontáneas de su propio yo. Por esto hemos podido decir anteriormente que el *egoísmo* (como principio) surgido a partir del Renacimiento no es un fenómeno de la particularidad, sino de la individualidad. El egoísta consciente refleja también una relación con la genericidad cuando la rechaza conscientemente como motivación y también conscientemente eleva esta o aquella motivación particular a principio rector de sus acciones, quizá simplemente su egoísmo. En este sentido hasta el individuo malvado o el individuo totalmente egoísta (si dispone de una individualidad fuertemente desarrollada) puede ser representativo. Puede representar el hecho de que en sus tiempos el desarrollo de la esencia genérica había alcanzado un estadio tal —estaba cargado de tales contradicciones— que *su rechazo consciente ha podido llegar a ser típico*. Ricardo III nos dice muchas cosas sobre el feudalismo en su ocaso, así como los grandes egoístas —por ejemplo, los «hombres de empresa» de los Estados Unidos hacia finales del siglo XIX— nos dicen muchas cosas sobre su época.

Aunque nos hemos detenido en subrayar que pueden existir individuos con un contenido de valor moralmente negativo (o relativamente negativo), no queremos afirmar en absoluto que éstos hayan tenido un papel en la historia igualmente importante que los individuos con un contenido de valor moralmente positivo (o relativamente positivo). Ante todo, los individuos «puramente» negativos en el plano moral son muy raros; en general también en este caso la motivación es compleja (por ejemplo, yo elevo el poder a principio para mí, lo cual se acompaña para mí con la realización de una tarea específica claramente genérica). El individuo con un contenido de valor puramente negativo es ya un caso excepcional por el hecho de que una individualidad tal está cargada de una doble *tensión*. Tiene una relación tensa con el *mundo*, de cuyas exigencias, normas y convenciones se desentiende, prescindiendo del hecho de que tengan o no valor; por otra parte tiene una relación tensa *consigo misma*, dedicada como está a «purificarse» continua y atentamente de toda «debilidad» (comprendidas las motivaciones morales). La individualidad con un contenido de valor moralmente positivo también puede hallarse en conflicto con el mundo (como sucede en la mayoría de los casos), pero siempre *por amor* al mundo, *a los valores* del género humano; puede hallarse en conflicto consigo misma, pero por medio de sus objetivaciones cargadas de valor restablece cada vez este orden perturbado. Basta comparar los últimos minutos de Ricardo III antes de su muerte —en los que *ha perdido* su yo, ha abandonado su individualidad— con la muerte de Otelo, a través de la cual éste, por el contrario, la reencuentra y la reconstituye. El hecho de que el individuo con un contenido de valor negativo muy a menudo *no se reafirme* como individuo en los momentos de prueba, ha llevado a mantener que en este caso no se tiene *ninguna* individualidad. En la famosa escena del fundidor de botones de *Peer Gynt*, Ibsen quiere hacernos comprender precisamente esto. Si el contenido de la vida es la «victoria sobre el mundo» —o porque lo consideramos totalmente malo, o simplemente porque queremos llevar a cabo determinada motivación particular que enmascaramos de motivación genérica— y nosotros somos víctimas de él, en la mayoría de los casos esto nos lleva efectivamente al *derrumbe*. (El individuo con un contenido de valor moralmente positivo no se derrumba en las situaciones límite, porque no tiene ninguna intención de «vencer al mundo».) En tales casos la individualidad puede efectivamente disolverse, pero esto no significa que no haya existido nunca. Además tal derrumbe *no* se verifica siempre: Don Juan quita cualquier importancia al mundo, lo considera un juguete suyo, en función de una motivación que es en realidad *una* motivación genérica —despreciada y reprimida en su mundo— y que él ha elevado a principio. El orden moral de ese mundo que él considera sin importancia (ante todo el orden moral del mundo nuevo, burgués) lo vence también a él, sin embargo, aunque vencido, conserva su propia posición y no se arrepiente. Ernst Bloch, que sobre este tema piensa más o menos como Ibsen, niega la individualidad también a Don Juan. «*El disoluto*», es decir, el hombre disuelto —así califica al héroe de la ópera de Mozart—, que simplemente *se repite* en cada aventura y es incapaz de llevar su individualidad *a un plano más elevado*. En efecto, si el individuo con un contenido de valor moralmente positivo es nuestro *metro*, debemos negar la individualidad a quien no posee la facultad de desarrollarse moralmente, de alcanzar la catarsis con un contenido de valor positivo. Sin embargo, esto —al menos en nuestra opinión— no es un metro ontológico-antropológico adecuado; hay que decir que el individuo con un contenido de valor moralmente positivo o relativamente positivo (llamémosle individuo moral) posee, como hemos visto, *también* características antropológicas que no son de *todas* las individualidades.

Nosotros opinamos que estas características se encuentran efectivamente cerca del límite que separa la capacidad de la incapacidad de alcanzar la catarsis; por otra parte hay que preguntarse si después de la catarsis persiste o no la continuidad del desarrollo de la personalidad. Para el individuo con un contenido de valor moralmente positivo la catarsis constituye una discontinuidad que en última instancia llega a ser parte constitutiva de la continuidad (Fausto). El individuo con un contenido de valor moralmente negativo o relativamente negativo, o es incapaz de catarsis, o sucumbe frente a ella, o bien —en caso excepcional— puede alcanzar una nueva individualidad (comenzar desde el principio el trabajo sobre sí).

La autorreproducción del particular construido en torno a la particularidad presenta conflictos en la mayoría de los casos en una sola dirección. El particular de este tipo puede entrar en conflicto con el mundo, en el que él quiere afirmarse y satisfacer sus necesidades del mejor modo posible. Pero en este caso —como ya hemos mencionado— la particularidad se lamenta de tales conflictos, reflejados en ella bajo la forma del *descontento*. La particularidad quiere una vida *libre de conflictos*, quiere sentirse bien en el mundo tal como es, si el mundo le garantiza un «puesto», pero el puesto más grande posible. Y lucha por tal puesto, pero ya que a menudo sucumbe —el mundo es efectivamente «duro» e inhumano—, su categoría fundamental es la *preocupación* (como lo ha analizado Marx). También el individuo quiere sentirse bien en el mundo, pero no en el mundo tal como es, del mismo modo en que no se acepta ni siquiera a sí mismo de una forma que pueda ser considerada «definitiva». Su conflicto es por ello *doble*: por un lado con el mundo, o bien con determinada esfera del mundo; por otro consigo mismo, con su propia particularidad, y —como veremos seguidamente al examinar la moral— no solamente con ella. Cuando el individuo choca con la «dureza» y la inhumanidad del mundo, no quiere velar los conflictos, sino *agudizarlos* (hasta qué punto y con qué intensidad, depende de la naturaleza del conflicto). No tiene en absoluto «preocupaciones»; el individuo —según Marx— está *indignado*.

La reproducción del particular es un proceso *unitario*. Pero en este proceso reproductivo el particular llega más de una vez a situaciones que le obligan a elegir entre los intereses y las necesidades de la particularidad y los valores de la individualidad. Puedo reproducir mi individualidad en un plano más alto apagando a un nivel inferior mis —legítimas— necesidades particulares, es decir, reproduciendo mi particularidad a un nivel más bajo; y ésta incluso puede ser la premisa. Y viceversa: puedo reproducir mi particularidad «hinchándola» a costa de mi individualidad. Así sucede para el artista, para la individualidad artística que debe por obligación reproducirse continuamente en obras de arte cargadas de valor. Pero si —cosa notoriamente no infrecuente— el artista está amenazado por la miseria y el hambre, se encuentra frente a una elección. Puede empezar a «producir» trabajos carentes de valor, correspondientes al gusto general, y en este caso podrá saciar mejor sus necesidades, mientras que sus obras se adecuarán de un modo conformista a la demanda de la sociedad. Habrá así «encontrado su puesto» en el mundo establecido, se habrá «orientado» adecuadamente y estará en condiciones de reproducir su particularidad con mayor amplitud. Pero al mismo tiempo, será cada vez menos capaz de trabajar a su nivel artístico precedente. De este modo tiene efecto a un nivel cada vez más inferior no sólo su reproducción artística, sino también su reproducción general genérico-individual. (Este proceso de pérdida de la individualidad artística está muy bien descrito en las *Ilusiones perdidas* de Balzac.)

Sin embargo, los conflictos entre los valores de la individualidad y los intereses particulares, en general, no encuentran su solución bajo la forma de un «*aut-aut*». El individuo puede acentuar entre sus intereses particulares aquellos que, en el curso de la realización de los valores individuales, tienen un espacio propio (por ejemplo, la vanidad, el deseo de gloria como factores de creación artística). Estos intereses adquieren entonces un contenido peculiar *en cuanto son «guiados» por la realización de la objetivación genérica.*

Hemos comenzando afirmando que la vida cotidiana es la suma de las actividades necesarias para la autorreproducción del particular, que nace en las relaciones establecidas del mundo establecido. Después hemos analizado los conceptos de «mundo» y de «hombre singular». Llegados a este punto debemos ver quién es el particular que se orienta en la vida cotidiana y qué es el mundo en el que debe orientarse.

Afirmamos: hasta ahora, en el curso de la historia para la gran mayoría de las relaciones y de los estratos sociales *el sujeto de la vida cotidiana ha sido la particularidad*. Y con más precisión: el particular «organizado» en torno a la particularidad ha sido *suficiente* para cumplir las actividades cotidianas y para reproducirse. Esto no significa que las personas que se han elevado más o menos a la individualidad no hayan podido cumplir estas tareas. Significa solamente que para el particular no ha sido necesario llegar a ser individuo para estar a la altura de aquellas tareas, y además que el mundo ha ofrecido a la media de los particulares *pocas posibilidades* de ordenar su vida sobre la base de la individualidad. Millones de hombres han cumplido su trabajo, han hecho lo que había que hacer, sin darse cuenta de su puesto en el mundo, sin tener consciencia de que sus facultades eran facultades genéricas, sin imprimir al mundo el sello de su individualidad.

El sujeto de la vida cotidiana ha sido por consiguiente —en general, como media, tendencialmente— el hombre particular. Pero el hombre particular también es un ente genérico, aunque su genericidad sea objetiva y no un reflejo. Su actividad es genérica ante todo por el hecho de que trabaja, produce. La entera riqueza del género humano, la encarnación objetiva de la psicología humana, surge de la actividad de estos hombres que «vivieron dentro del mundo». Seguidamente veremos cuáles son las otras objetivaciones en las que se manifiesta la genericidad. Entre tanto podemos afirmar que *el particular cotidiano es el hombre particular portador de la genericidad* en-sí, no reflexionada, aún no consciente. Creemos que éste es *el rasgo esencial de toda la prehistoria del género humano en el plano de la vida cotidiana*.

Pero repetimos: en la historia pretérita del género humano han existido ya integraciones en las que la reproducción del particular ha coincidido más o menos con la reproducción de la individualidad. Pensamos en épocas y estratos en los cuales la comunidad representaba directamente el máximo grado de desarrollo de la genericidad de aquel tiempo y en los cuales la *existencia* misma de la comunidad *exigía* una relación *individual* con la integración. En otras palabras, pensamos en las comunidades *democráticas*. Queremos decir desde ahora que, en nuestra opinión, estos dos rasgos esenciales son los criterios para comprender si una sociedad (estrato, comunidad, integración) es o no «productora de individuos». Pero para demostrar lo que hemos ido afirmando debemos examinar la correlación entre hombre singular y mundo bajo algunos otros aspectos.

HCS 144. 5

III. El hombre particular y su mundo

La correlación entre hombre particular y mundo es una cuestión histórica y, por consiguiente, una cuestión de historia. Esta correlación se ha manifestado en las diversas sociedades, estratos, clases, con tal diversidad en lo concreto que es imposible describirla a nivel de generalización filosófica sin esquematizarla.[28] Por consiguiente, no haremos ninguna tentativa de describir, ni siquiera aproximativamente, los tipos más importantes de esta relación (es decir, de esta unidad). Nos limitaremos a mostrar en un plano muy general algunas tendencias.

EL HOMBRE PARTICULAR COMO MIEMBRO DE UNA CLASE

A un nivel muy general puede decirse que en la prehistoria del hombre cada particular es un *hombre de una clase*, es decir, sólo en cuanto expresa sus propias posibilidades, valores y tendencias de clase, sólo a través de tales mediaciones es un representante del género humano. La estructura concreta de la división social del trabajo y el puesto que el particular asume en ella establecen los límites dentro de los cuales el particular *puede ser* portador, representante del desarrollo genérico. No todos consiguen llegar a ser individuos representativos. La primera condición es que la clase a la que se pertenece, de un modo o de otro, por un cierto número de aspectos, con mayor o menor intensidad, sea una *clase histórica*.

La historia es la sustancia de la sociedad, pero la sustancia de la sociedad no es otra cosa que su continuidad. Por esto el género humano es en su esencia histórico. Sin embargo, debemos distinguir las categorías de la historia en-sí de las de la historia para-sí. Nos enfrentamos con la historia en-sí cuando su continuidad, en la reproducción de la estructura económico-social dada, tiene lugar *siempre a un mismo nivel* (es de este tipo, por ejemplo, el modo de producción asiático, con sus estructuras definitivas y estáticas). Por el contrario, la historia

---

28. En el libro *A reneszánsz ember* hemos intentado estudiar esta relación en el contexto de una época determinada (el Renacimiento).

para-sí significa que en la continuidad tiene lugar una superación continua de las situaciones dadas, y puede tratarse de un progreso, de una regresión, o de las dos cosas al mismo tiempo (en esferas heterogéneas). Para nosotros clases históricas son solamente las clases de la historia para-sí. Hacer la historia para-sí, es decir, ser clases históricas, no significa en absoluto que las clases en cuestión y sus miembros participen activamente en la dirección de la *historia política* de aquella época. En el medioevo los campesinos (siervos de la gleba) han sido una clase histórica, sin que hayan «hecho» directamente historia política. (Los personajes de los cuentos populares, como por ejemplo el hijo más joven, inteligente, hábil y bueno, pueden ser considerados «individuos representativos» de esta clase.) A partir de Marx sabemos que incluso las clases históricas pueden desarrollarse de clase en-sí a clase para-sí, si bien esto no sucede siempre; este último grado es alcanzado a través del *desarrollo de la consciencia de clase.* Por otra parte, en la historia pasada tal consciencia no ha sido nunca alcanzada por la clase histórica en su *totalidad,* la cual sin embargo no por ello deja de ser histórica.

Por consiguiente, el hecho de que el particular sea necesariamente miembro de una clase hace que, en primer lugar, existan límites con los que se enfrenta en su desarrollo individual según que la clase relativa sea o no una clase histórica. Pero, al mismo tiempo, no todas las reproducciones particulares en el seno de una clase deben ser obligatoriamente individuales. Existen clases (históricas o no) en las cuales es posible afirmarse con éxito sólo si se reacciona frente a las tareas dadas de un modo (al menos relativamente) *individual.* En otros casos es precisamente la existencia de la clase la que elimina la necesidad de la reacción individual. Evidentemente sucede también a menudo que la clase exija de sus miembros *una posición individual en una esfera determinada de la existencia y en otra una posición completamente convencional* (o sea conformista). Depende en gran parte de esto el número de los individuos que alcancen a ser su *tipo.* Finalmente, es frecuente también que una clase exija de ciertos sectores reacciones individuales en una fase determinada de su desarrollo, mientras que en una fase diversa las obstaculice. En la filosofía y en la literatura son numerosísimas las descripciones y los análisis de tales problemas en su concreción. Piénsese, por ejemplo, en lo que afirma Hegel sobre los dramas de Shakespeare: Hegel sostiene que la *grandeza* (y la posibilidad de libertad) de los individuos shakesperianos deriva del hecho de que en el tiempo de la anarquía feudal no existía todavía un poder estatal centralizado que delimitase con precisión el ámbito dentro del cual era posible actuar de un modo individual. (Pero Hegel no considera que el carácter de los héroes de Shakespeare ya no representa las potencialidades feudales, sino las del Renacimiento.) Y podríamos remitir a los escritos de la actual *Kulturkritik*, cuyo problema central es la pérdida del carácter individual por parte de la personalidad burguesa, respecto de las posibilidades de desarrollo individual que la clase burguesa había proporcionado a sus miembros en los siglos pasados.

HOMBRE PARTICULAR Y GRUPO

Hemos partido del hecho de que durante la prehistoria de la humanidad cada particular es miembro de una clase. Éste, sin embargo, en su vida cotidiana —y en general no sólo en su vida cotidiana— no está en relación directa con su clase, no adquiere directamente las normas, las exigencias de su clase y las propias limitaciones y limitaciones de clase. Los sistemas de exigencias sociales aparecen cada vez más mediados por *grupos* concretos, por unidades en las que imperan las relaciones *face-to-face*, que son las determinantes, o lo que es lo mismo, por unidades en las que estos sistemas de exigencias están representados inmediatamente por hombres (hombres conocidos) y por relaciones humanas (estructuradas). Evidentemente esta «representación» también puede ser contradictoria, y en especial cuando el «grupo» no es representante de una sociedad comunitaria (volveremos sobre este aspecto). En tales casos no es raro que el grupo presente al particular el sistema de exigencias «ideal» de la sociedad (de la clase), a pesar de que éste sea violado cada día en el «gran» mundo. De aquí —en ciertas épocas, y particularmente en el capitalismo— el típico fenómeno del particular que, apenas «entra en la vida», es decir, apenas deja tras de sí los «grupos» en los cuales ha madurado (la familia, la escuela, el círculo de amigos), de improviso no se reconoce en este mundo y se convierte en un «desilusionado» o en una persona incapaz de vivir.

Por consiguiente, en la formación de la vida cotidiana del particular, el grupo es el factor primario en la medida en que el particular «se apropia» de la socialidad en éste. Sin embargo, sería equivocado creer que el grupo produce las normas y los usos sociales, que éstos están compuestos por las normas y por los usos producidos por los grupos. Como hemos dicho, las cosas suceden exactamente al revés. El *grupo*, factor primario *en la apropiación* de la vida cotidiana, no tiene ningún primado *en la elaboración de las normas y de los usos*; interviene únicamente aquí como *mediador*. Y si éste no cumple adecuadamente esta función mediadora significa que el particular, a pesar de haberse apropiado de las normas y de los usos del grupo, no estará en condiciones de regular su propia vida cotidiana.

Cuáles sean los grupos *concretos* en los que el hombre se apropie de las habilidades necesarias para la vida cotidiana, depende también en gran medida de la totalidad de la sociedad y, en el interior de ésta, del puesto que el hombre asume en la división social del trabajo. Por enumerar solamente algunos casos posibles: la familia (que en las comunidades tradicionales está siempre presente y es el factor de primer plano), la aldea, el colegio, el ambiente militar, el círculo de amigos, la casa (en la que se ha alquilado una habitación), la comunidad de aprendices, etc. Esta enumeración muestra que no todos los grupos son *igualmente importantes* para la maduración de la personalidad y, además, que el particular puede pertenecer al mismo tiempo a grupos diversos, que su desarrollo está influenciado o guiado por diversos grupos. La *tendencia principal* de la jerarquía entre los grupos depende siempre del lugar asumido en el seno de la estructura social, de la división del trabajo.

Una característica esencial de la pertenencia al grupo es que ésta puede ser también *accidental*, lo que ya puede intuirse del hecho de que un hombre pertenece a diversos grupos. Pero accidental desde dos puntos de vista: respecto del nacimiento y respecto de la personalidad, conjuntamente o por separado. El hecho de que deba ir a la escuela deriva necesariamente de la estructura social (por ejemplo, porque existe escolarización obligatoria); el tipo de escuela en la que seré inscrito, puede depender también de la condición social de mis padres. Pero la escuela *concreta* que frecuentaré, y la clase, es accidental tanto respecto de mi «nacimiento» como de mi personalidad. Mi pertenencia a un determinado grupo escolar, por consiguiente, puede ser accidental. Cuando esta accidentalidad *cesa*, cuando mi personalidad y el grupo determinado se encuentran recíprocamente en una *correlación orgánica, esencial y estable* (y los tres adjetivos son importantes), ya no tenemos un grupo, sino más bien una *comunidad*.

Hasta ahora hemos hablado, brevemente, de la importancia de los grupos en la «maduración» para la vida cotidiana. Hay que decir, sin embargo, que su función *no* se limita *solamente* a esto. Sin la unidad estructural, organizada y estable de las relaciones *face-to-face*, una parte de las actividades genéricas no es ni siquiera pensable. Ya en el trabajo, desde la cooperación simple, hasta las modernas escuadras y equipos de trabajo, en el funcionamiento de las instituciones, en ciertas formas del desarrollo moral, etc., algunas objetivaciones no pueden tomar cuerpo si no es mediante la actividad de grupo. Marx en *El capital*, en el capítulo sobre la cooperación, se ocupa extensamente de la influencia de la actividad de grupo en el crecimiento de ciertas facultades genéricas.

Evidentemente el grupo no es importante solamente en las objetivaciones de las facultades genéricas esenciales, sino también en la de todas las facultades que pueden ser cultivadas en grupo. Un buen equipo de frontón está en condiciones de acrecentar las capacidades personales de sus miembros; el jugador particular puede «madurar» para el grupo. La vida humana está llena de tales «maduraciones», incluso mucho tiempo después del período en el que «se alcanza la edad adulta», prácticamente a lo largo de toda la vida.

Si la actividad de grupo es claramente positiva en su contenido de valor, esto también es válido para la maduración. Sin embargo, puede suceder que maduren capacidades de tercer o cuarto rango a expensas de fuerzas humanas esenciales, y no es ni siquiera imposible que un síntoma negativo «madure» llevando a la formación de grupos con contenido de valor negativo; lo que significa precisamente una degradación (adaptación al sistema de usos de los grupos criminales). De todos modos, para nosotros que analizamos la vida cotidiana, es más importante el primer caso. Con la creciente división del trabajo, en particular con su desarrollo en el seno de proceso de trabajo, sucede cada vez más que determinadas capacidades *específicas* se desarrollen a costa de la totalidad del hombre. Es cierto que el carácter mutilador para el hombre de la división del trabajo *no deriva* de la actividad de grupo (por ejemplo, en una institución organizada burocráticamente). Por otra parte, la división del trabajo también *acrecienta* este carácter.[29]

Hemos establecido así dos criterios: la accidentalidad de la pertenencia al grupo y la peculiaridad del grupo de acrecentar las capacidades. Queremos fijar ahora la atención en un tercer aspecto que se deriva de los precedentes: el hombre en su totalidad no está nunca relacionado con un *único* grupo; un grupo (si es *sólo esto* y no también una comunidad) es incapaz por principio de promover el desarrollo de todas o ni tan siquiera de las más importantes potencialidades humanas de una persona. En cuarto lugar, por último, podemos hablar de grupo solamente si las relaciones *face-to-face* de un determinado número de hombres tienen alguna *función* común. Sin al menos una de tales funciones —quizás apenas delineada—, no existe grupo. Los habitantes de una casa forman un grupo sólo si ejercitan una o más funciones comunes y si en tal contexto surgen entre ellos contactos formales y/o informales que pueden llegar a ser jerárquicos.

El grupo es una categoría tan antigua como el género humano, y precisamente por esto sorprende que haya sido en gran parte ignorada durante milenios por las teorías filosóficas y filo-

29. Con esto no queremos negar que el grupo —cuando sea una comunidad— permita al particular el desarrollo multidireccional de sus capacidades.

sófico-sociales. Se ha aceptado esto como un hecho obvio que no «requiere» ninguna investigación filosófica. No es difícil encontrar la causa de esta posición. En las sociedades más o menos comunitarias (hasta el nacimiento de la sociedad burguesa) la comunidad misma era el primer sistema de relaciones sociales. El hombre en su totalidad, en cuanto tal, era siempre «referido» a la comunidad; los grupos particulares —con funciones cada vez distintas— simplemente le *mediaban* las exigencias, la necesidad de capacidades de la comunidad. El *gymnasion*, como grupo, mediaba al adolescente ateniense el requerimiento de la sociedad según la cual el hombre libre debía ser bello y de sana constitución física; un grupo que se forme en un seminario eclesiástico hace madurar a los seminaristas en función del conjunto de exigencias teoréticas y prácticas del catolicismo, y solamente de éste.

Con el nacimiento de la sociedad burguesa —en la que la disolución de las comunidades naturales va acompañada por el aumento de los diversos tipos de división del trabajo— *solamente* los grupos representaron las formaciones sociales a las cuales todos están obligados a pertenecer; efectivamente, nadie estaba en condiciones de vivir fuera del grupo (incluso Robinson formó uno con Viernes en su isla). Simultáneamente el mismo hombre iba perteneciendo a un número creciente de grupos, los cuales por añadidura no eran portadores de una relación unitaria con la comunidad, sino que, por el contrario, independientemente el uno del otro, tenían ocupada, afinaban o acrecentaban cualquiera de las habilidades del particular. Éste, ya que para poder vivir tuvo que adaptarse a grupos que cumplían funciones diversas, resultó «escindido», o por así decir, resultó «disuelto» en diversos roles. A falta de un elemento de mediación que se refiriese al hombre en su totalidad, la totalidad unitaria del hombre se disolvió y dio paso libre a la esquizofrenia social. La forma fundamental, y por lo que respecta a la vida burguesa determinante, de esta esquizofrenia social es la escisión, clarificada por Marx, entre *bourgeois* y *citoyen*. La vida pública, que ha dejado de ser comunitaria, tiene ocupada una sola facultad —abstracta— del hombre; si ésta funciona, el hombre está a la altura de su «rol» de ciudadano del Estado, es decir, de su rol público. Al mismo tiempo el ciudadano «empírico», el hombre de familia, de propiedad, de la administración privada, desarrolla roles completamente diversos e independientes de los del *citoyen*; en este ámbito las capacidades necesarias en la vida pública se convierten en superfluas: aquí reina el egoísmo que mira solamente a la existencia. El modo en que las diversas exigencias, relativas a roles diversos, de los grupos particulares disuelven la realidad humana es descrito de un modo excelente por los primeros pensadores de la filosofía burguesa. Piénsese, por ejemplo, en la *Nueva Eloisa* de Rousseau,

72

en las *Cartas sobre la educación estética* de Schiller, o bien en el *Wilhelm Meister* de Goethe, etcétera. Todos estos pensadores todavía sabían que los nuevos fenómenos (y peligros) propios del funcionamiento por grupos derivaban de la estructura social en su conjunto. Por el contrario los propugnadores de la sociedad burguesa (antes de la Revolución Francesa) y sus apologetas (después) estuvieron totalmente fascinados por la posibilidad de libertad del individuo burgués, construyeron hasta tal punto su imagen de la sociedad sobre el individuo como unidad, que necesariamente escapó a su apreciación el problema de la mediación entre el individuo y la sociedad en su totalidad.

Con la sociología positivista burguesa, la categoría de «grupo» alcanza un lugar central asumiendo una especie de universalidad. No podemos negar un cierto grado de legitimidad a este planteamiento, si lo comparamos con las ideologías liberales —construidas sobre el esquema interés individual/interés público— y con el marxismo vulgar, para el cual el único determinante social y el único medio, es decir, el ambiente del individuo eran la clase y sus órganos. Pero tal planteamiento es también legítimo por otro aspecto. A saber: es indudable que con la socialización del consumo y el disfrute, la categoría de «grupo» también asume objetivamente en nuestros días una importancia cada vez mayor. Evidentemente consumo y disfrute han sido siempre sociales, en el sentido de que el hombre social ha consumido y disfrutado siempre los bienes proporcionados por la sociedad de acuerdo con los contenidos y las normas de un determinado grado de desarrollo de la sociedad. Sin embargo, la forma moderna de la sociedad implica que consumo y disfrute tengan lugar «colectivamente» o al menos en correspondencia con las exigencias que se derivan de las normas de un grupo (y no de las normas de una clase o de una comunidad). Es cierto que también en las sociedades precedentes han existido el consumo o el disfrute en común. También en Esparta las comidas eran un acontecimiento colectivo y una parte relevante de las fiestas (bacanales) y servía también para acrecentar el disfrute precisamente colectivizándolo. Sin embargo —hay que repetirlo—, este consumo y disfrute en común de las comunidades era en cierto modo parte integrante de la vida pública. El consumo y el disfrute colectivo del hombre moderno son, por el contrario, precisamente no comunitarios, son totalmente independientes del hombre que se relaciona en su totalidad con algo. En este sentido (aunque no sólo en este sentido) Riesman habla con razón de «muchedumbre solitaria».

Pero a pesar de estas «legitimaciones», dar una importancia central al grupo significa ocultar los nexos auténticos entre el particular y el mundo. Hemos dicho ya que se ha *deducido* a menudo el sistema de usos y de normas del conjunto social de la categoría de «grupo», invirtiendo así la situación real.

El grupo representa el grado *más bajo,* más primitivo de la integración social. Cuanto más cobra éste importancia *de por sí,* tanto más se clarifican la peculiaridad, el contenido, el grado de disolución, etc., de otras formas de integración. Pero precisamente porque es la forma de integración más primitiva, el grupo es extremadamente heterogéneo incluso *en el seno* de una misma estructura social. Por consiguiente, de tal categoría heterogénea no se pueden deducir, «extraer» o «construir» las categorías por el contrario muy homogéneas de esta última. Qué importancia tiene el grupo para los particulares, cuáles de entre los grupos heterogéneos tienen mayor o menor importancia, cuáles de entre ellos se encuentran en el escalón más alto o más bajo de la escala jerárquica entre los grupos, cuáles de entre ellos favorecen el desarrollo del valor y cuáles, por el contrario, conducen a la degeneración: sobre todo esto el «grupo» como hecho, la simple existencia del grupo, no dice nada. Solamente su lugar y su función en las integraciones sociales superiores nos clarifican estas cosas.

HOMBRE PARTICULAR Y MASA

Antes de analizar la correlación entre una de estas integraciones superiores (la comunidad) y el particular, dedicaremos algún espacio a la relación entre este último y la *masa.* Este *excursus* es tanto más necesario en cuanto la pareja de categorías particular/masa es utilizada muy a menudo paralelamente y a veces incluso en el lugar de la pareja individuo/socialidad. Sobre este tema hay que clarificar ante todo que: mientras sociedad, capa, nación, clase, grupo, comunidad, son categorías de integración surgidas en el ámbito de una única relación, a saber, la relación con la sociedad *estructurada,* la categoría «masa» es completamente heterogénea con respecto a éstas. Masa es el estar conjuntamente de muchas personas durante *una acción* determinada, lo que puede comportar ya sea un «actuar en común» o ya sea «un papel de comparsa». Tanto el actuar en común como el papel de comparsa pueden ser casuales (un incendio en un teatro) o no (una manifestación). Por consiguiente, el interés y la función comunes no son caracteres obligatorios de la masa, como sucede, por el contrario, con los grupos, los cuales a su vez no están caracterizados obligatoriamente por el actuar en común o por el papel de comparsa (el trabajo de grupos puede ser subdividido en el tiempo). El grupo y la comunidad no son nunca masa, sino que están siempre estratificados o al menos compuestos por miembros. La masa, por el contrario, en el curso de la acción en común o mientras desarrolla el papel de comparsa puede no estar compuesta por estratos o por miembros. Es posible que lo esté, pero esto no sucede siempre. A veces es la comunidad misma la que forma la «masa». En ocasión de algunas célebres manifestaciones la masa ha sido movilizada como representante de una determinada comunidad con objetivos e intereses comunes, y por consiguiente estaba organizada, estructurada y en absoluto era casual.

Algunos autores contraponen la «masa» a la comunidad y sostienen que ésta aparece donde falta la comunidad. Éstos —como entre otros Wright Mills— identifican un tipo de masa (la no estructurada, y por lo tanto fácilmente manipulable y sujeta al pánico) con la masa en general y un tipo de comunidad (la democrática, compuesta por individuos) con la comunidad en general. Pero esto es equivocado, aunque se quiera sostener de este modo una posición antimanipulatoria que no puede dejar de suscitar nuestra simpatía. Y es equivocado aunque hace hincapié en una característica real de la masa. El hecho es que cuando los hombres llevan a cabo una acción o reaccionan ante un acontecimiento «en masa», es decir, estando juntos, los objetivos y los intereses que cada participante tiene en común con los otros no solamente pasan a primer plano, sino que son reforzados y sostenidos *afectivamente* por el eco que ellos encuentran en los demás. Aquí la situación es, al menos en parte, diversa de la actividad de grupo. Éste refuerza determinadas habilidades y actitudes del particular, desarrolla determinadas características, las hace «madurar». En las acciones de masa *no hay tanto un potenciamiento de capacidades, como de afectos.* A causa de la energía de arrastre de los sentimientos potenciados, el particular en el curso de la acción de masa «suspende» sus restantes intereses, necesidades e, incluso, sus escrúpulos particulares (y quizá no sólo los particulares, sino también los genérico-individuales que no se muevan en el sentido de los afectos potenciados). Una tal condición no implica necesariamente la manipulabilidad ilimitada, y tanto menos cuando la masa está compuesta en parte o en su totalidad por individuos. En este caso la energía de arrastre de la acción de masa actúa hasta que no choca contra el «temple» del individuo. Pero si la masa está compuesta por individuos menos desarrollados o por personas que no tienen una relación comunitaria, que bajo la presión de los sistemas de exigencias de diversos grupos son de algún modo esquizofrénicas, «elásticas», «flexibles» en sentido moralmente negativo, y si al mismo tiempo la masa no está estructurada, *se acrecientan netamente las posibilidades de manipulación* a consecuencia del estar juntos en masa, lo que, como hemos visto, potencia afectivamente ciertos intereses fundamentales.

En este sentido se habla a menudo de «sociedad de masas», pero el término «masa» es utilizado de un modo completamente metafórico. En este caso no se apunta que las personas están efectivamente juntas o que desarrollen en común un papel de comparsa en sentido físico. Sino, por el contrario, se quiere apuntar que una sociedad dada permite exclusivamente o prevalentemente aquellas integraciones primarias que no pueden transformarse en comunidad y que no dejan espacio a un intenso desarrollo de la individualidad, y menos todavía a un desarrollo multilateral. Nos encontramos frente a integraciones en las que las personas se comportan siempre «como si» actuasen en masa, y, por añadidura, en una masa manipulada. Domina en absoluto la tendencia potencial a observar a los demás. «Sociedad de masas» es por lo tanto una expresión para indicar aquella sociedad en la que el comportamiento que se ha formado en los grupos constituye una posición antiindividual de masa; es una metáfora para designar una sociedad manipulada, conformista. (Queremos añadir que la consideramos una expresión muy poco feliz. Los escritores de la *Kulturkritik* de los cuales procede, en el fondo han recogido bajo mano el punto de partida ontológico-social de la «teoría de grupos». Pero lo que para la sociología positivista era positivo, socializante, constituía un valor, para la *Kulturkritik* es por el contrario una fuerza negativa, un fenómeno de alienación.)

HOMBRE PARTICULAR Y COMUNIDAD

Pasemos a continuación al análisis de la integración decisiva para la estructura del conjunto social y para la formación del particular: la *comunidad*. La «comunidad» es, como hemos esbozado ya, una categoría de la estructura social, de la integración. Pero hay que añadir que no es *solamente* esto. Determinada integración (la aldea, el estrato, el grupo, etcétera) *puede* ser una comunidad, pero no lo es obligatoriamente. Depende en cada ocasión *del contenido* concreto de la integración, *del modo en que las relaciones* (materiales, morales) con el conjunto *social* están construidas y de la *relación del particular* con la integración dada.

Sería absurdo querer conectar cada tipo de socialidad con el concepto de comunidad. Marx se ha detenido más de una vez (trata de ello de un modo bastante amplio en los *Grundrisse*) a precisar cómo la socialidad no presupone necesariamente una comunidad. El hombre puede aislarse sólo en la sociedad; el hombre aislado, el hombre no comunitario que está en contacto con la sociedad solamente a través de la producción y del intercambio de mercancías, no es menos social que el hombre comunitario. Por el contrario, no se puede negar que la comunitariedad, la comunidad como categoría, *en el seno* de la socialidad, tenga un contenido *específico* (y un valor específico); hay que clarificar más bien la peculiaridad de sus contenidos.

La comunidad es un grupo o unidad del estrato social estructurada, organizada, con un orden de valores relativamente homogéneos, a la que el particular pertenece necesariamente.

La «necesidad» remite en este caso a dos fenómenos fundamentalmente distintos desde el punto de vista del desarrollo social en su conjunto. En primer lugar, la comunidad puede ser «necesaria» desde el punto de vista del orden económico, productivo y social de la sociedad en su conjunto; esto es válido cuando la producción o la administración de la sociedad (pero en general ambas) se desarrollan en el ámbito de algunas comunidades y cuando tal carácter comunitario representa una parte orgánica ineliminable de la estructura social. De este tipo son las «comunidades naturales» que, hasta la llegada de la sociedad burguesa, eran más o menos para cada estrato de la sociedad las condiciones fundamentales y la unidad de funcionamiento de la sociedad y, por consiguiente, estaban más o menos presentes en cada forma de actividad. Esto sucede hasta que, respecto a las integraciones sociales, no terminó el «alejamiento de las barreras naturales». En estas sociedades el particular «nace» necesariamente en una comunidad cuyos límites están ya dados en el momento de su nacimiento.

Tienen una función completamente diversa en la estructura social aquellas comunidades que no surgen del interés de la vida material de la sociedad sino de las necesidades de la actividad política y/o del *desarrollo de la individualidad*, de la intención consciente y de la voluntad que el particular, *a través de la integración* dada, tenga una relación consciente con la genericidad; estas comunidades están organizadas con el fin de cumplir *objetivos conscientemente genéricos*. El hecho de que tales comunidades no sean necesarias *para la reproducción material* de la sociedad dada no significa en absoluto que sean indiferentes para ella. Aunque —como ha sucedido en la mayoría de las comunidades históricamente importantes— éstas nacen para realizar los fines genéricos de determinadas integraciones, estratos o clases, tienen de todos modos validez social universal en muchos aspectos. En primer lugar organizan la realización del fin, después desarrollan la consciencia individual de quien pertenece a la comunidad, además mediante su estructuración de los valores proporcionan un modelo y ofrecen también una forma de vida. Citemos algunos ejemplos extraídos de sociedades netamente diversas: el «jardín de Epicuro», Cristo y sus discípulos, las secciones jacobinas, eran comunidades de este tipo.

No se puede excluir que las comunidades se constituyan sobre la base de contenidos de valor negativo (comunidades fascistas o, incluso, los *gangs*). Pero tomaremos solamente en consideración las comunidades constituidas sobre la base de un contenido de valor positivo o relativamente positivo, ya sea por simplicidad o ya sea porque solamente éstas son realmente importantes para el desarrollo de la sociedad. (Evidentemente esta delimitación sólo tiene sentido en el caso de comunidades constituidas conscientemente.)

Vista la «necesidad» tan variada de tales formaciones (precisamente es esta necesidad la que diferencia las comunidades de los grupos), nos podríamos preguntar si es oportuno usar aquí una *única* categoría. Nosotros creemos, sin embargo —al menos desde el punto de vista de nuestro problema: la conducta de la vida cotidiana—, que esto es absolutamente legítimo. Pero para demostrarlo deberemos tomar también en consideración otras características de la categoría de «comunidad». Ante todo, el hecho de que ésta constituye un grupo o unidad del estrato social organizada y estructurada, aunque ello no significa que se encuentre necesariamente una jerarquía. Existen en efecto del mismo modo comunidades no jerárquicas (por ejemplo, el «jardín de Epicuro») y comunidades construidas jerárquicamente (por ejemplo, una banda de delincuentes). La organización no debe ser institucionalizada; la comunidad *en su totalidad* no es nunca institucional, ni siquiera las comunidades naturales que. se han desarrollado en la polis son de este tipo, como máximo disponen de instituciones (areopago). Hay que tener en cuenta además el hecho de que, si el grupo *puede ser* una comunidad, una comunidad, por el contrario, puede comprender también más grupos y un estrato entero. Por consiguiente, para las comunidades no es importante en absoluto la relación *face-to-face*; es importante, por el contrario, que el carácter comunitario se afirme *también* en el caso de formaciones *face-to-face*. (Para los primeros cristianos la comunidad era el cristianismo *en su totalidad*; en el interior de éste, para cada cristiano su comunidad organizada. sobre una base *face-to-face* es la Iglesia a la que pertenece.) La comunidad que establece los fines y fija las estructuraciones de valor relativamente homogéneas está «construida» con estas comunidades *face-to-face*, que son sus unidades de base; el particular se relaciona con los fines y estructuraciones de valor *comunes*, pero el vehículo directo de la forma de vida es la unidad de base de la comunidad.

En el caso de la comunidad, «organización» y «unidad» no son criterios *formales*. La primera significa que la comunidad proporciona una espacio organizado para la actividad del particular. La amplitud y la cualidad de este «espacio» dependen en gran parte del *tipo* y del *contenido* de la organización de la comunidad (algunas conceden límites restringidos al particular, otras están construidas sobre una amplia iniciativa individual). De todos modos —y este aspecto es determinante para nuestro problema—, todas establecen el espacio *total* de actividad del particular, es decir, el espacio de la *vida en su totalidad,* de la actividad vital total del particular. Para un grupo [30] es importante sólo el aspecto ligado al objetivo y al interés de grupo. Para un equipo deportivo es importante la condición física del jugador y por lo tanto también su abstinencia (porque está estrechamente vinculada), pero no tiene ninguna importancia que el jugador pegue a su mujer. Por el contrario, la eventual pertenencia a una comunidad y el tipo de esta comunidad se expresan —siempre y *necesariamente*— en la *vida cotidiana* de la persona en cuestión, por su *total* estructura, comprendida la *ética.* Repetimos: en la comunidad el particular se presenta como «hombre total». (El concepto de «hombre total» como categoría será tratado en la segunda parte del volumen.)

De esto se desprende que el mismo hombre, que puede en principio ser miembro de un número infinito de grupos, no puede pertenecer a muchas comunidades. Tenemos el caso típico cuando la pertenencia a *una única* comunidad fija el cuadro dentro del que los hombres deben comportarse en la vida. Ciertamente se puede pertenecer a más (pocas) comunidades (al club jacobino y al círculo de los propios amigos), pero en este caso surge una jerarquía entre las comunidades y emerge el «momento predominante», es decir, la comunidad que subordina a las otras y la pertenencia a ellas (en el caso de las comunidades naturales esto sucede en general espontáneamente; en el caso de las comunidades de elección se verifica en la mayoría de los casos conscientemente .

Llegados a este punto hay que afrontar la cuestión del sistema de valores relativamente homogéneo. *Toda* comunidad posee un sistema de valores relativamente homogéneo; si el particular lo viola, ofende a la comunidad. No le es lícito violarlo ni siquiera en la vida cotidiana. El hombre de la comunidad no tiene una casa, un «refugio», en el que pueda comportarse de un modo diverso de como, más o menos taxativamente, está establecido por su comunidad determinada.

El sistema homogéneo de valores no está necesariamente detallado, precisado hasta el caso particular, además no implica una *jerarquía de valores rigurosa.* En las comunidades «naturales» —aquéllas en las que el hombre «nacía»— el sistema de valores era preconstituido y fijado por la comunidad. El hombre de la polis ateniense podía preguntarse qué acción debía ser juzgada como valerosa y cuál como moderada, pero para él no existía ninguna duda de que los valores fundamentales eran precisamente el coraje, la sabiduría, la justicia y la moderación. Aquél que según el juicio de la comunidad no era moderado o era un bellaco (en *cada* aspecto de la vida), ofendía

---

30. Nos referimos aquí a grupos que se unen casualmente, es decir, no nos referimos a las unidades de base de las comunidades.

a la comunidad, entraba en conflicto con ella. (Nadie ofende una sociedad por el hecho de ser bellaco; bajo esta forma la aserción carece de sentido. Nadie viola las normas de pertenencia a un círculo deportivo si es injusto en *otros* ámbitos de la vida.)

Por consiguiente, mientras que el sistema de valores de *toda* comunidad «natural» estaba fijado, la jerarquía de valores no estaba elaborada con precisión hasta el caso particular. En general, el criterio según el cual algunas normas están determinadas sólo de un modo general mientras que otras están precisadas para los casos particulares (por ejemplo en el cristianismo, que a diferencia de Atenas en el período clásico, las normas están fijadas hasta para los casos particulares), varía según las comunidades concretas. Esto significa que no todas las jerarquías dan un espacio de *igual amplitud* al particular para organizar su propia e individual jerarquía de valores, y que no en todas existe la misma posibilidad de juzgar con comprensión, de tener en cuenta las características de cada uno, de moverse con «sabiduria», etcétera.

Hemos afirmado que toda comunidad natural posee una jerarquía de valores fija (que permite un número mayor o menor de variantes en la actividad individual). Con la llegada de la sociedad burguesa, con el desarrollo del dinamismo social, con el fin de las comunidades naturales, decae también la jerarquía fija de valores, no sólo en la vida, sino también —en consecuencia— en la ética. No tenemos espacio para mostrar los efectos que trae consigo regularmente este proceso. Bastará indicar uno: por esta razón el concepto de felicidad, que en el mundo antiguo tenía una importancia central (e incluso en el cristianismo, donde asume la forma de la beatitud), a partir del Renacimiento pierde su preeminencia; a partir de entonces la ética ya no culmina en la «felicidad» sino en la «libertad». Esta mención ha sido necesaria en cuanto para nosotros es importante mostrar cómo la homogeneidad de los valores en las comunidades de las «sociedades puras» tiene o *puede* tener un significado distinto que en las comunidades de las sociedades naturales.

Dado que las comunidades de las sociedades puras se componen de hombres particulares, la homogeneidad de los valores que surge en ellas es establecida por tres factores diferentes. Uno es el fin de la comunidad, el elemento genérico-esencial con el que la comunidad se relaciona; el otro está representado por las circunstancias en que opera la comunidad; el tercero, finalmente, es el grado individual de desarrollo de los hombres que constituyen la comunidad, que «entran» en ella. Por consiguiente, también en este caso son posibles comunidades que fijan su estructuración de valores, lo precisan hasta el caso particular y ofenden el carácter de individuos de las individualidades ya desarrolladas (no su individualismo, que es una categoría totalmente diversa). No se excluye ni siquiera el caso —extremo en sentido opuesto— de que un único valor comunitario homogéneo sea la prioridad atribuida a los valores genéricos, mientras que los individuos son completamente libres de elegir el modo de realizarlos en su propia vida. Aquí la única ofensa a la comunidad, es decir, la única violación del valor homogéneo, está constituida por un modo de vida fundado en la particularidad. Evidentemente también aquí la comunidad, como *forma de relaciones,* como *unidad fundamental de la comunidad en general,* plasma el modo de vida. Sin embargo, depende del individuo en qué formas concretas de vida, es decir, en qué células de base o comunidades *face-to-face,* quiera realizar las normas universales de la comunidad dada —o del género humano organizado unitariamente—; en otras palabras, el individuo es libre de elegir entre las comunidades que realizan, aunque no al mismo nivel y no del mismo modo, la genericidad universal. Es bastante evidente que nosotros, cuando pensamos en las comunidades de la sociedad del futuro, imaginamos que tendrán más o menos una homogeneidad de valores del segundo tipo.

La relación concreta entre la personalidad y la comunidad se configura, por lo tanto, de un modo diverso según las comunidades. Analizar estas relaciones es tarea de los historiadores. No obstante, podemos hacer una observación, aunque muy general: en las sociedades precapitalistas todos debían pertenecer obligatoriamente a una comunidad. La relación con la sociedad podía expresarse solamente *a través de la mediación de la comunidad.* Esto no significa, naturalmente, que cada individuo estuviera en relación con la estructura social en su conjunto exclusivamente de este modo, sino que significa que debía tener necesariamente *también* este tipo de relación. Podemos añadir incluso que, mientras que tales sociedades tradicionales fueron estables, la mediación fue ejercida únicamente (o al menos fundamentalmente) por la comunidad en la que el hombre nacía. Sólo en el período de decadencia de las sociedades tradicionales, cuando los vínculos de las comunidades tradicionales se aflojaron, cuando éstas ya no ofrecían al particular una seguridad suficiente y un punto de partida válido para su orientación, surgieron o adquirieron importancia las comunidades *de elección* (el ya citado «jardín de Epicuro» o Cristo y sus discípulos). En esta época se hace posible a determinadas personas —con contenido de valor positivo, y sin que renunciasen a su propia individualidad, sino desarrollándola— abandonar la comunidad tradicional para entrar en nuevas comunidades. No es que fuese obligatorio, ya que no todas las comunidades de elección exigían que se renunciase a los vínculos comunitarios tradicionales. Continuando con nuestro ejemplo: las personas que entraban a formar parte del «jardín de Epicuro»,

HCS 144. 6

no aflojaban los vínculos con la polis con la que se encontraban ligados desde su nacimiento, sino más bien los reforzaban; por el contrario, cuando Saulo se convierte en Pablo abandonó todo el sistema de valores en el que había nacido y escogió, justamente con la nueva comunidad, un sistema de valores *radicalmente* nuevo, una nueva ideología y una nueva forma de vida.

El alejamiento de las barreras naturales tuvo como efecto para las integraciones que (desde la aparición de la sociedad capitalista) *el hombre dejó de ser un ser comunitario por nacimiento*. A partir de entonces es posible transcurrir toda la vida sin convertirse en miembro de ninguna comunidad. Cuando después las comunidades existen —ya sean abiertas o exclusivas, fáciles de alcanzar o no— son todas, sin excepción, objeto de una *libre elección*. Y el hecho de que el hombre ya no sea un ser comunitario por nacimiento, que pueda llegar a serlo sólo por propia elección, no es un *éxito* del desarrollo de la humanidad; volver atrás implicaría una pérdida de valor. El fascismo, por ejemplo, hizo la tentativa de restaurar el criterio de «nacimiento» en el lugar de la libre elección, y visto que no era posible de otra forma, usó el mito. Para sustituir a la comunidad de elección, apeló a la «comunidad de raza» o «de sangre» en la que cada uno nace necesariamente y que no puede ser ni eliminada ni elegida. Para el marxismo, por el contrario, un proletario, por ejemplo, forma parte del movimiento dirigido a la liberación del proletariado, es decir, es miembro de la comunidad de partido, *no en cuanto* es proletario, sino en cuanto ha alcanzado el nivel de la *consciencia de clase*, en cuanto plantea conscientemente la liberación de su clase y, por consiguiente, de toda la humanidad (fin genérico), y sobre esta base se somete al sistema de valores y de exigencias de la comunidad. Nacer en el seno del proletariado lo hace solamente capaz, dado que se siente a disgusto en su alienación, de afrontar esta tarea, de elegir esta comunidad. En este caso el nacimiento no es en absoluto vinculante.

Hemos hablado hasta ahora de correlaciones entre el particular y la comunidad, pero también son posibles algunas fracciones. La idea de que el particular y la comunidad pudiesen ser *categorías* antitéticas, era completamente extraña a las sociedades comunitarias. Era típica, por el contrario, su armonía: el particular aceptaba espontáneamente la estructuración de valores de su comunidad y precisamente haciéndolo se adaptaba al espacio que ésta le concedía. Los hombres, organizados sobre la base de la particularidad, intentaban establecer en general —casi de un modo totalmente espontáneo— el espacio que la aceptación acrítica del cuadro de las normas comunitarias les concedía para realizar sus propios instintos, necesidades, deseos e intereses. Quien perdía su comunidad, perdía también sus condiciones de vida. La pena más grave era la expulsión de la comunidad, lo que, en determinadas ocasiones, llevaba directamente a la muerte.

Resulta claro que también entonces podían tener lugar contrastes *concretos* entre el particular y la comunidad, como en efecto sucedía frecuentemente. La expulsión de la comunidad (por ejemplo, el ostracismo) era precisamente la pena o la prevención de tal contraste. Contraste que podía surgir en dos casos: cuando un individuo, precisamente a causa de la fuerza de su individualidad, ponía en peligro el equilibrio de la comunidad elevándose por encima de los otros, o bien cuando alguien ponía sus propios intereses particulares (el éxito personal, la riqueza, etc.) por encima de los intereses y fines de la comunidad y quería usar a ésta como instrumento para obtener sus propios objetivos. (Es evidente que en sistemas sociales y políticos diversos eran empleados en lo concreto métodos fundamentalmente distintos para establecer cuándo alguien superaba la «medida» determinada, cuándo dejaba de ser un valor para convertirse en un desvalor para la comunidad.) En cuanto al primer caso: la «expulsión» de las personalidades eminentes (por ejemplo, en Atenas) no es una característica general de la democracia, sino una peculiaridad concreta surgida en las *comunidades de la polis*. En el segundo caso se trata generalmente de la expulsión de gente anónima, insignificante y carente de interés. Sin embargo, en el período de disgregación de las comunidades podían existir (y efectivamente existieron: piénsese en Alcibíades) entre aquellos que consideraban la comunidad como un medio, personalidades eminentes, si bien ambiguas. Por lo tanto, la expulsión pudo ser a veces (no obstante en la minoría de los casos) *injusta* y afectar a quien, por el contrario, contribuía al éxito de la comunidad (y precisamente éste era el riesgo de la expulsión). Las comunidades más o menos se daban cuenta de ello, pero la posibilidad de cometer un error o una injusticia no hacía en cada caso surgir dudas sobre la legitimidad de la defensa de la comunidad.

En las sociedades comunitarias la expulsión constituye también un juicio de valor. Al expulsado no se le da nunca la «razón», ni siquiera cuando el acto concreto de la expulsión haya sido injusto. La catarsis típica de quien pertenece a una comunidad natural es el *retorno* a la comunidad, por duro que pueda ser y aunque le cueste muchas humillaciones. Quien es expulsado de una comunidad natural *reconoce* el derecho de ésta a expulsarlo incluso cuando él se siente moralmente muy superior a sus jueces. Por esta razón Sócrates rechazó la huida y aceptó la pena de su polis: la muerte.

La idea de que el particular y la comunidad son *categorías* antitéticas es un producto burgués. Tenemos aquí una apología (aún inmediata) de aquella sociedad que por primera vez, como hemos visto, ha creado la posibilidad de que el hombre viva sin comunidad. El presupuesto es que *cualquier* aceptación de la vida del particular a *cualquier* sistema de valores homogéneo va en perjuicio de la individualidad, que el individuo auténtico solamente puede ser el abstracto *productor de mercancías*, cuya socialidad es realizada *post festum*, a través de su mercancía, en el mercado. El concepto de individuo se convierte en sinónimo de *individualista*, es decir —en sus mejores y más completos ejemplares—, un individuo que cree que exclusivamente su autorrealización constituye una «actividad genérica», o sea, el que afirma que él representa el género humano: un monarca absoluto del desarrollo de la personalidad. Pero si miramos a la media de la sociedad advertimos que, una vez eliminada la adaptación a la comunidad, queda simplemente el «individualismo» seguro de sí del egoísmo particular.

Con esta afirmación no queremos en absoluto asumir la plataforma del romanticismo, según la cual solamente el mundo irrevocablemente desaparecido de las comunidades naturales proporcionaba al individuo auténticas posibilidades de desarrollo. Nosotros constatamos simplemente cómo las individualidades más grandes y más significativas de la sociedad burguesa han sido entre otras precisamente aquellas que no han «aceptado» el mundo de los hombres carentes de comunidad, que han creído que el desarrollo de la personalidad sólo es realmente posible en comunidades de elección, en comunidades *de nuevo tipo*. En el inicio del desarrollo burgués hubieron ya tentativas ejemplares. Rousseau presentaba como ideal la pequeña comunidad que los héroes de la *Nueva Eloísa* habían hecho surgir en Clarens, Goethe en *Wilheim Meister* ponía como ejemplo el colectivo de amigos formado en torno a Lotharío. Y en aquellos infelices momentos de la historia en que a los individuos particulares no les era posible «entrar» en comunidades de este tipo, las grandes individualidades mostraron nostalgia por las comunidades perdidas, las volvieron a buscar (por poner un ejemplo sacado esta vez de la música: el Beethoven tardío, Schubert).

En las comunidades de elección las contradicciones concretas entre el particular y la comunidad se configuran evidentemente de un modo distinto que en las naturales. Recordaremos solamente cómo —existiendo en general más comunidades al mismo tiempo— se puede llegar y de hecho se llega a una *nueva elección*. La catarsis puede expresarse también en una nueva elección y no solamente en el retorno a la comunidad (aunque también quede en pie esta última posibilidad, manteniendo una notable importancia). Por este motivo en las comunidades de elección el espacio del particular puede ser mayor que en las naturales (cosa que en la práctica no siempre sucede); además el particular puede dar con su personalidad una impronta mucho más neta al contenido de la comunidad e incluso a la configuración del contenido de valor de ésta. De modo que el primer tipo de ostracismo (frente al individuo demasiado eminente) no tiene aquí ni sentido ni función; y esto sigue siendo cierto aunque en la realidad lo encontramos de manera poco frecuentemente. Por el contrario, el segundo tipo de ostracismo tiene una función, y la mantendrá mientras existan comunidades. El hombre que utiliza la comunidad como simple medio para obtener sus fines particulares, será siempre expulsado de todas las comunidades (cuando sean sanas, vitales, etcétera).

LA CONSCIENCIA DEL NOSOTROS

Como hemos visto, la «consciencia del nosotros» se desarrolla en el particular paralelamente a la consciencia del yo. Solamente el egoísta-individualista consciente no tiene una «consciencia del nosotros», pero esto no constituye en él el punto de partida, sino más bien un *efecto*: el efecto de la reflexión y del modo de vida. Cuando decimos que las dos consciencias se desarrollan paralelamente, no pretendemos negar que *la afectividad de la particularidad emerge con más fuerza en la consciencia del yo*. Pero también el nosotros aparece investido de la afectividad más elemental cuando el yo se *identifica* con él. Lo que, evidentemente, no es sólo válido para las comunidades, sino para cualquier integración, incluidas las integraciones de grupo absolutamente casuales. Después del ocaso de las comunidades naturales, los particulares (fuesen conscientes o no) han intentado a menudo pertenecer a un grupo precisamente para «prolongar» de este modo su particularidad. Hasta la persona más débil e inhábil puede transformarse en un vencedor cuando, identificándose con un equipo de fútbol, dice: «¡hemos vencido!».

Hemos visto, examinando el hombre particular, que la misma particularidad es una categoría homogénea. Sin embargo, los diversos afectos particulares no siempre se desarrollan el uno junto al otro sin suscitar problemas. Nos hemos detenido ya sobre un punto: hemos recordado que hasta el hombre más particular tiene necesidad de dominarse para poder «existir en el mundo». ¿Pero qué significa dominarse si no frenar la particularidad un determinado sentido? Es decir, incluso entre los afectos particulares surge una jerarquía: la fuerza o debilidad de las características «innatas» y el «mundo», en que éstas deben hacerse valer, deciden cuál de sus afectos deberá sacrificar el particular en aras de otro (o de otros). Estos «sacrificios» —siempre que no se trate de la elevación del particular a la individualidad, sino sólo del enfriamiento de ciertos afectos particulares— conducen a menudo a los denominados «complejos». Estamos de acuerdo con Bloch cuando afirma que *el «complejo» deriva siempre de la ofensa de la particularidad*; el individuo consciente de sí conoce sus motivaciones e intenta plasmar su propia personalidad de acuerdo con las exigencias externas siempre de tal modo que pueda afirmar: «yo soy yo». Por consiguiente podrá tener conflictos (incluso consigo mismo), pero no complejos.

La simple represión de los afectos (y eventualmente de las características) particulares, su «inhibición», sirve a un doble fin. En parte y ante todo es un interés del desarrollo genérico. En el mundo de la propiedad, de la sociedad de clases, de la alienación, la cual, como hemos visto, produce prevalentemente hombres organizados sobre la particularidad, *las exigencias genéricas* —así como el resto de las exigencias sociales— *sólo pueden afirmarse a través de la represión o de la «desviación» de los afectos y características particulares del particular.* Han sido necesarios medios draconianos para conseguir que no se matase, violentase, depredase, lo que naturalmente ha comportado la violación de la particularidad respectiva. Contemporáneamente *la «inhibición» se ha convertido en un interés fundamental de la particularidad misma*; ésta no habría estado a la altura de su objetivo prioritario —conservarse en el mundo— si no hubiese «colaborado» con las exigencias sociales reprimiendo algunos de sus afectos particulares. (Hay que precisar que, cuando hablamos de afectos particulares, no nos referimos sólo o principalmente a los instintos originarios, sino *también* a las motivaciones particulares *cultivadas* en la sociedad clasista, como la envidia, el impulso a la posesión, etcétera.)

Pero son necesarias dos precisiones. En primer lugar, la necesidad de regular determinados sentimientos particulares no desaparece conjuntamente con la sociedad clasista; se trata en efecto de la condición fundamental de toda convivencia humana. Al mismo tiempo el contenido y el objetivo del sistema de normas sociales y la valoración de los afectos se encuentran *en una correlación* recíproca. En el caso de las normas draconianas, la sociedad —y el particular que interioriza las exigencias de la sociedad— puede *juzgar* como particulares algunas motivaciones que tienen, por el contrario, un contenido genérico, pero cuyos valores genéricos son olvidados por el sistema de normas predominante. En la ciudad del sol de Campanella, por ejemplo, no es admitido el derecho de elegir libremente un compañero amoroso; quien escoge libremente su compañero es condenado, sobre la base del sistema de normas sociales vigentes, como «prisionero de sus pasiones». Sin embargo, es indudable que la libre elección del compañero —no sólo a los ojos de la posteridad, sino también de una parte de los contemporáneos de Campanella— representa en sí un valor genérico; por consiguiente, tal aspiración, en sí no particular, es degradada al nivel de la particularidad solamente en aquel *sistema de normas determinado*.

La «represión» de los sentimientos particulares, la estructuración de su jerarquía y su canalización según las espectativas son tarea en primer lugar de la moral, de la religión y del derecho. Y no es casual que las dos primeras se basen siempre en la *consciencia del nosotros*. ¿Por qué?

El nosotros —bien se trate de una comunidad natural o de elección, o bien de un grupo— es considerado por el particular como una «prolongación» de sí mismo. El particular puede tener *ab ovo intereses, objetivos, sistemas de costumbres comunes* con el nosotros, o bien esta unidad *surge* sobre la base de la elección; pero esto es ahora indiferente para los fines de nuestro discurso. Por lo tanto, la base de la consciencia del nosotros no está en las regiones de las ideas, sino sobre un suelo completamente terrestre. El particular es parte de una integración; las victorias de la integración son *realmente* victorias del particular: en cuanto aquélla realiza los intereses de éste es posible que le «llene» la particularidad. Cuando el pueblo al que pertenezco entra en guerra con el pueblo lindante y vence, yo me convierto en más rico; si es derrotado soy hecho prisionero. Por consiguiente, en este sentido mi comunidad es efectivamente yo.

Sin embargo —y también en esto se equivocan los defensores del egoísmo razonable— el yo no se identifica con el nosotros calculando las posibles ventajas y desventajas; la consciencia del nosotros —al menos en la sociedades comunitarias (y también hoy cuando se trata de la nación)— es interiorizada *espontáneamente*. El particular es capaz de llevar a cabo incluso los máximos sacrificios —y recordemos la mencionada contradicción de la particularidad— por el nosotros, por la comunidad. Puede orientar sus afectos hacia este nosotros, renunciar a su patrimonio, sacrificar su propia familia. *La comunidad de intereses toma parte en la formación y en la consolidación de la consciencia del nosotros, pero no participa necesariamente en cada acción orientada hacia la comunidad.* Como ya hemos indicado, la moral y la religión se basan fundamentalmente en esta potencia de arrastre del nosotros que trasciende los intereses.

Por lo tanto la motivación o el afecto particulares pueden en casos extremos sacrificarse completamente en beneficio del nosotros. *Sin embargo, no se puede afirmar que la consciencia del nosotros y la acción correspondiente basten para superar el comportamiento particular.* Ante todo porque en la identificación con el nosotros la superación de la particularidad vale *exclusivamente* para la propia integración. Si mi pueblo está en peligro, voy a la guerra, soy herido, soporto hambre y fatigas; pero si después torturo hasta la muerte a mi enemigo derrotado, violo a sus mujeres, mato a sus hijos, todo ello no perjudica en lo más mínimo mi completa identificación con la consciencia del nosotros. Y al contrario, porque la *completa* identificación con la consciencia del nosotros, con las acciones de mi comunidad, incluso *puede desencadenar totalmente mis sentimientos particulares*. Puedo, por ejemplo, perder mi comprensión moral y mi prudencia de juicio frente a quien no haya realizado esta identificación. *En nombre* de mi comunidad doy entonces libre curso a mis *instintos* más bajos, sintiéndome por añadidura perfectamente *noble*. Mi venganza asume la forma del cumplimiento de la ley. Los fenómenos más terribles de este tipo se dan cuando la integración no exige de mí ningún sacrificio, pero no sólo en este caso.

Hasta ahora hemos dejado aparte el contenido de valor de la integración con que se identifica el particular. Pero es evidente que la particularidad es tanto más cumplida por la «consciencia del nosotros», cuanto más la comunidad dada se encuentra en contraste con el desarrollo genérico, cuanto más ésta le elimina los contenidos de valor. En este caso nuestro juicio ni siquiera toma en consideración el sacrificio personal del particular (por ejemplo, cuando el particular se identifica con la «comunidad nacional» del nazismo). Por el contrario, en el caso de contenidos iguales de valor, nuestro juicio también espontáneamente considera mejor el comportamiento de quien se ha identificado con una causa perdida (porque el sacrificio de la particularidad es aquí máximo y la posibilidad de gozar de las alegrías de la vida, mínima); *victrix causa diis placuit, sed victa Catoni.*

Por lo tanto, la consciencia del nosotros y la identificación o la colaboración con el nosotros pueden reprimir (incluso por propia iniciativa) el punto de vista, las características y los afectos particulares o también darles libre curso. En cada caso hacen *fácil* y *simple* (de nuevo una motivación de la particularidad) la orientación en el mundo. A un italiano le parecen buenos los pueblos a los que les gusta Italia y malos los antiitalianos; es bueno lo que va en favor de Italia; los italianos son los hombres más capaces de la tierra, etc. Se trata de esquemas extremadamente simples, que pueden ser asimilados aunque no se posea una particular sabiduría moral y con los cuales en el ambiente dado —en este caso en el ambiente italiano— se puede operar con éxito, encontrar consenso, evitar conflictos, etcétera.

Esta identificación, como precisamente hemos indicado, puede también constituir un *sucedáneo* del éxito del yo. En la vida no he conseguido nada, pero por lo menos mi pueblo ha tenido éxito. O al contrario: no he conseguido nada porque el grupo al que pertenezco está oprimido. (Aunque las dos afirmaciones fuesen exactas, no obstante, es característico de la particularidad poner en relación el éxito y el fracaso de *toda* la vida personal con el éxito o el fracaso de la integración.)

El denominado orgullo nacional a menudo no es otra cosa que un modo de manifestarse de la motivación particular, pero no siempre: si una nación se eleva a vanguardia del género humano como consecuencia de alguna de sus gestas (por ejemplo, por haber hecho una revolución), y si yo he tomado parte en ella personalmente, puedo estar orgulloso de ella con pleno derecho y sentirla como orgullo personal. En este caso no opera mi particularidad; de hecho yo refiero las gestas de mi nación (y las mías) a valores genéricos. Pero si mi nación no ha cumplido ninguna acción genérica especial, el orgullo nacional no es más que una prolongación de la particularidad. Estoy orgulloso de ser italiano, es una afirmación que vale tanto como decir que estoy orgulloso de haber nacido macho. Algo que no depende de mí (un casual modo de nacer) lo sitúo como valor y como rango, mientras que no posee ningún contenido de valor en sí. Es función del orgullo nacional, a través de la consciencia del nosotros, hinchar mi particularidad, su significado (no es cierto que no sea nadie, soy un italiano o un macho); de este modo yo sustituyo las acciones y las formas de comportamiento portadoras de un verdadero contenido de valor, que requirirían esfuerzo, que exigirían un desarrollo efectivo y tal vez de superación de la particularidad, y de las cuales yo justamente podría estar orgulloso.

Pero la motivación particular entra también en la consciencia del nosotros de un modo más complicado e indirecto (un fenómeno frecuente en las comunidades y grupos de elección). A saber, si yo me he entregado ya a una comunidad o grupo, «mantener firme» la identificación con él significa defender mi vida, defender mi comportamiento hasta ese punto; en suma, defenderme a mí mismo. Si se pusiese de relieve que aquella comunidad no merecía que yo me identificase con ella, que sus contenidos de valor eran dudosos, etcétera, entonces —en el caso de que yo sea un hombre particular— mi vida ha sido inútil. Por consiguiente, estoy obligado a atarme a la identificación, debo resistir todas las «tentaciones» de desligarme de ella (aun a costa de destruir al «tentador»). La precisión «en el caso de que yo sea un hombre particular» es necesaria, porque el hombre que se ha elevado a la individualidad no pierde su propia vida ni siquiera en tales circunstancias. Sabe sacar las consecuencias, sabe aprender también del error y sabe modificar su personalidad y sus elecciones a la luz de lo que ha aprendido.

Llegados a este punto queremos observar que no pretendemos agotar aquí las posibilidades de reacción de la particularidad. La estamos examinando simplemente en una perspectiva restringida, desde el ángulo de la consciencia del nosotros. Por ello decimos entre paréntesis que es igualmente frecuente la reacción particularista del particular que de improviso se rebela contra la integración elegida por él, pasando del amor al odio; en este caso «defiende» su vida volcando sobre la integración precedentemente elegida la responsabilidad de todos sus equívocos y errores. En este caso también se identifica con ella, pero con un signo negativo. (Pasar del amor al odio cuando la cosa amada no responde a las esperanzas que se habían depositado en ella, cuando «sale a la luz» algo, es a todas luces la reacción más universal de la particularidad y es típica también cuando no se trata de las integraciones.)

Hemos intentado clarificar hasta ahora la complejidad de la relación de identificación entre particularidad e integración. Añadamos —como se desprende de cuanto se ha dicho— que la «ascensión» a la integración, la identificación con la integración, la consciencia del nosotros, por sí solas no producen nunca la individualidad. Así como el individualista burgués, que niega toda comunidad, hincha sus exigencias particulares considerándolas como las únicas genéricas, así el particular que se identifica incondicionadamente con su comunidad abandona todos sus afectos particulares que la comunidad dada le promueve a abandonar y desarrolla aquellos que pueden prosperar libremente a pesar de la identificación con la comunidad o, quizá, precisamente a través suyo. Es especialmente evidente la simbiosis entre la identificación y la particularidad en la sociedad burguesa, donde la escisión antes latente se convierte en un abismo en la contradicción, ya examinada, entre bourgeois y citoyen. El individuo, por el contrario, no se escinde en un particular sometido ciegamente a las exigencias externas y en un particular que, de un modo igualmente irreflexivo, da libre curso a sus instintos según las posibilidades. El individuo tiene las reacciones unitarias de una personalidad unitaria tanto con respecto al mundo, como con respecto de sí mismo. Pero este modo de vivir del individuo solamente será típico de las sociedades después que se haya eliminado la alienación.

«Sólo cuando el hombre real, individual, asume en sí al ciudadano abstracto, y como hombre individual en su vida empírica, en su trabajo individual, en sus relaciones sociales ha llegado a ser ente genérico, sólo cuando el hombre ha reconocido y organizado sus "propias fuerzas" como fuerzas sociales, y por ello ya no separa de sí la fuerza social en la figura de la fuerza política, solamente entonces se habrá cumplido la emancipación humana.» [31]

---

31. K. Marx, *La cuestión judía*, Buenos Aires, Edic. Coyoacán, pp. 78-79.

LO COTIDIANO
Y LO NO COTIDIANO

La vida cotidiana es heterogénea en los sentidos y aspectos más diversos. Y ésta es la razón por la que su centro sólo puede ser el *particular*, en el cual aquellas esferas, formas de actividad, etcétera, decididamente heterogéneas se articulan en una unidad. De esto se desprende que la vida cotidiana no representa necesariamente un valor autónomo; si la continuidad del particular está constituida por aspectos y formas de actividad que se han acumulado casualmente, la cotidianidad no tiene un «sentido» *autónomo*. La cotidianidad cobra un sentido solamente en el contexto de *otro medio*, en la historia, en el proceso histórico como sustancia de la sociedad.

No podemos reseñar aquí los aspectos más importantes —y ni siquiera los más esenciales— de la heterogeneidad de la vida cotidiana. Nos limitaremos a indicar algunos. Comencemos observando que la vida cotidiana mantiene ocupadas muchas capacidades de diverso tipo: la vista, el oído, el gusto, el olfato, el tacto, y también la habilidad física, el espíritu de observación, la memoria, la sagacidad, la capacidad de reaccionar. Además operan los afectos más diversos: amor, odio, desprecio, compasión, participación, simpatía, antipatía, envidia, deseo, nostalgia, náusea, amistad, repugnancia, veneración, etcétera.

Antes de seguir avanzando, queremos examinar más detenidamente esta selección, que es totalmente casual. Por otra parte, resulta evidente que *un proceso singular de objetivación genérica no ocupa al mismo tiempo a todas aquellas capacidades y sentimientos*. Un proceso de trabajo puede requerir el uso de la vista y del tacto, sin que deba recurrir necesariamente al gusto y al olfato. Hay que considerar también el *conjunto* de los procesos de trabajo; se puede afirmar que en este ámbito los *afectos no intervienen* (no tomamos en consideración los casos extremadamente excepcionales, que no son característicos de la esencia genérica del trabajo). Mientras efectuamos cualquier trabajo, no estamos estimulados ni por el odio, ni por el desprecio, ni por el amor o por la compasión; todos estos afectos no tienen *nada que ver* con el proceso de trabajo, con su resultado. Pero observemos, por el contrario, el arte —por apelar a la objetivación más antropomórfica. La realización concreta de una obra de arte exige la presencia de los afectos más diversos, pero están excluidos —por poner de relieve una antítesis— los afectos inmediatamente particulares tanto en la realización como en el goce de aquélla. Para producir una obra de arte se necesitan también *o* la vista *o* el oído y, aunque aquí se considera el conjunto de los productos artísticos, siguen siendo excluidos —hasta ahora y en general— el gusto y el olfato (en la fruición artística incluso el tacto es superfluo). El trabajo científico no requiere en lo más mínimo la habilidad física. En las ciencias naturales, al igual que en el trabajo, los sentimientos no intervienen.

Si decimos que en la vida cotidiana operan todos los sentidos y todas las capacidades, decimos al mismo tiempo que su *grado de utilización*, es decir, su intensidad, queda muy por debajo del nivel necesario para las actividades orientadas hacia las objetivaciones genéricas superiores. Dentro de ciertos límites el trabajo constituye una excepción, pero únicamente porque es una actividad cotidiana sólo por *uno* de sus aspectos, mientras que por *otros* no lo es. Cada hombre debe adquirir un cierto grado de «habilidad» (que según la edad y el lugar en la división del trabajo se presenta de diversos modos). En nuestros días todos deben aprender a beber en una taza o cuando se vive en un edificio a usar el ascensor. Pero *no todos pueden* tener exactamente la misma destreza que un tornero, o coser con la misma habilidad que un sastre, o dibujar como un pintor. Por otra parte, en la vida cotidiana la habilidad debe aplicarse *en múltiples direcciones* (y con intensidad prácticamente igual). Las actividades genéricas exigen para determinados aspectos una habilidad notablemente mayor, una intensidad mayor de las aptitudes en cuestión, pero sólo «para determinado aspecto». En cuanto a las «múltiples direcciones», determinadas personas pueden tener en conjunto una habilidad muy superior a la media de los hombres, pero con variada intensidad.

En lo referente a los *afectos* la situación es mucho más complicada. Para darse cuenta de ello basta examinar su *grado de intensidad*. Arpagone siente un dolor mucho más fuerte por haber perdido dinero que el que habría sentido frente a una catástrofe nacional, y es notorio que se siente más dolor por la muerte de una persona próxima que por el fin de un héroe trágico. En consecuencia, podemos afirmar que *las reacciones afectivas pasivas alcanzan el máximo grado de intensidad precisamente en la vida cotidiana.*

En el caso de reacciones afectivas *activas* (que acompañan, se refieren e impulsan una actividad) las cosas suceden de otro modo. Spinoza lo había comprendido genialmente al distinguir rigurosamente los afectos activos de los pasivos (llamando a estos últimos pasiones) y situar la autorrealización del hombre, la libertad, en relación exclusivamente con los afectos activos. Evidentemente en la vida cotidiana también hay afectos activos, incluso muy intensos, algunos de los cuales son *particulares* y otros *genérico-individuales*. La intensidad de las pasiones activas no es indispensable para la vida cotidiana; sí lo es, por el contrario, para las grandes objetivaciones genéricas, que sólo pueden ser realizadas a través de afectos fuertes. Hegel observa con razón (sobre las huellas de la Ilustración francesa) que sin pasión no se habría realizado nada grande en la historia.

La cotidianidad o no cotidianidad de un afecto no depende, principalmente, sin embargo, de la intensidad y ni siquiera del contenido de valor (incluso los sentimientos cotidianos de los individuos pueden tener un contenido de valor muy alto), sino del *objeto*, del fin, del objetivo que enciende la pasión. Es este fin, este objetivo, el objeto que —bajo formas diversas en los distintos casos— suscita la denominada pasión dominante, a la cual el particular subordina todos los demás afectos, aspiraciones, reflexiones, etcétera. Pasiones dominantes existen también en la vida cotidiana: pero si su objeto es solamente cotidiano, sólo puede tratarse de afectos pasivos. Pero en cualquier caso no constituyen la regla; de hecho la pasión dominante no es *uno* de los afectos extraordinariamente intensos, sino el «afecto-guía» de toda una vida.

La mayoría de los hombres vive y muere sin haberla conocido. En la media de los casos surge en la vida cotidiana un conglomerado de diversos afectos indiferenciados, entre los cuales nunca se «pone orden», mientras que algunos de ellos no son ni siquiera advertidos, otros son «racionalizados», otros reprimidos (porque se hallan en contradicción con las normas aceptadas); determinados afectos, por último, son simplemente imaginados (porque por el contrario van de acuerdo con las normas).

La jerarquía de estos afectos viene organizada (sobre la base de su intensidad real o imaginaria) en función de la particularidad, de sus deseos y necesidades; una escala de valores fundados sobre su respectivo contenido genérico aparece sólo cuando y en la medida en que los particulares se convierten en individuos. Por el contrario, en la objetivación genérica en la que los afectos poseen una función determinante —el arte— su jerarquía está siempre fundada sobre la genericidad. En cada objetivación genérica aparece una refinadísima sensibilidad por la diferencia que hay entre intensidad y contenido de valor de los afectos. En las objetivaciones en las que se trata de relaciones entre personas (como en los dramas o en las novelas), esta doble jerarquía vuelve continuamente, aunque al final cada afecto es medido por su contenido de valor.

En la vida cotidiana los tipos de actividad son tan heterogéneos como las habilidades, las aptitudes, los tipos de percepción y los afectos; o más exactamente: *ya que la vida cotidiana requiere tipos de actividad netamente heterogéneos, en ella se desarrollan habilidades, aptitudes y sentimientos netamente heterogéneos.* La heterogeneidad de las formas de actividad no se evidencia sólo por el hecho de que éstas sean de especie diferente, sino también porque tienen distinta importancia y, desde luego, no en último lugar, porque cambian de importancia según el ángulo visual desde el que se las considera. La importancia de las comidas, del tráfico, de la limpieza, del trabajo, del reposo, del diálogo, de la sexualidad, del juego, de la diversión, del trabajo en común (discusión), por citar algunos tipos de actividad, es muy diversa en la vida cotidiana de los individuos según los tiempos y el estrato social. Algunos de ellos son indispensables para mantenerse vivo, otros no; algunos son indiferentes para el desarrollo de la personalidad, otros lo estimulan; algunos poseen un contenido de valor, otros están exentos de él. Formas de actividad diferentes (que varían también, como hemos dicho, según los tiempos, los estratos e incluso los individuos particulares) son requeridas ya por el *cuadro comunitario* en el que se desarrolla el proceso de la vida cotidiana (comunidad, familia) y también por las *relaciones personales* que garantizan la tensión emotiva de la vida cotidiana (que a menudo deben ser consideradas «moléculas» de la conducta de la vida cotidiana), como el amor y la amistad.

LA OBJETIVACIÓN DEL «HOMBRE ENTERO»

En la vida cotidiana existe por consiguiente —por servirnos de la categoría establecida por Lukács— el *hombre entero*, o mejor dicho, en las formas de actividad de la vida cotidiana es donde se realiza el *hombre entero*.

La vida cotidiana es en su conjunto un acto de objetivación: un proceso en el cual el particular como sujeto deviene «exterior» y en el que sus capacidades humanas «exteriorizadas» comienzan a vivir una vida propia e independiente de él, y continúan vibrando en su vida cotidiana y la de los demás de tal modo que estas vibraciones —a través de algunas mediaciones— se introducen en la fuerte corriente del desarrollo histórico del género humano y de este contraste obtienen un —objetivo— contenido de valor. Por esto pudimos sostener al inicio que la vida cotidiana es la base del proceso histórico universal. Evidentemente, no entendemos aquí «base» en sentido económico. Queremos decir solamente que los grandes conflictos que se verifican en el conjunto social provienen de los conflictos de la vida cotidiana, intentan darles una respuesta y, apenas estos conflictos quedan resueltos, desembocan de nuevo en la vida cotidiana transformándola y reestructurándola.

La vida cotidiana es —como *toda* otra objetivación— un objetivarse en *doble* sentido. Por una parte, como hemos dicho, es el proceso de continua exteriorización del sujeto; por otra es también el perenne *proceso de reproducción* del particular. En el infinito proceso de exteriorización se forma, se objetiva, el mismo *particular*. Si estas objetivaciones se quedan siempre al mismo nivel, si «se repiten», el particular también se reproduce siempre al mismo nivel; por el contrario, cuando las objetivaciones son de nuevo tipo, contienen lo nuevo, han alcanzado un nivel superior, también el particular se encuentra a un nivel superior en su reproducción. Si las objetivaciones son incoherentes, si falta en ellas un principio ordenador unitario, si representan sólo «adaptaciones», interiorizaciones, el particular se reproduce al nivel de la particularidad; si las objetivaciones son sintetizadas, si llevan la huella de la personalidad, la objetivación de la vida cotidiana —en el plano del sujeto— es el individuo. *El objetivarse como exteriorización continua y la personalidad como objetivación son, por consiguiente, procesos que se requieren mutuamente, que se interactúan recíprocamente, que no es posible separar*; o más exactamente, son *dos* resultados de un único proceso.

Hemos afirmado que la vida cotidiana *en su conjunto* es un objetivarse.[1] Como tal se mueve a un determinado nivel; este nivel está constituido por aquel cierto «*mundo*», *es decir, por el ambiente en el cual el hombre nace y que él ha «aprendido» a mover y en el que ha «aprendido» a moverse*; el mundo con sus comunidades, integraciones preformadas y, ante todo, sus sistemas de usos establecidos, con sus cosas, instituciones, sus juicios y prejuicios, con su contenido afectivo y su tensión emotiva, su educación, con su técnica, su «usabilidad», etcétera. Si uno está insatisfecho del sistema de distribución y expresa su insatisfacción diciendo que el sistema es injusto, el nivel de esta objetivación está representado por la distribución y además por los juicios, usos, prejuicios, etcétera a que a ella se refieren. Puede suceder que sus palabras caigan en un terreno fértil —por ejemplo, cuando otros también están insatisfechos, pero no lo dicen—, en tal caso la palabra, con la que por primera vez ha sido difundida la «injusticia», se difunde y muchas otras personas comienzan a sentir «injusta» la distribución, e incluso pretenden su reordenación. Puede suceder que de este modo la distribución sea transformada o modificada. En este caso ha sido suficiente hablar de «injusticia» para conseguir incluso cambiar una institución. (Naturalmente se trata de un esquema simplificado en extremo. Los cambios no derivan nunca de *una particular* persona, sino de una simultánea *pluralidad de particulares*.) Puede suceder que la palabra «injusticia» no encuentre ningún eco; el sistema de distribución continúa siendo aceptado, nadie más lo siente injusto. También en este caso hablar de «injusticia»

---

1. El problema será profundizado en las partes tercera y cuarta del presente volumen.

H CS 144. 7

constituye un objetivarse, en cuanto expresa la *diferencia* de comportamiento, de punto de vista, de formas de manifestación del particular frente al punto de vista del «mundo», de las formas de manifestación de éste. Si digo a otra persona «te amo», mi sentimiento es «exteriorizado», actúa en otra personalidad, puede cambiar más o menos su destino (bien sea que acepte o rechace mi amor) y al mismo tiempo cambia también en mayor o menor medida mi personalidad: cuanto mayor es mi pasión, tanto más fuertemente incide en la estructura de mi personalidad. Todo amor concreto (con su contenido afectivo y moral específico, sus formas de acción y de comportamiento) *está en relación* con las costumbres amorosas, las aspiraciones sentimentales, las espectativas de comportamiento relacionadas con los sentimientos (como sistema de objetivaciones) de una determinada época. En la misma medida me objetivo cuando decoro de un determinado modo mi casa, cuando cultivo mi jardín, educo a mis hijos, me divierto, etcétera.

La vida cotidiana es, pues, en su *conjunto* un objetivarse. Sin embargo esto no significa que *cada una de nuestras actividades cotidianas constituyan una objetivación* y ni siquiera que todas aquellas que lo son sean un objetivarse *al mismo nivel y con el mismo radio de acción.* El sueño, ese inevitable componente biológico de la vida cotidiana, no es una objetivación. O mejor dicho: no lo es por regla general, en la media de los casos, pero *puede* serlo (si, por ejemplo, un preso político en el período en el que las diligencias aún están abiertas duerme tranquilamente, ello es indicativo de su situación psicológica y de su carácter, lo que puede tener repercusiones sobre sus compañeros de cárcel e influir en su comportamiento). Lavarse los dientes no es ciertamente una objetivación del mismo nivel e importancia que decorar una casa. Esta última operación requiere una actividad más compleja, por principio expresa en mayor medida la personalidad, actúa más fuertemente sobre otros, etcétera. La objetivación verbal (lingüística) es en la mayoría de los casos más completa que la gestual. Sin embargo, en determinados casos, un bofetón es una expresión más completa de la personalidad, actúa sobre otros, incluso sobre una comunidad entera, más enérgicamente que mil palabras (piénsese en el legendario bofetón de Makarenko). Y ni siquiera las palabras se objetivan siempre al mismo nivel. La afirmación «hoy hace buen tiempo» tendrá menor efecto como vehículo de la subjetividad de quien habla, que un discurso hecho para convencer a alguien de que haga algo (por ejemplo, casarse). De estos ejemplos debería resultar claro que es absolutamente imposible dividir los tipos de actividad cotidiana en «objetivantes» y «no objetivantes».

La posibilidad concreta para *una misma* acción de objetivarse y sus límites muy a menudo *depende* de la situación dada, de la relación con el «nivel de objetivación», etc.

Llegados a este punto podemos detenernos a discutir dos interpretaciones de la vida cotidiana en nuestra opinión igualmente erróneas y unilaterales. Según la primera, la vida cotidiana sería idéntica al *consumo* (contrapuesto a todo tipo de producción, como por ejemplo el trabajo, la actividad artística, científica, etcétera), según la otra, a la *vida privada*. No obstante, consideramos que estas dos concepciones contienen elementos legítimos: ambas toman como punto de partida la *cotidianidad alienada* y generalizan tendencias que efectivamente están presentes en ella.

Los seguidores de la «teoría del consumo» no se refieren al consumo como categoría económica en el sentido riguroso del término. El consumo puede ser de hecho un momento de la producción; Marx, refiriéndose a la producción, habla también de «consumo productivo». Aquí por el contrario esta categoría posee un *acento valorativo*: el consumo en este caso implica una *actitud* y una *conducta* de los consumidores, es decir, una actitud pasiva frente al mundo, frente a los objetos, etcétera. No se puede negar que la vida cotidiana tenga una cierta afinidad con el consumo: el consumo-desgaste *sensu stricto* tiene lugar efectivamente en el marco de la vida cotidiana. Además, el volumen de los objetos consumidos por el particular, a medida que la producción se desarrolla, es cada vez más grande que el volumen de objetos que él mismo produce. Sin embargo —y aquí entramos en la primera objeción—, la mayoría de las formas de actividad cotidiana *no está dirigida hacia los objetos, sino hacia las personas*, en cuyo caso el término «consumo» está totalmente falto de sentido. Obrar o hacer obrar, referido a los otros hombres (a la gente), no tiene nada que ver con la categoría de «consumo», por lo que no se puede hablar de consumo en sentido económico. Por otra parte, el trabajo en cuanto actividad productiva, como veremos, posee también un aspecto cotidiano; es la presencia o ausencia de la alienación la que determina en gran medida si éste es activo o pasivo. Además, por lo que se refiere a la categoría de consumo en sentido valorativo interpretada como parábola, capta ciertamente un momento real de la vida cotidiana. De hecho las formas de actividad de la vida cotidiana son mucho más afines a la pasividad. Se puede «vivir» de tal modo que el comportamiento quede organizado en torno a la particularidad; ya que la inmensa mayoría de los hombres ha vivido y todavía hoy vive de este modo; como vimos, los hombres se han «adaptado» al mundo en el que han nacido, no han adquirido frente a él una actitud individual, autónoma, es decir, una actitud activa en la que se objetivase la totalidad de la persona; resumiendo, no han elaborado una relación consciente (autónoma, activa) hacia la genericidad. Pero, como ya hemos mencionado, este tipo de «pasividad» constituye un fenómeno de alienación, relacionado con la cotidianidad sólo como *hecho histórico* (y no como *categoría*), y ello queda demostrado, entre otras cosas, por la circunstancia de que (en distintas sociedades y de modo diferente) incluso en la vida cotidiana ha sido *posible* para los individuos una conducta de vida activa. Por consiguiente, aun admitiendo que esta «pasividad» *predomina* en la vida cotidiana, negamos que se trate de un hecho *absoluto*. El conjunto de la vida cotidiana es necesariamente una objetivación y por lo tanto no es pasiva, aunque acontece sobre la base de una forma de comportamiento pasivo (en su conjunto). En el mejor de los casos se puede hablar de una pasividad *relativa*.

Pero la «teoría del consumo» no se basa simplemente en la cotidianidad alienada, define la estructura de la vida cotidiana sobre la base del *tipo* de alienación de las modernas sociedades capitalistas. Sin duda, en la moderna sociedad industrial, donde *todos* los medios, los artículos superfluos, los modelos de comportamiento y los clichés, el consumo y la imitación de los cuales agota toda la vida de los hombres, son proporcionados por la producción social como «productos acabados», el consumo (incluso en sentido económico) va extendiendo su propio ámbito *al interior* de la vida cotidiana, e incluso la pasividad tiende a crecer en volumen y amplitud. (Riesman habla ampliamente de este tema en su libro sobre «la muchedumbre solitaria».) Tenemos una relación más viva con un muñeco de trapo hecho precariamente con nuestras propias manos, que con una muñeca modelo peripuesta según la última moda de las actrices cinematográficas; lo mismo puede decirse en lo que respecta a la música, cuando cantamos o conponemos nosotros mismos (contribuimos a componer, componemos *también* nosotros), en lugar de escuchar la música que emite el tocadiscos, etcétera. Hay que decir, no obstante, que tal «pasividad» no está en absoluto en una relación necesaria con el desarrollo de la técnica, sino que por el contrario depende de las relaciones sociales en las que hoy tiene lugar el desarrollo tecnológico. Por esta razón no tenemos ningún motivo para pensar que el destino histórico del género humano sea inevitablemente el ver transformada la vida cotidiana en «cotidianidad consumista». Este carácter (de valor negativo) se halla tanto más presente, cuanto en mayor medida el sujeto de la vida cotidiana es un sujeto particular (en este sentido no hay diferencia entre los tiempos antiguos y la época contemporánea) y es tanto más activo, *no consumista* (con valor positivo), *incluso en las esferas económicamente pertenecientes al consumo*, cuanto en mayor medida el sujeto de la vida cotidiana es una individualidad.

Aquellos que identifican la vida cotidiana con la «vida privada» parecen muy próximos a nuestra definición. En el plano empírico, una parte notable de nuestras actividades cotidianas forma parte de la esfera privada, y más todavía se puede afirmar que *hoy*, en nuestros días, *todas* las formas de actividad necesarias para la reproducción del particular pertenecen al ámbito de la «vida privada».

Pero el *statu quo* de nuestros días no es válido como categoría para la totalidad de la vida cotidiana. En primer lugar debido a que la escisión entre esfera privada y esfera pública es un fenómeno en gran parte histórico, que se *generaliza* en la sociedad con la llegada del capitalismo. Para la gente que vivía en las sociedades comunitarias (sociedades naturales) la actividad pública era también cotidiana: sin ella la reproducción del particular habría sido imposible. Cuando nosotros emitimos hipótesis sobre una sociedad del futuro cuyas relaciones esenciales se hallen constituidas por comunidades de libre elección, evidentemente pensamos en una sociedad en la que la actividad pública, que objetiva las aspiraciones *más individuales* del hombre, esté estrechamente ligada con su actividad cotidiana.

Pero no se trata solamente de que la «vida pública» (la actividad comunitaria no alienada) pueda ser también cotidiana. Se trata, además, de que las formas de actividad que nosotros atribuimos a la vida privada no son rígidamente catalogables como actividades cotidianas. Por ejemplo, un artista puede aislarse en su torre de marfil y desligarse de la vida pública; ¿significa esto tal vez que su actividad se ha convertido en cotidiana? Si, por el contrario, un pequeño agricultor se encierra en el cuidado de su granja y educa a sus hijos sólo en función de su granja, ¿qué otra cosa hace sino ocuparse de su vida privada? Pero ¿podemos definir como cotidiana esta forma de actividad *en su conjunto*? (Volveremos sobre este punto cuando hablemos del trabajo.)

El hecho es que la vida privada está en correlación con el concepto de vida pública, mientras que la cotidianidad está relacionada con lo no cotidiano, con la actividad inmediatamente genérica *por-sí*. La escisión entre las dos primeras es *por principio un fenómeno de alienación*; la vida *puramente* privada es tan alienada (aunque de forma distinta) como la vida pública desligada de ella. Por el contrario, como hemos puesto de relieve repetidas veces, *la diferenciación entre cotidiano y no cotidiano no constituye en absoluto un fenómeno de alienación por principio*, sino un producto de la específica dialéctica entre reproducción social e individual. Sin embargo, existe una cierta *afinidad* entre las dos parejas de categorías. En efecto, ya que el comportamiento genérico surge, al nivel más elemental y medio, en relación con la integración, con la comunidad, el «desligarse» de aquellas formas de actividad de la reproducción individual de la vida humana restringe notablemente la posibilidad de que en la vida cotidiana surja un comportamiento genérico. Por consiguiente, *la separación entre vida pública y privada «hincha» la particularidad y obstaculiza la autoorganización de la individualidad en la esfera de la vida cotidiana*. Por lo tanto no debemos hablar de identidad entre las dos parejas de categorías, sino de interacción de los dos fenómenos.

PENSAMIENTO COTIDIANO Y NO COTIDIANO

No podríamos proseguir el examen de la heterogeneidad de la vida cotidiana sin decir algo sobre el *pensamiento cotidiano*. El pensamiento cotidiano no es separable de las formas de actividad de la vida cotidiana. La tercera parte del volumen está dedicada precisamente a las formas de actividad, a su estructura, al modo de apropiación de la vida cotidiana; precisamente por esta razón deberemos hablar *también* largo y tendido del pensamiento cotidiano. Nos limitaremos aquí a esbozar el problema.

El pensamiento cotidiano también es heterogéneo. Los rasgos comunes del pensamiento que se manifiesta en las diversas formas de actividad de la vida cotidiana derivan muy simplemente de la cotidianidad: en parte por el hecho de que las formas heterogéneas de actividad deben ser realizadas en concomitancia recíproca y en un tiempo relativamente breve, y en parte por el hecho de que estas formas heterogéneas de actividad son *diversas* en épocas diversas y en las diversas sociedades o estratos sociales, por lo cual cada vez es necesario un *saber distinto* para apropiárselas y realizarlas. Del primer hecho deriva *la estructura general del pensamiento cotidiano*, del segundo derivan *los contenidos concretos del pensamiento cotidiano*. Evidentemente, estos dos factores no tienen una vida separada. La estructura del pensamiento cotidiano de cada época y la estructura de los contenidos de pensamiento determinados, y viceversa, los contenidos de pensamiento concretos son cotidianos sólo si y en la medida en que se organizan en la estructura del pensamiento cotidiano. Naturalmente, no todo el saber puede ser cotidiano, puede «organizarse» en la estructura del pensamiento cotidiano. Este otro saber es y permanece *especializado* y ni siquiera es necesario para la reproducción del hombre como puro particular que nace en una sociedad concreta. (La instrucción de la escuela básica o elemental ha llegado a ser obligatoria entre otras razones porque proporciona las habilidades cognoscitivas necesarias para la vida cotidiana; o sea, el mínimo necesario para la vida.)

La *función* del pensamiento cotidiano se deriva de la existencia de las funciones vitales cotidianas, y en consecuencia puede ser considerada como inmutable. Cambian, por el contrario, aunque con un *ritmo* muy variado, la *estructura* y los *contenidos*. La primera cambia de una forma extremadamente lenta y a veces presenta incluso períodos de completo estancamiento. En comparación, los contenidos del pensamiento cotidiano cambian de un modo relativamente rápido. Pero si los comparamos a su vez con el pensamiento científico, resulta claro que hasta éstos son en cierta medida conservadores y obedecen a una especie de «ley de la inercia».

La «inercia» de los contenidos puede presentar obviamente dos direcciones, factor que deriva de la estructura del pensamiento cotidiano. Puesto que tales contenidos, como aclararemos seguidamente, son los contenidos de una estructura en gran parte pragmática y economicista, son «inertes» *a priori* respecto de cualquier pensamiento que supera tal pragmatismo. La superación de este último tiene lugar a través de la eventual *intentio obliqua*[2] de la ciencia (filosofía), a través del descubrimiento de contenidos de pensamiento que impugnen el pragmatismo y las experiencias antropocéntricas surgidas en este ámbito, pero también las necesidades y los intereses del hombre singular cotidiano (particular o individual).

Pero ¿en qué consiste esta duplicidad? Simplificadas al máximo, las cosas ocurren del modo siguiente: cuando las objetivaciones que superan la cotidianidad, las institucionalizadas y las otras, son por principio alienadas (el Estado, el derecho) o bien representan formas superiores de alienación (la teología), *frente* a ellas el pragmatismo de la vida cotidiana aparece como el «*natural buen sentido*», como el parámetro de la normalidad. Por el contrario, cuando estas objetivaciones representan una relación más profunda con la genericidad (como, por ejemplo, el arte o las grandes obras de filosofía), cuando su *intentio obliqua* es representante de una desantropomorfización que brota de la adquisición de la verdad (como en las modernas ciencias naturales), los contenidos del pensamiento cotidiano, utilizados como principios que explican el mundo, aparecen, por el contrario, como sistemas de prejuicios y el *common sense* adquiere un valor negativo. Hay que afirmar que tal duplicidad constituye, al menos en su forma totalmente explícita, un fenómeno moderno.

2. Para evitar malos entendidos, digamos en qué sentido utilizamos aquí las categorías de *intentio recta* y de *intentio obliqua*. Por la primera entendemos todo el saber que se forma simplemente mediante el registro, la agrupación, la sistematización de las experiencias cotidianas o bien mediante su «elevación» y su unificación en una teoría homogénea. El registro, la agrupación y la sistematización constituyen un pensamiento *subcientífico* o *subfilosófico*: la «elevación» y la teorización *pueden* representar ya un pensamiento filosófico o científico. No obstante, en ambos casos persiste la posibilidad de retrotraer los resultados a la experiencia. En la categoría de *intentio obliqua* comprendemos todo saber que *no* sea «elevado» de la experiencia cotidiana, pero que surja a través de la única estructura de pensamiento, ya formada, de las objetivaciones genéricas. Un primer tipo de teoría producido a través de la *intentio obliqua* puede ser retrotraído a la experiencia a pesar de que no pueda ser «elevado» a partir de ella; un segundo tipo *por principio* no admite *feedback*, salvo en sus consecuencias. Ambos tipos de teoría representan la paja en el ojo del *common sense*.

Y precisamente por ello no es casual que en la época moderna haya existido cierta *posición ideológica* hacia el pensamiento cotidiano. En la Antigüedad cualquier tipo de pensamiento científico podía ser referido en mayor o menor medida a las experiencias de la vida cotidiana,[3] del mismo modo en que la conducta moral ejemplar era la forma «pura» del *status quo* ético cotidiano. En los diálogos platónicos Sócrates parte siempre de la experiencia cotidiana, del pensamiento cotidiano; y aquí está la premisa de su método de razonamiento que procede por preguntas, de su «arte mayéutico». Sócrates hace «crecer» a teoría filosófica los hechos presentes en el pensamiento cotidiano, y puede tratar de teoría relativa a las «ciencias naturales», a la metafísica, a la gnoseología, a la ética, a la estética o a la política. Tal crecimiento es posible por el carácter *estático* de la sociedad comunitaria, carácter que se manifiesta en todo el conjunto social. Apenas la sociedad se vuelve dinámica, este crecimiento se hace cada vez más problemático; *grosso modo* a partir del Renacimiento: primeramente en la acumulación originaria, después a niveles superiores, con el inicio del proceso infinito de la producción, donde el ritmo de desarrollo se hace cada vez más rápido. Las nuevas posibilidades (en la producción, en la política, etcétera) exigen día tras día reacciones nuevas, ya no existen comunidades naturales que con su jerarquía estable de valores ofrezcan una base fija a las decisiones morales. La *intentio obliqua*, la teoría y el modo de actuar que impugnan las experiencias cotidianas se convierten en una necesidad vital, una *necesidad vital de la sociedad*. En el curso de la desantropomorfización de las ciencias naturales, incluso en este campo la *intentio obliqua* se hace corriente e incluso alcanza en él su culminación. Pero el pensamiento cotidiano no puede *nunca* superar la *intentio recta*, en caso contrario ésta se separaría de la *radio recta* (de la estructura del pensamiento cotidiano) y de ese modo dejaría de ser cotidiano.

Antes del surgimiento de la sociedad dinámica existían ya esferas de realidad en las cuales emergían tipos de pensamiento no solamente contrapuestos a la cotidianidad, sino ni siquiera deducibles de ella. El pensamiento jurídico comenzó a quedar separado del pensamiento cotidiano cuando la estatalidad se despegó de *facto* de la comunidad, es decir, en el período clásico de Roma; no es raro que la sociedad burguesa, entre los tipos de pensamiento clásicos, haya asimilado con más profundidad el pensamiento jurídico romano. Pero en lo referente al

---

3. Con esto no queremos negar que *en ciertas escuelas* de la filosofía especulativa antigua no aparezca ya la *intentio obliqua* no referida a la experiencia. Piénsese sobre todo en la teoría del ser de los eléatas. La aporía de Zenón, según la cual Aquiles no consigue alcanzar a la tortuga, no puede ser corroborada por ninguna experiencia. Las causas y características de este desarrollo no pueden ser tratadas en este lugar.

conjunto de los tipos de pensamiento, aquella separación sólo se convierte en característica a partir del Renacimiento y aconteció casi simultáneamente en la moral, en la política, en la astronomía y en la física. La concepción de la relación entre moral y política expuesta en *El Príncipe* de Maquiavelo contiene soluciones que ningún Sócrates habría podido «derivar» del pensamiento de cualquier hombre cotidiano.[4] Con la teoría de los *idola*, Bacon en el *Novum Organon* quiere extirpar *metodológicamente* del pensamiento científico el antropomorfismo pragmático del pensamiento cotidiano; Galileo proclama la *intentio obliqua* en la física, y no sólo con la realidad de sus descubrimientos, sino también mediante una polémica consciente. Que la física moderna desde los tiempos de Galileo «impugna» el pensamiento cotidiano es hoy una noción corriente. De modo que bastará indicar cómo el mismo proceso ha tenido lugar también posteriormente en la filosofía. La racionalización de todo el comportamiento del hombre (en la ética de Spinoza), la derivación de todo acto humano del egoísmo (en Hobbes y sucesivamente en Helvétius), el imperativo categórico (en Kant) no son ciertamente desantropomorfizaciones, pero son no obstante superaciones de las experiencias cotidianas análogas a las que se observan en la física. Lo mismo puede decirse por lo que afecta a la filosofía de la historia de Marx (la teoría de la alienación).

La *intentio obliqua* implica, repetimos, que los contenidos del pensamiento no cotidiano no pueden ser elaborados simplemente prolongando, sistematizando los contenidos de experiencia del pensamiento cotidiano, «depurándolos» de la particularidad, de la casualidad, del antropocentrismo relativo al hombre particular. Pero esto no significa que los contenidos del pensamiento no cotidiano elaborados mediante la *intentio obliqua* no tengan nada en común con la vida y el pensamiento cotidianos. Puesto que sobre este tema deberemos discutir todavía las cuestiones *concretas*, nos limitaremos aquí a señalar lo siguiente: hasta la postura que considera los contenidos del pensamiento de la cotidianidad, *prejuicios* (y no sólo primeras representaciones), generalizaciones falsas, exageradas, considera —como elemento inevitable de la vida cotidiana, como *hecho*— los contenidos del pensamiento cotidiano. No hablaremos de las ciencias naturales modernas, porque en este terreno los problemas son distintos. Pero podemos referirnos a la teoría de la sociedad, a la filosofía. La vida cotidiana y el pensamiento relacionado con ella son la base inmutable de la historia; no existe —ni puede existir— una teoría de la sociedad que consiga ignorarlo. Si luego sucede que se olvida este elemento se llega al absurdo, como cuando Kant afirma que no se puede negar el tener un recurso,

---

4. Los razonamientos de Maquiavelo y Bacon sobre este tema son analizados en nuestro volumen ya citado *A Reneszánz ember.*

porque esto estaría en contradicción con el concepto de recurso. En tal caso es, por el contrario, más que justo apelar, *contra* el filósofo, a la experiencia cotidiana. Un ejemplo clásico es el de Diógenes que, como es sabido, refutó la tesis de Zenón según la cual el movimiento sería sólo apariencia, poniéndose a pasear arriba y abajo delante de él. Pero pondremos también un ejemplo contrario: no se puede llegar a la filosofía marxiana de la historia con la simple prolongación del pensamiento cotidiano, de la experiencia cotidiana. Lo que Marx escribe sobre la separación entre el ser y la esencia, no es derivable, en su generalización histórico-filosófica, de ninguna experiencia cotidiana. Ningún obrero puede alcanzar el concepto de alienación a través de la *intentio recta*; pero cuando cualquier obrero ha conocido y asimilado tal concepción marxiana, surgida *independientemente* de su experiencia, a través de la *intentio recta*, generalizando sus propias experiencias, «depurándolas» *(por lo tanto de un modo perfectamente socrático)* puede llegar a conocer su condición de explotado y la explotación de su clase, a conocer la alienación, y en consecuencia también a actuar para eliminar tal estado de cosas; en suma, a la consciencia de clase. No hay ninguna teoría filosófica o social de un cierto peso que —con la ayuda de la *intentio recta*— no intente cambiar la vida y el pensamiento cotidianos; evidentemente, según las diversas teorías, esto puede ser entendido como una autoeducación del particular o como el despertar de las clases a la autoconsciencia.

Nos referimos ya al *antropomorfismo* del pensamiento cotidiano.[5] En el fondo de esta categoría se contienen tres categorías, que se presentan en el pensamiento cotidiano pero generalmente indiferenciadas: el antropologismo, el antropocentrismo y el antropomorfismo *sensu stricto*.

El *antropologismo* consiste simplemente en que en la vida y pensamiento cotidianos no se puede hacer abstracción del ser-así de las percepciones; no se trata de un «defecto» del pensamiento cotidiano; de hecho en la práctica de cada día es *indispensable* quedar vinculados a la percepción humana. Podemos *saber* muy bien que la tierra gira alrededor del sol, que el sol no se «oculta» detrás de las nubes; sin embargo, son precisamente la «salida» y la «puesta» del sol, su «ocultarse» tras las nubes, los que guían nuestra actividad cotidiana. Cuando sale el sol debemos levantarnos de la cama; cuando declina cenamos; cuando se oculta tras las nubes, es prudente coger el impermeable. Para actuar correctamente no tenemos ninguna necesidad de saber

5. *Cf.* G. LUKÁCS, *Estética*, Barcelona, Grijalbo, 1966, vol. I, cap. I, donde se hace un examen particularizado del antropomorfismo del pensamiento cotidiano. No nos detenemos aquí en el pragmatismo de la vida cotidiana (y del pensamiento correspondiente), estrechamente conectado con el fenómeno aquí tratado, porque hablaremos de ello en la tercera parte de este volumen analizando la estructura del pensamiento cotidiano.

lo que sabemos. No es necesario que sepamos nada sobre la reflexión de la luz para abstenernos de cruzar la calle cuando el semáforo emite una luz roja; y aunque fuésemos expertos en este campo, es siempre la luz concreta la que nos señala algo; en tales circunstancias no pensamos en todo lo que «sabemos» sobre el rojo. Con el desarrollo de la técnica las construcciones que se derivan de la ciencia moderna están en continuo incremento en la vida cotidiana. *Sin embargo, se convierten en partes integrantes de nuestro vivir y actuar cotidianos sólo cuando nuestras percepciones relativas son antropológicas como en el caso de los fenómenos naturales «puros».* En la actualidad no basamos nuestra hora de levantarnos en el sol, sino en el reloj. Podemos saber o no que la hora (como duración temporal) del reloj es también antropomórfica. La cuestión no nos interesa. Son las siete y debemos levantarnos: sólo esto tiene importancia en la vida cotidiana. En lugar de ir a ver si el sol está oculto tras las nubes, escuchamos el parte meteorológico por radio; pero esto no significa que hayamos abandonado nuestra posición antropológica.

Por consiguiente, el antropologismo de la vida y del pensamiento cotidianos conserva toda su vigencia prescindiendo del grado de desarrollo de la ciencia y de la técnica y no hay diferencia entre si el sujeto de la vida cotidiana es la particularidad o la individualidad.

Por el contrario, en lo referente al *antropocentrismo* debemos establecer una limitación. La vida cotidiana es la reproducción inmediata del hombre particular, y por ello *su teleología está referida al particular.* Quiero conservarme a mí mismo, mis preguntas generales sobre la vida están en relación con mi propia vida, con mi experiencia. *El «anthropos» de la vida cotidiana es por ello el particular que vive su vida cotidiana.* El antropocentrismo tiene aquí un sujeto *distinto* del de la filosofía, del arte y de la ciencia social. Estas últimas se dirigen en primer lugar al *hombre genérico* (o a sus integraciones, o bien a los productos en los que se encarna la genericidad humana). Así pues, por lo que respecta a la genericidad podemos decir —aunque pueda parecer paradójico— que la vida cotidiana en este sentido es *muy poco* antropocéntrica.

En cuanto al antropocentrismo (contrariamente al antropologismo), existe una gran diferencia entre si el sujeto de la vida cotidiana es la particularidad o la individualidad. Incluso la vida cotidiana del individuo más evolucionado está dirigida a conservarse a sí misma, pero algunas de sus acciones se encuentran ya por encima de este plano. Además, desde el momento en que la individualidad tiene una posición distanciada hacia su propia particularidad, y dado que tal distancia deriva de su orientación hacia la genericidad, el antropocentrismo del individuo —aunque está referido al particular— contiene una relación consciente con el género humano.

Pasemos finalmente al *antropomorfismo* en sentido estricto: la estructura de la vida cotidiana (hablaremos de ello en el próximo capítulo) hace surgir en el hombre la tendencia a representarse la realidad en su totalidad (la de la sociedad y la de la naturaleza) como análoga a su vida cotidiana. Y añadamos que, hasta que objetivaciones *genéricas* como el arte y la ciencia no penetren en la cotidianidad, no se conviertan en partes integrantes, orgánicas, del saber cotidiano, la «gravitación» de la vida cotidiana conducirá *necesariamente* a tal antropomorfismo. Hemos hablado de arte y de ciencia (ya sea las ciencias naturales o las sociales), pero hubiésemos podido mencionar igualmente la filosofía. Con esto no queremos negar que generalmente estas diversas objetivaciones estén en una relación distinta con el antropomorfismo. El arte es antropomórfico al máximo, en cuanto presenta el mundo del hombre como creación del hombre: su antropomorfismo (así como su antropocentrismo) está orientado hacia la genericidad; dada esta orientación, el arte es *más antropomórfico* que el pensamiento cotidiano. Este último —precisamente por la proyección analógica de la estructura pragmática de la vida cotidiana— a menudo es *fetichista*: acepta las cosas y las instituciones como «dadas definitivamente», tal como son, y olvida su génesis. El arte que describe la génesis de las instituciones y de las relaciones sociales, no sólo de los individuos, normalmente *contrapone al antropomorfismo «local», provincial, del pensamiento cotidiano un antropomorfismo esencial, elevado a la genericidad.* Mientras que el pensamiento cotidiano extrapola la experiencia cotidiana inmediata, el arte, por el contrario, la pone en discusión, encuadra la vida, los problemas, los conflictos del hombre en una vida cada vez más «total», en los problemas y conflictos de ésta. El localismo casual, la nulidad de los «conflictos» del hombre que vive para su vida cotidiana, se revela en la confrontación —y en proporción— con el todo. La elevación a la genericidad mediante el arte y el goce artístico (del que hablaremos seguidamente) es por consiguiente antropomórfico en cuanto *supera el antropomorfismo del pensamiento cotidiano.* No tenemos espacio suficiente para analizar la relación entre la filosofía y las ciencias sociales, por un lado, y el pensamiento cotidiano por otro; en cada caso es posible encontrar —a pesar de todas las diferencias— líneas de fuerza similares a las de la relación entre el pensamiento cotidiano y el arte. En las ciencias naturales, por el contrario —y antes de su nacimiento a menudo en la filosofía de la naturaleza—, sucede de otro modo. Estas ciencias, no solamente no toleran la proyección analógica de la vida cotidiana, sino que *se oponen también a la proyección de la genericidad humana en la naturaleza.* Pongamos un ejemplo: si no se representa una posición teleológica y si no se tiene presente y no se elabora el hecho de la alternativa, no existe arte, ni filosofía ni ciencias de la sociedad. Por el contrario, la tendencia de-santropologizante de las ciencias naturales excluye todo esto; para descubrir la relación genérica con la naturaleza es necesaria una investigación que haga abstracción —o que al menos *tienda* a abstraer— del género humano.

Existe una sola forma ideológica cuyo contenido esencial exige una imagen del mundo construida sobre la analogía con la vida cotidiana: la *religión*. La idea de un mundo «completamente organizado» por Dios y la de la creación se basan en el antropomorfismo del pensamiento cotidiano; este tipo de antropomorfismo puede asumir formas diversas en las distintas religiones: el mundo de los dioses puede ser el simple reflejo del mundo de los hombres, como en las religiones de la polis, o bien estar ampliamente espiritualizado, como en el cristianismo. Sea como fuere, en toda religión existe el *contacto directo* entre la trascendencia y el particular y, además, ese contacto es en cierta medida *arbitrario* (la forma más desarrollada se encuentra en el cristianismo con las categorías de «Providencia especial» y de «gracia»). Esto no excluye naturalmente que en el interior de las distintas religiones se desarrollen *siempre relaciones genérico-antropomórficas* (por ejemplo en la moral religiosa). Más adelante trataremos extensamente la relación entre la religión y la vida cotidiana. Digamos aquí solamente —y sólo con referencia al antropomorfismo— que la religión *no* eleva la antropomorfización de la cotidianidad a la genericidad, sino que, por el contrario, encuadra *los valores genéricos en el esquema del antropomorfismo del pensamiento cotidiano*.

Hemos dicho que el antropologismo del pensamiento cotidiano representa una necesidad para todas las personas y que esto es también válido para el antropocentrismo, si bien este último es de diverso tipo, según se trate de personas particulares o individuales. Llegados a este punto debemos preguntarnos si es obligado siempre y en cualquier época que el pensamiento cotidiano sea antropomórfico en el sentido menos lato del concepto, del cual hemos hablado ahora.

Creemos poder responder negativamente. Los hombres no tienen necesidad de ser filósofos o científicos para desligarse de la proyección analógica sobre el mundo entero de las experiencias inmediatas del propio ambiente inmediato y las suyas personales. Si esto fuese necesario, el antropomorfismo *sensu stricto* sería imposible de suprimir. No existirá nunca un mundo en el que cada uno pueda ser científico, en el que cada uno pueda liquidar su propia vida cotidiana. Para conseguir que el antropomorfismo *sensu stricto* ya no constituya la estructura fundamental del pensamiento cotidiano, basta con que los hombres posean una *imagen* general *del mundo*, una *concepción del mundo* que les permita encuadrar sus propias experiencias en los resultados a los que han llevado la vida y las necesidades vitales de la humanidad, en las experiencias de ella, en el grado de pensamiento y de saber alcanzado por la humanidad. Que no se trata de una utopía queda demostrado por los ejemplos históricos de una vida cotidiana de tal especie. Los epicúreos, sin una especial preparación científica, eran capaces de pensar el universo como independiente de los objetivos y de la voluntad de los hombres, y además —lo que es muy importante de cara a la eliminación del antropomorfismo— eran capaces, para definir su campo de acción, para definir también la posibilidad de su libertad en el mundo dado y para intentar realizarla, de aceptar la anulación total del particular, de aceptar la muerte como necesidad natural irrevocable. Esto ha bastado para extirpar de todo su pensamiento —e incluso de su pensamiento cotidiano— el antropomorfismo en sentido estricto.

No obstante —y se trata de una delimitación esencial—, sólo el individuo puede tener un pensamiento cotidiano exento de antropomorfismo. Para la vida organizada en torno a la particularidad el antropomorfismo en sentido estricto constituye una necesidad, la cual es a su vez una de las bases de la *necesidad religiosa*. Mientras que la mayoría de los particulares sean hombres particulares, mientras que a la vida cotidiana le sea suficiente tener como sujeto a la particularidad, el antropomorfismo en sentido estricto será y permanecerá como un carácter ineliminable de la vida humana. Ineliminable no sólo en las personas comunes, sino también, por ejemplo, en el científico que subordina su propia vida cotidiana a la particularidad. Quien en su trabajo de especialista se mueve en el sentido de la desantropomorfización, puede muy bien pensar de un modo antropomórfico en la vida cotidiana (y proyectar el antropomorfismo en aquellas esferas de la realidad que no tienen ninguna relación con su especialización más específica). *Mientras que exista la necesidad religiosa y la religión no habrá ninguna posibilidad real de liberar la vida cotidiana del pensamiento antropomórfico.* Y la heterogeneidad del pensamiento cotidiano se expresará también en la mescolanza *indiferenciada* de imágenes del mundo y momentos de pensamiento desantropomorfizados y antropomórficos conjuntamente.

VIDA COTIDIANA Y ESTRUCTURA DE LA SOCIEDAD

¿Es posible revelar la estructura de una determinada sociedad y el grado que representa en el desarrollo genérico, examinando la vida y el pensamiento cotidianos?

Se puede responder afirmativamente a esta pregunta quizás sólo por lo que respecta a épocas muy primitivas, anteriores al nacimiento de la propiedad privada, e incluso en este caso se trata de una respuesta sólo aproximativamente afirmativa. Debido a que, como bien sabemos, la vida cotidiana de los hombres de una determinada sociedad después de la aparición de la división social «natural» del trabajo está extremadamente diferenciada según principios ordenadores representados por la clase, el estrato, la comunidad, la capa, etcétera, la vida cotidiana de una determinada persona e incluso la media de la vida y del pensamiento cotidiano de una clase determinada no están en condiciones por principio de revelarnos *enteramente* la estructura conjunta de aquella sociedad ni su grado de desarrollo genérico. La esencia del feudalismo no está expresada «enteramente» ni por la vida cotidiana del siervo de la gleba ni por la del caballero. Cuando hablamos de una superación positiva de la propiedad privada, pensamos precisamente en un orden social en el cual tal discrepancia ya no existirá, en el que el hombre particular estará en una relación inmediata con la sociedad en su totalidad, con el género humano, por lo cual la vida del particular nos revelará el nivel de su desarrollo genérico.

Si hemos dado (por el momento) una respuesta negativa a tal pregunta es porque no sólo hemos pensado en la división del trabajo sino también en el hecho de que el lugar de una determinada sociedad en el desarrollo genérico viene expresado y representado por el conjunto de las objetivaciones y de su relación recíproca. El grado de desarrollo y el modo en que están organizadas la producción y la distribución, el estado del arte y de la ciencia, la estructura de las instituciones y los tipos de actividad humana que se desarrollan en ellas: éstos son los factores que en *primer lugar* nos indican qué tipo de sociedad tenemos ante nosotros, qué «da» al género humano y qué suprime del desarrollo precedente. Es evidente que no existe ni puede existir (ni siquiera después de que haya sido suprimida la alienación) ninguna sociedad en la cual la totalidad de la vida cotidiana represente por sí sola las objetivaciones genéricas.

Sin embargo, la respuesta negativa no es absoluta. Los particulares nacen en un mundo determinado y deben apropiarse de los sistemas de exigencias de este determinado mundo —o al menos de la parte de ellos presente en el ambiente inmediato— para seguir con vida. Este mundo determinado *no* se ha constituido (o al menos *no sólo*) por obra de la vida cotidiana. Ante todo, los particulares nacen en una determinada estructura de producción y de distribución. Después en los sistemas de usos que —en mayor o menor medida— expresan esta estructura, como asimismo el grado de desarrollo moral alcanzado por la humanidad. Una parte de las objetivaciones científicas y artísticas no entra nunca en la vida cotidiana de determinados estratos de determinadas épocas. No obstante, *no hay ninguna* vida cotidiana en la cual, por ejemplo, la objetivación artística no tenga *absolutamente* ninguna función (y actualmente no hay seguramente ninguna vida cotidiana, comprendida la de los pueblos primitivos aún existentes, en la que no se dejen sentir las objetivaciones científicas). Qué sistema de producción y distribución es interiorizado en la vida cotidiana, qué principios morales y qué praxis moral se convierten en partes integrantes necesarias de la vida cotidiana, *en qué medida* el arte y la ciencia están presentes en la vida cotidiana, y qué arte y qué ciencia: todo esto nos dice *muchísimo* sobre la estructura conjunta de una determinada sociedad y de su grado de desarrollo genérico. Por lo tanto, en este sentido, el desarrollo (o la regresión) genérico se refleja también en la vida cotidiana y es explicitable igualmente en ella.

Hemos afirmado que la estructura fundamental de la vida y del pensamiento cotidianos es relativamente inmóvil. Pero esto no significa que no se haya modificado, que no se haya enriquecido con nuevos elementos y atributos. A propósito del antropomorfismo hemos hablado precisamente de la posibilidad de que su variante *sensu stricto* sea superado. Entre tanto, deberá decirnos algo sobre el conjunto de la sociedad el hecho de que en ella determinados individuos de determinadas clases posean en diversa medida la posibilidad de superar la vida cotidiana centrada sobre la particularidad y de quitarse de encima el antropomorfismo *sensu stricto*, la necesidad religiosa. La «conversación» no es, como veremos, una categoría necesaria a la vida cotidiana de todos los estratos de todas las sociedades, ¿pero es que no sabremos algo sobre el grado de humanización de una determinada sociedad si conocemos en qué estratos y en qué medida la conversación se ha convertido en una necesidad? El «amor» como tal no ha existido siempre. Pero ¿no es indicativo que ciertas épocas hayan producido esta relación humana y la consideraran en cierta medida como «obligatoria» para la estructura de la vida cotidiana? ¿No caracteriza una sociedad el hecho de que algo tan elemental como la enseñanza escolar se haya convertido en parte integrante de la vida cotidiana?

Sin embargo, no quisiéramos detenernos aquí ante los nuevos hechos que emergen en la estructura de la vida y del pensamiento cotidianos, sino más bien sobre el cambio del contenido, sobre todo del *contenido de valor* de los hechos existentes. El contenido de valor se expresa ya en la *cultura de los usos*. El modo en que nos alimentamos, cómo y qué comemos, cómo y dónde habitamos: también en estas cosas se expresa el estado de humanización del género humano. El alejamiento de las barreras naturales es reflejado de un modo casi directo por la amplitud de los estratos a los que una sociedad hace posible una cultura de los usos digna del hombre. Sin embargo, el primer espejo que nos revela cuáles son los contenidos de valor presentes en la cotidianidad, es la estructura de las relaciones *personales directas* entre hombre y hombre. Marx aceptaba plenamente la tesis de Fourier según la cual es posible revelar el desarrollo de valor de la humanidad *a partir de la relación entre hombre y mujer.* La sexualidad pura ha sido sustituida por el pensamiento de lo bello, el deseo de lo bello del *amour passion* y, paralelamente, ha cambiado también el contenido de valor de la sexualidad, se ha ido convirtiendo siempre en «más humano», mientras se ha humanizado la relación del hombre con la naturaleza. Pero también en el interior del *amour passion* son posibles relaciones con un contenido de valor extremadamente diverso. Se verifica una relación humanizada al máximo, menos particular, cuando sobre su base es eliminado el deseo de tener, de posesión, cuando éste se convierte verdaderamente en una pasión elegida y recíproca de dos individualidades, de dos personas igualmente libres. El impulso de poseer desaparecerá del amor incluso para la media de la sociedad sólo cuando el conjunto de los sentidos e instintos de los hombres ya no esté concentrado en el impulso de poseer. Pero en casos excepcionales (y el número de estos casos es relevante), relaciones de este género son también posibles en la vida cotidiana de nuestros días.

Llegados a este punto quisiéramos observar cómo la presencia de ámbitos morales denominados «específicos» es característica de épocas dominadas por la propiedad privada y por la alienación. Existe la «moral sexual», la «moral del trabajo», la «moral de los negocios», etc.; además estos ámbitos morales específicos indican siempre el nivel de humanización —aunque en el seno de la alienación— alcanzado por la sociedad, o sus clases y grupos, los confines dentro de los cuales aquellos ámbitos restringen en su vida cotidiana las aspiraciones particulares, el «espacio» que otorgan a las motivaciones particulares, el que éstas se manifiesten en los instintos heredados del mundo animal, o en el impulso de poseer, o bien en ambos.

La vida cotidiana refleja el *hic et nunc* de la sociedad no solamente en la moral, sino también en otros numerosos aspectos. Nos hemos detenido ya a clarificar cómo una determinada época puede estar caracterizada por el hecho de que sus clases y estratos en el curso de su vida cotidiana lleven a cabo una «vida pública» mientras que en otros casos quedan encerrados en la denominada «vida privada». De un modo parecido se expresa el desarrollo de la técnica en la vida cotidiana. El hecho de que comamos con un cubierto de madera o con uno de aluminio, que viajemos en un carro o bien en un tren, es sin duda un «espejo» del nivel del desarrollo técnico. Esto no significa que a través de la vida cotidiana sea inmediatamente analizable el grado de desarrollo de la producción (como objetivación). Ha sido característico del capitalismo clásico precisamente que sólo una mínima parte de la humanidad podía gozar de lo que para la comodidad de la vida cotidiana producía una técnica en un desa-

113

rrollo extremadamente rápido; aquellos que iban cubiertos de harapos formaban parte de la producción textil en rápida ascensión, al igual que los hambrientos formaban parte del crecimiento de la industria alimentaria. Es sabido que en el capitalismo moderno la situación ha cambiado: los objetos y utensilios proporcionados por la técnica moderna entran a formar parte de una forma relativamente rápida en la vida cotidiana de la media de los hombres. Todo esto nos dice bastantes cosas sobre el grado de desarrollo de la técnica. Pero hay que añadir que esta diferencia entre capitalismo clásico y moderno *no* indica una diversidad *de principio* en la relación entre la vida cotidiana y la técnica: en la América actual el bagaje técnico de la vida cotidiana no nos revela los éxitos obtenidos por la investigación nuclear.

Como hemos mencionado, no ha existido jamás una vida cotidiana en la que el arte estuviese *totalmente* ausente; el canto y el ritmo son partes orgánicas de la vida cotidiana incluso de los pueblos más primitivos. Es cierto que no es irrelevante qué géneros artísticos forman parte de la vida cotidiana de los miembros de determinadas clases, así como no es indiferente el nivel de las obras de arte relativas. Los florentinos, por ejemplo, «nacían» en un mundo en el que hasta el hombre más insignificante vivía continuamente en medio de grandiosas obras de arte; el hombre del Medioevo entraba en contacto a diario en las iglesias con las obras maestras del arte figurativo y con la mejor música de su tiempo. Sabemos, por el contrario, cuán indicativo es de la estructura del capitalismo el hecho de que, por primera vez en la historia —aunque no de golpe—, el arte se ha escindido en «arte superior» y arte comercial; que la experiencia artística cotidiana de las clases explotadas ha dejado de ser arte popular para convertirse cada vez más en *Kitsch* y en literatura por entregas. Junto al nivel de las objetivaciones artísticas es, por lo tanto, *también* indicativa para una sociedad la medida en que éstas llegan a ser componentes de la vida cotidiana de cada hombre. En cuanto a la ciencia, las tendencias producidas por el capitalismo van, en cierto sentido, en la dirección opuesta al arte. Con anterioridad no han existido nunca épocas en las que las novedades científicas fuesen tan profundamente operativas en el pensamiento cotidiano. Y ello es válido aunque el foso entre el conjunto de resultados científicos y los efectivamente actuantes en la vida cotidiana se amplía constantemente.

Por lo tanto, a tenor de lo visto, la estructura social y el grado de desarrollo genérico no son vislumbrables inmediatamente a través de la vida cotidiana, ni siquiera si se toma en consideración la media social conjunta de la vida cotidiana. Pero vimos también cómo la vida cotidiana siempre expresa algo sobre ello, por lo cual hay que tenerla en cuenta cuando se quieran vislumbrar sus posibilidades.

Ahora la cuestión es —y esto se desprende de lo afirmado hasta ahora— si el desarrollo, «el crecimiento de una sobre otra» de las sociedades y el desarrollo del valor se expresa en la cotidianidad. Y una vez más tenemos una pregunta a la que hay que responder sí y no al mismo tiempo.

La vida cotidiana *no se ha desarrollado*, en cuanto —dada la alienación— en la media de los hombres se ha organizado sobre la particularidad, lo que significa que la relación con la propia cotidianidad para la media de los hombres en el fondo ha permanecido invariable. Pero también se ha *desarrollado*, en cuanto a los contenidos de la vida cotidiana, de la actividad cotidiana, se ha expresado siempre en cierto grado el desarrollo de valor del conjunto social. Si no fuese así tal desarrollo no habría podido tener lugar puesto que la historia nace de la actividad cotidiana de muchos centenares de millones de personas. A quien nos objetase que este desarrollo de valor no está exento de contradicciones, que permite desarrollar determinados valores mientras atrofia otros, responderíamos que también en el plano del conjunto social, también en el plano de las objetivaciones sociales conjuntas el desarrollo es del mismo modo contradictorio. Si en la cotidianidad dada el desarrollo de valor es preponderante respecto de la atrofia, o viceversa; en qué ámbitos se desarrollan los valores y en cuáles se atrofian; si el desarrollo y atrofia tienen lugar en la vida cotidiana de toda la sociedad o sólo en determinadas clases y, en este último caso, en qué clases: todos estos hechos forman parte de nuestro juicio sobre la sociedad en cuestión, para establecer si desde el punto de vista de la genericidad consideramos que aquella sociedad desarrolla valores o los atrofia. La vida cotidiana no está en el último lugar en nuestro juicio sobre una sociedad; sus contradicciones son contradicciones del desarrollo social en su conjunto. La humanización de la sociedad, la superación de la alienación, implica también, y no en último escalón, que el desarrollo del valor en el conjunto social provoque directa y necesariamente un desarrollo de valor —de aquí en adelante basado en los individuos— en la vida cotidiana. Pero, como quedó dicho, tampoco esto significa que la vida cotidiana permita simplemente captar el desarrollo del conjunto social.

LA HOMOGENEIZACIÓN

Uno de los craacteres principales de la vida cotidiana es, por consiguiente, la heterogeneidad, que se refleja en las relaciones entre esferas heterogéneas, en el mundo de los diversos tipos de actividad, y es requerida por la relación recíproca entre capacidades y habilidades heterogéneas. En la vida cotidiana participa —repetimos— el hombre entero. Las esferas y las objetivaciones entre las que el particular desarrolla su actividad en la vida cotidiana, son recíprocamente heterogéneas. Pero esto no excluye —más bien lo presupone— que existan esferas y objetivaciones más o menos homogéneas; cuanto más objetivamente genérica es una objetivación, tanto más es homogénea. *Incluso la relación con la objetivación genérica más homogénea puede formar parte de una vida cotidiana ampliamente heterogénea, cuando el particular entra en relación con ella en su actividad cotidiana.* El derecho, por ejemplo, es una objetivación relativamente homogénea de la estatalidad; sin embargo, la relación con el derecho (con la estatalidad) puede ser un momento de la vida cotidiana sin que ésta pierda su heterogeneidad.

La relación entre homogeneidad y heterogeneidad es también relativa respecto a las capacidades, habilidades o pasiones del particular. Hemos mencionado ya la heterogeneidad recíproca de las capacidades, habilidades y pasiones. Sin embargo, a medida que se desarrolla la individualidad, cuanto más unitario se hace el particular que actúa en la vida cotidiana, tanto más homogéneas se hacen sus capacidades y habilidades: la personalidad unitaria es una estructura homogénea. Pero queda siempre el hecho de que los diversos —heterogéneos— tipos de actividad ocupan cada vez facultades, habilidades y pasiones diversas, por lo que la vida cotidiana permanece siempre heterogénea hasta para el individuo más homogéneo.

No obstante, a pesar de esta relatividad, podemos hablar, con Lukács, del *proceso de homogeneización* como de una categoría de la «salida» de la cotidianidad. En este caso homogeneización no significa que el individuo actúe en referencia a una estructura homogénea (lo cual también sucede, como hemos visto, en la vida cotidiana), y ni siquiera que se hace a sí mismo homogéneo, sino, por el contrario, que un individuo «se sumerge» en *una sola* esfera u objetivación homogénea, concentra su actividad en *una sola* esfera objetivamente homogénea. En este caso el particular se refiere *inmediatamente* a la genericidad, su *intención está dirigida* a la genericidad incorporada en la esfera homogénea determinada. Repetimos que, para que esto suceda, no es en absoluto necesario conocer el concepto de genericidad; es suficiente que el objeto o esfera que se considera sea objetivamente vehículo del desarrollo genérico. En este caso, la acción del hombre es no sólo indirectamente, sino directamente parte integrante de la praxis humana en su conjunto; el sujeto, por citar de nuevo a Lukács, ya no es el «hombre entero», sino el «hombre enteramente comprometido». *El «hombre enteramente comprometido» es una individualidad que concentra todas sus fuerzas y capacidades en el cumplimiento de una sola tarea incorporada en una esfera homogénea.* La acción humana que surge en el proceso de homogeneización es siempre *actividad* (no sólo psicológica, sino también cognoscitiva y moral), es decir, un producir y reproducir.

La homogeneización es el criterio que indica la salida de la cotidianidad pero, hay que subrayarlo, *no es un criterio subjetivo*. Del mismo modo que la vida individual sin las necesarias formas de actividad heterogéneas no sería una vida cotidiana que se reproduce, así las objetivaciones genéricas no son reproducibles por sí mismas, sin el proceso de homogeneización. *Es precisamente el proceso de reproducción de las esferas y objetivaciones homogéneas el que exige categóricamente la homogeneización.* Si una sociedad necesita del Estado y del derecho, no podrá subsistir ni siquiera un día si no existen personas que, por un cierto período de su vida o durante toda ella, estén inmersas en el trabajo sobre la estructura homogénea del derecho y hayan aprendido a pensar sobre tal base. Si una sociedad necesita de las ciencias naturales, debe tener un cierto número de personas que dominen los sistemas homogéneos de las disciplinas particulares y aprendan a moverse en este ámbito, situándose así al margen de la vida y del pensamiento cotidianos. Si una sociedad necesita acciones que se eleven por encima de la moral usual en la vida cotidiana, que requieran virtudes inmediatamente genéricas, debe contar con miembros que puedan definirse como «genios morales», que guiados por motivaciones morales se eleven a las objetivaciones morales. Si estas homogeneizaciones no se verifican en el número y en la medida necesarios, las necesidades objetivas de la sociedad quedan insatisfechas y las objetivaciones no llegan a reproducirse. He aquí por qué la homogeneización no es un criterio subjetivo, y no lo sería ni siquiera si observásemos este fenómeno —que ahora hemos considerado en comparación con la vida cotidiana— desde la perspectiva del particular.

Más adelante estudiaremos el proceso de homogeneización en referencia a las objetivaciones particulares genéricas para sí. Basta decir aquí que *el proceso de homogeneización, según la objetivación homogénea en la que nos introduce, será de medida, de tipo y de intensidad distintos.* Por lo tanto, en la enumeración de sus criterios debemos tener presente que estos criterios en su conjunto no son válidos para todo proceso de homogeneización ni intervienen con la misma intensidad.

¿Cuáles son, pues, los criterios? Ante todo, una relación *inmediata* con una objetivación genérica homogénea. La cual debe ser *consciente* y *activa*. Y además es necesaria la *concentración* sobre *una única* tarea. En este caso la unicidad puede ser literal (por ejemplo, la producción o el goce de una obra de arte), pero puede ser también entendida en un sentido más amplio y referirse a «un solo tipo» en conexión con «una sola tarea». En lo referente a la concentración, ésta puede afectar a *todas* las energías y capacidades del hombre, o solamente a *algunas* de ellas, las *requeridas por la objetivación*, mientras que las otras son simplemente suspendidas. Un ulterior criterio es el «tamizado» de la *particularidad*. En este caso también puede darse la suspensión de todas las motivaciones particulares (como en algunas actividades genéricas morales), o bien la suspensión del punto de vista particular (como en la producción artística o científica), o finalmente la suspensión de las *singulares* aspiraciones particulares que impiden al particular «sumergirse» en la objetivación determinada (como, por ejemplo, en el proceso de trabajo). A estos criterios se añade después la *generalización* de nuestra personalidad, de nuestro pensamiento, de nuestras experiencias interiores, deseos y capacidades (*cuáles de entre ellas* son homogeneizadas, depende en gran medida de la esfera a la que nos aplicamos). Llegados a este punto debemos observar cómo el elevarse por encima de las intenciones de la vida cotidiana no significa necesariamente elevarse por encima del pensamiento cotidiano, y viceversa.

El proceso de homogeneización es, por consiguiente —según la objetivación y según la medida de la homogeneización—, realmente un *proceso*. Debería quedar claro además que los tipos de actividad no pueden ser catalogados sin más bajo el rótulo de «cotidiano» o «no cotidiano». No obstante, la presencia de tipos intermedios no hace mella en la validez del criterio de «homogeneización».

Entre la vida cotidiana y las actividades y formas de pensamiento no cotidianos no existe, en efecto, una muralla china. Las objetivaciones genéricas para-sí provienen siempre de la cotidianidad y vuelven siempre a desembocar en ella. Y lo que es válido para el desarrollo de la sociedad en su conjunto, lo es también para el desarrollo del particular: también el particular está en constante movimiento entre sus actividades cotidianas y sus actividades genéricas. En este perenne bascular (que no se verifica solamente en la cotidianidad) se conforman al mismo tiempo el mundo del hombre y el hombre mismo.

II. De la cotidianidad a la genericidad

Ahora examinaremos la relación concreta entre la vida cotidiana y las actividades genéricas conscientes. Partiremos de la «simbiosis» de cotidianidad y genericidad y analizaremos la oscilación entre cotidiano y no cotidiano hasta las puras objetivaciones genéricas para-sí.

EL TRABAJO

Hasta el momento, cuando hemos hablado del trabajo fuimos siempre imprecisos: tanto lo situábamos entre las formas de actividad cotidiana, como entre las inmediatamente genéricas. El hecho es que el trabajo presenta dos aspectos: como ejecución de un trabajo es parte orgánica de la vida cotidiana, como actividad de trabajo es una objetivación directamente genérica. Marx, para distinguirlos, se sirve de dos términos distintos: el primero lo denomina *labour*, al segundo *work* (veremos en seguida cómo *labour* se ha ido convirtiendo en sinónimo de trabajo alienado).

Evidentemente, no todos los que han estudiado el trabajo como *proceso de trabajo* concreto, han distinguido entre ejecución de un trabajo y actividad de trabajo. El análisis del proceso de trabajo no es una novedad: ya Aristóteles había comprendido que se trata de una actividad humana dirigida a un fin que el hombre cumple conociéndolo anticipadamente, en la que entre sujeto y objeto intervienen los instrumentos, que se adapta creativamente al objeto a transformar y que finalmente produce nuevas objetivaciones objetuales. Por lo tanto, no es el análisis del proceso de trabajo lo que constituye una novedad en Marx, sino su análisis de las circunstancias concretas en que se desarrolla el proceso de trabajo concreto, del modo en que éste se realiza como trabajo para la sociedad en su conjunto *(work)* y de qué significa al mismo tiempo para el particular, es decir, para el trabajador *(labour)*.[6] Para Marx tan erróneo era

6. Esto debería bastar para clarificar cómo *work* y *labour* son distinguidos aquí sobre la base de criterios totalmente distintos de los usados por H. Arendt para quien serían dos formas distintas de comportamiento. Cf. H. ARENDT, *The Human condition*, Chicago University Press, 1958 (trad. castellana, Seix-Barral, Barcelona, 1974).

poner el acento sobre el *work* frente al *labour* como hacía Ricardo, como ponerlo sobre el *labour* frente al *work* como hacía Fourier en su teoría del trabajo-juego.[7]

El trabajo como «work»

¿Cuál es (en una primera aproximación) la regla para establecer que el criterio de trabajo es *work*, es decir, actividad genérico-social que trasciende la vida cotidiana? Es la siguiente: que el trabajo produce *valores de uso*. Esto no significa necesariamente que el producto sea usado de hecho por otros, sino solamente que también puede ser usado (utilizado) por otros. En la producción de mercancías la socialidad y la genericidad solamente se realizan a través del intercambio de mercancías, por lo cual todo trabajo es al mismo tiempo trabajo abstracto que prodúce un *valor* (valor de cambio). Sin embargo, tanto si la socialidad del trabajo se realiza a través del intercambio de mercancías, como si se verifica inmediatamente (como, según Marx, sucede en el comunismo), el producto del trabajo debe siempre satisfacer una *necesidad social* y encarnar el *tiempo de trabajo socialmente necesario* para fabricarlo. Si un producto no satisface ninguna necesidad social o es fabricado en un tiempo de trabajo superior al socialmente necesario, no se puede hablar de *work*[7] sino sólo de *labour*.

Pero detengámonos un momento. Hemos dado la definición marxiana de *work*, pero si quisiésemos partir de aquí para catalogar las diversas actividades sociales como trabajo y no trabajo, nos encontraríamos en el caos más completo. La definición de Marx se refiere al trabajo en *sentido económico*, como producción, como intercambio orgánico entre la sociedad y la naturaleza. Es decir, se trata del «concepto fundamental» del trabajo dado que la actividad productiva es el fundamento de cualquier otro trabajo.[8] Incluso en el plano sociológico (o lo que es lo mismo en el plano de nuestro discurso) éste es el punto de partida obligatorio (como también veremos más adelante), pero que no agota todos los aspectos. Según ese criterio la actividad de un contable empleado en una fábrica habría que catalogarla como trabajo (es cierto que no es productiva, pero promueve indirectamente la producción de valor), mientras que no sería

7. No pretendemos decir que la novedad de la teoría marxiana del trabajo estriba totalmente en eso. También pertenecen a su concepto filosófico del trabajo las concepciones según las cuales la humanidad se ah creado a sí misma a través del trabajo, la estructura del proceso de trabajo es en última instancia el «modelo» de toda actividad humana, el trabajo es el intercambio orgánico con la naturaleza, es el alejamiento de las barreras naturales, etc. Nosotros nos limitamos a considerar lo que toca directamente a nuestro tema.
8. En la tercera parte de este volumen, a propósito de la objetivación genérica en-sí se hablará del trabajo sólo en referencia a su concepto fundamental.

trabajo la actividad de un inspector escolar. Estaríamos, por lo tanto, obligados a adentrarnos en una jungla de infinitas (e inútiles) reagrupaciones y clasificaciones.

Ahora intentaremos, en una segunda aproximación, relacionar la categoría *work* con la estructura de la división del trabajo. De modo que *sería definible como trabajo toda acción u objetivación directamente social que sea necesaria para una determinada sociedad.* En este punto podemos mantener (en sentido traslaticio) la conclusión sacada en la primera aproximación, que es definible como *work* sólo aquel tipo de trabajo que resulta «útil» a otros, en cuanto que en la sociedad determinada cumple una función necesaria, y además en cuanto sea ejecutado de acuerdo (en el tiempo y en el nivel) con la norma social (en sustitución del concepto de tiempo de trabajo socialmente necesario). En tal caso se incluye también la actividad del funcionario de la administración pública así como la del artista, la del científico, etcétera. (En lo referente al artista hay que hacer de inmediato una distinción: su trabajo es *work* cuando satisface una necesidad social, trátese de una obra maestra o de un *bestseller*; y no lo es cuando produce literatura de cordel.)

Por lo tanto, este criterio nos parece adecuado para nuestros fines, pero presenta un punto débil. Si el concepto económico de trabajo se ha demostrado demasiado estrecho, el sociológico resulta demasiado amplio. De este modo tendríamos que incluso el rey desarrolla un trabajo cuando reina, y llevado a la exageración, sería también trabajo la actividad de la aristocracia que combate contra los campesinos en rebelión. (El ejemplo en el fondo no es tan exagerado; en la división del trabajo del Medioevo clásico el oficio de la guerra concernía precisamente a la aristocracia.) Es una definición que acaba por identificar excesivamente la actividad de las clases que producen las bases materiales de la sociedad con la de aquellas clases que no participan en su producción material. Pero hemos intentado operar con este concepto incluso sabiendo que, dada su excesiva amplitud, es impreciso y puede dar lugar a errores.

Contra esta interpretación del *work* se rebela ante todo nuestra consciencia cotidiana. El concepto cotidiano de trabajo está muy lejos del que acabamos de sintetizar. Si preguntamos a cualquiera qué es el «trabajo», muy probablemente obtendremos la siguiente respuesta: «lo que se debe hacer». Las experiencias y el pensamiento corrientes en la vida cotidiana no distinguen entre «lo que alguien debe hacer» y «lo que debe ser hecho necesariamente». Una representación artística de esta concepción cotidiana la encontramos en el *Tom Sawyer* de Mark Twain: barnizar la cerca es trabajo, pero cuando hay que pagar por tener el derecho de barnizar, se convierte en un privilegio (y en un juego). Y ello aunque se trate de barnizar del mismo modo la misma cerca (el producto objetivo del trabajo no varía).

Sin embargo, en la consciencia cotidiana el trabajo no significa solamente constricción: el concepto contiene también la *causa* de esta constricción. Trabajo es «ganarse el pan», «ganar dinero», es una actividad que debe ser cumplida para poder vivir. Finalmente, el pensamiento cotidiano entiende también por trabajo consumo, gasto. El trabajo no solamente debe ser hecho, no solamente debe ser hecho para mantenerse con vida, sino que es algo que sistemáticamente, día tras día, dura por un cierto período de tiempo, por lo cual el trabajo consume y gasta la energía, la capacidad del hombre.

Este concepto de trabajo puede ser juzgado como empírico, parcial, pero no como estúpido.[9] Indudablemente no coincide con el *concepto de work* económico o sociológico, por no hablar del concepto filosófico. Describe simplemente lo que el trabajo significa *de hecho* en la vida de los hombres. Tal descripción empírica puede contrastar en alguna ocasión con el concepto científicamente reflexionado (por ejemplo, el trabajo doméstico es considerado como trabajo, a pesar de que en la visión sociológica no lo es), pero a menudo expresa su contenido. Cuando se dice que «el trabajo es lo que se debe hacer», se habla también de la construcción objetiva de la división social del trabajo; la expresión «ganarse el pan» ilustra desde el punto de vista del particular el hecho de la producción de valor; el consumo, el gasto (del cerebro, de los nervios, de los músculos durante el funcionamiento de la fuerza de trabajo) era considerado ya por Marx una característica importantísima del trabajo. El «empirismo» del concepto cotidiano de trabajo deriva simplemente de que el *work* es considerado desde el punto de vista del *labour*.

En el curso de nuestra tentativa por fijar en el plano económico y sociológico la categoría *work*, se ha visto claro que *work* es una objetivación inmediatamente genérica, cuyo fundamento es el proceso de producción, el intercambio orgánico entre naturaleza y sociedad, y cuyo resultado es la reproducción material y total de la sociedad. Los productos del trabajo llevan siempre el sello de la universalidad en sí y no dice nada sobre el productor particular. (Si esto sucede —por ejemplo, un puente artístico— ello no afecta a la objetivación trabajo.)

El trabajo como «labour»

Sabemos que la vida cotidiana es la reproducción del particular. Para reproducirse a sí mismos como particulares los hombres —la mayoría de los hombres— *deben efectuar un trabajo*. Por lo tanto el trabajo es necesario para la reproducción

9. Más adelante veremos algo similar cuando tratemos del concepto cotidiano de libertad.

del particular, *en este sentido el trabajo es una actividad coti-diana.* Se nos podría objetar que han existido siempre estratos sociales de no trabajadores. Pero éstos se han podido permitir el no efectuar ningún trabajo precisamente porque para los particulares de la inmensa mayoría de la sociedad el trabajo constituía una parte ineludible de la vida cotidiana.

Pero diciendo esto aún hemos dicho poco. Exceptuando Europa y América del siglo xx, el trabajo ha sido prácticamente siempre el elemento dominante de la vida cotidiana; *precisamente en torno al trabajo estaban organizadas las otras actividades de la vida cotidiana.* Los hombres han «ganado el pan con el sudor de su frente». Para un niño o una niña hijos de campesinos, llegar a adultos significa ante todo ser aptos para el trabajo; la mayor parte de las relaciones interpersonales surgía en el curso del trabajo; los matrimonios se concertaban en función del trabajo; los niños eran educados para el trabajo; una parte notable de los conceptos morales estaba concentrada sobre el trabajo; incluso las fiestas en general remitían, de un modo u otro, al trabajo. La vida cotidiana de un obrero textil estaba determinada sobre todo por el hecho de que debía trabajar doce horas al día. Las formas de las otras actividades durante el tiempo restante dependían en gran medida de la cantidad de ese tiempo restante, de la entidad del desgaste durante el trabajo, de la posibilidad de tener tiempo libre para determinadas actividades. Indudablemente hoy el trabajo, a causa de la disminución de los horarios y *además* del aumento de la intensidad del trabajo, tiene un puesto distinto en el conjunto de las actividades cotidianas. Durante el «tiempo libre» en aumento es posible dedicarse a actividades cotidianas cada vez más complejas (pero se trata sólo de una *posibilidad*); al mismo tiempo, a causa de la mayor intensidad del trabajo, han disminuido *las actividades cotidianas de otro tipo desarrolladas durante el horario de trabajo* (no se puede «interrumpir» para dialogar, comer, estrechar relaciones, cantar, etcétera). A pesar de ello, el trabajo sigue siendo parte orgánica de la vida cotidiana; sin él no es posible mantenerse con vida, mientras que las otras actividades cotidianas se ordenan fundamentalmente sobre su base.

El hecho de que el trabajo sea al mismo tiempo una ocupación cotidiana y una actividad inmediatamente genérica que supera la cotidianidad, se deriva de la especificidad ontológica del trabajo y no tiene ninguna relación *necesaria* con su alienación. También otras actividades cotidianas pueden ser o son efectivamente alienadas; también la relación entre hombre y mujer puede ser una relación, como hemos visto, entre posesor y cosa poseída o bien una relación entre dos individuos libres; pero sea cual sea es y sigue siendo parte integrante de la vida cotidiana. El siervo de la gleba del Medioevo, cuya cotidianidad estaba colmada sin residuos por el trabajo, desarrollaba quizás un trabajo mucho menos alienado (en cuanto a la ejecución del trabajo) que el moderno obrero de fábrica, que incluso trabaja solamente seis horas.

Sin embargo, no es casual que Marx use el término *labour* en general como sinónimo de actividad alienada de trabajo. Que el trabajo sirva siempre también para conservar el particular, que sea siempre una de las actividades principales de la vida cotidiana, no nos dice si el hombre en este trabajo se siente o no a sus anchas, si advierte o no su propia actividad de trabajo —la cual, en cuanto intercambio orgánico entre naturaleza y sociedad, queda siempre en el reino de la necesidad— como ámbito en el que se desarrollan ciertas capacidades suyas. No obstante, tras la aparición de la sociedad capitalista la alienación del trabajo se ha agudizado al extremo. Al trabajador le son sustraídos los objetos de su producción (Marx), además de sus medios de producción. Éstos aparecen frente a él poseyendo una potencia social extraña; su trabajo objetivado es producido como esencia extraña, como potencia extraña al productor; mientras crece la riqueza de la sociedad el productor se empobrece cada vez más. Al mismo tiempo se aliena también la productividad del trabajo: «El trabajo es *externo* al trabajador, es decir, no pertenece a su ser.» [10]

Como consecuencia de este hecho y de las concretas relaciones específicas de la industria fabril, tal como han sido analizadas en *El capital*, la actividad de trabajo se convierte en una *parte inorgánica*, la maldición de la vida cotidiana. El trabajo, por consiguiente, «no es la satisfacción de una necesidad, sino solamente un *medio* para satisfacer las necesidades fuera del trabajo»,[11] escribe Marx. Y también: «De esto resulta que el hombre [el trabajador] sólo se siente libre en sus funciones animales, en el comer, beber, engendrar, y todo lo más en aquello que toca a la habitación y el atavío, y en cambio en sus funciones humanas se siente como animal.» [12] Por ello el proceso de trabajo sigue siendo una actividad fundamentalmente genérica del hombre; pero, en el momento en que el trabajo como actividad genérica que trasciende la cotidianidad llega a ser totalmente alienado, *la ejecución de un trabajo* pierde toda forma de autorrealización y sirve *única y exclusivamente* para la conservación de la existencia particular, o sea, por decirlo con palabras nuestras, para la conservación de la particularidad. Efectivamente, ¿qué otra cosa es la necesidad —privada de su contenido genérico— de comer, beber, generar, sino la necesidad vital primaria de la particularidad? Por lo tanto, la actividad

10. K. MARX, *Manuscritos: economía y filosofía, op. cit.*, p. 108.
11. *Id.*, p. 109.
12. *Ibídem.*

de trabajo produce y reproduce cada vez el particular, la vida particular; la actividad de trabajo alienada produce y reproduce por el contrario solamente la particularidad. *El* labour *como actividad laboral alienada y la actividad laboral de la particularidad, parte de su específica vida cotidiana.*

La intención relativa a la vida personal está presente en *cada* tipo de actividad de trabajo, de otro modo ésta no podría ser parte de la vida cotidiana. Sin embargo, tal intención no concierne solamente al «comer, beber y generar», no está necesariamente al servicio de la *simple* conservación de la vida. Pero el hecho de que aquélla no se refiera solamente a la conservación de la vida no significa que la alienación no exista. Hemos dicho ya que las necesidades vitales del trabajador productivo en la sociedad moderna —también en la capitalista— se hacen cada vez más variadas. Pero estas necesidades no son necesariamente indicios de individualidad; pueden indicar también el «hinchamiento» de la particularidad. Actualmente el obrero —por ejemplo en América— trabaja no solamente para poder vivir, sino también para satisfacer el conjunto de necesidades que corresponden a la media del nivel de vida en cuestión: quiere un aparato de radio, un televisor, un automóvil, una casa unifamiliar, seis hijos, etcétera. Pero mientras que las necesidades se reduzcan a poseer, mientras que la *necesidad de tener* domine sobre las necesidades vitales, la particularidad seguirá siendo sujeto de la vida cotidiana y hasta el trabajo es llevado a cabo en función de la conservación de la particularidad. No podemos detenernos aquí en la correlación concreta entre alienación de la actividad laboral y concentración de las necesidades en el poseer, en el interior de la estructura social en su conjunto.

La alienación del *labour* no disminuye obligatoriamente ni siquiera cuando el trabajador se siente a gusto en el trabajo. La ciencia manipulada de las *human relations* que intenta precisamente dar una fachada agradable al *labour,* pretende remover solamente el sentido de la alienación y no la alienación propiamente dicha. O sea, la alienación del *labour* no puede ser eliminada a través del proceso de trabajo, sino solamente con la transformación (en dirección al comunismo) de la estructura social en su conjunto.

Perspectiva histórica del trabajo

Hemos dicho que el trabajo es al mismo tiempo *labour* y *work*. Estos dos momentos pertenecen a un único proceso que puede ser observado ya sea desde el punto de vista del desarrollo conjunto de la humanidad, o ya sea desde el punto de vista del particular que trabaja. Pero hay que añadir que, si bien es cierto que en el conjunto de la sociedad todo trabajo es al mismo tiempo *work* y *labour*, excepcionalmente pueden haber también actividades laborales en las que falte uno de los dos momentos. Hay que considerar puro *work* el «trabajo social» no usual en ningún estrato social y no necesario para la reproducción del particular (por ejemplo, los «sábados comunistas»). Pero se verifica solamente en momentos hisóricos excepcionales. En el estado «normal» de la reproducción el trabajo social está distribuido de modo que se realice a través del *labour* cotidiano. Tenemos el puro *labour* cuando una determinada actividad de trabajo forma parte más bien de la reproducción cotidiana del particular como particularidad o individualidad, pero sus productos no llegan nunca a circular en la sociedad, no son nunca típica y generalmente utilizables por otros y, si esto sucede, se encuentran notablemente por debajo del nivel alcanzado en ese período por la producción y la distribución social (barro la casa, hago muñecas para los hijos de mis amigos, etcétera).

Para Marx la distinción entre *work* y *labour* es también muy importante en lo relativo a la perspectiva de una sociedad comunista. Sobre el tipo de *work*, sobre su estructura concreta, si será simple o compleja, Marx tuvo ideas diversas, como también acerca de la superación de la división del trabajo. Pero acerca de la perspectiva del *work* resulta clara una tendencia de su pensamiento, y es que el trabajo, al menos en su especie de intercambio orgánico entre naturaleza y sociedad, permanecerá siempre *en el reino de la necesidad*. Incluso sobre el futuro del *labour* sus ideas parecen cambiar. De joven pensaba que los trabajos concretos cambiarían continuamente en la estructura de la división del trabajo; en los *Grundrisse* mantiene que el hombre saldrá del proceso de producción; en *El capital* piensa que, aun quedando en el interior del proceso de producción, los trabajos serán extremadamente simplificados y requerirán menos horas de trabajo. Al igual que en el caso del *work*, también aquí, sin embargo, es posible encontrar un momento de continuidad: el trabajo se convertirá en una *necesidad vital*. No es muy probable que el Marx maduro aceptase las razones aducidas por Fourier sobre este punto. Por lo menos la concepción expuesta en los *Grundrisse* contradice la idea según la cual las facultades humanas sólo podrían desarrollarse en varias direcciones participando en el proceso social de producción. El trabajo como necesidad vital significa entre otras cosas que, para que tenga lugar ese desarrollo de las capacidades, una parte de la vida humana será ocupada por aquel tipo de atención concentrada, por esa aplicación finalizada de las energías materiales e intelectuales que caracteriza el trabajo (físico e intelectual). Pero el trabajo elevado a necesidad vital no es solamente una categoría del trabajo, sino más bien —y en primer lugar—

una categoría social. Presupone hombres que no pueden vivir sin contribuir (de algún modo) a la producción de bienes, hombres para los cuales es impensable una actitud puramente «consumista» hacia la sociedad. El trabajo que se ha convertido en una necesidad vital presupone ante todo una actitud moral hacia el *labour* de los individuos libres. También en ese futuro el hombre trabajará, en cuanto que no podrá vivir sin trabajo; pero no porque de otro modo la particularidad no podría conservarse, sino más bien porque sin trabajo no podrá reproducirse su libre individualidad. Cuando todo esto se haya verificado, cesará por parte del particular toda alienación; no independientemente de la estructura del *work* o de las formas concretas del *labour*, ni siquiera simplemente en función de ellas.

Teniendo en cuenta este doble aspecto de la actividad de trabajo nos enfrentamos a tres preguntas. 1. ¿Puede el sujeto que trabaja ser puramente particular? 2. ¿El trabajo puede ser realizado con una consciencia puramente cotidiana? 3. ¿Cómo tiene lugar la homogeneización en el proceso de trabajo?

Actividad de trabajo y particularidad

Ante todo debemos delimitar el sentido de la primera pregunta. Si la aceptásemos tan generalizada, deberíamos responder netamente con un no. Hemos visto más arriba que todo hombre singular es particular y por consiguiente genérico en-sí. Entre los criterios de la genericidad en-sí dijimos, aunque sólo de pasada, que se sitúan el trabajo y el lenguaje. Debemos entrar ahora en lo específico de la cuestión.

La genericidad en-sí caracteriza obviamente toda actividad humana particular, si ésta es *humana*. Sin embargo, el trabajo, el lenguaje y el uso tienen una peculiaridad —que se realiza en planos diversos, pero que está presente en los tres casos— que se deriva del contenido específico de su genericidad.[13] Es decir, toda expresión lingüística, todo uso concreto y toda actividad de trabajo constituye una *generalización*. En los tres campos el hombre eleva sus caracteres, intentos, impulsos particulares al plano de una determinada generalidad; este plano es definido en cada ocasión por la esfera de objetivación. Ella es la que «guía» al hombre en la generalización. La socialidad del hombre se manifiesta en la correspondencia con el plano de la objetivación. Dejaremos aparte los usos, porque en la observancia o no de las objetivaciones relativas puede entrar ampliamente en juego la generalización moral o política como homogeneización conscientemente genérica, y esto en determinados casos contra-

13. Las funciones concretas del lenguaje y del uso en la vida cotidiana serán tratadas en la tercera parte.

dice la generalización espontáneamente genérica en-sí. En el lenguaje y en el trabajo, por el contrario, esta función de freno, de contrapeso, sólo es desarrollada por la generalización moral o política en casos excepcionales, socialmente atípicos (por ejemplo, el sabotaje consciente en la industria bélica). En este caso la norma general es la correspondencia con el plano de la objetivación. El criterio de la generalización es, en el lenguaje, la capacidad de comunicar en el determinado nivel de socialidad y, en el trabajo, la producción del bien que satisface la necesidad.

Por lo tanto, si interpretamos la primera pregunta del siguiente modo: el comportamiento organizado solamente sobre la particularidad, ¿es capaz de producir bienes que satisfagan necesidades sociales?, debemos responder afirmativamente. Pero esto no significa que todo tipo de trabajo —especialmente si se entiende el *work* sobre la base de la división social del trabajo, o sea, en sentido amplio— pueda ser desarrollado mediante un comportamiento particular, sino solamente que para llevar a cabo la inmensa mayoría de los trabajos necesarios en el curso del desarrollo anterior de la humanidad, ha sido suficiente la existencia de hombres particulares.

Ciertamente, en todo trabajo determinadas capacidadas humanas son generalizadas al nivel de la genericidad. La medida en que esto sucede depende de la naturaleza del trabajo. Cuanto más complejo es, tanto mayores son la competencia y la reflexión requeridas; cuanto mayores capacidades y habilidades exige, en mayor grado las características individuales y particulares son generalizadas al nivel de la genericidad. Por el contrario, cuanto más simple es el trabajo, tanto menores deben ser las habilidades concentradas para llevarlo a cabo; cuanto más se le puede realizar de un modo mecánico y monótono, tanto menos o bien tanto más unilateralmente son generalizables las características particulares; más aún, tanto más quedan *mortificadas* las características particulares que en abstracto serían fecundas para el proceso de trabajo. La posibilidad de la generalización de las características particulares o bien el grado en que éstas perecen, son funciones sobre todo de la división del trabajo, dependen del lugar que asume el particular en la división del trabajo determinada.

En el marco de nuestro estudio no podemos adentrarnos en el análisis de la división del trabajo (y de sus tipos). Nos bastará poner de relieve de qué modo el trabajo alcanza el máximo grado de generalización unilateral y el máximo grado de embotamiento de las características particulares, allí donde el «lado» físico y el intelectual del proceso de trabajo están divididos y donde el trabajo del particular se limita a la ejecución de su único proceso de trabajo extraído de su contexto: esto sucedía en determinadas manufacturas y en la industria moderna hasta el límite de la cadena de montaje.[14]

Afirmando que el trabajo, el lenguaje y los usos no requieren la superación de la particularidad, no hemos hecho otra cosa que decir que en ellos no existe obligatoriamente una relación consciente con la genericidad o con el sí singular del particular. (De otro modo no podría ni siquiera existir una vida organizada sobre la particularidad.) A pesar de ello en el trabajo está siempre presente una generalización, la cual, empero, no afecta a la *personalidad*, sino que constituye una *generalización de las capacidades;* cuando, antes de un trabajo, quiero saber si estoy en condiciones de hacerlo, mido siempre una o más de mis capacidades (la fuerza, la destreza, la experiencia), pero no me refiero nunca a mi personalidad como tal. Si lo hago, quiere decir que me sitúo en el plano moral, o sea, que examino mi relación moral con el trabajo y no el trabajo en sí y para sí.

Además del hecho de que el trabajo puede ser también realizado en una vida organizada sobre la particularidad, debemos poner de relieve que a menudo entre las *motivaciones del trabajo* existen motivos particulares. Entre otros casos, esto queda explícito en el concepto cotidiano de trabajo. Las personas, en general, trabajan porque de otro modo no pueden satisfacer sus necesidades vitales fundamentales, no pueden ganarse el «pan». Su ideal sería un país de Jauja donde poder satisfacer las necesidades sin trabajar, donde esperar el maná celestial. El propietario trabaja para acrecentar su patrimonio, su motivación, por consiguiente, es poseer. La lucha por el objeto de trabajo (la tierra, los medios de producción), por el puesto de trabajo y por la ascensión en el trabajo, son los campos más importantes en los que se manifiestan las motivaciones particulares.

Pero todo esto, una vez más, no significa que en la actividad laboral operen exclusivamente motivaciones particulares. Éstas pueden ser también morales (por ejemplo, la exactitud, la perfección en el trabajo es para mí un criterio de *respetabilidad*) o bien estéticas (quisiera producir una auténtica obra maestra). Esta actitud no ha desaparecido totalmente en la industria moderna (satisfacción frente a un trabajo perfecto). Pero, si bien es innegable que las motivaciones son complejas, que contienen también momentos éticos y estéticos, ello no excluye la presencia de la particularidad.

Sobre este tema hay que detenerse todavía en un aspecto. De la estructura teleológica del trabajo se deriva que en el proceso de trabajo sea realizado un objetivo: se «consigue» realizar el producto imaginado. Y la consecución, es decir, el

14. Marx nos proporciona el análisis de este proceso en el libro primero de *El capital.* En cuanto a la moderna cadena de montaje, *cf.* G. FRIEDMANN, *Pròblemes humains du machinisme industriel,* París, Gallimard, 1946, p. 54.

129

éxito proporciona siempre placer, no sólo en el trabajo sino en todas las esferas de la vida. Por lo tanto, el éxito puede constituir también una motivación. Quien ha probado una vez el placer de decir «lo he conseguido», afrontará de nuevo tareas análogas —entre otras cosas— para poder probar de nuevo la sensación del éxito. Naturalmente, la posibilidad de tal sensación varía según los tipos de trabajo.

El trabajo y la consciencia cotidiana

Nos ocuparemos a continuación de la segunda pregunta que se refiere a si el trabajo puede ser realizado con una consciencia puramente cotidiana.

Para dar una respuesta sensata a esta pregunta debemos referirnos al *work* en su primer significado, entiéndase, como actividad objetivante que produce valores de uso. Si partiésemos de la categoría de *work* tal como se deriva de la división del trabajo, llegaríamos a una serie infinita de absurdos o, como máximo, de distinciones irrelevantes para nuestro problema.

Podemos limitarnos al primer significado de *work* porque, como hemos visto, en toda la prehistoria ha sido de hecho para la inmensa mayoría de los hombres «el» trabajo, ha llenado su vida cotidiana. Por lo tanto, si lo asumimos en este sentido, la respuesta es simple. *La mayor parte del trabajo desarrollado en el ámbito del proceso de producción ha sido siempre llevada a cabo con una consciencia cotidiana.* Decimos, también en este caso, «la mayor parte» porque en la industria moderna, donde el aspecto intelectual y el físico del proceso de trabajo están escindidos, una parte de la actividad laboral intelectual (la que opera con las ciencias naturales) ya no puede ser desarrollada mediante una consciencia cotidiana.

¿Pero qué implica nuestra afirmación según la cual el trabajo —teniendo en cuenta las limitaciones mencionadas— es desarrollado con una consciencia cotidiana? Ante todo, que en el curso de la actividad laboral no era necesario superar la estructura del pensamiento cotidiano.[15] En segundo lugar (y a consecuencia de lo anterior), que la apropiación de la actividad de trabajo se verificaba con la simple transmisión de la experiencia. Además, que las experiencias de trabajo estaban fraccionadas en unidades particulares, las cuales, aunque conectadas entre ellas, no formaban una estructura homogénea. Y, finalmente, que los conceptos aplicables en el trabajo eran pragmáticos y se derivaban de su función en el proceso de trabajo.

En la industria moderna la consciencia de la actividad labo-

---

15. La estructura del pensamiento cotidiano es el tema de la tercera parte del presente volumen.

ral va desasiéndose cada vez más de la consciencia cotidiana, naturalmente de un modo distinto y a un distinto nivel según los tipos de trabajo. Es casi imposible prever qué sucederá en la relación entre el trabajo y la consciencia cotidiana. No obstante, es probable que paralelamente a la disminución de la separación entre el aspecto intelectual y físico del proceso de trabajo, se irá incrementando constantemente la separación entre la consciencia necesaria para trabajar en una empresa moderna y la consciencia cotidiana.

En todo caso hay que poner de relieve que la cuestión de si el *labour* es o no componente de la vida cotidiana *no tiene nada que ver* con la cuestión de si el trabajo puede ser desarrollado con una consciencia cotidiana. El trabajo en cuanto a *labour* forma parte inseparable de la vida cotidiana, sea cual sea la consciencia con que es realizado. El futuro en este caso no tiene nada que decir, las cosas están así por principio. También hoy el trabajo del científico tiene lugar en una objetivación desligada de la consciencia cotidiana, pero no por ello disminuye su aspecto de actividad cotidiana.

Homogeneización mediante el trabajo

Hemos llegado por fin a la pregunta sobre la homogeneización en el proceso de trabajo. También en este caso para dar algún sentido a la pregunta debemos remitirnos a la primera definición del concepto de *work*.

En el proceso de trabajo se está «guiado» por la objetividad: del material concreto, del objeto sobre el que se trabaja. Sin embargo, no se está nunca guiado por una esfera o por un conjunto de objetivaciones, sino siempre y solamente por el instrumento de trabajo *concreto*, por el objeto de trabajo *concreto*. No porque el mundo de los objetos de trabajo no sea una esfera de objetivaciones, sino porque en el proceso de trabajo no es necesaria una relación consciente con él. De aquí se deriva precisamente que la generalización efectuada por nosotros (durante el trabajo) respecto de nuestra persona afecta siempre a una o más aptitudes y no a la personalidad, y mucho menos implica la «traducción» de la entera estructura de pensamiento en un medio distinto. Es decir, tenemos aquí solamente el momento psicológico de la homogeneización: concentramos todas nuestras energías en el cumplimiento de la tarea determinada y suspendemos todos los estímulos y motivaciones que obstaculicen nuestra concentración. Pero no nos elevamos a ninguna esfera, a ningún conjunto de objetivaciones, ni tenemos una relación consciente con la genericidad. Finalmente, estos procesos pueden verificarse no solamente en el trabajo, sino también en el juego. En el trabajo se lleva a cabo objetivamente una actividad genérica sin que el «hombre entero» se eleve a «hombre enteramente comprometido».

Por consiguiente, nos enfrentamos aquí con un tipo intermedio entre los modos de homogeneización habituales en la vida cotidiana (por ejemplo el acto sexual) y los tipos de homogeneización orientados hacia la genericidad directamente consciente (por ejemplo, el arte). Este tipo intermedio se distingue de los primeros en cuanto que está ligado no por la necesidad, sino solamente por el objeto y por el instrumento; es distinto de los segundos porque su objeto no requiere una relación consciente con las experiencias de vida acumuladas por la humanidad. Si pudiésemos aislar netamente los respectivos momentos, podríamos afirmar que Miguel Ángel, cuando se dejaba guiar por el mármol y por la escarpa, cumplía un trabajo, pero en cuanto se dejaba guiar por el «mundo» formado hasta entonces (moral, sentimiento, situación temporal) y por la relación consciente con él, producía arte.

LA MORAL

Sólo hablaremos aquí de la moral en la medida que sea necesario en el ámbito del análisis de la vida cotidiana.[16]

Ante todo dos consideraciones negativas. En primer lugar, *no consideramos la moral como una esfera autónoma*, sino como un fenómeno inmanente en cada esfera. En segundo lugar, para nosotros no es *ni siquiera ideología*. Como veremos a la moral *también le es inherente un momento ideológico*, y tiene además un *aspecto ideológico*: ante todo las teorías que proporcionan una interpretación coherente de la moral, las *éticas* en sentido estricto; después los sistemas que (oralmente y por escrito) recapitulan las exigencias morales más importantes de determinadas épocas, los *códigos morales*. Estos últimos —y cuando se trate de individuos también las primeras— tienen también una función en la organización de la vida cotidiana. Sin embargo, la moral es sobre todo una *actitud práctica* que se expresa en acciones y decisiones que conciernen a acciones.

La moral es la relación entre el *comportamiento particular* y la *decisión particular*, por un lado, y las exigencias genérico-sociales, por otro. Dado que esta relación caracteriza cada esfera de la realidad, la moral puede estar presente *en cada relación humana*. Pero dado que en correspondencia al determinado grado de desarrollo de las sociedades, las exigencias y las tareas esta-

16. Nuestra concepción de la ética ha sido expuesta en el volumen *A szándéktól a következményiq*. (De la intención a la consecuencia), Budapest, Magvető, 1970.

blecidas por la socialidad, por la genericidad, son radicalmente distintas en las diversas esferas específicas, la relación con ellas no puede ser la misma. Tal diversidad se expresa, entre otras cosas, en los *conflictos morales.*

El contenido moral de las acciones está en función de múltiples factores, aunque relacionados entre ellos. Tales son: *la elevación por encima de las motivaciones particulares; la elección de los fines y contenidos (valores)* a los que nos elevamos saliendo de la particularidad; la *constancia* en la elevación a las determinadas exigencias; y, finalmente, la *capacidad* de aplicar estas exigencias en el caso concreto, en la situación particular, en el conflicto individual. Analizaremos brevemente cada uno de estos cuatro factores.

La regulación de las motivaciones particulares

El esquema-base de la moral es la subordinación de las necesidades, deseos, aspiraciones particulares a las exigencias sociales. Las formas de tal subordinación pueden ser muy variadas. Pondremos de relieve algunas tendencias típicas: puede tener lugar mediante la simple represión de las motivaciones y de los afectos particulares, donde *el contenido y el sentido* de la represión vienen guiados por el sistema de exigencias sociales aceptado espontáneamente; puede verificarse de un modo análogo, pero no mediante la represión, sino más bien en cuanto las necesidades particulares, una vez alejadas, se embotan simplemente y los usos aceptados espontáneamente se convierten en costumbre; puede suceder que sobre la base de sistemas de usos aceptados espontáneamente, los deseos particulares sean impulsados por canales en los que puedan expresarse libremente sin poner en peligro la conservación del particular en un ambiente determinado.

En todos estos casos se trata de la moral del hombre particular. Pero puede también darse una relación conscientemente distanciada del particular con su propia particularidad, en la cual él, en base al sistema de valores elegido autónomamente, plasma sus propias motivaciones y características particulares reprimiendo algunas y reservando a otras un cierto campo de acción, pero un campo de acción tal que no impida la realización de los valores genéricos. Ya que en el ámbito de la alienación la vida organizada en torno a la particularidad representa la media general, en la prehistoria de la humanidad la moral ha asumido su primera función casi siempre mediante la represión, la cancelación espontánea o la «canalización» de los deseos particulares. Debería probablemente quedar claro ahora por qué nosotros hemos afirmado preferentemente que el fenómeno llamado en psicología «complejo» es *una reacción particular a la ofensa de la particularidad* y

133

no es ni mucho menos característico de la individualidad. En su subdivisión de la psique humana en tres entidades esencialmente independientes la una de la otra —el ello, el yo y el super yo— Freud sólo tiene presente al hombre particular y, por añadidura, de un modo ahistórico. Es decir, Freud no se da cuenta de que incluso los deseos y las necesidades son en sí históricos, y lo son tanto con referencia al género humano, como referidos al particular. Algunos deseos que estaban todavía en pleno funcionamiento en nuestros antepasados hoy ya no existen en absoluto y no hay ninguna necesidad de reprimirlos. E incluso los deseos personales pueden extinguirse sobre la base de la costumbre (pero, como hemos indicado, esto no significa que haya sido superado el nivel de comportamiento particular). Sin embargo, Freud ha recogido sin duda un caso efectivamente típico: la represión del sistema motivacional particular y la —muy diferenciada— reacción particular del yo particular a esta represión son fenómenos muy difundidos. Pero —repetimos— son fenómenos de alienación y no la esencia ontológica de la psique o incluso de la totalidad del particular.

En cada época la sociedad ha *necesitado* que el particular se insertase en su sistema de exigencias, que se sometiese a él; pero la sociedad no ha necesitado nunca nada *más* que el *simple* sometimiento; desde el punto de vista de la sociedad (prescindiendo de unas pocas excepciones) fue indiferente que el particular hiciese esto como particularidad o como individualidad. Únicamente bajo el aspecto del desarrollo genérico es importante que haya surgido y haya continuado existiendo incluso el individuo.

No obstante, el sólo sometimiento de los afectos y motivos particulares a las exigencias socio-comunitarias *aún no es la moral*, sino simplemente la ineluctable condición preliminar. Se llega a la moral únicamente cuando la exigencia es interiorizada, cuando se eleva a motivación personal, es decir, cuando la exigencia de la sociedad aparece como *una exigencia que el particular dirige a sí mismo* y que, evidentemente, pone de un modo espontáneo o consciente como medio incluso frente a los otros.

En consecuencia, en las sociedades primitivas puede hablarse solamente de una premoral. Las relaciones sociales eran tan simples, el número de casos posibles tan restringido, que pudo desarrollarse un sistema de exigencias en el que estaba previsto cada caso concreto particular. Pero apenas surgieron las integraciones sociales más complejas, con múltiples esferas, clases, estratos, etcétera, se hizo imposible recíprocamente imaginar *a priori* un sistema de exigencias omnicomprensivo. Por ello surgió la *necesidad social* de elaborar las *líneas directrices fundamentales* que, interiorizadas por los particulares, pudiesen ser *aplicadas* autónomamente en las esferas más diversas y en los casos más imprevistos. «Fundamentales» no significa que se quedara en lo general (en lo relativo a esferas determinadas había exigencias estimadamente concretas), ni que se limitara el número de las exigencias. Quiere decir, por el contrario, que en cada formación social, grupo, clase y estrato surgían exigencias que eran fundamentales para la integración determinada, para su autoconservación, y que los hombres, los particulares, debían apropiárselas para saber en el momento oportuno en qué dirección moverse.

Es evidente que la heterogeneidad es solamente una de las causas que hicieron surgir la moral. La otra causa, ya citada, consiste en el hecho de que el particular, en el fondo, con el nacimiento de la sociedad de clase, cortaba el cordón umbilical con la comunidad, se convertía en una entidad autónoma (en un primer momento aún en el interior de la comunidad determinada); ulteriores consecuencias eran la separación entre particularidad y universalidad genérica y la consiguiente posibilidad de conflicto entre ellas. Precisamente porque el hombre particular podía tener objetivos y necesidades personales distintos de los de la comunidad determinada, debía interiorizar las exigencias de la comunidad, y fue necesario que paralelamente al derecho surgiese también la moral.[17]

Por esto cuando decimos que en la moral se expresa la actitud del particular hacia la exigencia genérico-social, el acento cae sobre ambos factores: tanto sobre la exigencia genérico-social como sobre la actitud específica del particular. Aunque se trate simplemente del sometimiento de la particularidad a las exigencias genérico-sociales, ello no sucede sin lucha; el hombre debe «vencerse» a sí mismo para satisfacer las exigencias que ha aceptado. Por subdesarrollado (respecto a la individualidad) que esté el particular, esta lucha contra sus propios instintos presenta siempre algún rasgo de individualidad: las características particulares de la persona particular son efectivamente, como hemos visto, muy variadas.

La moral es *interiorizada* (al menos en la media social), pero es evidente que no *voluntariamente*. La *moral insanity* no es una entidad social; cada hombre debe interiorizar una moral con un contenido determinado, de otro modo no es un hombre. Pero cuando hablamos de «contenido determinado» entramos ya en la segunda característica de la moral.

La elección (decisión) de valor

El hombre nace en un ambiente determinado que transmite al particular un sistema de exigencias determinado (genérico).

17. Las exigencias morales y jurídicas a menudo se presentan también indiferenciadas.

Pero sucede muy raramente, sólo en casos extremos, que ese sistema de exigencias sea totalmente homógeneo. Más adelante aclararemos cómo en la prehistoria de la humanidad toda sociedad opera sustancialmente con dos sistemas distintos de exigencias: el uno compuesto por normas abstractas, el otro de normas concretas. Ambas sólo raramente coinciden, incluso a veces la diferencia se transforma en una verdadera contradicción. Veremos que los hombres esencialmente «siguen» las normas concretas, pero interiorizan también las abstractas, a menudo sin advertir la diferencia (contradicción) entre ellas. Sin embargo, *cada* particular tiene ocasión de advertir tal diferencia (contradicción) y de aceptar un sistema normativo *en contraposición* al otro; interiorizando el uno, rechaza el otro. La ética de los movimientos heréticos del Medioevo se orientaba en el sistema de exigencias del Nuevo Testamento; los particulares que optaban por la herejía veían la contradicción entre las normas concretas del cristianismo de su tiempo y las normas bíblicas de las que el cristianismo había partido (y que funcionaban a partir de normas abstractas). Por consiguiente, elegían este sistema y rechazaban el otro.[18] El rechazo de un sistema de normas (de valores) y la aceptación de otro es siempre evidentemente la expresión moral de finalidades concretas y aspiraciones sociales.

Cuando afirmamos que la «elección» de un sistema normativo social forma parte también de la esencia de la moral, no pensamos solamente en la discrepancia entre exigencias-normas concretas y abstractas. También los sistemas de exigencias de clases distintas y, en el interior de éstas, de estratos distintos pueden variar; sus diferentes intereses y fines sociales impulsan al primer plano contenidos morales concretos diversos. Prácticamente en cada sociedad de la época clásica el particular era libre de elegir entre estas diferentes morales. Quien nacía patricio todavía podía adecuarse a los plebeyos en sus principios y normas de comportamiento morales. Piénsese, por ejemplo, en los Gracos.

Pero en las sociedades basadas en las comunidades naturales la diferencia de comportamientos morales no implicaba aún un relajamiento de la jerarquía de valores. Hemos dicho ya que en estas integraciones la jerarquía de valores era siempre fija. En las sociedades «puras», por el contrario, la libertad de movimiento del particular en la elección de su *propia* moral es notablemente mayor. Puede elegir no sólo entre las morales de los distintos estratos, no sólo entre las exigencias concretamente morales y las normas abstractas, sino también puede interiori-

---

18. Los hombres medievales en su mayoría no sentían esta contradicción; si alguno la percibía, no elegía entre los dos sistemas normativos, sino que los conciliaba yuxtaponiéndolos.

zar los sistemas de exigencias éticas (tal como aparecen en las objetivaciones genéricas para-sí, como el arte y la filosofía) de épocas desaparecidas desde hace mucho tiempo, y puede, en casos extremos, orientarse en las reivindicaciones sociales a partir de una clase antagónica a la suya. En suma, en el terreno de la sociedad determinada, puede elegir su propia moral y, en el interior de ella, elaborar una jerarquía de valores personal.

Por ello, cuando se quiere juzgar la moral de un hombre no sólo se debe examinar hasta qué punto ha interiorizado un sistema normativo social, hasta qué punto ha canalizado a través de éste sus motivaciones particulares, sino observar también el *contenido de valor del sistema normativo social* elegido por él, evidentemente dentro de los límites en que *la elección era posible.* Esta última limitación es muy importante, puesto que la elección siempre tiene lugar en el interior de un cierto campo de decisión.

Cuando hablamos de elección de la moral interiorizada, debemos dar también un ulterior paso adelante. Pongamos el caso —abstracto— de un hombre en condiciones de interiorizar solamente un único sistema normativo social, mientras que entre norma abstracta y concreta no haya contradicción. También en este caso no se trata de una simple adaptación a un sistema normativo social, donde no tiene lugar una *elección.* Las virtudes cristianas han sido fijadas de un modo estable, sin embargo, existe una neta diferencia entre quien interioriza unas y quien interioriza otras, entre quien se aproxima más a la caridad y quien se aproxima más a la persecución de los herejes. *Entre los hombres de todos los tiempos juzgamos que son más positivos por su contenido moral aquellos en los cuales, por elección personal, la interiorización de las exigencias sociales determinadas coincide con la interiorización de un valor moral genérico,*[19] es decir, aquellos que han interiorizado —quizá sólo prevalemente o en primer lugar— aquellos valores que se mueven objetivamente en la dirección del desarrollo moral del género humano (por eso Héctor está más cercano a los contemporáneos que Aquiles).

19. Repitamos una vez más que «valor» es un concepto mucho más amplio que «valor moral». El individuo surge a través de una elección de valor, pero no será obligatoriamente un individuo moral. Sin embargo, la elección de un valor genérico —incluso cuando se trata de una elección moral— no es indiferente en el plano moral. La elección de una gran pasión, por ejemplo el amor, *puede estar en contradicción* con la elección de un valor moral importantísimo en la época determinada y, por tanto, en las circunstancias determinadas, puede ser también juzgada moralmente como *negativa.* Sin embargo, contiene objetivamente un momento de valor.

La constancia

Tercera característica de la moral es, como dijimos, la constancia. No se trata de uno de tantos valores, sino de lo que podríamos denominar, con otras palabras, la firmeza de carácter. Es decir, la moral comprende por su esencia no sólo la superación o la canalización de las motivaciones particulares y la relativa elección de valores a interiorizar, sino también la *permanencia* de tal comportamiento. El hombre que se haya elevado por encima de las motivaciones particulares una vez, en un único acto concreto, no tiene ningún valor o tiene muy poco para la sociedad en el plano moral. Quien una vez en la vida haya dado un trozo de pan a un hambriento y luego no lo haya vuelto a hacer, quien una vez haya sido valiente (en virtud de una motivación específica, por ejemplo para atraer la mirada de una mujer) pero en todas las demás circunstancias se haya mostrado un bellaco, quien no se regula con continuidad según las exigencias dadas, evidentemente no ha interiorizado nada. Sin firmeza de carácter no hay comportamiento moral; por esto la respetamos como cualidad específicamente humana incluso cuando no está dirigida inmediatamente a realizar fines cargados de valor, genéricos. El hombre que está elevándose a la individualidad trabaja regularmente de un modo consciente para reforzar su propio carácter.

La frónesis

Y finalmente la capacidad de aplicar las exigencias. Hemos dicho que la necesidad de la moral nace —entre otras cosas— precisamente porque la sociedad que ha devenido heterogénea era incapaz de subdividir el sistema de exigencias entre los casos particulares; la función fundamental de la moral es por lo tanto esa «subdivisión». Lo que implica, por una parte, el encuadramiento del caso particular en la exigencia general. El hombre actúa del modo prescrito por la exigencia y juzga a los otros adecuándose a la norma. Sin embargo, a causa de la infinita multiplicidad de las situaciones, del contenido personal de los conflictos y de su complejidad, tal encuadramiento es prácticamente imposible. El particular debe por sí sólo extraer de la exigencia general *qué y cómo es válido en la situación concreta*. Para emitir este juicio es necesario el «sentido moral», que el intelectualizante Aristóteles denominó frónesis (sabiduría).

Los sistemas de motivación de las acciones del particular

La relación del comportamiento del particular con las exigencias genérico-sociales se expresa, por lo tanto, en estos cuatro momentos, cada uno de los cuales está conectado con las tres motivaciones principales de las acciones del particular: *la necesidad (el deseo), la costumbre y el conocimiento.* Tanto la necesidad (deseo, instinto) como la costumbre y el conocimiento están acompañados por los sentimientos. Pero la base afectiva más fuerte la posee sin duda la necesidad, al menos por lo que respecta a la media de la humanidad en la historia desarrollada hasta hoy. Por ello las teorías clásicas sobre los afectos los hacen derivar también de la necesidad y sólo *post festum* los proyectan sobre la costumbre y el conocimiento.

Las tres motivaciones pueden expresar el hombre particular o bien ser vehículo de valores genéricos, de individualidad. Las combinaciones son infinitas; dar cuenta de ellas de un modo aproximativo sólo es posible en el marco de una teoría de la personalidad. Bastará decir aquí que los tres tipos de motivación en cada particular, ya sea particular o individual, forman una *unidad* estructurada. Por ejemplo: la interiorización de un sistema de exigencias sociales permite, respecto a otro, la satisfacción de necesidades más importantes para mí; por ello elijo éste y rechazo el otro. Soy incapaz de mantener una actitud permanente frente a determinadas necesidades; por ello en cada caso aplicaré las normas de tal modo que no dañe las necesidades más importantes para mí. Puedo ser constante o inconstante por costumbre; puedo juzgar un hecho por costumbre (por ejemplo, en base a la pura analogía); por costumbre puedo elevarme por encima de mi particularidad, o bien atenerme al primer sistema de exigencias que me he apropiado, etcétera.

Pero debemos detenernos un momento sobre el conocimiento. Ante todo: para regular nuestras acciones o bien para juzgar las de otros, es evidentemente necesario *conocer* los conceptos y preceptos morales. Quien no sepa que existen el bien y el mal, no puede distinguirlos entre sí. Además, para actuar rectamente en una cierta situación (o para juzgar correctamente el modo de proceder de otros), debemos conocer no sólo principios y juicios morales, sino también las *circunstancias del acontecimiento.* Cuando Marx dice que la ignorancia es un demonio y por ello justamente en la Antigüedad era considerada fuente de tragedias, se refiere precisamente a esta ignorancia de las circunstancias. Y más aún: cuando actuamos, intentamos prever las consecuencias de nuestros actos (para el contenido moral de nuestros actos la consecuencia es tan importante al menos como la intención). El «cálculo» de la consecuencia, su previsión, no afecta en verdad solamente al conocimiento: factores imprevistos (las acciones de otros, etcétera) pueden transformar acciones efectuadas con la máxima cautela en su contrario. No obstante, para juzgar la *relación* entre intención y consecuencia moral hay que examinar también la reflexión sobre las consecuencias previsibles, porque ésta constituye uno de los factores más importantes del comportamiento moral. Finalmente, y no en último lugar, el contenido moral de un acto (o de un juicio) está también determinado por los conocimientos relativos al conjunto de la sociedad, a sus valores y a sus tendencias.

Diciendo que la moral no es una esfera en sí y por consiguiente que cada acto que requiera un comportamiento individual tiene un contenido moral, no queremos afirmar que no existan *actos con motivaciones puramente morales*. Sino, por el contrario, incluso una vida *entera* puede tener una motivación moral (quiero vivir en la honestidad, mi fin es ser un hombre honesto, etcétera) y en consecuencia, tanto más los actos particulares. Sin embargo, la vida del particular, como sus actos, tienen en general motivaciones mixtas. Normalmente los hombres no quieren ser valientes, sino servir a su patria, vencer la batalla, defender una causa, tener éxito, alcanzar el poder, y todo esto en las «combinaciones» más variadas; por tales fines se comportan después «valientemente». Julieta quería ser feliz con Romeo, y precisamente por este camino se ha convertido en un modelo moral.

Empezamos afirmando que el esquema primario de la moral es el sometimiento de las motivaciones particulares a las exigencias sociales. Por lo tanto, no es raro que *todos nuestros conceptos morales generalicen el sometimiento —que se deriva de exigencias y valores diversos, que concierne a sentimientos y a necesidades diversos— del deseo particular.* El coraje, la justicia, la' moderación, la bondad, el altruismo, la compasión —los ejemplos serían infinitos— expresan valores que se derivan del sometimiento continuo (constante) de uno o más afectos particulares. En efecto, ¿qué significa —en primer lugar— coraje? Nada más que la superación, en interés de algo, de la preocupación por la propia vida, por la salud, por la propiedad; ser justos, significa saber reprimir la inclinación hacia algo, las costumbres arraigadas, los prejuicios; la moderación implica el dominio del impulso hacia el placer y del deseo de poseer; el altruismo es un valor porque se da preferencia a la causa, a los intereses, a los deseos de otros respecto de los propios. Estos conceptos morales (de valor) constituyen el hilo conductor de la historia del género humano precisamente porque hacen hincapié en este momento basilar de la moral. Incluso ni en este sentido tiene importancia el hecho de que el nacimiento de cada valor (concepto) moral esté ligado a una época y que el *significado* de cada concepto (valor) cambie ampliamente en el seno del sistema de valores de una época y en la jerarquía específica de valores de cada hombre particular. Pero la «elección» del sistema de exigencias sociales no es revelada por la relación instituida con uno o más conceptos morales dados, sino por su *contenido concreto*. Por ejemplo la fidelidad, como concepto moral, significa que yo no abandono una causa, una persona, una comunidad, etc., por una ventaja momentánea o duradera, significa que yo no cambio en las situaciones difíciles e incluso en las derrotas. Pero la «fidelidad» en sí no indica *qué haré cuando tenga que afrontar el conflicto entre dos fidelidades de contenido y tipo distintos,* cuando deba decidir si ser fiel a una persona o *bien* a una idea, a la patria o *bien* a la familia, etcétera.

Kant, que negaba la existencia de conflictos morales, examinaba exclusivamente el momento primario, el sometimiento de los sentimientos particulares. Y efectivamente, si éste fuese el único contenido de la moral, de la decisión moral, no existirían conflictos de este tipo. Habría solamente el conflicto entre la particularidad y la moralidad, pero que *no es* un conflicto moral, en cuanto que un aspecto está constituido por factores extramorales. Sin duda, en la vida, y sobre todo en la vida cotidiana, estos conflictos son numerosos y en tales casos puede ser válido incluso el imperativo categórico: elevarse por encima de la motivación particular en interés de una exigencia de valor, moral, genérica, que es realmente una máxima universal. Pero lo extraño es que la mayor parte de las decisiones morales no cotidianas, que se elevan por encima de la cotidianidad, no se derivan en absoluto de la simple colisión entre particularidad y exigencia genérico-social. En general *la colisión tiene lugar entre exigencias genéricas diversas,* entre conceptos de valor con contenido distinto, pero ambos conceptos de valor, entre ideales diversos que, a pesar de su diversidad, son ambos genérico-sociales. En tales casos se trata precisamente de *conflictos morales,* porque en ambos lados de la ecuación existen posibilidades de acción con contenido de valor moral; aquí no se puede decidir sobre la base del imperativo categórico: ninguna de las dos acciones —que son distintas, pero que contienen del mismo modo valor— puede convertirse en la máxima de valor universal, en cuanto la otra quedaría excluida de este modo de la decisión moral. Por otra parte, precisamente en el caso de los conflictos morales (y no de la simple elevación por encima de la motivación particular) es muy importante el significado que tiene el contenido de valor elegido para el desarrollo genérico; y lo mismo puede decirse de la sabiduría moral, la correcta valoración de la situación concreta.

Como hemos dicho, en la vida cotidiana aparece normalmente la simple elevación por encima de las motivaciones particulares. En este caso se afirma netamente la norma: «frena tus deseos», y tanto más netamente cuanto más particular es la persona. Cuando yo ya no lastime a mi mujer, doy un pedazo de pan al hambriento, me resigno al mal comportamiento de mi hijo, no me vengo de mi vecino malvado: se trata siempre de decisiones y comportamientos cotidianos primarios en los cuales, en el fondo, no existe ningún conflicto moral. Y son éstos los que, conjuntamente o en relación recíproca con las normas concretas, predominan en la ética cotidiana.

Nuestro punto de partida ha sido que los conceptos puramente morales en su abstracción indican siempre la elevación por encima de las motivaciones particulares. Sin embargo, en la vida cotidiana los hombres principalmente *no se encuentran frente a conceptos morales, sino frente a juicios morales.* Los conceptos morales son solamente la suma de la serie de los juicios morales. (En la ética, evidentemente, el proceso se desarrolla a la inversa, pero ésta ya no es moral, sino más bien mímesis de la moral.) La gente no aprende qué es el bien, sino solamente que fulano es bueno porque ayuda a los otros. No aprende qué es el coraje, sino solamente que mengano es valiente porque ha pegado fuerte, no ha echado a correr, etcétera. En consecuencia, no recibe simplemente los conceptos morales, sino una *interpretación específica* de ellos, la interpretación especial que les es dada en el seno del sistema normativo de una determinada clase, estrato, comunidad. Si determinados sistemas de normas o de exigencias, si un determinado sistema de usos es contradictorio, las interpretaciones de los conceptos morales aparecen a su vez bajo la forma de juicios morales distintos o incluso contradictorios.

Moralidad y legalidad (la consciencia)

Toda relación de contenido moral tiene dos aspectos: uno *subjetivo* (en el sentido de «perteneciente al sujeto») y otro *objetivo.* A falta de una terminología mejor, los indicaremos con los términos kantianos de *moralidad,* para el aspecto subjetivo, y *legalidad,* para el objetivo. (Lo cual no significa que aceptemos también la interpretación kantiana de la relación entre estos dos factores.) *Moral* es para nosotros la situación que considera la copresencia de *ambos* lados, es decir, de la moralidad y de la legalidad.

Toda acción (en la medida en que se refiere a relaciones humanas esenciales), como hemos visto, tiene un contenido moral. La medida de este contenido viene representada por los cuatro momentos discutidos anteriormente. Los cuatro caracterizan la relación de la acción particular con las exigencias genérico-sociales que funcionan objetivamente como *norma.* En este sentido, pero *sólo* en este sentido, el contenido moral de la acción puede ser considerado «*normativo*». No sucede que este contenido se *explicite* en la consciencia de los particulares también como exigencia. El respeto a la norma puede verificarse de un modo totalmente espontáneo, como sucede en general en la vida cotidiana.

Examinemos ahora los dos aspectos de un modo relativamente independiente el uno del otro. En primer lugar, el denominado carácter «normativo» está o al menos puede estar presente en ambos lados. Para el particular la exigencia de la legalidad (no teniendo en cuenta la moralidad) es una exigencia externa: la obligación. La exigencia de la moralidad, por el contrario (esta vez sin tener en cuenta la legalidad), es una exigencia interna: el deber. Sin embargo, no hay acciones en las que sólo opere uno u otro aspecto. Una acción ejecutada *exclusivamente* sobre la base de una exigencia externa, es una acción *coactada*. Pero no es concebible ninguna constricción en la que la aprobación o la negación, el consentimiento o el rechazo de lo que es constringido no tengan parte *ninguna*. Otro tanto absurda es la idea de una acción ejecutada exclusivamente sobre la base del deber. El hombre extrae siempre sus valores, sus normas, sus conceptos morales del mundo en el que ha nacido. Incluso cuando se repudia el orden de los valores en su totalidad de una sociedad determinada es imposible que no se haya interiorizado algún valor parcial; y esto tendrá un eco, aunque con un significado totalmente distinto, en sus exigencias morales. Así como es imposible que no haya interiorizado aquellos valores que —aunque ausentes en el sistema de valores de la sociedad determinada— están presentes en los sistemas de exigencias que reflejan las objetivaciones genéricas. No existen acciones basadas sobre la pura moralidad o sobre la pura legalidad. Al mismo tiempo, es indudable que en las acciones particulares de los hombres predomina uno (objetivo) u otro (subjetivo) momento y que la conducta de un hombre en su totalidad pueda estar dominada en su continuidad por la moralidad o por la legalidad.

Es evidente que para juzgar a un hombre, y también al mundo en que ha nacido, es muy importante saber si predomina en él la moralidad o la legalidad. En las sociedades en las cuales las exigencias socio-comunitarias concretas son en mayor o menor medida vehículos de valores genéricos, no se verifica el predominio de la moralidad. Una fuerte presencia del aspecto subjetivo en las acciones con contenido moral es característica de épocas en las que se hace explícita la discrepancia entre los valores sociales y los valores genéricos, en las que los individuos más evolucionados se remiten con su comportamiento a los valores genéricos contraponiéndolos a los sistemas de valores sociales concretamente dominantes. Se trata de los «moralistas». Bastará remitir a dos moralistas típicos de la historia de la filosofía, a Sócrates y a Rousseau, para clarificar esta situación. La base del moralismo de Sócrates era la decadencia de la polis, la pérdida de valor de la comunidad de la polis. La de Rousseau era el hecho de que la ordenación de los valores burgueses, tal como se iba desarrollando en Francia en el siglo XVIII, aparecía como una negación de los valores tradicionales (y lo era efectivamente, como podemos leer en la clásica síntesis del *Manifiesto del Partido Comunista*). Hay que añadir que tanto Sócrates como Rousseau eran conscientes de que el tipo del moralista era en cierta

143

medida «anormal», en cuanto *representa una reacción a una situación social que desvía de la norma*. El ideal de Sócrates era una polis en la que uno no tuviera necesidad de ser moralista (éste era el fin de su comportamiento de moralista); Rousseau pensaba en una comunidad que no necesitara «virtud», porque en ella nos podríamos afirmar con la «bondad» (mediante una actitud moral no orientada hacia la moralidad). Y en la *Nueva Eloísa* intentó incluso esbozar tal comunidad. Sin embargo, el tipo del moralista no es característico en la prehistoria de la humanidad, lo es, por el contrario, el hombre cuya moral se inclina hacia la legalidad, que simplemente interioriza valores dados sin reflexionarlos y sin distanciamiento crítico. Y esto es lo que sucede generalmente en cuanto al contenido moral de las actividades cotidianas.

La interiorización de las exigencias socio-comunitarias hace que la obligación se transforme en deber. Sin descender a los particulares, destacaremos solamente cómo tal proceso se desarrolla de un modo diferente según se trate de una vida basada en la particularidad o en la individualidad. Como hemos dicho, es típico de la vida orientada sobre la particularidad que el particular o reprime simplemente sus necesidades particulares o las canaliza hacia zonas no prohibidas. La individualidad, por el contrario, «se educa», cultiva las cualidades que cree cargadas de valor y se distancia de las otras. En ella la «sabiduría» moral está más desarrollada, aplica —precisamente a causa de esta sabiduría— a los casos particulares los sistemas de exigencias de un modo más elástico, elige con más resolución entre los diversos valores y las diversas exigencias y tiende con mayor decisión a elaborar una jerarquía de valores propia. Una excepción puede estar representada precisamente por el moralista, que es sin duda una individualidad; si bien se basa en la moralidad, puede contraponerse a la sabiduría, al igual —aunque de otra manera— que el hombre particular que basa su actitud en la costumbre.

Dado que la moralidad significa interiorización de las exigencias genérico-sociales y dado que contiene un momento normativo, es decir, el momento de la «adecuación» a las exigencias interiorizadas, de ello se desprende que una de sus categorías centrales es la *consciencia*. Darwin sostiene que en las comunidades primitivas, donde no hay una relación individual con las exigencias generales, donde por ello operan sistemas de exigencias que regulan hasta las situaciones particulares, no existen los remordimientos de conciencia, sino simplemente el sentido de la vergüenza. La consciencia sólo es necesaria cuando el particular puede ser trasplantado a un ambiente distinto, a otro sistema de exigencias sociales y está obligado a tener fe en las viejas exigencias, interiorizadas por él y que se han convertido en cosa suya. Cuando esto se ha verificado, el ambiente extraño refuerza el momento de la consciencia (como narra Thomas Mann en la historia de José y de la mujer de Putifar).

La consciencia es, para simplificar, la comparsa de las exigencias genéricas en el sujeto. No es el «sentido» moral, ni tiene una relación necesaria con la espontaneidad. Y no es ni siquiera casual que el concepto de *consciencia* en numerosas lenguas esté ligado al *saber* (véase, por ejemplo, el latín *conscientia*, o bien el alemán *Gewissen* ligado a *wissen*: «saber»). La consciencia sólo puede funcionar cuando se conocen el bien y el mal; en ella se hace explícito el saber concerniente a ambas cosas (naturalmente sólo el saber referido a un bien y a un mal *concretos*) y en efecto Adam Smith la definió como un «juez imparcial». Imparcial quiere decir en primer lugar que no toma partido por la particularidad, pero puede significar también que no toma posición ni siquiera por los sistemas de exigencias que se alejan del sistema interiorizado por el particular, que le son extraños.

Normas abstractas y concretas

Las exigencias genérico-sociales se presentan al particular en dos *planos distintos*: en el plano de las normas abstractas y en el de las normas concretas. Simplificando se podría decir que *la norma abstracta representa siempre la genericidad universal*, y la *norma concreta los sistemas determinados de exigencias sociales*. Las normas abstractas fijan bajo la forma de prescripciones los continuos logros del desarrollo de valor humano; su validez universal no estriba en la universalidad de los enunciados, sino en la de los contenidos. Lo cual no significa, sin embargo, que las prescripciones fijadas en las normas abstractas sean necesariamente imperecederas, que deban tener validez eterna. Se pueden hallar expresiones e incluso exigencias que han sido indispensables para desarrollar determinados valores en el curso de un largo período —por ejemplo, en el curso de toda la prehistoria—, pero que perderían su validez en la «verdadera historia» (podemos decir que sin el «No robar» no sería posible ningún tipo de convivencia social y ello hasta que no haya sido superada positivamente la propiedad privada, lo que constituye todavía una perspectiva muy lejana). Las normas abstractas no surgen como tales; también ellas se presentan en el teatro de la historia como exigencias concretas de una determinada sociedad al igual que las normas concretas. Su carácter abstracto emerge de su continuidad y estabilidad; a menudo sólo en un segundo tiempo resulta claro qué normas corresponden a la tendencia de desarrollo del género humano y cuáles están ligadas a una época, es decir, tienen una validez parcial.

Como hemos dicho, los hombres se apropian simultáneamente de los dos tipos de normas: es decir, tanto de las prescripciones «Sé honesto» o «Sé valiente» en su abstracción, como de las numerosas exigencias concretas que se refieren al *cómo* ser honestos

145

o valientes. Precisamente es característico de la vida cotidiana que los hombres no tomen consciencia de la diversidad o incluso contradicción entre normas concretas y abstractas, se apropian de las normas abstractas sólo porque y en la medida en que éstas forman parte del sistema normativo concreto. *Por consiguiente, la vida cotidiana es el ámbito de validez de las normas concretas.*

El sistema normativo concreto no es más que un *sistema de usos* que asume frente al particular (o puede asumir) la forma de una prescripción. La palabra alemana *Sitte* («usanza», pero también «moral») expresa muy bien esta peculiaridad; utilizaremos precisamente el concepto de «usanza» para designar el *sistema de usos morales*. Por el contrario, el sistema normativo abstracto no es un sistema de usos; éste hipotetiza valores que se manifiestan más bien en los usos particulares, pero que los usos y costumbres *no agotan*. La prescripción «Sé honesto» no puede ser expresada totalmente por ningún sistema de costumbres particular, en el cual se refleja solamente la valoración concreta de la honestidad en el seno de una sociedad concreta. «No matar» es una de las normas abstractas más conocidas; sin embargo, no existe un sistema de usos sociales que en realidad la agote y la ponga en práctica totalmente. En el sistema de exigencias de cada sociedad (estrato) hay prescripciones por las cuales se debe matar. El duelo, en un cierto sistema moral concreto, es un deber; la venganza constituye una cuestión de honor; el enemigo en el campo de batalla debe ser muerto. Entre normas abstractas y concretas pueden existir incluso antagonismos insuperables; así algunas exigencias genéricas en las sociedades de clase no son respetadas por ningún estrato, clase o sociedad; existe incluso una exigencia precisa (derivada de la costumbre) de no respetarlas. De ahora en adelante denominaremos, por consiguiente, moral abstracta al sistema de normas abstractas que, como hemos visto, son portadoras de los valores genérico-universales surgidos en el curso del desarrollo del género humano.

El contraste entre la usanza y la moral abstracta expresa, por lo tanto, en el plano de la ética, la discrepancia entre el desarrollo de las particulares sociedades de clase y de las clases concretas, por un lado, y los valores genérico-universales o al menos válidos por un largo período, por otro.

Hemos escrito que en la vida cotidiana el hombre no se da cuenta de aquella discrepancia. La elevación por encima de la vida cotidiana está caracterizada, desde el punto de vista ético, en primer lugar precisamente por el hecho de que el particular advierte tal escisión. Éste se da cuenta que cuanto él llamaba «honestidad», cuanto ha aprendido a creer que era «honesto», no es obligatoriamente idéntico a la «honestidad» como tal, se apercibe también de que el duelo viola el «No matar», etc. Sin embargo, esto no significa (salvo en casos excepcionales) que el

146

particular se adecúe a las exigencias abstractas de la moral abstracta contra la moral a la que está habituado. Más bien tal contraste puede ser uno de los *medios* para rechazar un determinado sistema de usanzas y adherirse a otro o aceptar el primero conscientemente, para reconocer la relatividad de las costumbres, su caducidad y orientarse hacia nuevos sistemas. Con la adhesión consciente a tal modo de ver y a las consecuencias relativas, la moral se convierte una vez más en parte orgánica de la vida cotidiana, pero de la vida cotidiana de un individuo.

La alienación de la moral

El hecho de que la moral abstracta aparezca como realizable sólo en parte o «absolutamente irrealizable» sin más, que no pueda coincidir totalmente con ninguna usanza concreta, es *una manifestación de la alienación de la moral.* Ésta se revela no en uno u otro «aspecto» moral, sino en la estructura moral misma de las sociedades de clase *en general.*

En efecto, ¿qué implica la divergencia entre sistemas normativos concretos y abstractos? Ante todo, que el desarrollo genérico de los valores debe quedar fijado en los sistemas de exigencia más generales, más abstractos, y debe tener el sello de la irrealizabilidad. Los valores más universales de la humanidad se presentan en la moral abstracta como exigencias, pero *exigencias que se hallan en contraposición con la vida concreta, con las posibilidades de vida del hombre,* que no son aplicables o lo son solamente en parte. Pero esto no significa que la moral abstracta sea «el» bien no traducible en realidad en el mundo donde reina «el» mal. A menudo, la afirmación de la moral abstracta en el mundo *existente* es colindante con la inhumanidad. ¿Quién tendría el valor de decir a un hambriento que se encontrase en el almacén de un rico que no debe robar? ¿Quién tendría el atrevimiento de prohibir a Hamlet matar al usurpador? Las exigencias abstractas de la moral abstracta, es decir, las exigencias genérico-abstractas, no tienen en cuenta al hombre concreto que vive en medio de relaciones y posibilidades concretas, ni pueden tenerlo en cuenta; tales exigencias son como una espada que pende sobre la cabeza de los mortales. Pero precisamente por esto: ¡ay de aquellos que quieren *realmente* traducir a la práctica estas exigencias! Ante todo, están condenados a muerte, en cuanto no pueden ni moverse en su ambiente, ni moverlo. En segundo lugar colocan la particularidad en una situación espantosa —e incluso la individualidad— que a fin de cuentas se nutre de la interacción con el sistema normativo concreto. Hay que añadir además que no es posible «aplicar» el sistema normativo abstracto por sí solo; normalmente se intenta realizar una norma abstracta identificándola con una determinada exigencia moral concreta.

Pero ¿sólo el sistema normativo abstracto es alienado? En realidad la alienación de la moral abstracta no hace más que reflejar, expresar la alienación de los sistemas normativos concretos, de las costumbres. Es decir, las sociedades no tienen una usanza unitaria (un sistema de usos relativamente unitario sólo aparece cuando una comunidad ha integrado un determinado estrato). La estructura conjunta de las costumbres de las sociedades de clase es en gran parte la articulación de los intereses de una clase (estrato) determinada, o lo que es lo mismo, de las necesidades de la integración determinada. Y ya esto, es decir, *el carácter de clase o de estrato del conjunto de los sistemas de costumbres, es un fenómeno de alienación.* Estos sistemas contienen exigencias de *nivel y contenido radicalmente distintos.* Algunos de ellos, basándose en las determinadas posibilidades de aquella clase o estrato, son portadores de valores más o menos genéricos o realmente genéricos; otros son casuales y expresan *exslusivamente* los intereses más concretos de determinada clase o estrato; otros usos aún no son portadores de ningún valor y el respetarlos o repudiarlos sólo se convierte en un problema moral cuando la relación individual con ellos es más o menos importante para la clase o estrato determinado. Algunos valores esenciales para el desarrollo de la humanidad son conducidos a un cierto nivel mediante exigencias que son indiferentes o incluso opuestas al desarrollo moral. En el sistema de costumbres de épocas, clases o estratos determinados, las exigencias deshumanizantes pueden incluso ser prevalentes respecto de las exigencias humanizantes o relativamente humanizantes.

Y todavía más: es posible que existan también contradicciones en el seno de las costumbres de ciertos estratos. El particular puede encontrarse frente a exigencias de diverso tipo provenientes de la vida pública y de la privada, de la vida social y de la de los negocios. *Los hombres de las sociedades de clase viven en una jungla de prescripciones, exigencias y advertencias.* Marx, en los *Manuscritos económicos y filosóficos,* escribe: «La moral de la Economía Política es el *lucro,* el trabajo y el ahorro, la sobriedad; pero la Economía Política me promete satisfacer mis necesidades. La Economía Política de la moral es la riqueza con buena conciencia, con virtud, etc. Pero ¿cómo puedo ser virtuoso si no soy? ¿Cómo puedo tener buena conciencia si no tengo conciencia de nada? El hecho de que cada esfera me mida con una medida distinta y opuesta a las demás, con una medida la moral, con otra distinta la Economía Política, se basa en la esencia de la enajenación, porque cada una de estas esferas es una determinada enajenación del hombre y contempla un determinado círculo de la actividad esencial enajenada; cada una de ellas se relaciona de forma enajenada con la otra enajenación [...] por lo demás, también la oposición entre Economía Política y moral es sólo una *apariencia* y no tal oposición. La Economía Política se limita a expresar *a su manera* las leyes morales.» [20]

En este párrafo Marx se ocupa en primer lugar de la antítesis entre moral abstracta y costumbre, aunque no la separa de las contradicciones en el seno de los sistemas de usos. El párrafo es interesante sobre todo para nosotros por lo que afirma *sobre la relación recíprocamente alienada de las esferas* y sobre el hecho de que en última instancia estas esferas están unidas. Como dijimos, la relación alienada se expresa en el hecho de que las personas normalmente ni siquiera notan, no se dan cuenta de interiorizar sistemas de valores radicalmente distintos, los cuales coexisten después en la particularidad en la más perfecta armonía. El hombre particular no elije conscientemente entre diversos valores, en el mejor de los casos «se las arregla» entre ellos. Pero esta coexistencia no sólo indica su recíproca alienación, sino también su unidad. Cuando se respetan los sistemas de costumbres, se respeta también la moral abstracta, así como esta última a su vez prevé el conocimiento y el reconocimiento del mundo normativo concreto. En la época de las sociedades de clase la represión o la canalización de las motivaciones particulares sólo es posible por esta vía.

Con mayor precisión: en una comunidad natural y rígida, mientras tiene lugar el sometimiento de la particularidad a las exigencias sociales, las normas abstractas y concretas apenas divergen, y las normas abstractas casi no están codificadas. La primera y clásica aparición de las normas abstractas tiene lugar en los momentos en los que deben ser integradas comunidades poco compactas, operación para la cual no es suficiente la norma de la costumbre (piénsese en la función de los Diez Mandamientos en la historia del pueblo judío). Cuanto en mayor medida las comunidades están formadas por hombres particulares, se hacen tanto más necesarias las normas abstractas (mistificadas como precepto divino) para conseguir que los particulares sometan sus aspiraciones particulares al sistema de exigencias. El precepto de servir al propio señor y las costumbres conexas eran aceptables para el siervo de la gleba en el Medioevo únicamente en cuanto derivaban de los imperativos morales absolutos de la norma abstracta, en cuanto estaban relacionados con ella. Y ésta es una razón no secundaria de la enorme importancia del cristianismo para la estabilización de las relaciones feudales. Del mismo modo, más tarde, el trabajo cotidiano diligente y el enriquecimiento material se convierten para el protestantismo en prescripciones genéricas abstractas que son presentadas como divinas. Pero de este modo las normas abstractas y las concretas (las distintas exigencias de los usos) revelan simplemente su fundamental *unidad* en la *regulación* de la vida de los hombres.

20. K. Marx, *Manuscritos: economía y filosofía, op. cit.*, pp. 161-162.

Lo que la alienación de la moral ha significado para los particulares, lo vimos ya. El hombre particular que se encuentra en antagonismo con las exigencias antagónicas, pero recíprocamente presupuestas, de la moral abstracta y de la usanza, está él mismo alienado. Se halla frente a un complicado sistema de exigencias, algunas de las cuales son contradictorias, que exige de él el sometimiento de su particularidad a las diversas costumbres y normas. Pero esto es imposible, al menos *completamente*; por lo tanto, el hombre particular prefiere «arreglárselas» en la vida. Respeta las normas que son necesarias para su autoconservación, y sólo con este fin reprime o canaliza en otras direcciones sus motivaciones particulares. En la medida en que ello no obstaculiza su supervivencia en un determinado ambiente, tiene también en cuenta otras exigencias. Se deja guiar por ellas en mayor o menor medida, pero con moderación. El límite de tal moderación, en el caso del hombre particular, es a la postre la opinión pública. El individuo, por el contrario, no se las arregla, sino que se mueve sobre la base del saber moral, por lo que la opinión pública no constituye para él el límite extremo. Puede incluso contraponerse a motivaciones que son para ésta «invisibles», es decir, purgadas, como también —en casos extremos— aprobar propósitos y acciones que la opinión pública condena.

Sin embargo, debe observarse que la moral abstracta y la costumbre no son contrapuestas solamente al punto de vista y a las motivaciones particulares; muy a menudo obstaculizan también las *características* particulares, en lugar de permitir que sean cultivadas. Mediante generales y «densos» sistemas de exigencias impiden que el hombre se desarrolle hasta la individualidad; a menudo impiden el paso a valores y sentimientos genéricos. Los dioses tienen sed de sangre y sudor. Y la tendrán mientras el hombre sólo se encuentre frente a la moral abstracta y la costumbre.

Por todo ello, hemos descrito con tonos oscuros la moral alienada, la moral enajenada en moral abstracta y costumbre. Sin embargo, la alienación no es el pecado original, no debe concebirse como un hecho puramente negativo. En efecto, *en las sociedades de clase sólo existe esta moral alienada para regular la particularidad orientada hacia la posesión, la acaparación*, e infundirle los deberes genéricos, incluso al precio de destruir valores genéricos. La moral, tanto en el sentido de la moral abstracta como en el de la costumbre, constituye una potente conquista de la humanidad, motor y vehículo del desarrollo de los valores.

Por esta razón no son las fuerzas humano-sociales más negativas de la historia, de las sociedades de clase, las que construyen sistemas de usos concretos (alienados) basándose en el reconocimiento de la moral abstracta; tales fuerzas, a pesar del amordazamiento al que someten a los hombres particulares, o quizá precisamente por ese motivo, producen siempre valores genérico-universales que posteriormente se convierten en tesoros inalienables de la humanidad. Las fuerzas sociales más negativas son, por el contrario, las que *niegan la moral abstracta* en nombre de costumbres concretas, que niegan cualquier validez a los sistemas de valores abstractos oponiéndose de este modo conscientemente al desarrollo de los valores genéricos verificados hasta aquel momento (aunque sea un desarrollo alienado). Son éstas precisamente las leyes morales que el fascismo declara «no válidas». Thomas Mann, aludiendo al fascismo escribió: «Yo sé bien, y Dios lo sabe antes que yo, que sus mandamientos no serán respetados; y se transgredirán las palabras siempre y por todas partes. Con todo, al menos cierta frialdad helada en torno al corazón deberá advertir a quienquiera que viole una de ellas, porque aquéllas están escritas en su carne y en su sangre y él sabe muy bien que las palabras son válidas. Pero maldito sea el hombre que se alce a decir: "Las palabras ya no valen." Maldito quien os enseña: "¡Ánimo, sed libres de ellas! Mentid, matad y robad, fornicad, violad, conducid a vuestro padre y madre ante el juez, puesto que esto agrada al hombre, y debéis alabar mi nombre, porque os he anunciado la libertad" [...] Quien así hable, acaso sea muy fuerte, esté sentado en un trono de oro y considerado el más sabio, porque él sabe que la tendencia del corazón humano es perversa desde la juventud. Pero eso es lo único que sabe, y quien sólo esto sabe es necio como la noche, y sería mejor para él no haber nacido. No sabe nada de aquel pacto entre Dios y el hombre que nadie puede violar, ni el hombre ni Dios, puesto que es inviolable. La sangre correrá a ríos por su tenebrosa estupidez, sangre que hará perder el color a las mejillas de la humanidad [...] Y quien mencione su nombre deberá escupir en las cuatro direcciones, enjuagarse la boca y decir: "¡Jamás! Que la tierra vuelva a ser la tierra, un valle de miseria, pero no un campo de carroña."»

La moral de un mundo alienado es siempre alienada. Pero ¿se desprende de ello que cada particular haya estado siempre obligado a *aceptar* esta alienación o a aceptarla en el mismo grado?

Esto no sería cierto ni siquiera si afirmásemos que la alienación moral ha sido en cada época del mismo grado y siempre del mismo tipo. Sobre este último punto hay que observar que la separación entre moral abstracta y esfera de los usos morales, por una parte, y el aislamiento recíproco de las esferas particulares de los usos, por otro, no son fenómenos paralelos. El hombre nace en un mundo en el que la moral de un modo u otro, bajo tal o cual forma, y en distinta medida está alienada. El hombre debe aceptar este hecho *en un sentido determinado*: no está autorizado a juzgar la media de los hombres sin tener en cuenta esta alienación. Hay que notar que se vive y se obra en un mundo en el cual el ser-así de la moral implica que ésta está alienada. Hay que reconocer simplemente que en este mundo los particulares pueden satisfacer a menudo sus propios deseos y necesidades (incluso los deseos humanos y las necesidades humanizadas) sólo contraponiéndose a las costumbres de aquella época determinada, y quizá también a su sistema de usos totalmente justificado históricamente e ineludible; no se puede olvidar que ciertas contradicciones entre la moral abstracta y la costumbre son inevitables. Cuando Jesús impidió la lapidación de la adúltera diciendo «Quien esté libre de pecado que tire la primera piedra», aceptó precisamente tal situación.[21] Aquellos que al juzgar a los demás no tienen en cuenta esos hechos, aquellos que consideran la moral abstracta como valor exclusivo frente al sistema de las costumbres o viceversa, aquellos que contraponen la costumbre o la moral abstracta a los requerimientos de la particularidad, *reaccionan de una manera alienada a la alienación moral*.

No obstante, sólo en este sentido debe el particular aceptar la alienación. Por lo demás, siempre es posible en la propia conducta vital, si no eliminar, sí restringir en mayor o menor medida el ámbito de la alienación. Para tal fin, la primera premisa es *advertir* las contradicciones y reconocerlas como *contradicciones*. Hay que tender a ordenar la vida de tal modo que sea factible buscar constantemente las *posibilidades* reales de actuar rectamente, efectuar *la mejor elección en la situación y en las circunstancias dadas*. Naturalmente tal actitud no alienada hacia la alienación sólo puede tener lugar en individuos relativamente evolucionados, que han forjado ya su relación consciente con la genericidad y con su propia particularidad, que han elaborado ya una relación distanciada con sus motivaciones particulares así como con las exigencias sociales (y, obviamente, morales). Lo cual no significa que *todo* individuo tenga una actitud no alienada hacia la alienación moral (el individuo puede también identificarse con la esfera de la pura moral abstracta y, a partir de aquí, condenar todo tipo de particularidad), sino solamente que una actitud tal *pueda* tener lugar únicamente en un individuo.

Moral cotidiana y no cotidiana (la catarsis)

La moral de la vida cotidiana es *heterogénea* como la vida cotidiana misma. En primer lugar, el mundo en el que nacemos nos presenta innumerables *reglas de comportamiento*. La simple *observancia* de estas reglas es una prescripción que el medio social dirige a cada particular. Las reglas de comportamiento en

21. También el cristianismo la acepta formalmente con el acto de la absolución.

la vida cotidiana son concretas, prescriben con relativa exactitud qué se debe hacer y qué no. Hay que honrar al padre y a la madre de un modo determinado, hay que ir a la iglesia en períodos determinados, hay que cortejar a las chicas de un cierto modo, vengar las ofensas de tal o cual forma determinada, pegar a la mujer en tal o cual caso determinado, en otros casos (también definidos con precisión) no es lícito causarle ningún mal. Para reaccionar en un cierto ambiente, el particular debe conocer estas —heterogéneas— reglas de comportamiento y observarlas *por término medio*. En este caso la media tiene un doble sentido. Ante todo, las reglas deben ser observadas por la media de los hombres, y también cada persona particular debe observar la media de las reglas a fin de que éstas sigan siendo válidas. Al mismo tiempo, el hombre, para ser considerado medianamente «respetable» y «honrado» en su ambiente, no debe *hacer más* que adaptarse (una vez más según la media) a estas reglas. No hay que sintetizar el contenido de los diversos sistemas de exigencias en un modo de comportamiento unitario, ni elaborar una jerarquía autónoma de valores entre las diversas exigencias. Lo único que la vida cotidiana exige de cada uno es que someta, en las eventuales situaciones conflictivas, las aspiraciones particulares a las exigencias de la costumbre. Hemos dicho ya que tal «suspensión» no significa en absoluto que la particularidad se haya «detenido», haya sido vencida, sino simplemente que es reprimida, inhibida.

Max Weber escribe que el contenido de toda ética religiosa que vaya más allá de la mera devoción familiar y de las prescripciones mágicas, «está condicionada en primer lugar por dos simples motivaciones reguladoras de la actuación cotidiana que supera la familia —*telón adecuado* contra los ofensores y *ayuda fraterna* para los prójimos hermanados».[22] Estas dos exigencias son parte integrante de toda ética porque forman parte inevitablemente de la costumbre de la vida cotidiana. Tenemos aquí dos «normas elementales» sin las cuales —al menos en la prehistoria de la humanidad— la vida cotidiana es imposible. Como se comprende fácilmente *ambas tienen una relación directa o indirecta con la particularidad*. La represalia contra la ofensa es inevitable en un mundo donde rige la ley del más fuerte, del mismo modo que la ayuda al «prójimo» que cuenta con ella. Y esto último, no importa por qué razón, es la única garantía de que en caso de necesidad la ayuda sea devuelta (pero siempre desde el punto de vista de la media social; no por lo que afecta a cada persona particular).

La ayuda al prójimo (al vecino, al pariente, o al caminante) puede ser la simple reacción del hombre particular y tener lugar en base a la norma de la opinión pública. En tal caso, la «sus-

22. Max WEBER, *Economia e società*, Milán, Edizioni di Comunità, 1961, vol. I, p. 570 (la cursiva es nuestra); trad. cast. FCE, México.

pensión» de la motivación particular sólo es requerida raramente. Si el vecino no tiene sal y yo la tengo le doy un poco de la mía; si el caminante solicita ser acogido en mi casa confortable, le cedo un puesto. En verdad hay casos en los que es necesario suspender las motivaciones particulares, pero sin superar la estructura antropológica del hombre particular. En estos casos, sin embargo, no hablamos de «virtud» sino de «mérito».

Esto es válido sobre todo para los «casos límite» de la vida cotidiana: cuando alguien está en peligro, quizá mortal, y corremos en su ayuda poniendo en juego nuestra seguridad, salud o incluso nuestra vida. La ayuda incondicionada en los casos límite es una norma elemental de la vida cotidiana, especialmente si el peligro no deriva de la sociedad sino de la *naturaleza*. Salvar del fuego, extinguir el fuego, salvar del río, salvar del hambre o del frío, son acciones todas que forman parte del concepto de «respetabilidad» según las normas de la vida cotidiana. Pero en qué medida tales acciones —a veces llevadas hasta el heroísmo— están ligadas a la particularidad, en qué medida se derivan de la espectativa de la «reciprocidad», se desprende también del hecho de que por ejemplo en las grandes ciudades modernas donde el salvamento está institucionalizado (ambulancias, bomberos, etcétera), donde las personas no se conocen y por lo tanto la motivación de la reciprocidad tiene menos peso, también esta solidaridad de los casos límite pierde su valor obligatorio. Ciertamente no ha desaparecido del todo: quien va a un niño luchar con la corriente, también hoy se echa al agua sin dudarlo; también ahora nadie continúa caminando indiferente si ve a alguien caerse en medio de la calle. La exigencia de prestar ayuda en los casos límite ha entrado incluso en el derecho: la omisión de socorro, en caso de accidente automovilístico, es una circunstancia agravante.

Sin embargo, repitámoslo, esta solidaridad de los casos límite, aunque puede colindar con el heroísmo, no sale del círculo de la vida cotidiana, ni (las dos cosas no son idénticas) supera la particularidad. Esta solidaridad indica evidentemente quién es la persona, sobre todo desde el punto de vista moral: es decir, indica *el grado de capacidad de ser solidaria;* pero esto no nos dice nada sobre la eventual individualidad de la moralidad de la persona en cuestión.

Hemos examinado hasta ahora dos aspectos de la moral cotidiana. Por un lado, la observancia de los usos (de las prescripciones que conciernen a la conducta), los cuales, como hemos visto, son recíprocamente heterogéneos; por otro, las dos normas fundamentales de la «reciprocidad»: devolver las ofensas y socorrer a las personas en peligro (en primer lugar a los vecinos, los parientes, los pobres y, en las situaciones límite, a cualquiera). Hemos visto además como ninguno de estos dos factores exige que sea superado el comportamiento particular. Sin embargo, los individuos, por su parte, expresan también una actitud individual hacia esta reciprocidad. La norma según la cual hay que prestar socorro a menudo no es respetada por las individualidades malvadas conscientemente (de un modo reflexivo) y no siempre por vileza, como sucede con la particularidad. En los individuos morales las dudas surgen más bien a propósito de la «represalia» (Hamlet). El cristianismo ha intentado proponer una norma opuesta —abstracta— a la norma elemental de la represalia, pero con escaso resultado. Sólo lo ha tenido en aquellos individuos morales que han interiorizado las normas cristianas.

Examinaremos ahora un tercer aspecto. Existen normas fundamentales y generales —esto es, necesarias para *todos* los concretos, heterogéneos sistemas de usos— sin las cuales la vida cotidiana sería imposible. Las cuatro más importantes son las siguientes: *mantener la palabra; decir la verdad; ser agradecido*; a las que hay que añadir *la fidelidad elemental (personal)*. Si estas cuatro virtudes no fuesen exigencias absolutas (aunque transgredidas muy a menudo) de la vida cotidiana, sería imposible la simple orientación de los hombres. (No es una prueba, pero es bastante característico que estas cuatro virtudes estén muy claramente presentes en la «sabiduría cotidiana», sobre todo en los proverbios.) Si no se pudiese contar con que las personas en su media mantienen la palabra, que el bien es correspondido con el bien, no se conseguiría dar un paso en la vida cotidiana. El ámbito en que tales virtudes simples llegan a ser problemáticas también para la media, no es en absoluto la vida cotidiana, sino, por el contrario, la relación con las objetivaciones que la trascienden. No existe ninguna comunidad humana, ni siquiera una banda de ladrones, en la que en la vida cotidiana no se plateen aquellas exigencias fundamentales, al menos frente a los miembros de la comunidad.

Pero también tales exigencias no van más allá de la particularidad. Se refieren a la opinión pública, son virtudes «recíprocas», como la ayuda al prójimo. Si yo devuelvo —en la medida de los casos y no en las excepciones— mal por bien, también yo recibiré el mal: quien la hace la paga, se dice sintetizando la «sabiduría cotidiana».

La moral del individuo, por el contrario, *también* va más allá de esta praxis *en la pura vida cotidiana*. La observancia de las exigencias de los usos y la práctica de las virtudes basadas en la reciprocidad no agotan ni siquiera la moral cotidiana del individuo. Incluso cuando no homogeneíza las exigencias heterogéneas de la costumbre, el individuo establece un *orden de valor* no sólo entre ellas, sino también en su *seno*. El hilo conductor en tal operación es la referencia directa a la genericidad, la elección entre los valores genéricos y cultivar las características particulares que corresponden en mayor o menor medida al contenido de valor elegido.

Evidentemente, esto es válido para todo individuo y tiene lugar en la relación con todas las objetivaciones genéricas. Más adelante hablaremos también del hecho de que la relación consciente (individualidad) con todo tipo de objetivación genérica contiene momentos morales e incluso una específica jerarquía de valores, y en el seno de ésta una jerarquía de valores morales. Toda individualidad está caracterizada por una específica imagen moral reflexionada y elaborada autónomamente. El tipo de esta imagen moral dependerá en gran parte del tipo de contenido de valor presente en las objetivaciones con las que se halla en relación. Si en el siglo XVIII escojo luchar por la Ilustración, en la vida cotidiana rechazaré conscientemente los valores religiosos, situando en la cumbre de la jerarquía la racionalidad y el pensamiento autónomo; pero al mismo tiempo podré conservar, como valores egoístas, el goce, la aspiración a la belleza y quizá también al poder. Si en Florencia en el siglo XV asumo las ideas de Savonarola y considero como objetivo propio su realización, en el sistema de usos cotidianos rechazaré conscientemente todo lo que recuerde al egoísmo, al lujo, al placer de los sentidos y pondré en el pedestal aquellos valores que estén en armonía con la elevación espiritual y la caridad, pero también en este caso podré tolerar el deseo de poder y apreciar en gran medida el odio (contra los oponentes a mis ideas) y la brutalidad. En ambos casos me aplicaré en desarrollar en mí aquellas cualidades morales, aquellas virtudes y aquellos afectos que corresponden a la causa elegida por mí, a mi sistema de valores, sin considerar si son «buenos» o «malos», y no evitaré el conflicto con mi ambiente inmediato, con mi familia, con la ordenación —heterogénea— de los valores tradicionales que rige a mi alrededor, con la opinión pública.

Recordemos, sin embargo, que precedentemente hemos distinguido del individuo en general el denominado individuo moral, o sea, la individualidad que da a la acción un contenido de valor positivo. Esto no significa simplemente que defienda una causa con un contenido de valor objetivamente positivo, sino que se comprometa en esa causa —entre otras cosas— *porque* reconoce en ella el contenido de valor positivo. En el individuo moral vive sin duda una especie de imperativo categórico. Aunque él no piense que su acción tenga validez general (lo que en los conflictos entre valores genéricos, como hemos visto, es imposible), cree, sin embargo, que es *moralmente generalizable*. Y esta aspiración a la generalizabilidad moral marca también la vida cotidiana del individuo moral. Quiere continuamente elevarse por encima de los afectos y de las motivaciones puramente particulares, no dejarse guiar por éstos ni en sus acciones, ni en sus decisiones y juicios. Tampoco en este caso, evidentemente, existen tipos puros y es posible hablar solamente de tipos tendenciales.

La estética cotidiana de la individualidad se basa ya en parte en lo no cotidiano. En ese caso el límite entre cotidiano y no coti-

156

diano es todavía menos preciso que en otras objetivaciones. El criterio de la no cotidianidad es (una vez más como tendencia) la homogeneización, ya sea en la decisión o bien en la asunción de la responsabilidad (donde se encuentra contenido también el momento de la decisión).

En ésta, como en las otras objetivaciones, la homogeneización puede realizarse en planos diversos. Los criterios son los mismos: concentración en la tarea, subordinación (eventualmente parcial o total suspensión) de las actividades cotidianas a la tarea, concentración de todas las capacidades para elevarse a la genericidad. Por decirlo en términos de Lukács, también en este caso el «hombre enteramente» se convierte en un «hombre enteramente comprometido».

Repetimos, la homogeneización moral es típica en dos casos: la decisión y la asunción consciente de la responsabilidad, es decir, cuando tomamos decisiones tales que en nuestra elección se hace posible la generalización moral, y cuando sacamos las consecuencias de nuestras acciones a un nivel de generalización moral y de consciencia. La diferencia es naturalmente relativa. Toda decisión implica que nosotros asumimos la responsabilidad de las consecuencias y, a su vez, la asunción de la responsabilidad se extiende también a la decisión (o bien al rechazo a decidir) de la que tenemos ahora las consecuencias.

Por todo ello, en la decisión moral que exige la homogeneización y en la asunción de la responsabilidad el hombre se eleva totalmente por encima de su cotidianidad; en este sentido no tiene ninguna importancia la *esfera de vida* en la que esto sucede. Cuando Julieta decide morir antes de casarse con Parida, en ese acto se verifica *exactamente la misma* homogeneización que en Bruto cuando se suicida en Filipo. Llegados a este punto hay que observar que la *homogeneización moral,* es decir, la elevación por encima del comportamiento cotidiano *puede verificarse también en la esfera de la vida cotidiana.*

Ahora debemos sacar las consecuencias del hecho de que la moral no posee una esfera propia, sino que está *presente en cada esfera.* Lo cual no significa solamente que la homogeneización moral pueda verificarse en cada esfera, sino también que posee una peculiaridad propia.

Cuando se trata de una esfera homogénea, el proceso de homogeneización dura mientras el particular «se mueve» en ella; apenas sale de ella, termina también la homogeneización (es decir, el particular retorna a la vida cotidiana). Cuando, por el contrario, no se trata de una esfera separada, el punto de partida de la homogeneización no puede ser la ascensión a ella, así como su contenido no puede ser definido por la «permanencia» en la esfera. Por lo tanto, la homogeneización moral, en la forma a través de la cual se definen todos los criterios principales del contenido y de la función de este concepto, es siempre *momentánea.* «Momento», en verdad, es un dato temporal aproximativo que equivale a «no corriente», «falto de continuidad». Si, en el momento de tomar una decisión, me concentro en la generalidad moral de mi acto, se verifica la homogeneización sea cual sea el campo en el que tiene lugar tal decisión, en la política, en el derecho o en la vida cotidiana. Cuando la decisión está tomada, yo puedo o no sacar las consecuencias. A veces estoy *obligado* de hecho a sacarlas (porque la decisión es irreversible), pero desde el punto de vista moral esto no es obligatorio: puedo lamentarme, arrepentirme de mi decisión basada en razones morales e intentar «dar marcha atrás». Otras veces no estoy obligado a sacar las consecuencias ni siquiera de hecho (cuando la decisión es reversible). A menudo es más difícil sacar las consecuencias de una decisión genérico-moral que tomarla. No es infrecuente el «arrepentimiento irregular», cuando el particular, después que se ha verificado la homogeneización, después de la suspensión de la particularidad, es incapaz de soportar las consecuencias de su decisión en la cotidianidad o en otras esferas y retorna al estado precedente a la decisión moral. Pero si mi decisión tomada en momentos de homogeneización moral o mi asunción de la responsabilidad son irreversibles no sólo objetivamente, sino también subjetivamente, *post festum* toda mi vida cambiará. Mi jerarquía de valores se ordenará ahora sobre la base del valor moral descubierto. El instante de homogeneización moral que no pierde sucesivamente validez, después del cual no puedo vivir como antes, lo definiremos como *catarsis*.

A pesar de su afinidad, *la catarsis del arte es distinta de la catarsis en sentido rigurosamente ético*. La catarsis artística puede cambiar mi vida, pero no obligatoriamente. Así como las experiencias interiores que provocan la catarsis *son vividas por otros*, así como los conflictos son soportados por otros (por los personajes de la obra de arte), yo puedo vivir junto a ellos esos conflictos sin que ello implique necesariamente que yo saque sus consecuencias para mi vida. Dado que, por el contrario, la catarsis ética tiene lugar en mí y conmigo, sólo puede ser *válida* si sucesivamente, en el «después», continúa teniendo resonancia en las esferas más diversas de mi vida. Hay que añadir, sin embargo, que la catarsis es simplemente la forma más pura, culminante, de la homogeneización moral, pero no la única.

Sobre la homogeneización moral hemos hablado solamente de la suspensión del punto de vista particular y no del contenido de la elección. Debemos subrayar ahora que la decisión de contenido moral para la cual es necesaria la homogeneización tiene lugar muy a menudo en el curso de la superación de los *conflictos morales*. En estos conflictos no aparece el simple contraste entre las motivaciones particulares y una cualquier exigencia genérico-universal, sino *la colisión entre valores genéricos diversos, entre normas diversas vigentes* (e interiorizadas por el particular).

En estas situaciones el individuo debe generalizar sus propios deseos en el plano moral (a partir de la norma, de las objetivaciones morales y en su dirección) y elegir así uno de los valores en colisión o establecer entre ellos una jerarquía. El más extremo de tales conflictos de valor es el trágico, que conduce a la tragedia cuando el particular lo vive hasta el fondo. Para prevenir malos entendidos, digamos que la catarsis moral no nace obligatoriamente de los conflictos trágicos.

Quedan abiertas todavía dos cuestiones (relacionadas). La primera: ¿no hacemos precisamente subjetiva la diferencia entre moral cotidiana y no cotidiana cuando ponemos la homogeneización a criterio de esta última? La segunda: ¿qué es la genericidad hacia la cual se mueve la homogeneización, visto que la moral no posee una esfera propia separada?

A la primera cuestión hemos respondido ya en el plano general en el capítulo precedente, pero ahora debemos especificar. Dijimos que la homogeneización es un criterio objetivo (aunque contiene momentos psicológicos), en cuanto es necesario para la acción social, para la actividad en la objetivación genérica: es requerida del particular por estas objetivaciones. Además la homogeneización moral tiene una decisiva función ulterior: crea la *unidad* moral de las diversas esferas. Como hemos escrito, la aparición de varias morales en las distintas esferas constituye un fenómeno de alienación. Ahora, mediante la homogeneización que se verifica en cada esfera sobre la base y bajo la forma de una generalización moral, la unidad —de fondo, genérica— de la moral en todas las esferas alienadas se hace explícita, del mismo modo en que una crisis económica hace resaltar con claridad la unidad de la economía capitalista. En efecto, si bien es cierto que la moral no posee una esfera propia, es también cierto que existe una *objetivización moral*. Los valores morales, que contienen los conceptos morales, las normas abstractas, la valoración moral de los sentimientos, etc., *tienen una vida relativamente autónoma bajo la forma de ideología* y regulan las acciones y las motivaciones bajo esta forma. Se podría afirmar que los conceptos y las normas morales forman un casi-esfera, en cuanto encarnaciones de los valores constituidos en el desarrollo genérico-moral.

La objetivación moral es la que hace de motivación *en toda esfera*, naturalmente en diversa medida y según la esfera y la persona. Todo tipo de homogeneización posee (o puede poseer) un contenido, un momento moral, aunque no esté inmediatamente relacionada con una generalización de decisiones morales. No puede existir ninguna actividad política de relieve, ninguna objetivación artística o filosófica, que no contenga como motivación y/o contenido el momento de la moral (de la relación con las objetivaciones morales). Hemos dicho hasta ahora que la existencia de morales separadas para cada esfera es un fenómeno de alienación, y ahora podemos añadir que precisamente esta existencia deriva de la universalidad de la moral de que hemos hablado.

Todo hombre, incluso la persona más particular, tiene alguna relación con las objetivaciones morales, que se manifiesta incluso sólo como aceptación espontánea de las exigencias de los usos, de las normas elementales. Precisamente por esto no es excepcional que la forma de racionalización de las motivaciones y de los sentimientos particulares más conocida sea precisamente la *racionalización moral*. «He sido bueno y los otros, por el contrario, han sido malos conmigo», «Siempre he sido justo con mis subordinados», «Siempre he sido leal y honrado; tú, por el contrario, eres desleal y deshonesto»: este tipo de racionalización egótica es la máxima autoilusión y autoconfirmación de la particularidad. La relación distanciada del individuo con la particularidad implica también una distancia moral; el individuo moral hace valer también la verdad y la justicia frente a sí mismo y lucha contra la autoconfirmación moral.

LA RELIGIÓN

La comunidad ideal

La religión es una *comunidad* ideal, donde el acento recae sobre ambos términos de la expresión. Es una comunidad en cuanto integra, posee, una ordenación unitaria de valores y produce una «consciencia del nosotros». Es ideal en el sentido doble del término: por un lado puede existir a «contrapelo» respecto de la estructura comunitaria real de una sociedad determinada, está en condiciones de integrar comunidades surgidas sobre bases materiales y sociales completamente diversas, o sea, integraciones (clases, capas, naciones) heterogéneas; por otro, ejerce su función comunitaria mediante su carácter «ideal», o lo que es lo mismo, *ideológico*.[23] Esta ideología se expresa necesariamente mediante las reglas de los usos que ordenan en mayor o menor medida la vida y el comportamiento de los hombres, pero no se convierte obligatoriamente en una institución.

La relación recíproca entre comunidad real e ideal se confi-

---

23. No estamos de acuerdo con Émile Durkheim cuando remite todas las características de la religión a las religiones primitivas. Durkheim se basa en los ritos totémicos australianos para sacar de ellos consecuencias generales para todas las religiones. Pero nosotros, también en esta cuestión, preferimos atenernos al razonamiento de Marx, según el cual la anatomía del hombre nos da la clave para entender la anatomía del mono, y, por tanto, basamos nuestra concepción de la religión en las religiones más evolucionadas (en primer lugar en el cristianismo).

gura de un modo distinto según las sociedades y las religiones. En las sociedades primitivas a menudo coinciden; en otros casos la comunidad ideal representa la forma en la que se expresa la integración nacional (judaísmo); en otros constituye el soporte de la comunidad cultural de varios Estados (Grecia) o bien refuerza *una con respecto a otra* de las integraciones existentes en el seno de esta comunidad cultural (especifidad de algunas religiones en la polis); pero también puede ser la organización integradora-ideológica de la lucha contra la estatalidad vigente (cristianismo primitivo). La relación de una misma comunidad ideal con las otras integraciones puede cambiar notablemente en el curso de la historia (judaísmo, cristianismo).[24]

Tenemos que hablar todavía de la función comunitaria de la religión. Por el momento observemos solamente que satisface siempre de este modo una *necesidad social*. La «comunidad ideal» existe, y bajo una forma concreta, porque juega un papel determinado en la reproducción —social y económica— de la sociedad en cuestión. Por lo tanto no es posible comportarse con la religión al modo de los ilustrados del siglo XVIII; y ni siquiera es posible resolver los problemas de la religión simplemente mediante la crítica filosófica (aunque ésta sirva para aclarar el valor o la carencia de valor de las ideas religiosas). El pensamiento religioso nunca posee un valor en sí, como por el contrario lo tiene el pensamiento filosófico: *por lo tanto no es posible analizarlo en sí, sino solamente en cuanto fundamento y factor vital de comunidades ideales.* Pero naturalmente no queremos negar que pueda llegar a ser la fuente de un pensamiento filosófico con valor autónomo (desde la religión del antiguo Egipto hasta la teología cristiana).

Sin embargo, también *en el interior* de tal función es necesario analizar las representaciones religiosas, pues son ellas —las representaciones del mundo, del hombre, de Dios, del alma, etcétera— las que forman el núcleo ideológico de la comunidad ideológica, es decir, que la «consolida». Tratándose de representaciones colectivas de la comunidad —y por añadidura en general coherentes— y dado que la relación con ellas es el elemento que caracteriza la pertenencia a la comunidad, indicaremos las representaciones que forman la ideología religiosa como «representaciones colectivas».

Las representaciones colectivas

La religión es una representación colectiva basada en la *dependencia del hombre (de la humanidad) de lo trascendente.* Por

---

24. Obviamente toda integración es al mismo tiempo —vista desde una unidad social distinta— una desintegración.

infinitamente variadas que sean, por radicalmente distintas que aparezcan sus tendencias más importantes, ese momento está siempre presente. Por esta razón la religión ha surgido cuando la dependencia del «más allá» ha asumido la forma de consciencia de la sumisión al «más allá» (mitificación de la naturaleza como «objeto» contrapuesto al hombre), y por ello existirá mientras exista tal dependencia (en adelante bajo la forma de alienación social). En los *Manuscritos económicos y filosóficos*, Marx escribe: «Un *ser sólo* se considera independiente en cuanto es dueño de sí y sólo es dueño de sí en cuanto se debe a sí mismo su *existencia*. Un hombre que vive por gracia de otro se considera a sí mismo un ser dependiente. Vivo, sin embargo, totalmente por gracia de otro cuando le debo no sólo el mantenimiento de mi vida, sino que él además ha *creado* mi vida, es la *fuente* de mi vida; y mi vida tiene necesariamente fuera de ella el fundamento cuando no es mi propia creación. La *creación* es, por ello, una representación muy difícilmente eliminable de la conciencia del pueblo. El ser por sí mismo de la naturaleza y del hombre le resulta inconcebible porque contradice todos los *hechos tangibles* de la vida práctica.» [25] Y también: «Sin embargo, como para el hombre socialista *toda la llamada historia universal* no es otra cosa que la producción del hombre por el trabajo humano, el devenir de la naturaleza para el hombre tiene así la prueba evidente, irrefutable, de su *nacimiento* de sí mismo, de su *proceso de originación*. Al haberse hecho evidente de una manera práctica y sensible la *esencialidad* del hombre en la naturaleza; al haberse evidenciado, práctica y sensiblemente, el hombre para el hombre como existencia de la naturaleza y la naturaleza para el hombre como existencia del hombre, se ha hecho prácticamente imposible la pregunta por un ser *extraño*, por un ser situado por encima de la naturaleza y del hombre (una pregunta que encierra el reconocimiento de la no esencialidad de la naturaleza y del hombre).» [26]

La religión es, por consiguiente, un fenómeno de alienación, pero secundario: es una consecuencia, una proyección ideológica de la alienación social. La forma más corriente de esta alienación es la idea de la dependencia de lo trascendente. Pero tal ideología de la dependencia tiene evidentemente muchísimos contenidos concretos, distintos según las religiones. El mito de la creación es solamente una de las formas fenoménicas, característica de las religiones «lineales». Enumeraremos ahora algunas de aquellas representaciones de la dependencia.

1. La ordenación social es una creación de potencias trascendentes, o bien ésta es tal como es porque las potencias trascendentes así lo han querido o permitido. Max Weber enu-

25. K. MARX, *Manuscritos: economía y filosofía, cit.*, p. 154.
26. *Id.*, p. 155.

mera infinitas variantes de esta idea: el mundo es bueno porque Dios lo ha hecho así; las capas encarnan la justicia (el brahamanismo añade: son los méritos conseguidos en la vida precedente los que hacen que se nazca en esta o aquella casta). O bien: el mundo es horroroso, terrible, y constituye el castigo de Dios por los pecados cometidos (por la humanidad o por nuestro pueblo). Una variante de esta última posición: el mundo es malo porque Dios quiere ponernos a prueba.

2. Nuestras acciones están dirigidas, encaminadas o influenciadas por potencias trascendentes. También en este caso hay algunas variantes (de Marx Weber): todo sucede por voluntad de Dios (de los dioses), consecuentemente en nuestras acciones somos guiados por la mano de lo trascendente. Actuamos libremente pero dentro del ámbito de posibilidades establecidas en la trascendencia; somos libres, pero las potencias divinas obstaculizan nuestras acciones, intervienen, pueden transformarlas en su contrario, etcétera.

3. El sistema de valores nos viene dado por potencias trascendentes. Son ellas las que han establecido nuestros principios morales, el bien, lo que se debe hacer. Por lo tanto, violar estos principios es pecado. Los dioses premian y castigan nuestras acciones. El premio supremo es la vida en el más allá, la redención, la salvación (personal o colectiva).

Estas tres representaciones típicas de la dependencia son universales, es decir, se refieren a todas las acciones del hombre, y por lo tanto pueden constituir sus motivaciones. De modo que las representaciones colectivas religiosas —así como la ontología y la ética mediadas por ellas— impregnan *todo el comportamiento* de los individuos medios de las sociedades de clase [27] desde la vida cotidiana hasta los modos de comportamiento directamente condicionados por la genericidad. En las acciones directamente genéricas la ideología religiosa y sus motivaciones hacen la función de ideologías y motivaciones de las acciones conscientemente genéricas; en la vida cotidiana, por el contrario —al menos en la media de los casos— cumplen la función de ideologías y motivaciones particulares. Los primeros cristianos, que morían por su fe en los circos romanos, los puritanos, que luchaban fanáticamente contra las tentativas de restauración de los Estuardo, cumplían sin duda acciones conscientemente genéricas motivadas, precisamente, por sus representaciones religiosas; los campesinos medievales, que acogían el cristianismo como una cosa «fija» y obvia, que rezaban y trabajaban adaptándose a la religión como a un simple hecho, insertaban estas representaciones colectivas en su particularidad cotidiana. La religión moderna (al

27. En ese nivel de generalidad esto ya no es válido para los miembros particulares de la sociedad burguesa. No podemos detenernos aquí en las razones.

menos en Europa) se ha convertido en gran medida en convencional y sólo en casos específicos excepcionales cumple la función de motivadora de acciones genéricas (como en algunos sacerdotes antifascistas en su resistencia contra Hitler).

Si bien es indudable que una representación colectiva religiosa puede ser la fuerza motriz de acciones conscientemente genéricas, hay que añadir que la religión siempre, incluso en este caso, *conserva la particularidad*. Lo cual sucede especialmente en las religiones mundiales, de modo que puede generalizarse legítimamente. La «religión de la reciprocidad», como escribe Max Weber, promete una compensación a las acciones importantes que superan la particularidad inmediata: la redención, la salvación en el más allá, o bien la felicidad terrena, gran consideración para quien lleve a cabo estos actos e incluso para sus descendientes (el Dios de los hebreos promete gracia *hasta la milésima generación* a los que vivan según sus mandamientos). La abnegación, la superación de la particularidad inmediata, por lo tanto, en el caso de acciones genéricas con motivación religiosa va a la par con la esperanza de *una satisfacción más completa, más auténtica, de las necesidades particulares*. Sin embargo, no es solamente la reciprocidad la que da impulso a esta particularidad —secundaria— sino también la idea de *elección*. La actividad genérica estimulada por la religión aparece siempre acompañada por la *fe*, la fe en potencias trascendentes que exigen determinada acción y que para ello han «elegido» precisamente a aquella determinada persona. La consciencia que hace decir «Yo soy el elegido», «El Señor me ha asignado esta tarea», es una consciencia que a su vez se basa en la particularidad. Kierkegaard, analizando el sacrificio de Abraham, describe con mucha agudeza este sentimiento de elección.

Por otra parte, en las acciones conscientemente genéricas la motivación religiosa sólo en casos excepcionales es primaria y dominante. En la historia de la humanidad prevalecen los actos cuya motivación primaria es político-social, mientras que la motivación religiosa, *subordinada* a la primera, tiene una participación de segundo o tercer grado. Quiero liberar a mi patria y *por ello* rezo a Dios para que me ayude, etcétera. A menudo la motivación religiosa es también secundaria cuando el protagonista de la acción se considera un elegido de Dios (caso de Juana de Arco).

En la motivación fundada sobre la representación colectiva religiosa se hace problemática la superación de la particularidad y no solamente el pensamiento de la compensación y de la reciprocidad o el sentido de la elección, sino también el hecho de que *la motivación religiosa en la media de la sociedad representa un obstáculo para el desarrollo de la individualidad,* aunque naturalmente no en la misma medida en las distintas religiones. El individuo está caracterizado por una cierta distancia frente a su propia particularidad y así como frente a la «consciencia del nosotros». Las religiones no admiten por principio ninguna distancia frente a las determinadas representaciones colectivas —aceptadas—, en cuanto se basan en la ley y por lo tanto en lo absoluto. La relación individual con la religión, en consecuencia, sólo puede surgir en la media social cuando una determinada religión o un modo de entenderla se encuentra ya en *estado de disolución*, o sea, cuando —correlativamente— *está surgiendo* una nueva religión. Así pues, por ejemplo, la religión del Renacimiento conoce una infinita variedad de interpretaciones individuales. De ahí la tendencia —al menos en el caso de las grandes religiones mundiales— por la cual son precisamente las herejías las que favorecen el desarrollo de la individualidad; el sentimiento religioso de los primeros herejes, de aquellas personas que desarrollan conscientemente la herejía en una ideología, es siempre fuertemente individual. Apenas las herejías se convierten en corrientes o tendencias religiosas más o menos codificadas, se va restringiendo cada vez más la posibilidad de que se forme una actitud individual.

La relación no distanciada con la «consciencia del nosotros», la actitud fideísta incondicionada, en el caso de las religiones, da notable impulso al fenómeno que ya hemos descrito e indicado como prolongación de la particularidad en la «consciencia del nosotros». La identificación incondicionada con la «consciencia del nosotros» (sobre una base fideísta) produce las más diversas formas de *fanatismo* y éste a su vez engrosa la particularidad. En las luchas llevadas a cabo en nombre de la «consciencia del nosotros» se apagan el odio personal, la represalia, la venganza, y las formas más diversas de agresividad. (Naturalmente esto no sólo es válido para las religiones, sino también para todas las representaciones colectivas conectadas o que al menos pueden conectarse con una fe; y por lo tanto es igualmente válido para el nacionalismo.) Es específico de la religión que la identificación con la «consciencia del nosotros» puede conducir no solamente a un comportamiento fanático, sino también a la pasividad fatalista, al quietismo, a la aceptación consciente de la plena sujeción a la particularidad.

Religión y alienación

Como hemos visto, es idea común de las religiones la dependencia del hombre de lo trascendente, y en este sentido la religión constituye el reflejo ideológico de la alienación del género humano. Sin embargo, en algunas religiones se tiende a presentar el ser humano —aunque a través de la mediación de lo trascendente— como ser *humano*. Sobre todo por esta razón las divinidades aparecen a menudo *bajo forma humana*, asumen una figura humana, recorren *la pasión de la humanidad*.

Este último momento es particularmente importante, porque

un Dios que asuma simplemente la figura del hombre no expresa aún el ser humano como ser *humano*. No existe ninguna religión que sepa representarse su propia divinidad bajo una forma que no sea la forma humana, o sea, con pasiones humanas, y así proyecsea la forma humana, o sea, con pasiones humanas, y así proyectadas en ella su reacción y perspectiva, sus capacidades son «prolongadas», universalizadas en la divinidad (como libertad, omnipotencia). Y finalmente también son transferidas sobre ella las aspiraciones particulares (celos, venganza). Pero dado que hoy continúa siendo válido lo que Feuerbach escribió sobre este tema, podemos ahorrarnos profundizar en la cuestión.

Sin embargo, aunque no hablemos de la proyección de las cualidades humanas en la divinidad, nos detendremos un momento en el deseo de que *aquel dios comparta la suerte terrena del hombre*. En la religión greco-romana este deseo se manifiesta en el hecho de que *pueden llegar a ser dioses* hombres (héroes) que representan las aspiraciones del género humano hasta tal punto que lo merecen (Hércules), o bien en el hecho de que ya en el mito ático clásico son introducidos dioses a los cuales, después de actos heroicos *en favor de la humanidad*, es atribuido —de un modo estilizado— el destino del hombre (Prometeo). En el budismo la leyenda de Buda que vaga sobre la tierra posee este significado. Pero tal aspiración se expresa del modo más claro en el cristianismo mediante *la persona de Jesús*.

No podemos estar de acuerdo con Max Weber para quien el Dios hecho hombre sirve únicamente para la satisfacción de la *necesidad de apagar la fantasía popular*. Sobre este fin estaría basada la leyenda de un dios que fuese humano en todo (incluso en su particularidad) aunque no comparta en nada del destino del hombre. El acento recaería aquí más bien en las acciones extraordinarias, en las liberaciones maravillosas, en las posibilidades sobrehumanas. Por el contrario, para divinidades del tipo de Prometeo o Jesús la fantasía popular no es una explicación suficiente. En este caso tenemos —a mi juicio— la necesidad de que la leyenda disuelva la alienación y que *la «redención» de la humanidad aparezca como obra humana*. Y dado que el pensamiento no llega a más, ello aparece proyectado en la espiritualidad como mito de la unidad entre lo humano y lo divino, como mito de un dios portador de la genericidad del hombre.

El ejemplo más bello y duradero lo tenemos precisamente en la figura de Jesús. La imagen de Jesús que nos proporciona el cristianismo —en su forma clara— representa *el individuo genérico*. Él es un individuo que lleva en sí y encarna *la esencia del género humano*. Por esta razón su fuerza de atracción supera ampliamente el círculo de los «creyentes». Su figura la debemos a la religión, pero el radio de acción de su personalidad va mucho más allá de la religión.

Jesús es, por consiguiente, un *individuo*. Pero una divinidad no puede ser un individuo que se distancia de su propia particularidad. El mito de Jesús resuelve el problema actuando de tal modo que sea él el representante de la genericidad pura: *Jesús no tiene particularidad*. Lo que no es en absoluto «natural». Hemos puesto ya de relieve cómo los dioses hechos a imagen del hombre en general son muy particulares: vengativos, envidiosos, etcétera. El dios de los judíos se autodefine como celoso: Latona hace matar a los hijos de Niobe por envidia. En Jesús, por el contrario, no hay ningún rasgo de envidia, celos o vengatividad. Al mismo tiempo, él —como representante de la genericidad, como «hijo del hombre»— es netamente *individual*. Individual y personal es su actitud hacia las leyes y los usos de su tiempo; aplica de un modo individual las leyes morales y divinas entonces en vigor (véase las historias de la adúltera, del joven rico, de la pecadora arrepentida). Finalmente, también su muerte es individual, es *su* muerte, parte integrante de su *destino*. Por otra parte, la genericidad individualizada lo convierte en una fuente inagotable de obras de arte.

El mito de Jesús no podía evitar evidentemente que el cristianismo se convirtiese en el representante típico de la alienación religiosa. Pero hizo surgir la paradoja a consecuencia de la cual el cristianismo como religión codificada ha estado siempre en conflicto latente con el mito originario de Jesús. (Lo clarifica muy bien Dostoyevski en la historia del Gran Inquisidor.) La capacidad de renovación del cristianismo en las mutables situaciones sociales y en las luchas de clases se deriva en gran medida del hecho de que las nuevas corrientes han podido siempre «retornar» a la leyenda originaria para *confrontar* a Jesús con el cristianismo vigente de hecho. En el plano del pensamiento (pero no en el artístico) el mito de Jesús fue superado cuando la filosofía (en el Renacimiento, pero de una forma radical sólo en el marxismo) empezó a dominar los problemas universales de la genericidad del hombre así como ensayar las primeras tentativas por desarrollar la idea según la cual el hombre se crea a sí mismo.

La relación de la religión con las objetivaciones genéricas para-sí

Para establecer si una acción genérica es religiosa o no, hay que preguntarse cuál es la primaria o la más intensa en la serie de las motivaciones, y además —introducimos así un ulterior tema— cuál constituye la *esfera de objetivación* de la acción. Las objetivaciones en la religión son los sistemas de representaciones colectivas y los usos, las exigencias, los códigos mediados por éstas (comprendido el respectivo código moral) además de las instituciones. *La relación con una forma religiosa de objetivación puede no ser religiosa primariamente*, sino por ejemplo política, ética, científica, artística, etcétera. (La relación de los papas del Renacimiento con la Iglesia era, por ejemplo, totalmente política.) Y a la inversa, *la relación con objetivaciones no religiosas* puede ser exquisitamente religiosa (piénsese en los iconoclastas).

La religión como factor regulador de la vida cotidiana

La religión —aunque mediante contenido e intensidad diferentes en sus diversas formas— constituye *uno de los organizadores y reguladores (y a menudo entre los más importantes) de la vida cotidiana.* Evidentemente, el tipo y el ritmo de la vida están regulados en última instancia por la actividad económica. Sin embargo, cada religión les confiere *una forma.* Los puntos esenciales «naturales» de la vida cotidiana: nacimiento, madurez, emparejamiento, muerte, estaban ya acompañados en las religiones o pseudorreligiones más primitivas por una serie de ceremonias. Y éstas no faltaron en ninguna religión sucesiva, simplemente se fue introduciendo cada vez en progresión mayor un contenido social, ideológico y ético (bautismo, matrimonio, sepultura eclesiástica). Pero la religión no sólo da una forma a los puntos esenciales de la vida cotidiana, sino también a la cotidianidad misma en el sentido estricto del término. La religión judeo-cristiana codifica la interrupción del trabajo durante el «séptimo día»; la jornada de trabajo está articulada por plegarias y campanadas. Antes de afrontar una empresa económica o de otro género el ciudadano de la antigua polis se dirigía al adivino, el señor y el campesino medieval se dirigían al sacerdote. La observancia de las ceremonias religiosas da también una forma a las acciones cotidianas (por ejemplo, comer), puede además circundarlas de un aura estética. Las religiones comunitarias hacen surgir una especie de *situación pública* entrometiéndose —bien con una simple prédica, o bajo la forma de indicaciones concretas— en la vida del creyente y estableciendo que los contenidos prescritos o deseados del modo de vida tengan un carácter fijo. En cuanto comunidad ideal la religión organiza las ceremonias de «cohesión» tanto en la vida pacífica como —y esto es importante— en la guerra. La religión contribuye a regular las acciones económicas (el cristianismo, por ejemplo, en el Medioevo prohibía la usura), regula la caridad, codifica y controla el respeto a los deberes familiares y extiende su poder incluso a la higiene y a la vida sexual. Vivir según una determinada religión significa, por lo tanto —al menos en los períodos de su florecimiento—, no simplemente «creer» o solamente admitir los dogmas máximos, sino al mismo tiempo orientar el modo de vida según las exigencias y las «formas» de aquella religión. Cuando una religión ya no da una forma a la vida cotidiana, significa que se ha convertido en una simple formalidad.[28]

Particularmente tenaz es el papel de la religión como reguladora cotidiana en el ámbito de la vida sexual. Esto vale también para las religiones no éticas, que a veces son de signo inverso respecto de las éticas (por ejemplo, organizan orgías, etcétera). Un rasgo común de estas últimas es que constringen la sexualidad en el marco del matrimonio (incluso distintamente de la práctica burguesa esto es obligatorio, al menos en la línea de los principios, para *ambos* sexos). Pero no se trata de una actitud antisexual. No sucede así en el judaísmo y menos aún en el islamismo, donde incluso el paraíso promete placeres carnales proporcionados por las huríes. Pero la forma de la sexualidad puede ser solamente el matrimonio (monogámico o poligámico). Esto es todavía más válido para el cristianismo, donde —como escribe Max Weber— es atribuido a la virginidad un carácter carismático (también en este caso para los dos sexos). Sin embargo, también el cristianismo juzga la virginidad sólo como una excepción (de ahí su carácter carismático), al igual que el repudio de los bienes materiales. (Lo cual no es válido para el cristianismo primitivo.) Por lo tanto, ni siquiera en este caso tenemos una actitud adversa hacia la sexualidad, sino solamente hacia la vida sexual desarreglada, falta de forma, extramatrimonial; pero sí existe —cosa que distingue el cristianismo del judaísmo y del islamismo— una actitud adversa hacia el cultivo de la sexualidad, al *erotismo*.

No es éste el lugar para discutir las razones por las cuales tal momento regulador de la forma de vida se ha revelado tan tenaz. Diremos solamente que, por ejemplo, numerosos principios que en el Medioevo eran parte orgánica del cristianismo en cuanto regulador de la forma de vida, a partir del cambio acontecido en las relaciones económicas y sociales —a partir especialmente del nacimiento del capitalismo— se han revelado como insostenibles. Las prescripciones de la Iglesia relativas al dinero y a su administración fueron radicalmente borradas con la generalización de la economía monetaria. La visita cotidiana a la iglesia, con la aceleración del ritmo de vida y más tarde con el desarrollo de la industria, se convierte (al menos para los habitantes de las ciudades) en una demanda absurda e imposible de satisfacer (también por esto fue eliminada *conscientemente* por el pro-

28. En el volumen *Egyház és vallásos élet egy mai fabulan* (Iglesia y vida religiosa en una aldea actual), Budapest, Kossuth, 1969, László Kardos publica sus investigaciones efectuadas en una aldea de la Hungría occidental. Los habitantes son en su mayor parte protestantes, y en una pequeña parte católicos, pero no faltan los seguidores de algunas sectas. El autor ha llegado a la conclusión de que sólo los seguidores de las sectas poseen tal religiosidad que organizan su vida cotidiana según su religión; la actitud de los demás hacia las iglesias oficiales es totalmente convencional.

testantismo). Pero dado que para la economía de la sociedad burguesa la monogamia es tan necesaria como para la precedente sociedad feudal, la prescripción de la sexualidad regulada es mantenida (como prescripción).

Pero esto representa sólo un aspecto del problema. El otro se deriva de la relación general de la religión con la particularidad. Se ha repetido muchas veces que la religión presenta frente a la particularidad una actitud doble: en un sentido la reprime, en otro la conserva y precisamente como consecuencia de la represión. Esta función doble está particularmente acentuada (de manera especial en el cristianismo) frente a aquellas motivaciones particulares que se derivan de la esencia natural del hombre. Y nos referimos no solamente, como es obvio, a la sexualidad: entre los vicios capitales, además de la lujuria, está también la gula. Pero mientras que la condena de la gula no implica una relación inmediata entre hombre y hombre, la condena de la lujuria se refiere precisamente a este tipo de relación. En este caso la actitud del cristianismo hacia los instintos particulares (a veces en sí genéricos) ha obstaculizado durante siglos el proceso que Marx denomina de «humanización de la naturaleza». Los instintos sádicos tan a menudo analizados por la psicología moderna y tan frecuentes precisamente en los hombres «civilizados», la prevalencia y la fijación de estos instintos, constituyen en gran medida un efecto de las tradiciones cristianas nacidas hace un milenio y medio.

La «humanización de la naturaleza» *nunca* puede ser en la vida cotidiana la ideología de una religión: este concepto en efecto contradice la ontología religiosa, según la cual el «espíritu» tiene *supremacía* sobre la «naturaleza». La humanización de la naturaleza sólo puede ser un principio informador de la vida en una ontología que parta de la autocreación de la humanidad, que esté, por lo tanto, en oposición de principio con la ontología religiosa. (La sexualidad o el erotismo elevados a principio, como el donjuanismo clásico —descrito por Mozart—, *aceptan* la ontología religiosa aun rebelándose contra ella en los hechos. En este caso se trata también de una *supremacía*, es decir, de la hegemonía de la necesidad particular y al mismo tiempo mudogenérico sobre una actitud ético-cultural histórica. Aquel que goza del erotismo como *prohibición*, acepta la ética trascendente.)

Naturalmente la religión *no es nunca el único factor* que organiza la vida cotidiana, que le da forma. En las comunidades naturales —sobre todo en las comunidades campesinas— la religión tiene un rival inabatible: el mito laico, el sistema de supersticiones derivadas de la fe primitiva que ha precedido a la adopción de la religión. Esta última lo absorbe en parte (por ejemplo, las fiestas naturales quedan transformadas en solemnidades religiosas), en parte lo persigue (los procesos a las prácticas de brujería). Pero rivales de la religión son también los códigos morales y el derecho consuetudinario laicos, que surgieron en parte en el período precedente a la religión y se hallan en continuo renacimiento debido a las necesidades económicas de la comunidad. En el caso del derecho consuetudinario lo que está permitido y lo que está prohibido no coincide en absoluto con lo que está permitido o prohibido por la religión. En los tiempos en que el único límite al consumo estaba dado por la capacidad receptiva del estómago, los señores cristianos estaban de comilona todos los días, aunque la religión condenase el vicio de la gula; en base al derecho de pernada poseían a las jóvenes siervas de la gleba, aunque la religión prohibiese la lujuria; la Iglesia no consiguió nunca impedir las venganzas particulares admitidas por las leyes medievales. Otro rival de la religión es el sistema jurídico estatal (especialmente a partir del nacimiento de los grandes Estados nacionales), que se entromete de igual modo en la vida cotidiana de los hombres. Están también el arte, que presenta un sistema de valores distinto del de la religión y —sobre todo desde que existe el capitalismo— la ideología filosófica y científica introducida en la vida cotidiana, así como la política de tipo laico. Los movimientos y partidos políticos que pretenden dar forma a la vida tienen que luchar también conscientemente contra la religión en cuanto reguladora de la vida cotidiana (como los sindicatos surgidos en el siglo xix).

Pero si bien es cierto que la religión tiene siempre rivales en la organización de la vida cotidiana (hoy la religión presenta en este sentido una posición casi irrelevante, especialmente en las ciudades), es también cierto que su papel no *sólo* consiste en esto. Hay que hablar ahora, en efecto, de la relación de la religión con las actividades conscientemente genéricas. Es a menudo la religión la que *media* este tipo de actividad en la vida cotidiana. La ética religiosa no es solamente una moral consuetudinaria, sino que exige —como toda ética— la interiorización de los principios morales. De este modo algunos valores genéricos universales pueden ser interiorizados a través de la mediación religiosa (piénsese en el mandamiento «no matarás»), por hombres que no superan su ambiente inmediato, que no ven más allá de este horizonte. La religión puede inducir a la formación de un *juicio político*; puede proporcionar una ideología siguiendo la cual el hombre asume una actividad de aprobación hacia el sistema económico-social de su ambiente (y se trata del caso más frecuente), pero puede también hacer reconocer la *injusticia* de tal sistema induciendo a plasmar o juzgar la vida sobre esta base (las herejías). Consigue hacerse mediadora del arte, como sucede en el Medioevo, cuando la iglesia y la música que era interpretada en ella se convirtió en un hecho de primera importancia en la vida cotidiana. Puede proporcionar además una ideología universal para el modo de vida: en general tal ideología es pacificadora, impulsa a limar los contrastes, pero a veces induce a la rebelión. Y puede también ser una ideología que haga superar a los hombres su propia cotidianidad (durante las guerras de religión es un fenómeno de masas, mientras que para los particulares sucede, por ejemplo, en el caso de los «caballeros de la fe»).

Por último, una observación: la mayor influencia sobre la organización de la vida cotidiana y sobre el modo de vivir en su conjunto es ejercida por las religiones que además de ser comunidades ideales constituyen también *comunidades reales*. En primer lugar las religiones que *coinciden* con otra comunidad —no religiosa— que representan el aspecto ideológico de esta última (la pertenencia a una cierta estirpe o nación); después las religiones comunitarias, ante todo el cristianismo. Este segundo tipo de religiones tiene una gran capacidad de dar forma a la vida cuando no se encuentra frente a rivales ideológicos de igual rango, o bien consigue abatirlos rápidamente cuando los hombres pueden tener frente a ellos una actitud relativamente *libre*, cuando pueden abandonar la religión, porque no se basa directamente en la comunidad económica, sino que forma sobre todo una unidad político-moral derivada de la concepción del mundo, es decir, cuando se presenta en medio de otras religiones. Por esta razón el cristianismo primitivo, los movimientos heréticos, el judaísmo medieval o el primer protestantismo tuvieron un poder tan grande en la formación de la vida cotidiana. El destino de las religiones comunitarias «oficiales», organizadas en Iglesia —cuando existen rivales de un grado parecido o superior al suyo—, es decaer en convenciones y «dividir» por ello, *nolens-volens*, su poder en la vida cotidiana con aquellos rivales.

POLÍTICA, DERECHO Y ESTADO

Podemos denominar actividad política *sensu lato* a toda ocupación desarrollada con la consciencia del nosotros en interés de una determinada integración. El fin consciente de toda actividad política está siempre acuñado en la integración determinada (polis, Estado, nación, clase, estrato).[29] Evidentemente, también en este ámbito se hallan posiciones referidas al yo (por ejemplo, debo conquistar un cierto puesto para tener una función dirigente, para llevar a cabo mi plan, etcétera), pero siempre relacionadas con una integración. La actividad política *sensu stricto* está siempre dirigida al *poder*. Las acciones ejecutadas mediante la consciencia del nosotros que influencian el curso de la *historia*, están siempre, en mayor o menor medida, directa o in-

29. Como veremos en la tercera parte del volumen, se trata de objetivaciones en-sí y para-sí.

directamente, conectadas con la lucha de la integración dada para conservar u obtener el poder. (Evidentemente, esto solamente es válido cuando está presente la alienación.) En nuestro específico campo de investigación, operaremos con aquel concepto en el sentido más amplio, conscientes naturalmente de que en la mayoría de los casos está también contenida la lucha por el poder.

Actividad política y actividad cotidiana

La actividad política es, por lo tanto, parte orgánica de la vida cotidiana solamente cuando forma parte de la simple reproducción del particular en su determinado puesto de la división del trabajo. Pero esto raras veces ha sucedido en la historia de la humanidad. En este sentido, cuando hablamos de la actividad política nos alejamos mucho más de la cotidianidad que en el caso de la moral o de la religión. Alguna moral es necesaria para la reproducción del particular; del mismo modo alguna religiosidad o el ejercicio de una religión han sido la premisa de la reproducción del particular en épocas en las cuales han existido comunidades ideales (religiosas), en las que la religión ha tenido un papel importante (aunque no exclusivo) en la organización de la vida cotidiana. En consecuencia, en el camino que lleva de la cotidianidad a la genericidad estamos más lejos de la primera y más próximos a la segunda —considerando las cosas desde este ángulo— cuando hablamos de política que cuando discutimos de moral o de religión.

Toda clase o estrato posee una moral; también la religión es más o menos característica de toda clase o estrato (mientras exista una religión). Por el contrario, la política no siempre es ejercida con continuidad o con un grado de intensidad aproximativamente igual. Simplificando se podría decir que, mientras que la clase dominante (los estratos y capas dirigentes) hace siempre política, los estratos y las clases oprimidas o que todavía no han alcanzado el poder sólo se convierten en factores políticamente activos cuando surge un cierto *mínimo* de consciencia colectiva, es decir, cuando se comprende que existen intereses comunes, cuando se constituye la consciencia del nosotros. Sin embargo, el hecho de que la clase, el estrato o la capa dominantes «hacen política» en un porcentaje muy elevado no significa todavía que sean —como se les ha definido a menudo— clases «históricas». En efecto, mientras que la política de las clases y estratos dominantes —una vez más sólo a *grosso modo*, sólo considerando la media social— está dirigida a *mantener estables* las relaciones sociales, es decir, está orientada a la conservación, las clases y estratos o capas no dominantes, apenas comienzan a hacer política autónomamente (en un porcentaje notablemente

más bajo), la hacen *con el fin de abatir las relaciones vigentes.*
En tales términos son éstas últimas las «clases históricas», evidentemente también en este caso sólo a *grosso modo* y en la media social. Hay dos situaciones-límite en las que desaparece la diferencia de intensidad en la actividad política. Una es la revolución o la guerra civil, donde los estratos superiores e inferiores están movilizados políticamente en la misma medida los unos contra los otros, o bien la guerra injusta, que agudiza los antagonismos de clase y se convierte así en un terreno apropiado para la revolución. La otra situación-límite nace de las guerras que ponen en peligro la *existencia* de toda una nación; también en este último caso los estratos superiores e inferiores se muestran políticamente activos en la misma medida, pero esta vez se mueven paralelamente —omitiendo los conflictos— y se ayudan entre sí. La actividad política adquiere el máximo de continuidad en los conflictos económicos (piénsese en las continuas luchas de las ciudades medievales por su autonomía y por sus derechos, y en la perenne lucha de la clase obrera moderna por un horario de trabajo más breve, mejores condiciones de trabajo y un salario más alto). La lucha económica —que en última instancia es una lucha por el poder— tiene también continuidad cuando la clase obrera se somete pasivamente a las decisiones políticas de la élite dominante (como, por ejemplo, actualmente en los Estados Unidos).

Todo esto significa solamente que los miembros de los estratos y clases dominantes en cada época han tenido mayores posibilidades de ocuparse *también* de política en su vida cotidiana, mientras que para los explotados y los carentes de poder ha sido posible en menor grado el ejercicio de una actividad política que transformase el *statu quo*. Pero no significa que *todo miembro* de la capa dirigente, de la clase dominante haya sido políticamente activo en la vida cotidiana (aparte de algunas excepciones, como por ejemplo el apogeo de la antigua polis), así como la actividad política no ha formado parte conscientemente de la vida de *todo* explotado, ni siquiera en los períodos de revolución o de guerra civil.

La actividad política dirigente nunca puede ser desarrollada con una consciencia cotidiana. En este caso el término «dirigente» no se refiere a la «posición» o al «papel». Es suficiente que el particular tenga una influencia tal que pueda tomar decisiones relativas a actos que conciernen a la integración y que, dándose cuenta de esta influencia, tome corrientemente tales decisiones. El nivel de estas últimas, así como su radio de acción, pueden ser extremadamente variados. Se puede decidir sobre cuestiones que afectan a un país, a una sola ciudad, a un sindicato, etc. Pero aquellos que toman tales decisiones y proyectan el modo de llevarlas a la práctica, deben conocer con exactitud el estado y el grado de preparación de su integración, las relaciones de fuerza, los puntos fuertes y débiles de las clases y estratos contrapuestos. Estos conocimientos superan notablemente los conocimientos cotidianos. Pueden tener también sus raíces en las experiencias de la vida cotidiana (la aplicación de la ciencia o de los métodos científicos constituye un fenómeno relativamente nuevo en la política), pero el pensamiento cotidiano no basta para relacionar tales conocimientos, para extraer las consecuencias. A menudo los jefes políticos están obligados a llevar una lucha tenaz también contra la consciencia cotidiana de sus seguidores, en primer lugar porque éstos consideran la solución de sus cuestiones particulares como solución general de la «causa». Piénsese, por ejemplo, en la tenaz lucha que tuvieron que llevar a cabo (en general sin éxito) los cabecillas de las guerras campesinas contra los mismos campesinos, quienes juzgaban concluido su objetivo una vez quemada la casa de su *propio* patrón; o bien en las dificultades a que se han enfrentado los líderes obreros para elevar la consciencia particular de los trabajadores de una fábrica al nivel de la conciencia de clase (paso de la huelga económica a la política). Lenin en *¿Qué hacer?*, en el momento de analizar la relación entre espontaneidad y consciencia, se ocupa precisamente de esta cuestión: es decir, de la relación recíproca entre consciencia cotidiana y consciencia de clase referida inmediatamente a la integración o a la perspectiva que encarna la genericidad.

Es suficiente este ejemplo para confirmar cuanto hemos dicho: que la actividad política «dirigente» no es más que la actividad política de los hombres políticos dirigentes. Toda persona que haya alcanzado el nivel necesario para extraer sus decisiones directamente de la genericidad, es decir, que *esté en condiciones* de tomar decisiones políticas, y que tenga una influencia tal que le permita llevar a la práctica una determinada decisión, desarrolla una actividad política dirigente, aunque en el movimiento sea un simple militante.

El hecho de que el pensamiento político se eleve en mayor o menor medida por encima del pensamiento cotidiano, no comporta obligatoriamente que en él se encuentra totalmente liquidado el carácter fetichista de la consciencia cotidiana. En los contenidos fetichistas de la consciencia cotidiana ocupan un lugar importante los juicios y prejuicios que expresan los intereses de clase, acogidos espontáneamente por el pensamiento político que defiende la clase determinada como integración. Sin embargo, es necesario precisar que: el político que acoja *todo* el sistema de prejuicios cotidianos está abocado al fracaso. Por ejemplo, un rasgo característico de los sistemas de prejuicios cotidianos es el pensar en términos de *ingroups* y *outgroups*, el atribuir al propio grupo o clase las mejores cualidades y al adversario las peores (como ha indicado claramente Adorno en su estudio sobre la personalidad autoritaria).[30] Pero un político nunca puede dar por descontado que su país, su nación, esté compuesta en su totalidad por personas valientes, eminentes, perspicaces, mientras que los adversarios serían del primero al último faltos de talento, corrompidos y estúpidos. El político debe calcular de un modo realista las relaciones de fuerza si quiere efectivamente llevar a la victoria la causa de su propia integración. Más aún, son necesarias nociones y experiencias especializadas, no cotidianas, el conocimiento de la estrategia y de la táctica (en sentido político y militar), la capacidad de valorar las posibilidades, etcétera. Lo cual es válido en mayor medida para el tipo de política revolucionaria. Por decirlo con palabras de Gramsci: «Para el hombre político toda imagen "fijada" *a priori* es reaccionaria: el político considera el movimiento en su devenir [...] su trabajo consiste precisamente en llevar a los hombres a moverse, a salir de su ser presente para llegar a ser capaces de alcanzar colectivamente el fin propuesto, es decir, a "conformarse" al fin.»[31]

Pero esta diferencia es muy importante también a la inversa, especialmente cuando se estudian períodos en los que existe un poder estatal centralizado y burocrático. Max Weber distingue tres tipos entre quienes ejercen esta actividad política: el estadista, el político y el funcionario. El estadista toma decisiones que afectan también a las finalidades de la integración; el político acepta las finalidades en cuestión y toma *en el interior* de éstas su decisión relativa al movimiento concreto de la integración. Podemos añadir que incluso esta última actividad no puede ser desarrollada con una consciencia cotidiana. El funcionario es un simple ejecutor. Por consiguiente, para ser funcionario estatal no es en absoluto necesario mantener una relación inmediata con el interés de la integración. Normalmente existe en esta profesión una extensión de la consciencia particular o la consciencia del nosotros de la «oficina», del «orden administrativo»; el burócrata, en el sentido peyorativo del término, se identifica con su oficina y considera a todos aquellos que juzgan desde un punto de vista externo el modo de ver de aquella oficina como extraños e incluso como enemigos, que ofendiendo a la oficina le ofenden a él, el burócrata en persona, y despreciando el burócrata, desprecian a la oficina entera de la que él es representante.

Por consiguiente, en la historia hasta nuestros días la actividad política dirigente —prescindiendo de las excepciones— ha superado el círculo de la vida cotidiana. Con esto, sin embargo, no queremos negar la acción recíproca entre la actividad política dirigente y la vida cotidiana del político. Esta conexión va

30. T. W. ADORNO y otros, *The Authoritarian personality*, I, Nueva York, John Wiley and sons, 1964.
31. A. GRAMSCI, *Letteratura e vita nazionale*, Roma, Editori Riuniti, 1971, p. 29.

desde los hechos más simples —como por ejemplo la distribución del tiempo— hasta las cuestiones más complejas, como el modo de vivir o el comportamiento. Al variar el contenido de valor y el modo normativo concreto de la actividad política determinada, varía también en gran medida la influencia que ésta ejerce sobre la vida cotidiana, sobre su contenido o sobre su intensidad. Cuando, por ejemplo, la actividad política requiere que el particular subordine todas sus características particulares a los fines deseados por la consciencia del nosotros, también la vida cotidiana estará fuertemente subordinada a la actividad política. («Qué me importa mi mujer, qué me importa mi hijo», dice uno de los *Dos granaderos* de Heine, identificándose con la causa del emperador derrocado.) Pero no es raro que un hombre político (especialmente en épocas en las que la vida privada está netamente separada de la pública) actúe al nivel de la integración en la esfera política, subordinando incluso a esta actividad sus afectos y motivaciones particulares, mientras que luego organiza el «resto» de su vida cotidiana de un modo totalmente convencional, al nivel medio de su tiempo y de su clase. Viene después el tipo que se identifica con una causa sobre la base de una elección de valor, pero que al mismo tiempo conserva una cierta distancia hacia la consciencia del nosotros determinada y, partiendo de la actividad elegida, regula como individuo su propia cotidianidad. Las variantes son obviamente numerosas y no pensamos enumerarlas todas. Sin embargo, cuanto hemos dicho debería ser suficiente para ilustrar la interacción entre los diversos tipos de actividad política y la estructura de la vida cotidiana.

La actividad política dirigente se enfrenta siempre con determinadas motivaciones particulares (pereza, falta de voluntad, cobardía, etcétera), mientras que puede coexistir pacíficamente con otras (deseo de poder, vanidad, soberbia, etcétera). La integración concreta dada, el *contenido de valor* de la determinada finalidad concreta y *al mismo tiempo* el *riesgo* presente en la determinada elección son los factores que deciden si las motivaciones particulares consiguen prevalecer o si deben tener necesariamente una parte subordinada.

El influjo de la política sobre la vida cotidiana en general

Hemos examinado hasta ahora la relación entre la vida cotidiana y la actividad política solamente desde el punto de vista de la relación que media entre la actividad política del particular y su vida y pensamiento cotidianos, *personales*. Examinaremos ahora la acción que ejerce la política sobre la cotidianidad *de los otros*, es decir, de aquellas personas que no desarrollan nunca o sólo excepcionalmente una actividad política.

177

Dado que la vida cotidiana de los hombres se desarrolla en un «mundo» determinado, todo cambio de éste repercute en la estructura de la cotidianidad. Sabemos que el particular durante su crecimiento se adapta a su ambiente inmediato y que desarrolla en primer lugar las capacidades conforme a éste ambiente. La vida cotidiana está ampliamente influenciada, en su modo de ser específico, por las transformaciones de la constelación económica y política, y el grado de tal influencia depende del carácter de esta transformación, o sea, de si ésta es estable o excepcional. De esto depende si al particular le basta haber «aprendido» *de una vez por todas* cómo comportarse en la vida cotidiana, o bien si debe comenzar *de nuevo* tal proceso de aprendizaje.

La necesidad de comenzar de nuevo el proceso de aprendizaje es, como *caso particular*, tan antigua como la historia de la humanidad. La mujer que ha perdido a su marido debe «aprender de nuevo» al igual que el rico que ya no posee su patrimonio, que el pobre que encuentra un tesoro, que el ciudadano expulsado de su patria en una tierra desconocida, que el náufrago, etcétera. Pero la situación es completamente distinta cuando se trata de un estrato social entero, una nación, una generación, etcétera, la que debe aprender de nuevo.

También este último caso existe desde que existe la historia, y se verifica en presencia de catástrofes naturales de excepcionales dimensiones (erupciones volcánicas, epidemias, etcétera), asumiendo un carácter estable en la *guerra*. En la guerra aquellos que marchan al frente llevan una vida cotidiana distinta de quienes se quedan en casa. La necesidad de aprender de nuevo se plantea (o puede plantearse) cuando el enemigo conquista el país introduciendo otras instituciones sociales y políticas o simplemente devastándolo. La obligación de aprender de nuevo —considerando las sociedades tradicionales— tiene bastantes rasgos positivos.[32] En efecto, cuando en el seno de la sociedad se oculta la posibilidad de nuevos modos de producir, en tales circunstancias emergen a la luz de *improviso* y surgen de este modo nuevas capacidades productivas y nuevas instituciones.

Sin embargo, antes de la sociedad burguesa sucedía muy raramente que las condiciones de vida de una integración cambiasen de un modo relativamente pacífico en el seno de una sola generación (para la cual era necesario aprender de nuevo). En este estado excepcional se encontraron Atenas en el siglo v a.C. y Florencia en el siglo xv, pero en el segundo caso se daba ya el inicio de la reestructuración burguesa. Pero desde que ha co-

32. *Cf.* Ferenc Tökei, *Hadsereg és tdreadalom* (Ejército y sociedad), en *Antikvitás és feudalizmus* (Antigüedad y feudalismo), Budapest, Kossuth, 1969, donde el autor indica, sobre la base de razonamientos marxistas, la característica del ejército y de la guerra de promover el desarrollo de las fuerzas productivas y de las relaciones sociales.

menzado el proceso de producción al infinito, el ritmo de los cambios económicos se ha acelerado enormemente. No obstante, a pesar de ese cambio de ritmo, las revoluciones, incluida la industrial, hasta el siglo xx no han sido tan rápidas como para provocar que el cambio de la economía por sí sólo obligase a los hombres a «aprender de nuevo». Han sido, por el contrario, las luchas políticas más agudas, los embates políticos en la lucha por el poder entre las clases y los estratos, que desmontando la vida cotidiana tradicional, orientada hacia el pasado (lo que afecta también a la economía), han hecho necesario aprender continuamente a vivir en el sentido del futuro. Las capacidades que ayer aún servían para guiar la orientación en la vida cotidiana, se hacen inservibles al día siguiente, son necesarias capacidades nuevas. Los cincuentones se encuentran frente a un mundo totalmente distinto del que vieron a la edad de veinte años. En vez de los «expertos» ancianos, son precisamente los jóvenes quienes se muestran «adaptados a la vida». Desde el surgimiento de la sociedad burguesa ya no existen estratos «no tocados» por la política; los cambios políticos ponen en cuestión la vida de todos.

Ésta es una razón no secundaria por la que —especialmente en el siglo xx— la información política se ha convertido en una necesidad cotidiana. La exigencia de estar informados sobre la política no se deriva necesariamente del deseo de desarrollar una actividad en este campo, sino de la exigencia de la particularidad de saber «qué está sucediendo», «qué se debe hacer para que no suceda nada», «cómo hay que comportarse» para quedar a flote. La necesidad de estar informados implica simplemente la consciencia de que la política transforma la vida cotidiana de toda persona, y a un ritmo acelerado, en el curso de una misma generación. Ya no está vigente la filosofía del *después de mí el diluvio*: todo lo que sucede después es contemporáneo *mío*.

La ideología política

La política sabe utilizar esta situación, y no proporciona solamente simples informaciones, sino una *ideología política*. De todos modos, no hay que olvidar que siempre han existido ideologías políticas; sobre todo las clases, los estratos y las capas dominantes han tenido desde siempre a su disposición teorías y fórmulas de autolegitimación.

En épocas y sociedades en las que los cambios políticos tenían lugar «por encima» de la vida cotidiana de las masas y en las que los estratos «inferiores» desarrollaban una escasa actividad política, la clase (estrato) dominante tenía poco o ningún interés en difundir su ideología del poder; en otros términos, no tenía necesidad de propaganda política, en cuanto la «tranquilidad» de los estratos inferiores estaba garantizada por la tradición, por las convenciones y por la costumbre. Cuando los plebeyos estaban en «efervescencia», cuando ejercían una actividad política autónoma (adversa a las fuerzas dominantes) e intentaban elaborar teorías propias, se les narraba alguna fábula como la de Menenio Agripa. Pero sucesivamente, de hecho paralelamente al surgimiento de la sociedad burguesa, del mismo modo que entre los explotados —en primer lugar entre los obreros— se abre paso la exigencia de una actividad e ideología política, la sociedad burguesa aspira en general a la hegemonía político-ideológica. Por esto las «otras» teorías políticas, adecuadamente aguadas, son *difundidas conscientemente*; con este fin son movilizados la Iglesia, la prensa y (a continuación, de un modo especial) también el arte. (En el siglo xx la propaganda política acontece principalmente a través de los medios de comunicación de masas y asume la forma de adoctrinamiento.) La propaganda política está dirigida sobre todo a impedir que los descontentos de su propia vida cotidiana consideren la vida *transformable* o, peor aún, *a transformar*. Quiere hacer que la gente permanezca cerrada en su marco cotidiano y no piense en lo más mínimo en superarlo. Es decir, la propaganda política de las fuerzas dominantes está dirigida a la *conservación*, al «engrosamiento» de la *particularidad*. Las promesas electorales *apelan principalmente a las necesidades particulares* de los miembros de los diversos estratos sociales (más pan, menos impuestos, etcétera). Es cierto que la apelación a las necesidades particulares no constituye una novedad en la historia de la demagogia política, puesto que ya existía en la antigua Atenas; sin embargo, sólo ahora está dirigida a la población en su *totalidad*.

Los movimientos obreros desde sus comienzos, desde la fase puramente económica, han superado rápidamente la simple apelación a la particularidad. Las necesidades que se proponían satisfacer eran aún netamente particulares (pan, casa, horario de trabajo más breve), pero los *medios* de los que se servían conducían a la superación de la particularidad. Se requería compromiso social, solidaridad, tenacidad en la huelga, y no era cierto que estos medios llevasen *rápidamente* al resultado esperado. Por lo tanto, la participación en la lucha puramente económica ya inducía a los obreros a una nueva forma de vida cotidiana, no orientada solamente hacia la particularidad; por esto Marx vio en los obreros organizados la irradiación de la «dignidad humana».

Sólo podemos hacer mención aquí del hecho de que —por lo menos en Europa y en los Estados Unidos— ha cambiado de nuevo el nexo entre contenido ideológico de la lucha económica y la conducta de la vida cotidiana. La participación en este tipo de lucha ya no requiere la superación de la particularidad y ya no constituye una actividad social que surge de una visión totalmente *nueva* de la sociedad en su conjunto. El fin es la satisfacción de las motivaciones particulares en el seno de un determinado orden social. Por esta razón los movimientos económicos han podido ser rápidamente integrados en el orden económico capitalista; en cuanto a los *ideales*, su propaganda ideológica no se aleja mucho de la ideología oficial del Estado del bienestar. Por lo tanto, el movimiento obrero en Europa y en los Estados Unidos no podrá ser hoy autónomo, es decir, no podrá liberarse del peligro de la integración en el capitalismo, mientras tenga como objetivo la satisfacción de las necesidades particulares en su conjunto. El movimiento obrero debería extraer sus propios objetivos de la esencia genérica, plantear una nueva forma de vida y prepararla ya en el movimiento mismo. El objetivo *inmediato* de la toma del poder debería ser la humanización de la vida cotidiana de los hombres, es decir, la lucha contra la alienación debería pasar de ser parcial, a ser universal.[33] Una transformación tal sólo puede tener lugar a través de masas de hombres en los cuales esté viva la exigencia de organizar de un modo individual su propia vida cotidiana, superando la particularidad. Ésta es la necesidad que el movimiento obrero debería *despertar de nuevo* cada vez que se plantea un objetivo y que se da un paso adelante.

Estado y derecho

Hemos hablado hasta ahora de la actividad política y de su objetivación ideológica. Sin embargo, la política, como es obvio, no se objetiva solamente —ni principalmente— en ideología, sino también en *instituciones*. Las instituciones son las que mantienen unidos los estratos y las corrientes sociales más diversas (sindicatos, partidos políticos, ligas de defensa, etcétera). Pero en una sociedad determinada la institución dominante es la de la clase dominante: el *Estado* y, en su seno, el *sistema jurídico* codificado. Una vez más examinaremos el derecho y el Estado sólo en base de *una única* función, en lo referente al papel que ejercen en la vida cotidiana.

El derecho regula ante todo la distribución de los bienes producidos por la sociedad; regula además las formas de contacto entre los hombres en base a los criterios de «lícito» e «ilícito». De este modo es garantizado en última instancia el poder de una clase, de un estrato, de una capa dominante. El derecho es por principio un *fenómeno de alienación*, en cuanto que su aparición como esfera autónoma está ligada a la aparición de un Estado separado de los hombres. Al mismo tiempo, el derecho, reduciendo las acciones a «lo que es lícito» y «lo que

33. En este sentido el análisis exacto de la ideología de las clases, el análisis de la situación, la toma de posición concreta en los enfrentamientos y conflictos políticos, la movilización de masas, la táctica correspondiente, etc., se convierten en cosas no superfluas sino, por el contrario, necesarias.

no es lícito», es algo intrínsecamente *formal*. Cuanto más evolucionado es el derecho, tanto más formal es; el grado máximo es alcanzado en este campo por el derecho burgués, el cual, como ha observado ingeniosamente France, prohíbe por igual al rico y al pobre el dormir bajo los puentes.

Cuando decimos que el derecho es por principio un fenómeno de alienación, no pretendemos negar con ello su extraordinaria importancia en el desarrollo de los valores genéricos. En el caso de la moral abstracta y de la religión hemos visto ya cómo a menudo precisamente las objetivaciones o esferas alienadas son aptas para promover o representar determinados valores genéricos y para contraponerlos al hombre particular. La perspectiva futura del derecho se mueve también en el mismo sentido que la de las objetivaciones y esferas analizadas precedentemente. El derecho dejará de existir cuando cese la discrepancia entre el desarrollo particular y el desarrollo genérico.

Pero existe una diferencia esencial entre el derecho y las objetivaciones o esferas discutidas anteriormente. La moral abstracta y la religión sólo cumplen correctamente su función cuando sus exigencias son interiorizadas en mayor o menor medida. El derecho, por el contrario, sólo en casos excepcionales es interiorizado por el hombre cotidiano, es decir, sólo excepcionalmente los mandatos y las prohibiciones del derecho aparecen al particular como mandatos y prohibiciones morales (o bien, en tal contexto, religiosos). Cuando una prohibición jurídica no posee ninguna «carga» moral o religiosa, cuando no está circundada por un aura tal, constituye para el hombre cotidiano un hecho externo y solamente el *temor* de la pena le impide llevar a cabo el acto ilegal.

La conexión de las distintas ordenaciones jurídicas con la religión y la moral o su diferenciación de ellas es un problema de historia concreta que no podemos aquí examinar con profundidad. Diremos solamente que es un problema que está siempre conectado con la especificidad del Estado del que el determinado derecho debe garantizar la estabilidad, pero está también ligado con la cuestión de si el derecho puede ser o no ejercido con una consciencia cotidiana.

Los juristas y el pensamiento jurídico

Sin adentrarnos en el análisis histórico, pongamos de relieve que el *derecho consuetudinario* prevé una observancia que constituye una simple convención, ésta define determinados actos como lícitos y otros como ilícitos, y ésta también sólo está sancionada por la tradición y por los precedentes —de la religión y de la moral. En el período en el que el derecho consuetudinario no constituye aún un sistema jurídico de una gran integración (Estado), puede ser conocido por cada miembro de un determinado ambiente (es efectivamente usanza, costumbre); por lo tanto cada particular en cada caso concreto puede juzgar si ha sido respetado o no. Para esta tarea no es necesario un pensamiento que supere el conocimiento o el pensamiento de la vida cotidiana. Ni es necesaria una «casta» separada de juristas, porque cualquier juez elegido en cada caso —cualquier persona del pueblo— está en condiciones de emitir la sentencia.

Por el contrario, cuando el derecho consuetudinario se convierte en sistema jurídico de una gran integración estatal, se basa en tales y tantas refinadísimas distinciones, en una serie infinita de precedentes, que el hombre cotidiano ya no está en condiciones de orientarse y por lo tanto de aplicarlo. Surge entonces la casta autónoma de los jurisconsultos (como en la China antigua), cuyos miembros penetran en el complicado tejido del derecho consuetudinario sólo después de un prolongado estudio. Tales conocimientos en sí no superan el nivel de la consciencia cotidiana, pero son inalcanzables para el hombre cotidiano común.

Frente a esto, la elaboración de un derecho positivo formalizado, la llegada de reglas jurídicas generales a las que referir los casos concretos, incluso sin conocer los precedentes, constituye un gran progreso. Este tipo de derecho requiere ya un pensamiento jurídico específico, supera, por lo tanto —a través de la *intentio recta*—, el mundo del pensamiento cotidiano; pero al mismo tiempo está situado a un nivel que *todo* ciudadano está en condiciones de alcanzar. El nacimiento, a través de la *intentio recta*, de este pensamiento jurídico general, tuvo una parte extremadamente importante en la praxis estatal de las antiguas democracias y sobre todo en Atenas.[34]

Cuando (en la Roma tardía) se formaron patrimonios mastodónticos, y sucesivamente en el período inicial de la sociedad burguesa, fue de nuevo necesario un estrato de juristas separado, sobre todo porque fue elaborado el derecho privado formalizado y universal con sus distinciones internas cada vez más articuladas. Este estrato de expertos «pensaba» jurídicamente. El jurista debía aprender a orientarse en el medio homogéneo del derecho, a depurar su pensamiento de la heterogeneidad del pensamiento cotidiano y —en línea de principio— también de su particularidad. Ya no sería posible encontrar un Salomón que reconociese la verdadera madre proponiendo dividir en dos partes al niño reclamado. El derecho «guiaba» el pensamiento del hombre, y la misma agudeza individual sólo encontraba espacio en este medio. (En la práctica las sentencias jurídicas nunca fueron depuradas de la particularidad, de las preferencias, de los

34. Probablemente ésta ha influido también sobre el pensamiento científico, produciendo la capacidad de llegar al pensamiento científico abstracto.

juicios y de los prejuicios personales, y de ello hablan no sólo los escritos jurídicos, sino también la literatura.)

La función del derecho: extinción del derecho y del Estado

Siempre y en cada época el derecho —incluso en la forma de derecho consuetudinario— ha regulado la vida cotidiana de los hombres limitando la validez de los intereses del particular a lo que es lícito. Con el reforzamiento del Estado centralizado —en la historia europea con la llegada del absolutismo— éste tuvo en este campo una participación cada vez más importante, desplazando a segundo plano a la religión y a las relaciones de dependencia personal en cuanto a su función de plasmadores de la vida cotidiana. Cuando al vagabundo le son cortadas las orejas, como sucede en Inglaterra en tiempos de la acumulación originaria, se le *obliga* a organizar de otro modo su vida cotidiana; cuando se comienza a castigar los robos de leña (véase sobre este tema el artículo de Marx en la «Rheinische Zeitung»),[35] la gente es obligada a renunciar a un viejo derecho consuetudinario. Hoy es casi imposible enumerar los casos infinitos en los que el Estado, con la ayuda del sistema jurídico, regula nuestra vida cotidiana: desde el castigo del delito contra la propiedad, hasta la regulación del matrimonio y del divorcio, pasando por la asignación de alimentos, por la escolarización obligatoria y por las normas de tráfico.

Como hemos dicho, el derecho es un fenómeno de alienación y está siempre en última instancia al servicio del orden vigente, de la clase dominante. Pero hemos dicho también que, junto al papel de garante del poder de la clase dominante, tiene muchas otras funciones, algunas de las cuales conciernen a valores inmediatamente genéricos. Incluso en la vida cotidiana estas funciones positivas y negativas se encuentran interrelacionadas de un modo extremadamente complejo. Piénsese en el desahucio del inquilino pobre y al mismo tiempo en la seguridad social obligatoria. Mientras que la vida cotidiana del particular, considerando la media, se base en la particularidad, especialmente si no existe ninguna comunidad natural que vigile atentamente la vida cotidiana del particular, será inevitable que la particularidad sea regulada por el derecho, el cual en el interior del grado de civilización determinado establece los confines de lo que es lícito y de lo que no lo es, y también de lo que es obligatorio (las acciones que es lícito no cumplir). El Estado sólo podrá extinguirse cuando los hombres respeten sin constricciones las normas elementales sensatas (Lenin), es decir, con la aparición de una so-

35. K. MARX, *Debates sobre la ley contra los robos de leña*, en *Escritos políticos de juventud*.

ciedad basada en el individuo. El Estado y el derecho socialistas son también un Estado y un derecho alienados (Marx habla de derecho burgués incluso en el socialismo).[36] Y dado que todo derecho no hace más que fijar límites a la particularidad, en vez de desarrollarla en individualidad, también el derecho socialista no puede hacer de otro modo. El Estado socialista como máximo puede —y debe— restringir cuanto sea posible las funciones negativas del derecho alienado en la vida cotidiana (y no solamente en este ámbito) y favorecer las positivas. Es tarea de las instituciones de la sociedad (no del *Estado)* socialista declarar la guerra a la alienación y, dadas las condiciones ofrecidas por la base económica, crear una estructura y una ideología políticas que *induzcan al particular a desarrollar su propia individualidad.* Por esta vía y sólo por esta vía es posible que surjan también los factores subjetivos para la superación de la alienación y, por lo tanto, también para la extinción del Estado y del derecho. El movimiento social organizado que impulsa al particular a desarrollar su propia individualidad, es llamado, entre otras denominaciones, «democracia socialista».

Crítica de la teoría del «dejar correr»: la democracia socialista

El socialismo utópico y el anarquismo que se deriva de él (por ejemplo, el de Kropotkin) han desarrollado la teoría denominada del «dejar correr». Sus raíces se remontan al epicureísmo del Renacimiento (la abadía de Thelème, de Rabelais), pero sólo asume ropajes teóricos en la *Teoría de los cuatro movimientos,* de Fourier, y bajo esta forma es difundida (Chernysevskij). Esta teoría sostiene que todos los pecados, los errores y las elecciones equivocadas de los hombres se derivan del *carácter coercitivo* del Estado, del derecho, de la religión y de la moral. Cuando los hombres puedan hacer sus elecciones libremente, cuando deban decidir por sí mismos sin constricciones, elegirán ciertamente *el bien.* La desfiguración de las pasiones, su forma egoísta son *consecuencias* de la constricción. Esta idea se encuentra también en la literatura socialista. Kautsky por ejemplo (en una discusión con Trotsky), argumenta, contra la constricción al trabajo, que si los hombres no *tuviesen la obligación* de trabajar, elegirían voluntariamente y de buen grado el trabajo.

No es la ocasión de emprender una discusión con Kaustky sobre este tema,[37] porque su tesis nace de la ilusión ingenua de que, librando a la particularidad de la presión en *un sólo punto,* se transformaría la actitud del particular hacia la actividad que

36. En la *Crítica al programa de Gotha,* Madrid, Ricardo Aguilera, 1968.
37. El debate entre Kautsky y Trotsky ha sido analizado por nosotros en el volumen *A szándéktól a következményig, op. cit.*

185

se ha librado de la presión. Por el contrario, es típico que en la sociedad suceda al revés de lo que Kautsky creía. Si la presión que grava sobre la particularidad cesa en un solo punto, mientras que el resto de la vida del particular permanece basada en la particularidad, sucede simplemente que en aquel punto se abre una válvula para la particularidad. Volviendo al ejemplo de Kautsky: la media de los trabajadores no trabajarían voluntariamente. La misma ingenuidad la volvemos a encontrar en el final de la *Dama del mar*, de Ibsen: la mujer no huye con su amor de juventud y permanece con el marido porque (y sólo por esta razón) el marido la «deja libre», le permite elegir libremente.

En *ciertos* casos —en absoluto infrecuentes— es cierto que pueden acontecer situaciones en las que este «dejar libres» produce el efecto esperado (por ejemplo, en la educación de los niños), pero sólo si quien es dejado libre no es en sustancia particular, cuando su aspiración hacia «lo malo» en realidad está sólo en *función de la resistencia*. Este «método» no es apto en absoluto cuando se trata del conjunto de la vida, de acciones continuadas, de la conducta de la vida cotidiana de cada hombre. Pero Fourier, Chernysevski y Kropotkin van mucho más allá y hablan de liquidar simultáneamente *toda constricción* (el Estado, la religión y la moral abstracta) en todo el conjunto de la sociedad. En una sociedad en la cual no hubiese *ninguna* constricción de *ningún* género, sostienen estos teóricos, la vida basada en la particularidad se transformaría en una vida basada en la individualidad; sin constricción, entre el objetivo genérico y el objetivo de realizar mi personalidad, sería siempre posible encontrar las formas de acción óptimas que Aristóteles denomina el «justo medio».

Resulta claro cómo en la base de esta concepción existe una idea válida y una ontología falsa. Es una idea válida sostener que toda esfera alienada (naturalmente en ellos no se encuentra la palabra alienación) corrobora y engrosa la particularidad. La ontología falsa remite a Rousseau, según el cual cada particular encarnaría en sí la esencia humana (también en este caso el término no es de Rousseau): el hombre viene al mundo con todos los fines y las pasiones genéricos; y sólo la sociedad alienada, la «constricción», es la que priva a los particulares de la genericidad convirtiéndolos en particulares. No será necesario extenderse mucho para demostrar que esta ontología es falsa, que el hombre no nace como un conglomerado de valores esenciales; el hombre viene al mundo dotado solamente de características particulares y de una genericidad «muda»; y es solamente el «mundo» el que desarrolla en él tanto la genericidad consciente como el comportamiento basado en la particularidad. Y ni siquiera habrá que detenerse para demostrar que no existe ninguna sociedad que pueda estar compuesta sólo de recién nacidos; los recién nacidos están rodeados de hombres, que son hijos de la alienación y que han organizado ya su propia vida en mayor o menor medida sobre la particularidad (así como han aparecido ya en ellos las aspiraciones genéricas). El socialismo debe ser construido con los hombres existentes, dice Lenin con no poca resignación. Pero esta resignación nos propone una *tarea*, que no es en absoluto tan simple como los apóstoles de la teoría del «dejar libres» han pensado.

Hasta ahora no hemos ni siquiera mencionado el hecho de que junto a las instituciones estatales exista toda una serie de instituciones que no pertenecen al Estado (que pueden serle adversas e indiferentes) y que influyen también en la vida cotidiana. Las instituciones religiosas no son siempre estatales (en el socialismo y en algunos países capitalistas Estado e Iglesia son netamente distintos), y lo mismo puede decirse de las instituciones deportivas y culturales, los sindicatos, los partidos, las asociaciones, etcétera. En el capitalismo tampoco las instituciones económicas en general están subordinadas al poder estatal. Cuanto más «socializada» está una sociedad determinada, cuanto menos cuentan en ella las comunidades primarias (por ejemplo, la comunidad primaria institucionalizada también por el Estado: la familia), cuanto mayor es el peso de las grandes ciudades, tanto más tupida se hace la red de las distintas instituciones. Whyte jr. habla precisamente de *organization man*: según Whyte, la vida de los hombres consiste toda ella en una «adaptación» a las exigencias de las diversas organizaciones, de tal modo que la personalidad auténtica se pierde o no consigue desarrollarse, y el hombre se descompone en los diversos «roles» que desarrolla en las distintas instituciones. En realidad, la descomposición del particular en sus roles no se deriva del crecimiento de la red institucional. Es una consecuencia de la alienación generalizada, cuya expresión es el hecho de que el particular, en vez de *elegir* entre las organizaciones, es decir, en vez de *seleccionar* la que mejor corresponde a su personalidad y desarrollar en ella su propia actividad, se somete mecánicamente al conformismo social, por hábito conformista interioriza las exigencias de innumerables y diversas instituciones, y en vez de sintetizarlas a partir de su propia personalidad, simplemente las aplica, las imita, las sigue. La adaptación a las «organizaciones» constituye solamente una nueva manifestación del comportamiento según el rol, del desenvolvimiento de la personalidad.[38]

Pero es un fenómeno extremadamente típico. Con el relajamiento de los vínculos de las comunidades primarias, con el surgimiento de la «sociedad pura» y con la vida en las grandes

38. Sobre el comportamiento según el rol remitimos a A. HELLER, *Historia y vida cotidiana*, Barcelona, Grijalbo, 1972, pp. 123 y ss.

ciudades, el particular se hace cada vez más *solitario*. Una vía auténtica de salida de esta soledad podría ser proporcionada por una comunidad con un contenido de valor positivo. Pero si no hay ninguna o si el particular no la encuentra, la necesidad de comunidad del hombre solitario se adhiere a *cualquier* organización humana. Aunque esto no basta para eliminar efectivamente la soledad (D. Riesman habla justamente de «muchedumbre solitaria»), no obstante, es atenuada la realidad física de la soledad en la vida cotidiana, el *estar solo*. Tal realidad física de la soledad en la vida cotidiana ha existido siempre, pero sólo se generaliza donde los hombres tienen *tiempo* para estar solos, donde la vida no está colmada por la lucha y por el trabajo por la simple supervivencia: en las clases no trabajadoras (y también en este caso solamente después del relajamiento de los vínculos de las comunidades naturales). Pero hoy en día, a causa de los horarios de trabajo más breves y del aumento del denominado «tiempo libre», se ha convertido en un problema de masas; de ahí la evasión en las organizaciones. Pero para que el particular esté en condiciones de elegir las instituciones adaptadas a su personalidad, de encontrar los grupos efectivamente aptos para formar una comunidad, para hacer que su tiempo libre sea un verdadero ocio, es decir, una vida cotidiana que enriquezca la individualidad y que contenga una actividad genérica, es necesario una superación universal de la alienación. Y viceversa: sólo el hombre que declara la guerra a la alienación, que ha iniciado el camino para la superación subjetiva de la alienación,[39] estará en condiciones de desarrollar también en el ámbito de la alienación objetiva actividades vitales que transformen su tiempo libre en un «ocio» sensato, sólo éste podrá producir o plasmar instituciones dirigidas a liquidar la alienación en todas las esferas de la vida.

CIENCIA, ARTE Y FILOSOFÍA

Ciencia, arte y filosofía son *objetivamente genéricas del conocimiento y autoconocimiento humanos*. En cuanto conocimiento y autoconocimiento constituyen partes integrantes de la praxis humana en su conjunto, pero lo son precisamente como «actitudes teoréticas» hacia la realidad. Al inicio nacieron de las necesidades de la vida cotidiana y de las necesidades políticas de las integraciones; más tarde, por el contrario, se hicieron autónomas como esferas de objetivaciones específicas, cuya naturaleza es el no poseer ya una *relación directa* con la vida coti-

---

39. Sobre la superación subjetiva de la alienación véase el capítulo correspondiente de la *Ontología* lukácsiana.

diana de los particulares o con las necesidades inmediatas de las integraciones. Las ciencias naturales son utilizables en la técnica (aunque no desde hace mucho tiempo), pero no se trata de que se hayan convertido en *ciencias naturales* gracias a su inmediata utilizabilidad. Deben su puesto en la praxis humana en su conjunto al hecho de estudiar las leyes objetivas de la naturaleza relativamente sin otros fines. La filosofía puede convertirse en ideología de estratos sociales, puede ayudar al particular a organizar su propia vida. Sin embargo, la filosofía está a la altura de su función precisamente —y *sólo* por esto puede convertirse en ideología o dar una forma de vida— porque su contenido *no se agota* en el servicio de objetivos determinados, sino porque es capaz de dar a los problemas vitales de una determinada época, de un determinado movimiento social, una forma que corresponde a las conquistas obtenidas hasta aquel momento en el desarrollo de los valores genéricos. En este sentido la filosofía opera efectivamente, según las palabras de Spinoza, «*sub specie aeternitatis*» a través de la catarsis, la obra de arte está en condiciones de plasmar la vida de las personas particulares y por lo tanto, en tal sentido, de «enseñar». Pero puede hacerlo porque da expresión a la autoconsciencia del desarrollo humano y precisamente porque *su fin no es* el inmiscuirse directamente en la vida, el «educar». El poder de las puras ideologías en la definición de los conflictos sociales (hablamos aquí de filosofía y de arte en el sentido de la concepción lukácsiana) deriva precisamente de esta amplia perspectiva, de esta ausencia de particularidad, de este referirse al elemento humano en su conjunto, de este carácter «teorético».

Pero dado que, a pesar de los rasgos comunes, estas tres formas de objetivación tienen relaciones diversas con la vida y el pensamiento cotidianos, las analizaremos aquí —sólo desde este ángulo y de modo esquemático— por separado.

Las ciencias naturales y el saber cotidiano

Hablando de las ciencias, afrontamos por primera vez las ciencias naturales. Las distinguimos netamente de la filosofía porque, a nuestro juicio, son de otra naturaleza y tienen funciones distintas. El hecho de que a menudo las filosofías en cuanto «filosofías de la naturaleza» han anticipado los descubrimientos científicos y que a veces el filósofo y el científico están unidos en la misma persona, no cambia las cosas. Que se trata de dos saberes esencialmente distintos, era sabido incluso en la Antigüedad, si bien entonces no existía una ciencia natural en el sentido moderno, sino sólo una «investigación de la naturaleza». Aristóteles pensaba que para la investigación de la naturaleza eran necesarias capacidades mentales distintas de las necesarias para la filosofía; las primeras representaban el *nus,* las segundas la *sophia.*

Las ciencias naturales comprenden los conocimientos de la humanidad sobre el mundo no humano (incluida la naturaleza fisiológica del hombre). Desde el comienzo están orientados hacia la desantropomorfización, aunque ésta no haya sido totalmente obtenida nunca. Por su esencia son desantropocéntricas, y cuando falta este carácter significa que nos encontramos con una observación natural presentada con medios filosóficos-ideológicos. Finalmente, se esfuerzan por desantropologizar cada vez más, en ir en sus investigaciones cada vez más allá de las posibilidades de los órganos sensoriales humanos. Todo esto nos permite concluir que *las ciencias naturales «impugnan» la consciencia cotidiana.*

Dado que ya hemos hablado de ello en la discusión sobre el pensamiento cotidiano, haremos aquí sólo una breve recapitulación de lo ya dicho. En la relación entre pensamiento cotidiano y no cotidiano hemos distinguido cuatro tipos: [40] la *intentio recta* 1, que simplemente reagrupa y ordena la experiencia y los datos del pensamiento cotidiano, sin superar el nivel de este último. Veremos que este tipo de pensamiento está presente obligatoriamente en la vida cotidiana y que, al mismo tiempo, tiene un valor precientífico en cuanto proporciona al pensamiento científico materiales y datos. Por lo tanto, la *intentio recta* 2, parte de las experiencias o datos del pensamiento cotidiano desarrollándolos en un plano que supera su nivel. Recuérdese que el pensamiento antiguo —tanto el relativo a la sociedad como a la naturaleza— ha surgido sobre la base de la *intentio recta* 2. Sócrates hace deducir el teorema de Pitágoras a un esclavo ignorante, apelando solamente a sus experiencias y a su buen sentido. Sin embargo, debe incitarlo a *deducir* el teorema, porque el pensamiento cotidiano por sí solo es incapaz, en sí y a partir de sí mismo, de «salir» de las experiencias cotidianas y de las estructuras del pensamiento cotidiano a una esfera científica homogénea. Cuando Platón afirma que el punto de partida de la filosofía es la maravilla, hace una afirmación genial. La maravilla, que no revela simplemente lo que se ha visto o experimentado, sino que en lo habitual reconoce lo inhabitual, lo peculiar, es un hecho del pensamiento cotidiano que conduce más allá de la cotidianidad. De aquí parte no solamente la filosofía, sino todo pensamiento fundado en la *intentio recta* 2, sea cual sea su forma.

La *intentio obliqua* «impugna» totalmente el pensamiento cotidiano, es decir, no surge directamente de los resultados de las experiencias cotidianas y de los correspondientes contenidos del

40. Como punto de partida nos hemos servido de la concepción de N. Hartmann, pero interpretándola de modo que podamos duplicar las dos categorías.

pensamiento. La ciencia natural moderna se basa completamente en la *intentio obliqua*, mientras que la investigación de la naturaleza todavía era posible sobre la base de la *intentio recta*, como hemos dicho ya. Las ciencias sociales y la filosofía, por el contrario, y también a esto nos hemos ya referido, están caracterizados a menudo por la *intentio obliqua*, especialmente a partir del pensamiento del Renacimiento tardío. Los límites no son rígidos; tomemos un ejemplo de la economía. Aristóteles había llegado ya a comprender que en el intercambio de mercancías debía manifestarse una especie de «igualdad» para que las mercancías pudiesen ser cambiadas en las proporciones correspondientes; en este caso Aristóteles operó claramente con el segundo tipo de *intentio recta*, desarrollando las experiencias. La noción de la economía moderna, por el contrario, según la cual la «igualdad» estriba en el igual trabajo, no es deducible de ninguna experiencia, es obtenida mediante la *intentio obliqua*. Viveversa, en la matemática, que no es ni una ciencia social ni una ciencia natural, algunos pasos extremadamente complicados son también hoy comprensibles con la ayuda de la *intentio recta*.

La distinción entre la *intentio obliqua* 1 y la *intentio obliqua* 2 transcurre entre la filosofía y las ciencias sociales por un lado y la ciencia natural por otro. En efecto, en la ciencia social y en la filosofía, una vez que —mediante la *intentio obliqua*— una verdad científica ha sido descubierta, ésta es *adecuadamente* comprensible sobre la base de las propias experiencias personales durante la vida. Esto sucede muy simplemente porque el tema de la filosofía y de la ciencia social es la sociedad, cuyos nudos clarificados por la ciencia están ante el hombre todos los días (aunque de una forma fetichista). La ciencia natural, y especialmente la moderna, se ocupa cada vez más a menudo de fenómenos que no se encuentran en la vida cotidiana de los hombres (salvo en el trabajo, pero también sólo en algunos contextos específicos), por lo cual no pueden basarse en sus experiencias cotidianas para comprender tales problemas. La tentativa de Einstein e Infeld de hacer comprensible la teoría de la relatividad desarrollando la conciencia cotidiana (usando como ejemplo el tren), no ha tenido éxito; para comprender la teoría de la relatividad incluso a un nivel elemental, es necesario hacer abstracción del parangón empírico que sirve de punto de referencia, dado que todo parangón sólo consigue hacer más difícil la comprensión. Sin embargo, no es un absurdo querer traducir los resultados de la ciencia natural al lenguaje cotidiano, pero hay que tener presente que se trata sólo de una traducción y, además, que la traducción presupone la capacidad de comprender una estructura distinta de la consciencia cotidiana y la capacidad de moverse en esta estructura al menos superficialmente.

Puesto que toda disciplina de la ciencia natural posee una estructura homogénea propia, para poderse «mover» en ella es necesaria una *preparación específica*. La física, la química o la medicina deben ser *aprendidas*. Lo mismo podría decirse del conocimiento de la naturaleza, aunque estaba sólo en germen, ya antes del nacimiento de la *intentio obliqua*. Pero se nos podría objetar que las cosas suceden del mismo modo en la filosofía y en las ciencias sociales, lo que es exacto desde un cierto punto de vista. Para llegar a resultados significativos en la filosofía y en la ciencia social en la actualidad hay que ser «especialistas» al igual que en las ciencias naturales, sin embargo, aún es posible que los no especialistas produzcan razonamientos los cuales como *razonamientos* (no sólo como sugestiones) puedan ser considerados filosófica y científicamente adecuados, mientras que en las modernas ciencias naturales esto ya no es posible.

Digamos algunas palabras sobre la desfetichización. En las ciencias naturales la *intentio obliqua* desfetichiza siempre y obligatoriamente (no consideramos las ideologías que, aun remitiéndose a los resultados obtenidos en las ciencias naturales, pueden, sin embargo, tener un carácter netamente fetichista, es decir, pueden ser antropomórficas desde varios puntos de vista). Por el contrario, la filosofía y la ciencia social tienen ante sí otros caminos. Examinemos aquí sólo los casos de la *intentio obliqua*: puede suceder que ésta eleve los hechos fetichistas de la vida cotidiana a la consciencia no cotidiana (incluso los contenidos concretos del fetichismo de la consciencia cotidiana), que *mitifique en «esencia» el ser y la consciencia fetichistas*. Es posible también lo contrario, es decir, que la *intentio obliqua* de la filosofía y de la ciencia ejerza precisamente *la función de desfetichizar*. Ambos casos son ideologías y satisfacen necesidades ideológicas, pero el segundo no hace sólo esto: al mismo tiempo enriquece el saber genérico. En esto pensaba Marx cuando afirmó que si esencia y fenómeno coincidiesen ya no sería necesaria ninguna ciencia. La filosofía y la ciencia social de alto nivel se basan en esta elección con contenido de valor positivo, elección cuya ideología es la desfetichización, de modo que hacen posible e incluso exigen un continuo enriquecimiento del saber sobre la genericidad. [41]

Y ahora hagamos un breve repaso de la *historia* de la relación entre pensamiento cotidiano y científico. Para que surgiese el pensamiento científico debían haber surgido ya en la vida cotidiana comportamientos mentales —no estructuras de pensamiento— de las que aquél pudiese surgir. La *intentio recta* 1 es precisamente un comportamiento de este género, y ya hemos

41. Sobre la relación entre ciencia social y filosofía, *cf.* M. VADJA, *Objektiv természetkép és társadalmi praxis* (Imagen objetiva de la naturaleza y praxis social), en «Filozófiai Szemle», 1967, núm. 2.

hablado del papel de la maravilla en ella. Lévi-Strauss afirma que la sistematización y el reagrupamiento (especialmente del mundo vegetal) que excedía ampliamente la utilización cotidiana han abierto a las tribus primitivas precivilizadas un conglomerado de saber muerto que fue una de las premisas indispensables de la denominada revolución neolítica, la primera potente revolución producida en la historia de la humanidad. [42] Pero desde que existe un pensamiento científico, éste se halla en perenne *feedback* con el pensamiento cotidiano, y en diversos modos. En primer lugar toma parte en la transformación —muy lenta— de la estructura del pensamiento cotidiano y en el proceso —mucho más rápido y fácil de controlar— de enriquecimiento de los contenidos del pensamiento de la cotidianidad. Por ejemplo, conocer y referir las informaciones derivadas de la divulgación científica es un hecho que no supera el nivel típico de las necesidades cotidianas, y es precisamente un enriquecimiento de los contenidos del pensamiento que se derivan del pensamiento no cotidiano. Valdría la pena investigar de qué forma han penetrado en la consciencia cotidiana los diversos descubrimientos científicos (por ejemplo, el darwinismo), qué función ideológica asumen en ella, cómo se convierten en «lugares comunes», etcétera. Si se estudiase el pensamiento del actual habitante de las ciudades, se detectaría en él seguramente mayor número de tesis científicas transformadas en obviedades que supersticiones tradicionales.

Estos conocimientos «descendidos» de la ciencia y convertidos en lugares comunes sólo raramente viven independientes el uno del otro al nivel del pensamiento cotidiano; tienen también una función en la *formación de la imagen del mundo.* Actualmente esta función es (en la enseñanza) guiada conscientemente. Constituye un mínimo de imagen científica del mundo que (al menos en Europa y en los Estados Unidos) sirve ya para la simple orientación de la vida cotidiana. La unificación consciente de las imágenes del mundo con las representaciones colectivas (religión, moral) otro tanto necesarias para la orientación cotidiana y, por tanto, la elección consciente entre las diversas interpretaciones del mundo tienen lugar, en el caso de que tengan lugar, en la mayoría de los casos a través de las ideologías operantes en la vida cotidiana. La imagen del mundo que se deriva de la ciencia no puede cumplir por sí sola esta función.

Hemos hablado hasta ahora del descenso del pensamiento científico a la vida cotidiana. Pero la penetración *práctica* de la

---

42. Contrariamente a Lévi-Strauss, pensamos que el pensamiento científico no ha surgido sobre todo a través de la sistematización de las experiencias y observaciones cotidianas, sino del pensamiento religioso, ramificándose de éste como disciplina científica. Efectivamente, encontramos ya en él, aunque de forma mística y fetichista, el segundo tipo de *intentio recta.*

ciencia en la vida cotidiana es un fenómeno distinto de los que hemos discutido ahora, aunque no independiente de ellos. La *aplicación* práctica de las conquistas científicas en la vida cotidiana se verifica bajo la forma de la técnica, tanto si consideramos el trabajo del hombre como si consideramos la cualidad de los objetos que lo circundan en la vida cotidiana (el torno, el ascensor, etc.). En este caso, la relación con las *conquistas* de la ciencia pertenece a la vida cotidiana y *también* al pensamiento cotidiano no sólo por el contenido, sino estructuralmente. Es cierto que en la vida moderna se hace cada vez más típico el fenómeno por el cual manejamos un número creciente de objetos de los cuales no conocemos en absoluto el mecanismo de funcionamiento; aun más profunda se hace la separación, si pensamos no en el funcionamiento, sino en las leyes científicas (por ejemplo, físicas) sobre las que se basa el mecanismo. Sin embargo, esto es cierto sólo relativamente, y no con respecto al número absoluto de los casos. Un campesino medieval no tenía ninguna necesidad de conocer las leyes de la mecánica sobre las que se basaba el funcionamiento de la rueda, para usarla o para repararla cuando estuviese rota. También un hombre de hoy puede, sin tener la más mínima idea de las características de la electricidad, encender la luz. Pero así como debe reparar a menudo por sí solo el interruptor, lo que es un fenómeno paralelo al desarrollo de la técnica y a su penetración en la vida cotidiana, debe saber algo más sobre las leyes físicas de la electricidad que el campesino medieval sobre las leyes de la mecánica: en nuestro ambiente «técnico» son necesarios más conocimientos científicos para la conducta de la vida cotidiana que en cualquier otra época del pasado. Lo cual significa que, aunque sólo sea para hacer «funcionar» sin tropiezos la estructura —puramente práctica— del pensamiento cotidiano, se ha hecho necesario un número mayor de contenidos del pensamiento cotidiano «derivantes» de la ciencia. Entre el *knowing how* y el *knowing that* no hay en el pensamiento cotidiano ninguna muralla china. Entre la penetración en la vida cotidiana de la «ciencia como pensamiento» y la práctica existen amplias interacciones, aunque el primer fenómeno está mucho más difundido que el segundo.

Hasta ahora nos hemos dedicado casi exclusivamente a la relación entre ciencia y pensamiento cotidiano; la vida cotidiana sólo en cuanto que, a causa de la tecnificación, exige un tipo particular de pensamiento cotidiano. Examinaremos ahora la relación entre la *actividad* en el campo de las ciencias naturales y la vida cotidiana.

La ciencia natural es el saber objetivo de la humanidad sobre la naturaleza, es decir, constituye un saber genérico. Su objeto no es el género humano; en las investigaciones de la ciencia natural el hombre *no* se refiere de un modo inmediato a su propio género, sino a la naturaleza. Pero, en el curso de esta actividad, es necesario homogeneizar; ¿hay que suspender las motivaciones particulares? ¿Se requiere una relación consciente con algún valor genérico-social?

Ciertamente, la homogeneización y la suspensión de la particularidad son requeridas desde un determinado punto de vista, desde el punto de vista del saber. Debo entrar en la esfera de la ciencia, en la estructura de una determinada disciplina científica, y debo generalizar mi saber en esta esfera o estructura. Para hacer esto debo suspender la consciencia cotidiana, fetichista. Pero el problema es aún más complicado. Es decir, hay que preguntarse si la generalización de mi saber al nivel de la genericidad —aunque su tema es exclusivamente la naturaleza— no plantea exigencias que van más allá del estricto saber. O lo que es lo mismo, si la elevación a «hombre enteramente comprometido» en la ciencia no implica necesariamente momentos de valor tales que, aun estando relacionados con el saber, tocan otros valores genéricos; si la relación científica con la naturaleza no tiene premisas o consecuencias que se originan de la relación con valores puramente humano-genéricos. Pues bien, nosotros creemos que las cosas se realizan precisamente de este modo.

El primer momento de este tipo —común a toda especie de ciencia y de filosofía— es la aspiración a la *verdad*. En la jerarquía de valores de los científicos la verdad ocupa el primer puesto. Veremos que sobre este punto no hay la más mínima diferencia entre filósofos y científicos: el filósofo debe garantizar la verdad con todo su comportamiento, al científico le «basta» con enunciarla, o mejor, en la esfera científica no puede enunciar nada que considere falso, no cierto, errado. Garantizar la verdad exige a veces la suspensión, el sometimiento de los intereses particulares, a menudo incluso la subordinación de otros sentimientos y deseos genéricos cargados de valor. La frase atribuida a Aristóteles según la cual amaba a Platón, pero amaba más todavía a la verdad, es la síntesis clásica de esta clara norma.

El primado absoluto de la verdad en la jerarquía de valores de la ciencia no aparece solamente cuando existen conflictos dramáticos, cuando un científico está obligado a poner en discusión su prestigio social, su patrimonio, su seguridad para combatir prejuicios científicos. Acontecen también casos prosaicos. Un científico que una sola vez en su vida haya dicho que ha llevado a cabo un experimento que en realidad no ha efectuado, que haya hecho público un único dato no demostrado haciéndolo pasar por demostrado, será excluido del mundo científico por el resto de sus días, se le juzgará en adelante como un charlatán. La proclamación de la verdad es, en efecto, un valor moral, la primera necesidad del desarrollo científico.

Pero cuando hablamos de la responsabilidad de la ciencia y del científico frente al mundo, entendemos por ello algo más. No pensamos solamente en el éxito del trabajo científico, ni solamente en la función de un determinado resultado en el desarrollo de la ciencia natural, sino también en su función en el desarrollo de la humanidad en general. El trabajo de los grandes científicos afecta no sólo a la ciencia, sino también al presente y al futuro del género humano; y los mejores representantes de estas disciplinas son más o menos conscientes de ello. La diferencia entre Szilar, Teller y Oppenheimer no estriba en el hecho de que son físicos distintos: esta «diferencia» no se refleja en su trabajo científico (como por el contrario se refleja en el arte de Joyce y de Thomas Mann, o bien en la filosofía de Heidegger o de Sartre). Esta «diferencia» aparece en el hecho de que *se comportan de un modo distinto respecto al uso social de sus resultados en la física*, o sea, respecto a los conflictos sociales. No obstante, si esta «diferencia» no se refleja en el descubrimiento físico, ello no significa que le sea indiferente. La actitud inmediata de los científicos frente a la causa de la humanidad también entra en juego en el desarrollo interno de las ciencias naturales (por ejemplo, en la elección del campo de investigación, en la valoración de lo que es «sensato» en la investigación).

Pero existe un tercer aspecto que no hay que olvidar. Hemos dicho ya que en el caso del científico el proceso de homogeneización es guiado por la esfera científica determinada, que el proceso a través del cual se convierte en «hombre enteramente comprometido» tiene lugar con la ayuda de la generalización del saber, con su elevación por encima del saber cotidiano. Sin embargo, la experiencia muestra que —al menos en el caso de los científicos importantes, que realizan cosas nuevas— los factores que hacen posible esta ascensión no son solamente las capacidades mentales, el talento individual y la buena preparación. Los grandes científicos generalmente son también grandes individuos. Para descubrir nuevos campos de investigación, nuevos datos, nuevos métodos (aparte los descubrimientos casuales) son necesarias a menudo también *cualidades de carácter* que superan en mucho la medida de las «capacidades» necesarias para la ciencia y la posesión de un alto grado de conocimientos científicos. La fuerza de carácter, la capacidad de soportar las decepciones, el coraje civil, el rechazo de la tradición, son características y formas de comportamiento que caracterizan al hombre que se ha elevado a la individualidad. Los nuevos descubrimientos científicos requieren a menudo cualidades genéricomorales, incluso cuando el objeto o la intención de la investigación no es directamente la humanidad. Todo esto no afecta a los científicos que siguen senderos ya batidos y llevan a cabo investigaciones particulares en campos ya conocidos, y menos todavía a los simples practicantes de la ciencia. Pero a menudo son precisamente las cualidades individuales y morales las que deciden no si uno puede llegar a ser científico, sino *a qué nivel* lo será (piénsese en *Arrowsmith*, de Sinclair Lewis).

Las ciencias sociales como ideologías científicas.
La tecnología social. La manipulación

La distinción que acabamos de hacer entre los que trabajan sobre lo nuevo y los que siguen caminos ya transitados, que elaboran los detalles, pueden aplicarse también a los estudiosos de las ciencias sociales. Pero, distintamente que en el caso de los científicos de la naturaleza, existen *dos criterios* para distinguir la grandeza en este campo, o sea la actividad científica importante, de vanguardia. *El descubrimiento de un nuevo campo de investigación, de nuevos métodos y nuevos datos* constituye solamente uno de los criterios. El otro —inseparable del precedente— es el grado de radicalismo con que el científico se pone a la altura de la función ideológica de su ciencia, que *es la definición de los conflictos sociales.* No son suficientes aquí ni las características particulares (el talento, la disposición), ni las morales-individuales (constancia, valentía, paciencia, etcétera). Es necesario además clarificar la alternativa existente en la realidad social y, en consecuencia, *los nuevos descubrimientos deben ser producidos a partir de esta alternativa, a partir de la elección de valores.*

Además, no existe campo alguno de la praxis social en el cual la investigación no fuera *mejor* si el investigador tuviese una relación consciente con la genericidad, es decir, si su trabajo científico fuese entendido *también* como ideología. Esto vale naturalmente sólo cuando esta ideología se basa en una elección de valor relativamente positiva, es decir, cuando es progresista. En tal caso el resultado de la investigación puede cumplir mejor su tarea de desfetichización, tarea que, como hemos visto, desde la aparición de la sociedad burguesa constituye uno de los criterios principales para medir el significado de todo empeño en el campo de las ciencias sociales.

Hasta la ciencia social puramente especializada contiene siempre un momento de valor, una elección de valor, dado que su tema es precisamente la sociedad. Una «retirada» en la «especialización» puede representar un acto de defensa contra ideologías reaccionarias, haciéndose con ello «resistencia» (de los científicos durante el fascismo), pero la mayoría de las veces tiene un carácter *apologético*: se contempla la sociedad existente, el *statu quo*, como algo «dado» del mismo modo exactamente con que el estudioso de las ciencias naturales considera la naturaleza, que debe ser estudiada, no transformada; como máximo se puede emplear para mejorar su «funcionamiento» (*cf.* las *human relations* consideradas una ciencia en los Estados Unidos). La ciencia social que se ha replegado en la especialización no es *necesariamente* más fetichista que la conscientemente ideológica; si su punto de partida es la huida de ideologías de contenido negativo, puede expresar incluso una protesta contra la fetichización. Pero cuando asume como punto de partida la estructura y función de la sociedad como «dada», su actitud aniideológica no hace más que reforzar con medios científicos el modo de ver fetichista cotidiano.

En el fondo sólo existe un tipo de ciencia social que no intervenga en la vida cotidiana: la «ciencia especializada» pura que estudia realidades nuevas (la etnología, la lingüística histórica, etcétera). Sin embargo, también ésta puede «intervenir», a través del ideólogo, del propagandista, que divulga sus resultados y los «introduce» en la conciencia cotidiana con el fin de definir los conflictos sociales.

No es necesario insistir en la importancia enorme que tienen las ciencias sociales primarias (ideológicas) en la plasmación de la vida cotidiana. Marx dijo a este propósito que también la teoría se convierte en una fuerza material cuando penetra en las masas. La ciencia goza en la consciencia cotidiana de un crédito tan elevado que incluso ideologías totalmente no científicas (con contenido de valor negativo) se esfuerzan por procurarse una base «científica» para autolegitimarse (por ejemplo, el fascismo con la teoría de la raza y otras estupideces biológicas). En la consciencia cotidiana de nuestros días, la ciencia —tanto la natural como la social— constituye la máxima autoridad.

La penetración de la «tecnología» de las ciencias sociales en la vida cotidiana está hoy todavía en los inicios. Se quiere así simplemente *«elaborar» la metodología para manipular a los hombres* (naturalmente sólo las manipulaciones «refinadas» tienen necesidad de métodos «científicos»). En la actualidad la manipulación técnico-científica apunta a las esferas de la vida cotidiana en relación con la genericidad: la actividad laboral y la política (sobre todo en los Estados Unidos y en menor medida en la Alemania Occidental). Las esferas puramente «privadas» no son abordadas en absoluto o muy poco por esta manipulación «científica». Está muy difundido el temor de que por tal vía sea posible hacer totalmente (y por añadidura definitivamente) conformista toda la vida cotidiana y de que ésta sea la perspectiva del futuro inmediato. Nosotros, por nuestra parte, nos resistimos a creer que los métodos técnico-«científicos» puedan ser resolutivos en este campo: la manipulación puede tener lugar también espontáneamente (a través del consumo, la moda, etcétera), como efectivamente y en general ha sucedido hasta ahora. Además no creemos que se pueda manipular a los hombres en todo y para todo, sean cuales sean los métodos; las mismas personas que disponen de los medios de manipulación no están necesariamente alienadas hasta el punto de proponerse como fin la elaboración de los métodos necesarios para una manipulación total. Y aunque así fuese, la humanidad ha encontrado siempre las formas adecuadas para rebelarse contra las formas concretas de manipulación; ¿por qué pensar que en este caso no suceda o no puede suceder lo mismo? Aunque no somos de la opinión de que la manipulación técnico-«científica» tendrá seguramente éxito y de que sea inevitable, consideramos extremadamente importante que la ideología científica, la filosofía, entre en lucha con todos los medios contra tales tentativas de manipulación y *movilice a la humanidad en defensa de su propia individualidad* (aunque ésta sólo se halle presente en una forma incipiente).

La manipulación técnico-«científica» tiende hoy a *asumir todas las funciones negativas de la religión, sin tomar sobre sí las positivas*. La manipulación técnico-«científica» «engorda» la particularidad, hincha las motivaciones particulares, pero incrementando (y permitiendo) sólo aquellas que sirven para alcanzar los fines de una determinada «organización» (en primer lugar las organizaciones que requieren una actividad laboral). Impide las decisiones individuales (morales) en las cuestiones que afectan a la concepción del mundo o a la política; plasma habilidades e ideologías que sirven al sistema vigente sin ponerlo en discusión desde ningún punto de vista. Sustituye los viejos mitos por otros nuevos: los de la técnica de mando, de la cualificación. Vigila la vida privada de los particulares, liquida su «esfera privada» o la somete al control social. Y todo esto no en épocas en las que la escasez de bienes requería la propiedad privada y —como consecuencia— la regulación moral-religiosa de la relación con la propiedad privada, no en épocas en las que los valores genéricos podían ser conservados únicamente en contraposición con determinadas —legítimas— exigencias particulares (como ha hecho la religión durante milenios), sino por el contrario en un período en el que ha madurado las condiciones para liquidar la propiedad privada, para formar individuos libres, para colmar el abismo entre desarrollo genérico y desarrollo individual. Precisamente por esto las exigencias y las expectativas en nombre de las cuales son reprimidos deseos concretos de la particularidad (para «hincharla» en su conjunto) ya no representan de ningún modo el desarrollo genérico y ya no contienen ningún valor genérico (de un modo distinto de la religión, que ha poseído tales valores durante largos períodos históricos). La filosofía y la ciencia social entendida ideológicamente deben, por tanto, darse cuenta de que la «ciencia social» manipuladora-tecnificada no representa más que la religión de nuestra época (y repitámoslo una vez más: sin sus valores).

La indispensabilidad del arte

El arte[43] es la autoconsciencia de la humanidad: sus creaciones son siempre vehículos de la genericidad para-sí, y en múltiples sentidos. La obra de arte es siempre inmanente: representa el mundo como un mundo del hombre, como un mundo hecho por el hombre. Su jerarquía de valores refleja el desarrollo de valores de la humanidad; en la cima de esa jerarquía se encuentran siempre aquellos individuos (sentimientos, comportamientos individuales) que influencian al máximo nivel el proceso de desarrollo de la esencia genérica. Dicho con más precisión: el criterio de «duración» de una obra de arte es la elaboración de una jerarquía tal; si no lo ha conseguido, desaparece en el pozo de la historia. En consecuencia, la obra de arte constituye también la memoria de la humanidad. Las obras suscitadas por conflictos de épocas en la actualidad remotas pueden ser gozadas porque el hombre actual reconoce en aquellos conflictos la prehistoria de su propia vida, de su propio conflicto: a través de ellos se despierta el recuerdo de la infancia y de la juventud de la humanidad (*cf.* lo que escribió Marx sobre la perenne fascinación de los grandes poemas épicos y de las grandes tragedias griegas).

En el proceso a través del cual surge la obra de arte, la particularidad es suspendida casi sin residuos, el medio homogéneo del arte arrastra consigo al particular que está trabajando en la esfera de la genericidad; queda obligado a suspender su particularidad y a dar al mundo de la obra de arte la impronta de su individualidad.

Ni siquiera en la obra de arte, es decir, en la objetivación misma, existe lugar para la mera particularidad que no se haya convertido en individualidad: lo cual no sólo es válido por lo que afecta a la personalidad del artista, sino también para la de sus personajes. (Pensamos evidentemente en un tipo ideal de obra de arte. Las obras naturalistas son naturalistas precisamente porque la representación queda fijada en la particularidad.) Se nos podría preguntar, entonces, cómo es posible conciliar todo esto con nuestra concepción de la obra de arte como *mímesis* de la realidad, de la vida; efectivamente, en la realidad de la vida son innumerables los particulares que viven en función de la particularidad. Pero existe una respuesta. Una obra de arte puede representar también una motivación particular, pero poniéndola en el lugar que le corresponde, o sea, en el fondo de la jerarquía de valores. En segundo lugar, las vidas particulares no son simplemente *retratadas* por la obra de arte, sino *artísticamente individualizadas*: y ésta es la operación que nosotros —entre otras cosas— definimos como creación de tipos.

43. Nuestra concepción general del arte se remite a la estética de Lukács.

Finalmente, la particularidad no solamente queda suspendida en el proceso de producción artística y en la objetivación misma, sino también en la *recepción del hecho artístico*. En el curso del goce artístico el receptor se eleva a la esfera de la genericidad al igual que el artista. Y por ello la obra de arte se presta tan bien para poner en movimiento la purificación moral, la *catarsis*.

Las relaciones entre el arte y la vida cotidiana son tan variadas y complejas que no intentaremos ni tan siquiera ofrecer un cuadro aunque sólo sea esquemático. Nos limitaremos a indicar los problemas más importantes.

Como se ha dicho, *no hay vida cotidiana sin arte*. Esto no sólo significa, como en la analogía realizada en la ciencia, que en el conjunto heterogéneo del pensamiento cotidiano estén presentes las *condiciones preliminares* y los gérmenes del *modo de ver artístico*, sino también que el *goce* artístico bajo cualquier forma existe siempre y en todos. No existe ninguna formación social conocida por nosotros, no hay modo de vida en el que no sean conocidos el canto, la música, la danza, en el que los puntos nodales de la vida cotidiana, es decir, las fiestas, no estén ligados de algún modo a manifestaciones artísticas. Incluso donde la elevación a la genericidad social aún no se ha librado de la genericidad «muda» (biológica), está ya presente un «medio homogéneo» peculiar que conduce a esta «elevación», al éxtasis (éxtasis erótico en la danza, en la música). En la vida cotidiana de las formaciones más evolucionadas prosperan cada vez más las formas de arte en las cuales la jerarquía de valores se basa ya claramente en la genericidad social: sagas, mitos, fábulas, etcétera. El artista individual «se alza» por encima de esta esfera cotidiana impregnada de arte para fijar en las objetivaciones su relación *individual* con la genericidad. Sobre la base de las obras de arte es posible reconstruir del modo más seguro la ética y la imagen del mundo de cualquier época, y podemos analizar en ellas con la máxima certeza el grado y la dirección en que se ha desarrollado la individualidad de una época; las obras de arte nos informan del modo más verídico sobre el movimiento oscilatorio entre las formas de actividad cotidiana y genéricas, nos dicen si su relación era armónica o contradictoria, etcétera.

Por lo tanto, el arte es realmente «necesario», por usar la expresión de Ernst Fischer. Siempre y en todas partes la gente ha cantado durante el trabajo, y estos cantos pueden ayudar a reconstruir su trabajo (como ha hecho Bücher en *Trabajo y ritmo*). Los hombres siempre han declarado su amor, expresado sus sentimientos mediante canciones y versos, a partir de los cuales se puede reconstruir cómo han amado y qué han sentido. Los hombres han intentado siempre eternizar lo que a ellos les parecía bello o significativo; a partir de tales dibujos y pinturas se puede reconstruir qué era para ellos bello o, por cualquier razón, significativo. No es necesario que nos detengamos en los ejemplos, que podrían ser numerosísimos.

Necesidad del arte significa también que la vida cotidiana nunca ha presentado «vacíos» en este aspecto. Pueden transcurrir siglos sin que la ciencia alcance a determinados estratos, pero ni siquiera un decenio «sin arte». Lo han comprendido bien los cristianos cuando han desarrollado su actividad misionera. Dado que en las canciones y danzas «paganas» veían —no sin razón— un mundo de valores alejado del suyo, y dado que comprendían que sólo era posible desecharlo proporcionando a la gente *algo distinto en su lugar*, trabajaban rápidamente en este sentido (iglesias, cantos litúrgicos, etcétera). La otra cara de la medalla era que, más adelante, les sucedía también a ellos como al aprendiz de brujo de Goethe; el arte, que es necesariamente inmanente, en última instancia se ha rebelado en todo momento y en todas partes contra la religión.

No nos corresponde analizar aquí cómo precisamente la «necesidad» del arte ha ofrecido el espacio para la deformación de la cultura de los sentimientos en el *kitsch*.[44] El *kitsch* no es simplemente un arte «a un nivel más bajo». No es en absoluto cierto que todo período histórico haya producido arte del mismo nivel, y no lo es en especial por lo que afecta a los particulares géneros artísticos. Pero cuando un arte alcanza el estado que posibilita el desarrollo genérico de su tiempo (incluso cuando ese nivel no es excepcionalmente elevado), ofrece al particular —a través de sus medios homogéneos— la posibilidad de elevarse al plano de la genericidad de aquel período determinado. El *kitsch*, por consiguiente, no constituye un arte de bajo nivel, sino, por el contrario, un «arte» cuyo sistema normativo y cuya jerarquía de valores *no expresan nada de la genericidad* de su propio tiempo y que *como consecuencia* incluso en los medios artísticos (desde la gama cromática hasta las metáforas) queda atrás respecto del nivel dado del desarrollo genérico. El *kitsch* es un pseudoarte que satisface *de un modo falso* la exigencia de la particularidad de elevarse al nivel de la genericidad: el *kitsch* no eleva hacia los fines efectivamente genéricos, sino hacia los fines que son deseos «prolongados» de la particularidad, aunque vengan circundados por el aura de la genericidad. Por lo tanto, la emoción producida por el *kitsch* es siempre una pseudocatarsis.

Pero dado que el problema del *kitsch* se ha planteado sólo en el ámbito de un desarrollo social específico (antes del capitalismo no ha existido nunca), abandonamos aquí el tema. Un problema mucho más importante, de alcance más general, es si la suspensión de la particularidad en el goce artístico tiene lugar siempre al mismo nivel y si la extensión y la intensidad de tal sus-

44. Sobre la diferencia entre el kitsch y las bellas artes véase G. LUKÁCS, *Estética, op. cit.*

pensión dependen únicamente de la profundidad y del valor de la obra de arte.

La respuesta es netamente negativa. Todo fruidor de una obra de arte arrastra consigo, procedente de una vida cotidiana vivida y experimentada de un modo totalmente peculiar, un específico mundo sentimental, conocimientos específicos y, cosa importantísima, juicios e ideologías peculiares sobre la vida y la sociedad. Esto es lo que Lukács denomina el *antes* del goce artístico. Es este *antes* el que decide en gran medida qué tipo de obra de arte está en condiciones de elevar completamente al particular al plano de la genericidad (o porque está en consonancia con sus experiencias de vida precedentes, o porque lo perturba totalmente precisamente a causa de su contraposición a tales experiencias, o porque está construida sobre un medio homogéneo por el cual el receptor presenta una particular inclinación, etcétera). Sucede a menudo que una obra de arte importante casi no nos hace impacto, mientras que una obra menos significativa nos conmueve hasta la catarsis porque afronta los problemas fundamentales de nuestra vida. Un cuadro puede fascinarnos porque nos recuerda a alguien que hemos amado; un drama porque los conflictos del protagonista son afines a los nuestros; una obra musical porque pone en movimiento nuestro mundo sentimental excitado por alguna razón, etcétera. Por todo ello, la elevación en el medio homogéneo no es siempre de la máxima *intensidad*. Pero cuando esta elevación *no se verifica en absoluto* no existe ningún goce artístico, por bien que podamos haber comprendido la obra de arte en un plano intelectual.

Del mismo modo, es extremadamente diferenciado el *después* del goce artístico. La transformación de mi vida, de mi relación con el mundo, causada por una obra de arte no se deriva exclusivamente de la intensidad de una única y profunda emoción. La «trasposición» inmediata de la catarsis a la vida cotidiana (y a la vida en general), provocada por una experiencia interior, es un fenómeno excepcional. Hay que añadir que tal acción directa es más frecuente en las denominadas personas incultas que no entre los que viven en medio del arte. Estos últimos se han «habituado» a la emoción derivada del goce artístico (también a esto nos podemos habituar) y tras de sofisticados placeres artísticos vuelven sin efecto alguno a la «vida», la cual —dicen— es «distinta» del arte. El arte *por sí solo* no puede humanizar la vida; pero cuando se tiene la necesidad de humanizar la propia vida y la de los demás también a otros niveles —a nivel político, moral, etcétera— el arte proporciona un *parámetro* y cumple la función de apoyo sentimental e intelectual para operar la transformación.

La belleza en la vida cotidiana

Dedicaremos ahora algunas palabras a la belleza que se manifiesta en la vida cotidiana. Coincidimos con Lukács en que lo bello no es ciertamente una categoría central del arte y que, por el contrario, la belleza constituye una categoría mucho más amplia que lo bello artístico. En los *Manuscritos económicos y filosóficos* Marx considera una gran conquista humana el hecho de que hayamos aprendido a producir según la belleza. «El elaborar según las leyes de la belleza» no es, empero, necesariamente, crear arte. En la obra de arte está siempre el mundo, y, por lo tanto, constituye también siempre una «representación del mundo». Esto, por el contrario, no es válido obligatoriamente para crear según las leyes de la belleza. En todo caso esta última ha entrado en el mundo principalmente *mediante* el arte. Esto es, la obra de arte es una objetivación objetual humana con la que tenemos una «relación de utilidad», cuyo valor no estriba en lo útil (en la usabilidad), sino en algo «distinto» (como sabemos: en la representación, en la expresión de la relación con los valores genéricos), y que a pesar de ello produce un goce sensible. Ahora bien, también la belleza está caracterizada por el hecho de situarse *más allá de la usabilidad inmediata*, y esto incluso si el objeto o institución a través del cual se manifiesta es utilizable. Además, la belleza procura un goce sensible, que va desde el placer hasta el arrebato. Un cuchillo «bello» no sólo puede cortar (cosa que también realiza un cuchillo feo), sino que ofrece al observador algo más que su utilidad; un «bello» funeral es bello no porque alguien sea sepultado (para esto es suficiente cualquiera), sino porque las ceremonias hablan a los hombres de un modo que supera la pura utilidad. La belleza es la cultura que circunda a los objetos útiles, que se manifiesta en ellos, y que, suscitando afectos y goce sensible, *supera el pragmatismo*, uniéndose así con los *valores genéricos*, pero sin implicar necesariamente la consciencia de tales valores ni una relación consciente con ellos. *La belleza es heterogénea* al igual que la vida. Al agricultor el ondulante campo de grano no le parece bello, como pensaba Chernychevski, porque le es «útil»; el hecho de que él lo sienta «bello», que lo *goce* como belleza, es algo más que la utilidad, va más allá del pragmatismo. Lo cual no significa que el sentido de la belleza falte en todo tipo de pragmatismo o que se le contraponga (ni es obligatorio que algo plazca «de un modo desinteresado», sino que satisfaga «más allá del interés»). Un pintor que haya estudiado a Gauguin considera bello el mismo campo de grano por muy distintas razones (también superando el pragmatismo, es decir, no sólo porque podría salir de él un bello cuadro). Un habitante de la ciudad puede considerarlo bello porque, en contraste con el barullo ciudadano, le recuerda la paz y la quietud (una vez más por motivos que van más allá del pragmatismo, pero que no lo excluyen). Constituye ciertamente un valor genérico, un valor que refleja el desarrollo de la cultura genérica, el hecho de que en el campo se presente una actitud contemplativa, que descubra la pintura en la naturaleza, que proyecte en la naturaleza valores sociales, pero en ninguna de estas tres relaciones con el campo de grano el desarrollo genérico de la humanidad está presente como problema, ninguna de ellas requiere una toma de posición total frente a él, etc. Lo mismo podría decirse de una casa bien decorada, de una bella manifestación durante el Primero de Mayo, de hombres y de mujeres bellos o de bellos sentimientos (estos últimos no sólo satisfacen una necesidad ética, sino que además le «dan forma»).

La difusión de lo bello en la vida cotidiana constituye, considerada globalmente, sin duda un desarrollo de valor, pero no tan unívoco y falto de problemas como el que da lugar al arte (auténtico). El goce de la relación no pragmática con las cosas es, como modo de comportamiento, en la vida cotidiana de ciertos períodos o estratos una expresión del *parasitismo* de tales períodos o estratos. Cuándo y por qué aparece tal parasitismo es una cuestión *histórica* (por ejemplo, en la aristocracia cortesana del tiempo del absolutismo, o bien, en una parte de los intelectuales contemporáneos en Europa Occidental).[45] Dado que en épocas diversas y en estratos diversos la belleza en su heterogeneidad ha poseído una función histórica concreta distinta, hemos podido afrontar el problema solamente en un plano general de principio.[46]

La filosofía

La filosofía cumple al mismo tiempo las funciones de la ciencia y del arte: *es la consciencia y también la autoconsciencia* del desarrollo humano. Es la consciencia, en cuanto representa siempre el estado del saber genérico alcanzado por la humanidad en una época determinada; es la autoconsciencia, porque su fin es siempre la autoconsciencia del hombre y de su mundo. También la filosofía sólo puede representar el grado de consciencia como *consciencia del autoconocimiento*: por esta razón el filósofo, desde siempre, ha tomado también posición en la filosofía de la naturaleza, ha expresado en ella su interpretación del mundo humano (o al menos: la ha expresado en ella *también*); cuando falta ese criterio, tenemos una teoría científica y no una filosofía. Y viceversa: la filosofía sólo puede representar el grado de autocono-

45. Sobre el parasitismo de los intelectuales europeos occidentales, véase el ensayo de Ferenc FEHER, *A tárgyak fogságában*, (En la prisión de las cosas), en «Világosság», 1967, núm. IV, sobre la novela de Georges PERCE, *La cosa*.
46. Cuanto hemos dicho no pretende evidentemente clarificar, en el plano conceptual, en filosofía y en estética el problema siempre abierto de lo bello.

cimiento como *autoconocimiento de la consciencia*. Un cuadro del mundo, de las luchas y de los conflictos de los hombres en este determinado mundo, sólo puede ser proporcionado al nivel del saber genérico contemporáneo y con el auxilio de su aparato conceptual. Esto explica por qué, si bien el arte es siempre inmanente, no puede decirse lo mismo siempre de la filosofía. Por mucho que se esfuerce por encontrar una respuesta a las luchas inmanentes del hombre, si está en condiciones de dar tal respuesta al nivel del saber genérico sólo a través de la inserción teórica de la trascendencia, ella misma se convertirá en trascendente. Cuando falta el saber del autoconocimiento, ya no nos enfrentamos con la filosofía, sino con el arte. Con lo que no hemos establecido en absoluto una jerarquía entre la ciencia, el arte y la filosofía, sino que solamente hemos indicado cómo cumplen funciones distintas en el seno de las objetivaciones genéricas para-sí.

Su peculiar situación, de consciencia y autoconsciencia simultáneamente, proporciona a la filosofía una parte fundamental en la definición de los conflictos sociales. Hemos recordado ya la función análoga del arte. Sin embargo, la obra de arte se limita a presentar los conflictos humanos y ejerce su función de autoconsciencia elaborando una jerarquía de valores genéricos. Su objetividad indeterminada (especialmente en la música y en las artes figurativas, incluso en su variedad) hace posible interpretaciones muy diversas en el plano conceptual o cognoscitivo; incluso interpretaciones que se hallan muy por debajo del nivel alcanzado por el saber humano o que representan incluso una regresión de valor (por esto Thomas Mann ha podido declarar que la música es políticamente sospechosa). La filosofía, por el contrario, traduce los conflictos sobre los cuales toma posición, precisamente al lenguaje de los conceptos, y precisamente este lenguaje conceptual —que a menudo se aleja igualmente del lenguaje común— constituye su medio homogéneo. Por esto su planteamiento respecto al mundo y al hombre es siempre un enunciado evidente *para los hombres de una época determinada* (aunque solamente para unos pocos). Motivo de no escasa importancia por el cual *a todo filósofo* se le exige justamente el *vivir de acuerdo con su filosofía*, el convalidar incluso con su propia vida las ideas que difunde con sus obras. Por ello *la misión moral* del filósofo es el perseverar en sus ideas. Por esta razón los símbolos de la filosofía son Sócrates en la Antigüedad y Giordano Bruno en el alba de la época moderna. Cuando un científico, como por ejemplo Galileo, se retracta de sus propias tesis, sigue siendo un científico; pero cuando se retracta un filósofo, deja de ser filósofo: sus doctrinas pierden su autenticidad filosófica.

También la «supervivencia» de la obra fifilosófica está un poco entre la de la obra científica y la de la obra de arte. Así como la filosofía representa por una parte el saber de la humanidad, es posible que los pensamientos particulares de determinados filósofos sean desarrollados, separados del contexto de su obra, que se construya sobre ellos utilizándolos como «material cognoscitivo» producido por la humanidad. Dado que la parte es vehículo del todo, también esos nexos conceptuales aislados mantienen una afinidad solidaria, sin embargo, los diversos pensamientos de un mismo filósofo, cuando son incorporados en sistemas totalmente distintos, asumen el carácter de preguntas y respuestas sociales distintas. Aristóteles, a quien se remite santo Tomás de Aquino, Avicena, Averroes o Pedro Pomponazzi, es utilizado por ellos al servicio de tendencias sociales radicalmente diferentes. Algunos pensamientos pueden ser vaciados de su función social determinada o bien repetidos a un nivel de saber más bajo. A menudo ocurren ambas cosas: el resultado es el epigonismo.

Pero, por otra parte, dado que la filosofía es la autoconsciencia del desarrollo humano, los continuadores de una obra filosófica pueden presentar hacia ella una actitud análoga a la que tienen hacia una obra de arte. Toda obra filosófica constituye un todo individual (al igual que la obra de arte). *Hasta qué punto* ésta con la ayuda del saber de su tiempo ha definido los conflictos contemporáneos a ella y con *qué coherencia* los ha expresado, constituyen una de las fuentes del «goce» de la obra filosófica. En efecto, nosotros no nos preguntamos hasta qué punto una obra filosófica, vista desde el nivel actual del saber, es «verdadera», hasta qué punto es posible incorporarla al sistema de pensamiento actual, sino, por el contrario, con qué profundidad y coherencia ha expresado las preguntas que surgían en la infancia y en la juventud de la humanidad, ya que esas preguntas y respuestas, dado que la historia tiene un carácter de continuidad, *han conducido a nuestros problemas y a nuestras soluciones.* Lo que no significa que nosotros nos dirijamos a la obra filosófica *solamente* como a nuestro pasado. Las grandes obras de arte filosóficas han expresado sobre la base del saber de su tiempo *actitudes* humanas y sociales que son actitudes aun existentes hoy en día; por lo tanto, en la prehistoria filosófica también encontramos puntos de referencia inmediatos para la solución de nuestros problemas vitales y de los conflictos actuales.

Intentando definir los conflictos genéricos, el pensamiento filosófico supera siempre el nivel del pensamiento cotidiano, incluso cuando está articulado en el lenguaje cotidiano o se remite prevalentemente a experiencias de todos los días. Y esto sucede incluso cuando el objetivo de la filosofía es abiertamente el de influir en la vida cotidiana.

Además, no existe actividad filosófica que no suspenda la particularidad, lo cual, a diferencia, por ejemplo, del arte, es «obligatorio» no sólo durante el proceso creativo. El filósofo, al igual que el artista, debe ser un individuo, porque toda objetivación filosófica es individual. Pero esto no es suficiente. Puesto que para los filósofos —al menos para los más representativos— es obligatorio *vivir* según su propia filosofía, no tienen la posibilidad que, por el contrario, tienen los artistas, de oscilar continuamente entre la motivación particular y su ilusión. El filósofo no sólo debe ser un individuo, sino también *pensar y vivir en el mismo plano*, al menos aproximadamente. Por lo tanto, si su obra se basa en el desarrollo conceptual (con contenido de valor positivo) de las aspiraciones genéricas, *toda su vida, inclusive su vida cotidiana, debe expresar un modo suyo de vivir positivamente las aspiraciones genéricas.* El filósofo debe corroborar la justeza de su filosofía (entre otras cosas) también *con su vida cotidiana.* Y esto no sólo es válido para el filósofo, sino también —aunque a un nivel inferior— para todos aquellos que siguen una cierta filosofía. Si soy un estoico, debo vivir como estoico; si soy epicúreo, como epicúreo; si soy espinoziano, debo ser digno de la vida de Spinoza; si soy kantiano, debo tener presente continuamente la ley moral en mí; si soy hegeliano, debo adecuar también mi vida cotidiana al conocimiento de la necesidad.

Esto es de especial importancia por lo que afecta a la penetración de la filosofía en la vida cotidiana. Quien no es filósofo, raramente lee obras filosóficas, raramente elabora una actitud hacia la individualidad-obra filosófica coherente (como hace, por el contrario, hacia la individualidad-obra de arte coherente). Y esto tanto menos, en cuanto que para apropiarse de la obra filosófica (como más en general, para apropiarse del saber genérico) son necesarias nociones preliminares y especializadas. Lo que cala primeramente de la filosofía en la vida cotidiana es la concepción del mundo, es decir, su contenido ideológico carente de desarrollo conceptual, y el consiguiente *ideal político y cotidiano de acción.* De esto es de lo que *tienen necesidad* los hombres que —a un nivel de abstracción más alto o más bajo— buscan desde siempre una respuesta universal a los problemas de su vida. En la edad de oro de Atenas la filosofía era una necesidad vital de todo ciudadano de la polis: el filosofar formaba parte de la vida cotidiana. La filosofía se hace una necesidad; debía proporcionar una *imagen conceptual desfetichizada del mundo* como ideal en el que inspirarse en la vida política y en la vida en general para crear la «felicidad» personal.

Si hemos dicho, citando a Ernst Fischer, que el arte es necesario, con algunas limitaciones podemos hablar también de una *necesidad de la filosofía.* La filosofía es necesaria a todo individuo, y tanto más cuando la religión ha dejado de ser vehículo de la moral y de la imagen del mundo. Es necesaria porque el individuo, dado que vive, quiere saber «por qué», por qué razón, para qué fin vive él. La filosofía puede desfetichizar el mundo en el que vive el hombre explicándole en *qué tipo* de mundo vive y cómo puede vivir en él *lo más sensatamente* posible.

Dijimos ya anteriormente cómo la ciencia técnico-manipulatoria comienza a asumir la función de la religión y añadimos que esto sólo es válido por lo que afecta a las funciones negativas y no por lo que respecta a las positivas de la religión. Pues bien, es tarea de la filosofía el extirpar las funciones negativas de la religión, es decir, el engrosamiento de la particularidad y la sustitución del actuar y pensar autónomos por esquemas autoritarios y convencionales, con la edificación de una imagen del mundo sobre mitos trascendentes. Pero, en compensación, la filosofía asume y desarrolla los rasgos positivos: la transmisión de los valores genéricos del hombre a la vida cotidiana y la organización de la cotidianidad conforme a estos valores genéricos. Sólo la filosofía podrá proporcionar al hombre del futuro el pensamiento y la concepción del mundo sobre cuya base elaborará su relación individual con el mundo y —también individualmente— construirá su conducta de vida personal. Por consiguiente, la filosofía marxista debe conquistar el puesto que le espera en la regulación de la vida cotidiana. Pero hay una condición preliminar: la lucha, que ya lleva a cabo, por crear un mundo sin explotación y humanizado, por liquidar su forma actual, por producir las condiciones de vida en las cuales pueda desarrollarse esa función en el futuro.

HCS 144. 14

III. La libertad

No hay empresa más desesperante que la tentativa de reunir bajo *una única* definición toda «libertad» aparecida hasta hoy en la historia, ontológicamente existente y al mismo tiempo fijada conceptualmente. O mejor dicho: una vez efectuada la tentativa, se alcanza un escaso resultado que no compensa, que no dice nada. Si buscásemos pues una solemne definición que no diga nada llegaríamos más o menos a esto: la libertad es la posibilidad de acción respectivamente del particular, del estrato, de la clase, de la sociedad, de la especie, y además la realización de esa posibilidad y su articulación en una determinada dirección. Pero queda por saber, prescindiendo de si se trata de un particular, de una especie, de una clase, etc., cuál sería la dirección concreta en la que la posibilidad de acción existe, qué género de posibilidad de acción se concibe, etc. Si verdaderamente queremos decir algo sobre este problema, no debemos hablar *de la libertad*, sino de *las libertades*.[47] Es decir, debemos concretar qué es la libertad en las esferas heterogéneas entre sí y en las relaciones heterogéneas de la realidad social, y qué relaciones se establecen entre esas distintas libertades.

EL CONCEPTO COTIDIANO DE LIBERTAD

Toda libertad que se manifiesta en las esferas heterogéneas posee su *consciencia*: esta consciencia *forma parte* de la libertad del mismo modo que el conocimiento del bien forma parte de la acción buena. Y en efecto, esa conciencia es enunciada claramente siempre y en toda esfera. Hablando, por tanto, de las distintas libertades, podemos partir tranquilamente, sin peligro de falsificar las cosas, *de los distintos conceptos de libertad*.

Los más importantes son los conceptos de libertad económico, político, moral, filosófico y cotidiano. Los dos polos están representados por el concepto *cotidiano* y por el *filosófico*. Es decir, los conceptos económico, político o moral pueden estar construidos desde el ángulo de la consciencia cotidiana, si se quiere verlos desde el punto de vista del particular o de la integración par-

47. «Toda esfera determinada de la libertad es la libertad de aquella determinada esfera», escribe Marx en los *Debates sobre la libertad de prensa*.

211

ticular, o bien *los mismos* conceptos de libertad pueden ser construidos desde el ángulo del desarrollo genérico, en cuyo caso su contenido es fijado desde el punto de vista de los valores genéricos. Cuando se habla del concepto de libertad económico, moral y político, *el objeto* es diferente, pero el punto de vista y la perspectiva son siempre dados o por la cotidianidad o por la filosofía. Pero puede suceder también, como sucede efectivamente la mayoría de las veces, que los conceptos de libertad construidos sobre la base de estas dos perspectivas existan paralelamente el uno junto al otro.

Examinaremos ante todo el concepto de libertad cotidiano *par excellence*. Decimos: «Hago lo que quiero», o podemos también expresarnos a la inversa: «Nadie puede obligarme a hacer algo que yo no quiera.» Se prescinde aquí del objeto de la acción, así como del contenido de valor del agente y de la acción.

Desde que la filosofía se ha ocupado de este tema, ha creído siempre inadecuado el concepto cotidiano de libertad; así sucedía también en la Antigüedad, aunque no respondiese entonces de una forma ásperamente polémica. El hecho es que en el centro de la filosofía social antigua no estaba la libertad, sino la felicidad (el bien). No obstante, la libertad fue puesta en el lugar que le correspondía, sosteniendo que debía estar subordinada a una justa (buena) ordenación estatal y que sólo en ella adquiría un sentido. Tampoco era necesaria una aguda polémica porque el concepto de libertad de la filosofía antigua, como veremos, era sobre todo político (moral), mientras que los fundamentos ontológicos y antropológicos de la libertad eran abordados sólo marginalmente.

En cuanto el concepto filosófico de libertad asume un carácter fundamentalmente ontológico-antropológico —los inicios los encontramos ya en san Agustín—, comienza la batalla contra el «falso» concepto cotidiano de la libertad. Nos falta el espacio suficiente para enumerar los distinos argumentos aportados por cada filosofía en esta polémica, recordaremos escasamente algunos que se consolidaron a partir del Renacimiento. Un argumento afirma que el problema de la libertad no *comienza* con la cuestión de si yo puedo o no hacer lo que quiero, sino en el punto en el que *surge* mi voluntad. Por consiguiente, un importante factor de la libertad humana consiste en qué es lo que el hombre puede querer, hacia lo cual puede dirigir su voluntad capaz de actuar (y qué es, por el contrario, lo que el hombre sólo puede desear, en cuanto que será siempre inalcanzable). Otro argumento sostiene que la libertad debe referirse a *toda* la personalidad. La posibilidad de actuar un eventual deseo mío, por tanto, no me hace todavía libre, puede incluso aumentar mi servidumbre («como prisionero de mis pasiones»), si los efectos perjudican la libertad de toda mi personalidad. Y además: mi libertad no depende sólo de mí, sino también de la libertad de los *otros*, es decir, mi acto sólo es realmente libre cuando a través suyo se realiza o al menos no queda obstaculizada la libertad de otros. Los argumentos polémicos aquí citados, detallados casi en todo momento bajo numerosas variantes, han sido tomados al azar. Por tanto, poseyendo tales argumentos los conceptos filosóficos de libertad consideran falso o errado el cotidiano y estiman la libertad correspondiente como una libertad aparente. Sin embargo, este concepto no es falso, ni su libertad es sólo apariencia. El concepto de libertad de la vida cotidiana expresa adecuadamente *la libertad de la vida cotidiana*.

No es por casualidad que la consciencia cotidiana de la libertad induzca a decir: «Hago lo que quiero.» Por algo no se presta atención aquí a los factores que determinan la voluntad, al contenido de la libertad, a la libertad de los demás, etc. Hemos visto en efecto que el hombre que nace en la vida cotidiana encuentra este mundo «acabado». Si alguien puede reproducirse en el mundo determinado de acuerdo con su propia voluntad (con sus representaciones), en su vida cotidiana es efectivamente libre. Si por el contrario no está en condiciones de reproducirse o no le es posible hacerlo al nivel deseado, se siente no libre y en realidad no es libre en el plano de la vida cotidiana. Si él se priva del terreno que quisiera arar, si se prohíbe el casarse con quien desearía, si se priva de la posibilidad de trasladarse físicamnte que ha poseído hasta aquel momento o que pretende, en su vida cotidiana no es libre. El siervo de la gleba que, supongamos, en el siglo XII cree obvio el ser un siervo de la gleba y que ni siquiera podría soñar en ser algo distinto, y que dentro de las circunstancias determinadas hace lo que quiere, en su vida cotidiana es libre.

Pero debemos precisar que la libertad también en relación con la vida cotidiana no es «absoluta», como precisamente no puede serlo ninguna libertad. Es imposible hacer siempre lo que se quiere; los límites de mi libertad cotidiana llegan hasta donde llegan los de mi personalidad. Mi libertad cotidiana es, por tanto, un movimiento entre el más y el menos. El movimiento, por lo demás, es característico de todo tipo de libertad (por eso decimos que ninguna libertad puede ser absoluta). Pero cuanto más genérica es la libertad, tanto más este movimiento se convierte en un proceso de tendencia unitaria, *el proceso del devenir libres*. También en la vida cotidiana del individuo, en cuya ordenación la moral u otras tendencias genéricas tienen una importancia específica, el movimiento se transforma en un proceso con *dirección* determinada. Sin embargo, el concepto de libertad —inclusive el cotidiano— no nos informa nunca sobre el movimiento o sobre el proceso, sino sobre el tipo ideal de libertad.

El concepto cotidiano de libertad no nos dice, ni puede decirnos, sobre qué plano se desarrolla la vida cotidiana de una determinada época, si los hombres que desarrollan su actividad en esa época son particulares o individuales, cuáles son sus concepciones de los valores genéricos y cuáles de estos últimos consiguen realizar en su vida cotidiana. Todo esto, por el contrario, podemos leerlo en el contenido del concepto: *lo que el particular quiere* nos indica qué tipo de hombre es el que vive una determinada vida cotidiana y sobre qué plano se desarrolla ésta.

El concepto cotidiano de libertad contiene, por su naturaleza, tanto la particularidad como la genericidad en sí. La concepción según la cual el hombre debe hacer lo que quiere y no debe ser ni obligado ni impedido a hacer algo, puede legitimizar toda aspiración particular. Esta voluntad puede, en efecto, concernir *a la realización de las motivaciones más particulares*, y el hombre particular entiende precisamente esto (o *también* esto) cuando habla de libertad. Al mismo tiempo el «Yo hago lo que quiero» expresa el hecho fundamental de la genericidad en sí: expresa la presencia de la posición teleológica. «Hago lo que quiero» significa que están las condiciones para llevar a cabo mis fines; y éste es un hecho netamente genérico-humano.

LOS CONCEPTOS FILOSÓFICOS DE LIBERTAD

Nos detendremos ahora brevemente en el segundo polo de los conceptos de libertad. Los conceptos filosóficos de libertad expresan desde el principio el nivel que *ha alcanzado la humanidad en su desarrollo genérico*, pero siempre con la ayuda del aparato conceptual y del material de pensamiento que está a disposición *en un determinado grado del saber genérico*.

Sin embargo, esto no significa que los conceptos filosóficos de libertad se hayan ocupado siempre de la *libertad del género humano*. Sino al contrario: se ha tratado siempre —y también aquí— de la *libertad del particular*, pero *constituida a partir del nivel de desarrollo genérico*. No podemos describir todos los conceptos filosóficos de libertad; mencionaremos solamente algunas tendencias fundamentales en este campo de diversos períodos históricos. Por la naturaleza de la filosofía, estos sucesivos y distintos conceptos no están todos «envejecidos»; sino que contienen momentos que conducen a nuestro concepto de libertad, el de Marx.

El concepto de libertad antiguo, incluido el filosófico, poseía una impronta política. Ser libres en la polis en su apogeo significaba que se elegía el bien. Pero el sumo bien era precisamente el Estado. Como consecuencia el máximo grado de libertad es alcanzado por el hombre que se ocupa activamente de la administración de su polis. Para poder hacerlo al máximo nivel, debe liberarse de las «cadenas de su pasión», es decir, de sus motivaciones puramente particulares. La actividad, dirigida al bien de la comunidad, de quien tomaba parte en las decisiones de ésta, constituía la actividad libre *par excellence*. Por lo que hemos dicho en distinto modo, los sofistas componían esta idea, al igual que Sócrates, Platón y Aristóteles. Y lo mismo sucedía entonces para la «opinión pública» filosófica.

No es asombroso que después de la disolución de la polis, en el tiempo en el que surgía el hombre privado, el concepto filosófico de libertad se haya transformado, y no sólo en Atenas, sino también (aunque con menor intensidad) en Roma. Sin embargo, el ideal humano que marcaba este concepto modificado, continuaba siendo el ideal de la antigua polis. De este modo, la condición fundamental de la libertad continuaba estando como antes de la liberación de los afectos particulares. Pero ello ya no preparaba para interesarse por los asuntos públicos, sino, por el contrario, para hacerse independiente del mundo circundante y de sus cambios. De ahí (tanto en el estoicismo como en el epicureísmo) el papel importantísimo del comportamiento conscientemente indiferente hacia la muerte. Sin embargo, esto no significa que tal concepto no tuviese ninguna relación con la política. En efecto, conquistar una actitud indiferente frente a la muerte era de primera importancia para el hombre libre, no a causa de la inevitabilidad de la muerte natural, sino más bien para tener la posibilidad de oponerse al tirano y para extirpar el temor de la venganza de los tiranos.

El momento nuevo, que surge del lado «subjetivo» de la libertad, es la exigencia de vivir «según la naturaleza». Después que la vida comunitaria había dejado de desarrollar una función reguladora, convierte en una necesidad apremiante el que cada particular se eduque *por sí mismo* para ser un hombre libre. Las normas por las cuales había de constituirse como individuo ya no provenían de una comunidad viva; eran las normas morales, conservadas e idealizadas, del hombre perteneciente a una comunidad desaparecida desde hacía tiempo.

No es necesario subrayar que el concepto antiguo de libertad —tanto en su vieja forma de la polis como en la estoico-epicúrea— había captado uno de los aspectos más importantes de la libertad del *género humano*. También hoy, según nuestra sensibilidad, está comprendida en la libertad del individuo como hombre genérico la posibilidad para él de participar en los asuntos de su comunidad y su capacidad de conservar, despreciando cualquier constricción externa, la autonomía moral de su propia personalidad.

La concepción cristiana de la libertad fue la primera en no contentarse con un concepto político-moral, y buscó las raíces *ontológico-antropológicas* de la libertad. Esta concepción surge (en san Agustín) cuando el cristianismo se vuelve *contra* la comunidad política tradicional y contra la ética de la polis. No podemos examinar aquí qué necesidades sociales, ideológicas y teológicas han determinado la especificidad concreta de este nuevo concepto de libertad (una relación directa del particular con Dios, la explicación del mal en el mundo, etc.), quisiéramos, por el contrario, poner de relieve cómo este concepto se basa, como es sabido, en el libre albedrío. No se contenta con el «hago lo que quiero» de la vida cotidiana, sino que *transfiere* el criterio de la libertad *directamente sobre la voluntad*. Ser libres significa, en tal planteamiento, que también se puede elegir el mal. De este modo la categoría de libertad es acoplada a la de la personalidad. Si yo espontáneamente elijo el mal, significa que soy responsable de ello.

No podemos hacer aquí una crítica analítica del concepto cristiano de libertad; nos limitaremos a observar que tiene ciertamente fundamentos ontológico-antropológicos, pero profundamente enraizados en la trascendencia (el bien no deriva del hombre, sino de la voluntad de Dios e incluso el libre albedrío está determinado por la trascendencia, ha sido traído a la tierra por el pecado original —como destino—, etc.). De todos modos, lo esencial para nosotros en este momento es que tal concepción, liberada de su carga teológica, ha entrado en la filosofía y en ella, en la universalidad filosófica, expresa realmente un momento importante de la libertad genérica (piénsese en Kant, para quien el libre albedrío es el postulado de la razón práctica). Este momento importante es, repetimos, la fundamentación ontológico-antropológica de la libertad y, aún más importante, la correlación establecida entre la libertad y la responsabilidad.

Incluso las nuevas concepciones burguesas de la libertad que atacan el libre albedrío, continúan estando basadas en el fundamento ontológico-antropológico. El nuevo momento que éstas captan, en polémica con el precedente, es la correlación entre *libertad y necesidad* (también el protestantismo corrige en este sentido la mitología cristiana, pero esto *desde el punto de vista filosófico* no tiene ya ninguna importancia para la historia mundial). Esta última correlación presenta dos variantes de relieve: la spinoziana y la hegeliana. Las otras se sitúan entre ambas. Spinoza desarrolló la teoría del autodeterminismo, según la cual no existe libertad alguna, sino solamente «libre necesidad»: libre es el individuo que se autodetermina a la acción. Para Hegel, a su vez, el criterio de la libertad es el reconocimiento de la necesidad. Ambas concepciones, que tienen en común el hecho de considerar decisivo el conocimiento, expresan también aspectos no secundarios de la libertad genérica. La concepción de Spizona es, en última instancia, una tentativa de interpretar en términos ontológico-antropológicos el concepto estoico-epicúreo de libertad. El concepto genérico de libertad personal prevé sin duda que el hombre proceda sobre la base de su propia individualidad y que objetive esta individualidad. No es necesario que nos detengamos a demostrarlo. En cuanto a Hegel, su «libertad como necesidad reconocida» contiene dos verdades distintas pero relacionadas entre ellas. Por una parte *la libertad* del hombre es considerada *en referencia a la naturaleza,* y se basa efectivamente en el conocimiento de las necesidades naturales; por otra se descubre la función realmente importante, aunque no exclusiva, al que el justo conocimiento de las alternativas sociales se desarrolla en el proceso que conduce a la libertad genérica tanto en la historia del género como en la del hombre particular. Tampoco en esta ocasión constituye nuestro objetivo el señalar las debilidades de la concepción hegeliana, como por ejemplo el hecho de que, seguidamente a la construcción de la ontología sobre el espíritu del mundo, las dos «necesidades», en la realidad a menudo distintas, aquí coinciden, por el contrario. Efectivamente, ¿qué es «necesario»? ¿Qué expresa el valor genérico mayor? O bien ¿qué representa la perspectiva de desarrollo más inmediata, lo que triunfa en el futuro? ¿Y no forma parte también el «conocimiento» humano de esta denominada necesidad? Dado el marco de nuestro discurso, debemos renunciar a dar respuesta a estas preguntas. Nos bastará poner de relieve cómo, también en este caso, ha sido captado y generalizado *un* aspecto efectivamente existente del concepto genérico de libertad (y de la libertad misma).

Marx no elaboró un concepto filosófico de libertad unitario, sino que analizó la tendencia del género humano (y por tanto de todo individuo) a alcanzar la libertad: *la revocación de la alienación,* la superación de la discrepancia entre el desarrollo del género humano y el del particular. La humanidad será libre cuando todo hombre particular pueda participar conscientemente en la realización de la esencia del género humano y realizar los valores genéricos en su propia vida, en todos los aspectos de ésta. Esta concepción ni revoca los conceptos filosóficos de libertad descritos hasta ahora ni los sintetiza. La posibilidad de que el particular participe en la plasmación del destino de su integración, de que libere su personalidad moral de la construcción externa, que pueda actuar en base a su propia responsabilidad y de que deba asumir la responsabilidad de su acción, que el justo reconocimiento de las alternativas y de sus posibilidades de realización sea parte orgánica de su autonomía, que su actividad esté determinada por su propia individualidad y de que selle la realidad con su personalidad, todas éstas *son libertades auténticas, que no perderán su validez ni siquiera en el futuro,* y que todo hombre podrá llevar a la práctica sólo después de la superación de la alienación. Y viceversa: todas estas libertades, que el hombre ha desarrollado en el curso de su prehistoria son partes integrantes y necesarias del desarrollo genérico hecho posible por la superación de la alienación. La concepción de la superación de la alienación, de la libertad humana, no «sintetiza» todas estas libertades; por ello el concepto de libertad proporcionado por Marx no sustituye a los precedentes, ni éstos pueden estarle subordinados. El concepto marxiano de libertad posee un carácter *histórico-filosófico*, expresa la *perspectiva* histórica en la que *las libertades heterogéneas de las esferas heterogéneas alcanzan su propia realización*.

CONCEPTOS «ESPECIALES» DE LIBERTAD

Hemos examinado brevemente el concepto cotidiano y los filosóficos, y hemos visto que representan los dos polos de la articulación. El primero expresa la libertad de los particulares que viven la vida cotidiana, los segundos la libertad de aquellas acciones que se refieren a valores genéricos. Hemos advertido también que existen otros especiales conceptos de libertad, en los cuales predomina la aproximación cotidiana o la filosófica. Cuanto más particulares son los intereses a partir de los cuales nos acercamos a una esfera determinada, el concepto relativo será tanto más próximo al cotidiano; cuanto más se tienen en cuenta los valores genéricos, tanto más claramente aparecerá el concepto filosófico.

Por ejemplo, la definición liberal-burguesa según la cual la libertad *económica* se identifica con la libertad del empresario, es análoga al concepto cotidiano. Por el contrario, en Marx —para quien las leyes de la economía actúan en la alienación como leyes naturales, de modo que libertad económica no significa más que liquidación de ese carácter de leyes naturales, por lo cual el hombre se ve en la necesidad de plasmar de un modo planificado la base económica de su propio desarrollo— el concepto económico de libertad no es más que la articulación en un sentido determinado del concepto filosófico. Libertad *política* significa corrientemente «no estar oprimido», es decir, se aplica a la determinada integración el cotidiano «no-estar-obligados-a-actuar». Cuando Marx dice que ningún pueblo puede ser libre si oprime a otro pueblo, interpreta, por el contrario, la libertad política sobre la base del concepto filosófico de libertad. Dado que la opresión es una forma de alienación, los opresores, igual que los oprimidos, tampoco son libres.

Es extremadamente raro que la articulación cotidiana y filosófica de la libertad económica y política operen al mismo tiempo. En el primer ejemplo citado, el de la concepción de la libertad económica liberal-burguesa y marxiana, nos encontramos precisamente con tal coincidencia temporal, naturalmente desde que ha aparecido el concepto de Marx. Por lo que afecta a la libertad moral, por el contrario, esta «escisión» constituye la regla. En la consciencia cotidiana, libertad moral no significa nunca más que *posibilidad* de elegir el bien. Los conceptos filosóficos de libertad, en los que está siempre presente el problema de la libertad moral, en contraste, se preguntan *qué es el bien* y por tanto ponen en discusión el *contenido* de la «posibilidad»; además en ellos quedan siempre distinguidas *la intención y la consecuencia.* Dado que la determinación del contenido del bien, los límites de la esfera de la posibilidad, la relación entre intención y consecuencia se presentan en distintos modos, no podemos estudiarlos aquí con más aproximación. Solamente nos interesaba llamar la atención sobre la coexistencia de dos tipos de conceptos morales de libertad.

La libertad, por tanto, clarifica qué tipo de posibilidades de acción puedo tener, y desde los siguientes puntos de vista: en qué esfera se sitúa la posibilidad de acción, cuál es el contenido de ésta, en qué medida se refiere solamente al particular o a una integración particular, o bien expresa el desarrollo genérico en su conjunto. No es raro encontrar una contradicción, incluso un conflicto, entre las libertades de distinto contenido de las distintas esferas. Puedo reconocer la preeminencia de una causa con contenido de valor positivo, luchar por ella, y ser condenado *por ello.* Puedo ser libre bajo el aspecto genérico, pero no serlo en absoluto en la vida cotidiana. O bien, mi libertad cotidiana puede chocar con la libertad moral; «hago lo que quiero» puede significar también que renuncio a mi posibilidad de elegir el bien. A menudo estas contradicciones se presentan a nivel social. En sentido político el obrero es, por ejemplo, más libre que el siervo de la gleba, pero está más sometido por la constricción económica; en cuanto alcanza el nivel de la consciencia de clase y de la autoconsciencia y afronta conscientemente la lucha de clases contra la burguesía, se encamina por la vía que lo lleva a ser libre en sentido genérico, pero —por el momento— no está libre de la constricción económica. Todo esto se refiere, evidentemente, a las posibilidades *típicas* de la clase; la contradicción o el conflicto en los distintos obreros particulares se realiza de modos distintos.

Las libertades tienen evidentemente una *jerarquía* y es indudable que ocupa el primer lugar la libertad en el sentido del desarrollo genérico de los valores: la posibilidad o la realización de acciones destinadas a llevar a cabo valores genéricos elegidos conscientemente. (Esto es lo que expresan respectivamente los conceptos filosóficos de libertad.) Es indudable también que la realización de las libertades más elevadas no elimina la presencia y el significado de otras libertades. También el luchador por la libertad que se encuentra en la cárcel aspira ardientemente a salir de su celda, y este deseo no deja de ser activo por el hecho de que él no dude de la justeza de la causa elegida libremente por él. Para el obrero que participa en la lucha de clases es importante que su familia no sufra hambre o que él mismo tenga que comer cuando tiene hambre; es cierto que *puede subordinar* esta libertad a la lucha de clases, pero no puede renunciar a la exigencia relativa.

Hemos discutido hasta ahora sobre la libertad cotidiana o sobre su concepto de un modo totalmente abstracto. En cuanto a su contenido, hay que decir que es *histórico y extremadamente concreto*, y en dos sentidos. En el «hago lo que quiero» el elemento «quiero» cambia continuamente en amplitud y contenido. Cambia también en el particular, pero dejaremos de lado este aspecto. Lo que nos interesa ahora es que tal elemento cambia típicamente en el curso de la historia.

Es decir, en su vida cotidiana los hombres pueden querer cosas netamente distintas. Lo que puedan querer deriva en primer lugar de las relaciones sociales y del lugar que los hombres ocupan en su seno. Hoy, por ejemplo, los hombres eligen por sí solos la persona con quien quieren vivir; si se les quiere obligar a un matrimonio, consideran este hecho como una limitación de su libertad, como efectivamente lo es. No obstante, durante siglos han sido los padres quienes han elegido la persona con la que sus hijos debían vivir, en cuanto la elección del cónyuge no entraba en la libertad y nadie interpretaba esto como una limitación de su propia libertad personal, y en realidad no lo era. Y a la inversa: en la antigua Roma el padre tenía todos los derechos sobre sus hijos, y si quería podía incluso matarlos. Hoy nadie reconocería a un padre semejante libertad.

En toda época la libertad ha tenido un contenido distinto incluso para los miembros de las distintas clases. La libertad de las clases dominantes ha sido siempre mayor, o sea, su miembros podían realizar mejor lo que querían, y querían, considerando la media, más cosas y en ámbitos más extensos. En la época precapitalista los denominados privilegios garantizaban a las clases dominantes mayores libertades, en el capitalismo lo es el dinero. En todos los tiempos los hombres y las mujeres han tenido libertades distintas; las mujeres de todos los estratos sociales podían realizar mucho menos de lo que querían, y querían menos. Con la llegada del mundo burgués, en virtud de la garantía de los derechos de libertad y de igualdad (de los ciudadanos ante la ley, de religión, de la mujer), se hace *formalmente*, porque tanto la riqueza como las convenciones (especialmente frente a las religiones y a la mujer) se han encargado de contrarrestar esta igualdad. Es una verdad hoy en día aceptada que una de las tareas esenciales del socialismo es precisamente el realizar estos derechos de libertades burguesas, es decir, *crear posibilidades de libertad iguales de hecho para todo particular que nazca en esa sociedad*. (Hablamos evidentemente sólo de las posibilidades que dependen de la sociedad; las características particulares y el grado de desarrollo de individualidad continúan siendo factores importantes para que surja y se realice la libertad.)

De cuanto hemos dicho resulta claro que no es casual que un cierto tipo de conceptos políticos o económicos de libertad esté siempre acuñado en base al modelo del concepto cotidiano de libertad. Efectivamente, la necesidad de libertades económicas y políticas deriva *en parte* de las experiencias y exigencias de la vida cotidiana y está dirigida a garantizar y a generalizar la libertad cotidiana. La exigencia de la libertad de expresión y de opinión emerge en la vida cotidiana burguesa *antes* de que fuese codificada como «derecho del ciudadano»; el libre ejercicio de la religión fue una exigencia de la vida cotidiana antes de ser sancionado por la ley; el derecho al trabajo ha sido una exigencia cotidiana antes de ser fijado en la Constitución socialista. Hemos dicho «en parte» porque en efecto los conceptos de libertad políticos y económicos mediados por la filosofía *no* surgen *directamente* de las exigencias cotidianas, aunque adquieren su sentido sólo *después de haber vuelto* a la vida cotidiana.

CONFLICTOS ENTRE LIBERTAD COTIDIANA Y LIBERTAD GENÉRICA

¿Por qué razón el concepto de libertad basado directamente en el desarrollo genérico no ha podido surgir —a través de la *intentio recta*— del concepto de libertad de la vida cotidiana? Para poder responder (brevemente) a esta pregunta debemos remitirnos de nuevo a la relación contradictoria, e incluso directamente conflictiva, entre la libertad cotidiana y la genérica.

La libertad de la vida cotidiana colisiona con la del género humano cuando el «hago lo que quiero» representa *la libertad de la particularidad*. Si el «querer» está dirigido exclusivamente a realizar la particularidad, este conflicto es *inevitable incluso en el marco de la vida cotidiana*. Ante todo ese querer es impugnado por nuestro prójimo, por los otros. Si alguien lleva a cabo la libertad del «hago lo que quiero» sobre la base de la particularidad es seguro que pisoteará a los demás. A menudo este hecho no aparece de un modo directo, porque el temor al castigo (miedo de un daño a la particularidad) hace de contrapeso. En la libertad cotidiana del parfticular organizada sobre la pura particularidad rige realmente el principio del «*homo homini lupus*». Diciendo que la primera función de la moral es remover las motivaciones puramente particulares o bien canalizarlas, afirmamos al mismo tiempo, a propósito de la libertad, que la moral *también* determina la voluntad con motivos genéricos y de este modo

221

hace que la intención genérica se convierta también en una parte orgánica de la libertad cotidiana.

Pero la libertad cotidiana no sólo puede colisionar con la genérica, sino que incluso *puede ser movilizada contra ella.* La aristocracia que defendía sus privilegios o la burguesía que defiende la iniciativa privada han sostenido y sostienen también actualmente estas libertades cotidianas contra el progreso humano. Precisamente por esto el crecimiento de las posibilidades de la acción humana con un contenido de valor positivo puede limitar la posibilidad de acción, la libertad de determinados estratos y de miembros particulares de determinados estratos (como en una dictadura revolucionaria), y en efecto así sucede.

Marx definió la libertad como un aspecto fundamental del «ente genérico».[48] La libertad cotidiana —al menos tendencialmente y sin perder su especificidad de ser cotidiana— se convertirá en genérica, será humanizada definitivamente, cuando la «voluntad» en la vida cotidiana de los hombres ya no esté en conflicto con los valores del desarrollo genérico, sino que se encuentre en armonía con ellos. Lo cual no significa que será idéntica a ellos. La vida cotidiana no sería vida cotidiana si todas sus aspiraciones estuviesen dirigidas directamente a la genericidad (y no a la individualidad). No es en absoluto obligatorio tener en perspectiva la genericidad cuando se intentan realizar valores que armonicen con ella. Basta con que el particular de la vida cotidiana sea una personalidad rica en valores pertenecientes al desarrollo de la humanidad. Por ello hemos escrito que el concepto filosófico de libertad no ha surgido directamente de las exigencias cotidianas de libertad, sino que por una especie de *feedback* vuelve a influir en ella.

Una de las tareas del socialismo, en cuanto a la realización de la libertad, consiste en garantizar a cada uno las mismas posibilidades de realizar la libertad cotidiana. Pero llegados a este punto quisiéramos llamar la atención sobre una ulterior tarea, la de producir las condiciones (liquidando la explotación, instaurando una nueva democracia, etcétera) en las que sea posible la armonía entre las libertades cotidianas de los particulares y la libertad genérica, en las que el conflicto hasta ahora inevitable entre valores cotidianos y valores genéricos sea eliminado.

De este modo, naturalmente, no serán eliminados para siempre todos los conflictos de la libertad. Pero dado que el análisis de este problema no es el tema de nuestro libro, nos limitaremos a poner de relieve cómo *el mismo desarrollo de la libertad genérica no constituye un proceso homogéneo exento de contradicciones.* Determinadas tendencias de desarrollo, determinados procedimientos, etcétera, pueden favorecer en un cierto sentido la libertad genérica y en otro empujarla al estancamiento o incluso

---

48. *Cf.* G. Markus, *Marxismo y «antropología», op cit.*

bloquearla. Este hecho ha tenido hasta ahora también repercusiones en la vida cotidiana, especialmente en los conflictos cotidianos de los individuos desarrollados. *Un fenómeno secundario del desarrollo de la libertad es también llevar los conflictos del género humano a un nivel más elevado.*

Tercera parte

EL MARCO ESTRUCTURAL DE LA VIDA COTIDIANA

Wer auf die Welt Kommt, baut ein neves Haus.
Er geht und lässt es einem Zweiten,
Der wird sich's anders zubereiten
und Niemand baut es aus.

GOETHE

(Quien viene al mundo, construye una casa nueva,
se va y se la deja a otro,
éste se la arreglará a su manera
y ninguno acaba nunca de construirla.)

I. Objetivaciones en-sí y para-sí. El para-nosotros

Para poder estudiar la vida cotidiana como ámbito de aprobación por excelencia de las objetivaciones genéricas en-sí y como fundamento de las objetivaciones genéricas para-sí, en principio deberemos examinar brevemente estas categorías. Advertimos, sin embargo, que no es nuestro propósito analizar a fondo los conceptos filosóficos de en-sí, para-sí y para-nosotros. Nos limitaremos a exponer lo necesario para comprender las características de estas objetivaciones.[1]

En-sí y para-sí son, al menos en la interpretación tomada de Marx, conceptos *relativos*. Por lo que afecta a la naturaleza, es ser-en-sí todo lo que aún no ha sido penetrado por la praxis y por el conocimiento; en este sentido, hablando de la relación entre naturaleza y sociedad, toda la zona de la praxis puede ser considerada ser-para-sí (porque está penetrada por el sujeto y respecto a la naturaleza sigue un desarrollo con sus propias leyes). Sin embargo, de ahora en adelante permaneceremos en el ámbito de la socialidad, estudiando el en-sí y el para-sí en el seno de este conjunto. De modo que estamos autorizados para hablar de esferas, integraciones, objetivaciones en-sí, aun cuando éstas con respecto a la naturaleza son «seres-para-sí». Pero también en la sociedad el en-sí y el para-sí son *categorías tendenciales*, que sólo se presentan en su forma pura en los casos límite. Piénsese en la distinción efectuada por Marx entre clase en-sí y clase para-sí. Es en-sí aquella clase que, con respecto a su puesto en la división social del trabajo y a su relación con los medios de producción, está simplemente presente, considerado que el orden económico y social determinado no existiría ni podría existir sin su ser-así. Se convierte en clase para-sí cuando reconoce su propio ser-clase y los consiguientes intereses, cuando desarrolla una consciencia de clase propia, lo que Lukács denomina una «consciencia atribuida de derecho».[2] Indudablemente entre estos dos estados son posibles innumerables grados y nadie estaría en condiciones de determinar un punto, un *instante* histórico en el que tenga lugar el salto del en-sí al para-sí.

Para las objetivaciones es válido lo que en general es más válido para los fenómenos sociales. Por ello, a partir de ahora

1. Sobre estas categorías referidas a la ciencia y al arte, véase G. Lukács, *Estética, op. cit.*, vol. III, pp. 277 y ss.
2. G. Lukács, *Historia y consciencia de clase*, México, Ed. Grijalbo, 1969.

en nuestro discurso, distinguiendo entre objetivaciones en-sí y objetivaciones para-sí, tendremos siempre presente este carácter tendencial.

Pero antes debemos definir qué es lo que consideramos como una objetivación. La actividad, el comportamiento, etcétera, del hombre se objetivan siempre (contrariamente a los impulsos y a las motivaciones potenciales que no se transforman en actos, al lenguaje interior, a las formas de pensamiento casuales también respecto del desarrollo de la personalidad, o privada, a las ensoñaciones, etc. que no se objetivan inmediatamente). Pero no todo objetivarse implica una objetivación. Ante todo, las objetivaciones son siempre *genéricas* y encarnan distintos tipos de genericidad. Además éstas no son simplemente las consecuencias de acciones exteriorizadas, objetivadas, sino *sistemas de referencia* que, respecto a las actividades del hombre que se orientan hacia ellos y que los plasman, son *externos*. El hombre particular debe, por tanto, *apropiárselas* para que las objetivaciones se remitan a él y él las pueda plasmar. Y si cada uno puede apropiárselas relativamente al mismo nivel, no todas las objetivaciones pueden ser *formadas, plasmadas* por nadie al mismo nivel. Aquí estriba precisamente la diferencia fundamental entre las objetivaciones genéricas en-sí y las para-sí. Hay que añadir que existen esferas, integraciones, etcétera, sociales que en sí no son objetivaciones, sino que contienen objetivaciones como momentos suyos.

LAS OBJETIVACIONES GENÉRICAS EN-SÍ

Ante todo debemos circunscribir el *en-sí* en general. Pero dado que los fenómenos sociales son estructuras, esferas o integraciones de objetivaciones que ya modifican en distinto modo la categoría o algunos rasgos del en-sí, debemos subrayar una vez más el carácter tendencial. ¿Cuáles son, por tanto, las connotaciones tendenciales del en-sí, como categoría para describir las entidades sociales?

El primer rasgo distintivo del en-sí de las entidades sociales es que sin éstas *no existe* o la sociedad en general o por lo menos *una determinada estructura social*. El primer aspecto de la alternativa caracteriza *las objetivaciones genéricas en-sí*. Cuando de la naturaleza se autoproduce la sociedad, es decir, cuando el hombre produce su ambiente, su mundo, lo hace organizando una estructura de objetivaciones en-sí unitaria y articulada al mismo tiempo. Esta esfera de objetivaciones genéricas en-sí es la resultante de actividades humanas, pero también la condición preliminar de toda ocupación del hombre. Sus tres momentos, distintos pero de existencia unitaria, son: primero, *los utensilios y los productos;* segundo, *los usos;* tercero, *el lenguaje*. Como es sabido por el *A B C* del marxismo, el hombre se hace hombre a través de su trabajo, en cuanto que a través del trabajo humaniza la naturaleza (y su propia naturaleza). Crea su propio ambiente arrancándolo a la naturaleza, se rodea de un número cada vez mayor de objetos hechos por él o usados para fines específicos, que pronto acaban por ser su sistema de referencia primario. El sistema de los usos y el lenguaje no deben ser considerados en ese contexto como una «consecuencia». La elaboración del mundo de los usos y del lenguaje humanos (en ellos se constituye la socialidad en primer lugar) es un *componente* orgánico de la actividad de trabajo. Por tanto, tenemos ante nosotros, repetimos, un sistema de objetivaciones unitario, que todo hombre de toda época debe apropiarse unitariamente. La humanización efectiva del hombre (su ascensión a la genericidad muda, que le es innata al igual que su particularidad) comienza en el momento en que el hombre se apropia de esta esfera de objetivaciones en-sí por medio de su actividad. Éste es el punto de partida de toda cultura humana, el fundamento y la condición de toda esfera de objetivaciones para-sí, con una particular importancia en la vida cotidiana. Con ello no queremos decir que la actividad genérica en-sí y su estructura de objetivaciones queden limitadas a la vida cotidiana. El nivel determinado del trabajo (de la producción) es el último factor determinante del desarrollo social: determinante en el sentido de que establece el margen de maniobra posible de las estructuras sociales. El complejo sistema de las relaciones productivas y sociales (de las relaciones de clase), basado en las posibilidades de un determinado nivel productivo, ya no es posible describirlo en las formaciones sociales más evolucionadas (en última instancia desde la aparición de las sociedades de clase) con la categoría de «uso», sin embargo, también en este caso el uso —a menudo como principio ordenador— tiene un papel importante. Por no hablar del lenguaje, que es la *conditio sine qua non* de cualquier actividad humana, principalmente de la mental. Pero precisamente de este carácter de universalidad de las objetivaciones genéricas en-sí se deriva que ellas no sólo constituyen el punto de partida de la vida cotidiana, sino que poseen una función decisiva, como veremos, en todo el transcurso de la vida cotidiana, en las características esenciales de su estructura. Cada uno en su vida cotidiana debe apropiarse de las objetivaciones genéricas en-sí como fundamento necesario e ineluctable de su crecimiento, de su convertirse en hombre.

Dado que aún hablaremos extensamente de las objetivaciones genéricas en-sí, por ahora será suficiente cuanto hemos dicho sobre sus características. Queremos retomar el discurso en el hecho de que la categoría del en-sí, incluso en el seno de la sociedad, no podemos limitarla a las objetivaciones genéricas en-sí. Sin embargo, los otros en-sí no pertenecen necesaria e inevitablemente a toda socialidad (solamente a ciertas estructuras, pero aquí necesariamente), a menos que no estén refrendadas por la posibilidad *de principio* del devenir-para-sí. A este respecto hay que recordar ante todo *las relaciones de producción*. En las sociedades primitivas la relación económica no es todavía autónoma, aún no se ha escindido de la estructura de las objetivaciones genéricas en-sí; en otros términos, las actividades concernientes a la estructura de objetivación en-sí cumplen la función de las actividades concernientes a las relaciones económicas. En última instancia se convierte en autónoma —es decir, en mediador entre las fuerzas productivas y las relaciones sociales en general— cuando surge la sociedad de clase, produciendo numerosos tipos de trabajo que no se basan directamente en el uso del mundo de los utensilios (de la objetivación genérica en-sí). Las relaciones de producción presentan innumerables objetivaciones (en-sí) que funcionan en la estructura de la objetivación genérica en-sí. Éstas conservan siempre su ser-en-sí en el sentido de que sin ellas no existe ninguna sociedad; al mismo tiempo pueden —en otra dirección— convertirse en ser-para-sí. La *conditio sine qua non* de la perspectiva comunista, por tanto, es el plasmar *el puro en-sí de las relaciones de producción en un en-sí y para-sí*.[3]

El segundo rasgo común del en-sí es que éste es alimentado y modificado por las «posiciones» teleológicas (actividad) del hombre particular, pero desarrolla también sus propias legalidades que se realizan «*a espaldas*» de los hombres. Esto no significa que una intención humana consciente no pueda nunca estar orientada a desarrollarlo o plasmarlo. Si en el caso del lenguaje se trata de un fenómeno raro (neologismos), no lo es en absoluto en el caso del trabajo, de los usos de las relaciones de producción. Aunque las intenciones conscientes hacia los distintos tipos de en-sí sean muy distintas en las diferentes épocas históricas en las que aún no ha tenido lugar el alejamiento de las barreras naturales en las relaciones sociales, el cambio consciente de la estructura de los usos juega, por ejemplo, un puesto relevante (la Constitución de Licurgo). La intención activa del Estado dirigida a transformar las relaciones de propiedad juega un papel importante en la Antigüedad (Solón) y luego —en un plano superior— en el socialismo, mientras que en el capitalismo clásico casi no aparece en absoluto. Aquí por el contrario alcanza su primera culminación la intención consciente dirigida a promover el desarrollo de las fuerzas productivas. Sin embargo, la legalidad autónoma dentro de esta plasmación de las objetivaciones en-sí por parte de las intenciones conscientes se firma totalmente, o sea, se armoniza con ellas, solamente cuando tales

---

3. Observemos que tal categoría no es entendida aquí en sentido hegeliano. Para nosotros el ser en-sí y para-sí no es jerárquicamente «más alto» que el ser para-sí.

intenciones se mueven en el sentido del desarrollo guiado por sus propias leyes de las objetivaciones en-sí.

Los entes en-sí (en la sociedad) son *ontológicamente primarios*. Ni siquiera recíprocamente tienen una autonomía relativa de desarrollo. Es universalmente sabido en el marxismo que o el desarrollo de las fuerzas productivas lleva al cambio de las relaciones de producción o bien la formación social (incluidas las fuerzas productivas) perece. Observemos respecto a esto que la categoría de «fuerzas productivas» comprende también la apropiación de los medios de producción y una habilidad y una estructura de los usos adecuadas a su apropiación, como a su vez el cambio de las relaciones de producción implica la fijación de las correspondientes estructuras de usos. Pero no todos los estratos de usos hay que considerarlos como ontológicamente primarios en el sentido del mundo objetual de los utensilios, de las relaciones de producción o del lenguaje (del pensamiento lingüístico). No obstante, son de este tipo los usos relativos al manejo de los utensilios y a la economía, así como las costumbres sociales elementales.

El reino del ser-en-sí es el reino de la *necesidad*. Es cierto que el desarrollo de los medios de producción representa la libertad de la sociedad con respecto de la naturaleza y el debilitamiento de la estructura de los usos, la extensión de su «aura», constituye un indicio del alejamiento de las barreras naturales en el seno de las relaciones sociales, pero éstas constituyen solamente premisas de la libertad humana (que se constituye en la sociedad), en sí no representan su garantía. Recuérdese la afirmación de Marx según la cual la producción incluso en el comunismo continúa siendo el reino de la necesidad. Para que la libertad posibilitada por el en-sí (por las objetivaciones en-sí) se realice, es necesario que «entren» en la acción y en la constitución de las relaciones sociales componentes que se distinguen del en-sí, que le son *heterogéneos*: la genericidad para-sí. Es sabido en la actualidad corriente que una de las alternativas del desarrollo infinito de los medios de producción es la humanidad manipulada al extremo, privada de su libertad. Para realizar «la magnífica capacidad: el orden» (Attila József) es necesario ante todo transformar las relaciones económicas de puros entes en-sí en entes en-sí y para-sí. Pero se trata de una transformación que no puede ser efectuada en el seno de las relaciones económicas (del ser-en-sí). Deben prevalecer actividades y objetivaciones «externas» con respecto a la producción y a las relaciones económicas: la política, la ciencia no-alienada (desfetichizada), la ética y todo el mundo de los valores que la humanidad ha producido en el curso de su historia. Repetimos: nos encontramos en el comunismo frente al tercer grado de desarrollo de las relaciones de producción. Diciendo que en las sociedades primitivas la relación económica sólo estaba presente como momento de las objetivaciones genéricas en-sí y que solamente con la aparición de la producción de mercancías se ha hecho «autónoma», hemos dicho implícitamente que en el comunismo ésta se alzará de su ser-en-sí convertido en autónomo, para transformarse en un elemento genérico que es en-sí y para-sí.

Pero la economía no es el único ente en-sí que, a través de las objetivaciones y actividades genéricas heterogéneas, sea modificable en la estructura y pueda ser encaminado a una intención de este género. En la producción moderna ha penetrado la ciencia y la actitud hacia su aprovechamiento está muy marcada por la moral, sin embargo, estas dos objetivaciones genéricas en-sí no pierden el carácter de en-sí. El elemento humano de la técnica no se expresa en la técnica misma, sino en la actitud hacia ella. Las prácticas sociales (como el lenguaje) cada vez están menos guiadas —en primer lugar— por un desarrollo consciente, sino que se transforman espontáneamente. Estas prácticas no se convertirán en usos dignos del hombre porque, en primer lugar, hayan cambiado su estructura y su funcionamiento, sino porque darán expresión a contenidos decisivos para el desarrollo de la esencia humana y, además, porque se habrá hecho natural una relación conscientemente *moral* con ellas. De modo que las prácticas sociales podrán convertirse en ser-para-sí, sin dejar de ser objetivaciones genéricas en-sí.

LAS OBJETIVACIONES GENÉRICAS PARA-SÍ

Pasemos ahora a ver brevemente cuáles son los caracteres del para-sí y ante todo las objetivaciones genéricas para-sí.

En primer lugar son *ontológicamente secundarias:* la socialidad no las posee necesariamente. Han existido sociedades sin ciencia y sin moral, y habrá sociedades sin religión. Se puede imaginar muy bien que numerosas estructuras sociales funcionan sin ciertas objetivaciones genéricas para-sí, incluso cuando éstas se encuentran presentes de hecho. La clasicidad de la polis de Atenas (su papel en el desarrollo genérico) era dada por la existencia en su seno de una filosofía. Pero en Esparta no existía ninguna filosofía, al igual que en muchas otras ciudades-estado que estuvieron todas en condiciones de reproducirse con éxito. Pero es cierto que existen —aunque como fenómenos excepcionales— formaciones sociales o estadios de su desarrollo en los que ciertas objetivaciones para-sí existen de un modo necesario, como por ejemplo las ciencias naturales en el capitalismo avanzado. Se trata, no obstante, de la excepción y no de la regla.

Ahora bien: la verdadera historia de la humanidad se distingue (en su concepto) de la prehistoria precisamente porque de su *funcionamiento,* de su existencia, forman parte necesariamente las objetivaciones genéricas para-sí (exceptuando obviamente el ente para-sí alienado, la religión), como también el para-sí en general. Recuérdese cómo la elevación de las relaciones económicas al para-sí constituye una *conditio sine qua non* del comunismo.

El para-sí y en su seno las objetivaciones genéricas para-sí sólo pueden funcionar a través de la intención humana conscientemente dirigida hacia ellos. Pero ni siquiera pueden surgir si falta *una relación consciente con la genericidad*; representan, en efecto, el desarrollo humano no sólo objetivamente, sino también a través de la impronta de la intención correspondiente.

El para-sí y las objetivaciones genéricas para-sí obedecen de igual modo a un desarrollo dotado relativamente de leyes propias. Esto vale especialmente para el arte, pero en ciertos períodos también para la ciencia y la religión. Pero tal desarrollo autónomo es secundario y relativo, su naturaleza es responder a las cuestiones suscitadas de vez en cuando por el desarrollo de la sociedad, o al menos favorecer la consciencia genérica de estas cuestiones. Al mismo tiempo, sin embargo, toda objetivación genérica para-sí posee, en su ser-así, una estructura homogénea.

El para-sí constituye la encarnación de la *libertad* humana. Las objetivaciones genéricas para-sí son expresión del grado de libertad que ha alcanzado el género humano en una época determinada. Son realidades en las cuales está objetivado el dominio del género humano sobre la naturaleza y sobre sí mismo (sobre su propia naturaleza).

Base, materia e interrogante de las objetivaciones para-sí es la genericidad en-sí. Sin embargo, la elevación al para-sí implica simultáneamente una distancia hacia el en-sí, exige su reestructuración o al menos una reinterpretación. Si, por ejemplo, los problemas de la producción ascienden a disciplina científica, su pragmatismo cotidiano resulta eliminado; en el arte incluso el hombre particular se convierte en un tipo; la acción dirigida a realizar las normas morales asume cierta distancia hacia el respeto de las simples costumbres, etcétera.

Quisiéramos subrayar que para-sí no es sinónimo de no alienado (como por otra parte el en-sí sólo es sinónimo de alienación en el caso de las relaciones económicas). También la ciencia puede estar alienada, y la religión constituye la objetivación genérica en-sí y para-sí en la que el para-sí (moral, ideología, comunidad, libertad) se aliena de sí mismo por principio.

EL EN-SÍ Y PARA-SÍ

Las integraciones, las estructuras políticas, la sobreestructura jurídica, etcétera, son genéricas en-sí y para-sí. En este caso son fundamentalmente el grado, el tipo y la medida de la alienación los que deciden cuánto del momento en-sí y cuánto del para-sí está presente en ellas. Quisiéramos remitirnos una vez más a Marx, para quien el proletariado se convierte en clase para-sí cuando elabora una consciencia de clase propia, cuando supera de un modo colectivamente subjetivo la alienación. Cuanto mayor es la posibilidad que una estructura social ofrece a los hombres de plasmar de un modo relativamente libre su propio destino, cuanto mayor es, en la alternativa que se tiene enfrente, la posibilidad de cambiar efectivamente mediante una decisión el curso de la historia, tanto mayor es el predominio del para-sí. Como en todo para-sí, también en este caso es decisiva la consciencia (conocimiento). Dado que el para-sí de las objetivaciones para-sí hace que éstas sean el fin de intenciones conscientes, que representen la consciencia y la autoconsciencia de la humanidad, en las objetivaciones en-sí y para-sí, el para-sí crece en la proporción en que crece el conocimiento de las acciones sociales dirigidas hacia la integración, la profundidad de este conocimiento, el correcto conocimiento de ellas («correcta falsa» consciencia), la capacidad de definir los conflictos, etcétera. En las objetivaciones en-sí y para-sí el peso del para-sí constituye un indicador de la medida de la libertad (de la posibilidad de libertad).

La transformación de la esfera en-sí y para-sí en una esfera para-sí es obra consciente de los hombres en un determinado nivel de las objetivaciones en-sí (ante todo del desarrollo de las fuerzas productivas). La formación del puro para-sí de esta esfera es una perspectiva que sólo se realiza en el comunismo y que se encuentra en interacción con el paso de la economía del en-sí al para-sí, constituyendo una de las fuerzas motrices más importantes de este paso.

EL PARA-NOSOTROS

El para-nosotros *no es una categoría de objetivación*; no existe una objetivación genérica para-nosotros. Pero todo lo que es *real*, que es verdadero (por tanto, no sólo las objetivaciones), puede convertirse en ser-para-nosotros. Hacer algo ser-para-nosotros significa hacer *cognoscible* y al mismo tiempo transformar en *praxis* una ley, un hecho, un contenido, una norma del género humano y del hombre particular. Por ello el para-nosotros contiene los momentos de la *adecuación* y de la verdad. Ser-para-nosotros son por tanto los contenidos de la genericidad (en-sí y para-sí) cuando trasmiten y hacen posible conocimientos sobre el mundo —relativamente— adecuados, es decir, conocimientos tales que los hombres puedan actuar adecuadamente en base a ellos. Adecuadamente aparece aquí en un doble sentido: adecuadamente a la verdad objetiva (siempre relativa) y (cuando se trata de uno o más particulares) adecuadamente a la unicidad antropológica marcada por la genericidd para-sí.

El devenir ser-para-nosotros constituye un *proceso* tanto desde el punto de vista del conjunto social como desde el punto de vista del particular. Y es fácil darse cuenta de ello considerando el proceso a través del cual la naturaleza deviene ser-para-nosotros. En el plano de las objetivaciones genéricas en-sí como motor opera el desarrollo de los medios de producción, en el plano de las objetivaciones para-sí opera la ciencia natural. Desde el punto de vista del conjunto social la naturaleza deviene cada vez más ser-para-nosotros a medida que van progresando el alejamiento de las barreras naturales y el conocimiento de las leyes de la naturaleza. Desde el punto de vista personal lo deviene en la medida en que el hombre (el particular) en su singularidad antropológica se encuentra en situación de poder ser activamente partícipe de los éxitos obtenidos por el género humano, es decir, en la medida en que la técnica es humanizada, en la medida en que ésta tanto en el trabajo como en el consumo sirve al autodesarrollo del particular (en tal caso el para-nosotros coincide con el estado de no alienación). Respecto a la ciencia, la naturaleza deviene ser-para-nosotros en la medida en que el particular conoce las adquisiciones científicas; en el arte, el para-sí se realiza en el disfrute (comprensión) de la obra de arte y en su clímax: la catarsis.

No tenemos espacio suficiente para examinar detalladamente cómo se realiza o puede realizarse el para-sí en el ámbito de otras objetivaciones. Sin embargo, con miras a lo que diremos a continuación, es necesario esbozar el papel específico de la moral en este proceso. Sabemos que la moral es una *relación* (una actitud): una relación moral puede surgir respecto de cualquier cosa; su base de objetivación es ser-para-nosotros (conceptos morales, normas abstractas). Dado que la moral es una relación —constituye incluso una actitud *del particular, del individuo*— el contenido moral de las acciones puede ser siempre un *para-nosotros*. La medida en que, por ejemplo, determinadas objetivaciones en-sí (como el mundo de los usos) se han convertido en ser-para-nosotros, se manifiesta en su grado de intencionalidad moral, en la capacidad de esta intención moral de expresar la doble adecuación: adecuación a lo que existe objetivamente (el contenido de valor de exigencias objetivas, determinadas situaciones, o determinadas personas a juzgar) y adecuación a la antropología relacionada con la genericidad (la personalidad individual) del particular. Por esto en la ética —el discurso corriente que refleja la realidad— el concepto de «verdad» es tan importante como en el conocimiento. La autoalienación de la moral no es más que la alienación de éste, por principio, para-nosotros. La subsunción muda de nuestro actuar pone siempre en discusión este para-nosotros de las objetivaciones en en-sí y para-sí (de los usos, de las normas morales).

Como sabemos, el desarrollo del particular, de la *personalidad*, es un proceso de objetivación en el cual el particular deviene sujeto. De cuanto hemos visto hasta ahora nos permitimos sacar la hipótesis de que *la personalidad en el hombre particular se objetiva en ente en-sí* (recuérdese la posibilidad de coexistencia de la particularidad con la genericidad muda), mientras que *en el hombre individual la personalidad se objetiva en sujeto para-sí.* Pero, en este caso, donde se trata del particular, de acciones particulares, *las categorías del para-sí y del para-nosotros coinciden,* al menos en su *tendencia.* El grado máximo (o aproximativamente máximo) de la transformación de la realidad en ser-para-nosotros en una determinada época y, momento paralelo, el alto grado de transformación de nuestra naturaleza humana particular en ser-para-nosotros, constituyen conjunta, simultánea e indisolublemente la personalidad para-sí, la individualidad. Por esto no es casual que en tal proceso la moral, como ente para-nosotros por principio, *tenga el papel de guía.*

Se puede añadir, sin embargo, que la transformación de todos los entes en-sí o para-sí en entes para-nosotros es imposible para el particular *ab ovo.* Es posible solamente que en sus hechos y en sus acciones —incluso en la vida cotidiana— sea *guiado* por determinados entes para-sí y que en *su actitud* hacia las objetivaciones genéricas en-sí esté guiado del mismo modo por una relación consciente con la genericidad. Para el particular es imposible, por tanto, constituir la realidad como absolutamente ser-para-nosotros —lo que siempre es posible (incluso en el futuro) y solamente al género humano, al nivel alcanzado en una época determinada—; aquél, por el contrario, *está en condiciones de edificar su vida cotidiana en general como ser-para-nosotros sobre la base de una actitud conscientemente activa hacia las objetivaciones en-sí.* Esto es exactamente lo que nosotros definimos como conducta de vida, como veremos más adelante.

La vida cotidiana alienada es el reino del en-sí. En ella el particular es conducido por objetivaciones genéricas en-sí a las que él simplemente se subordina intentando conservar al máximo sus motivaciones particulares y su conocimiento de la verdad. Por el contrario, la vida cotidiana no alienada constituye el reino del para-nosotros, lo cual, empero, no significa, como hemos aclarado ya, que podamos elevarnos al plano del para-nosotros al nivel del género humano.

El ser-en-sí de la vida cotidiana es, sin embargo, sólo tendencial, incluso en la época en que es más aplastante el dominio de la alienación. En ella se presenta continuamente *la necesidad de plasmar la vida como para-nosotros.* Entre otras cosas estas aspiraciones, incancelables por vida de la humanidad, se convierten en *las bases perennes de las objetivaciones genéricas para-sí.* Estas últimas no habrían surgido nunca si no hubiese existido tal necesidad en la vida cotidiana de un modo latente y a menudo incluso patente, produciendo la materia, los problemas, las formas de pensamiento y de acción de las que se derivan, se elevan las objetivaciones genéricas para-sí. Naturalmente, también el desarrollo de las objetivaciones genéricas en-sí surge de las necesidades cotidianas, se realiza en el curso de la satisfacción de estas necesidades, pero para que tal desarrollo tenga lugar, no es necesario que las exigencias particulares se eleven más allá del nivel de la particularidad. Y volvemos ahora a la precisión hecha al principio. Del mismo modo que no existe una muralla china entre las objetivaciones genéricas en-sí y las para-sí (y ni siquiera entre el hombre particular y el individual), tampoco existe ninguna muralla china entre las formas de actividad y de pensamiento cotidianos que actúan en la dirección del desarrollo de la genericidad en-sí y las que son el fundamento de las objetivaciones genéricas para-sí.

II. Las actividades
genéricas en-sí

Hemos dicho ya que la objetivación de la actividad genérica en-sí es al mismo tiempo unitaria y articulada. Se distingue en tres formas de objetivación distintas y unitarias: en primer lugar *el mundo de las cosas* (creadas por la mano del hombre), es decir, *los utensilios y los productos*; en segundo lugar el mundo de los *usos*; y en tercer lugar el *lenguaje*. Las heterogéneas formas de actividad de la cotidianidad humana son conducidas y reguladas por estas tres objetivaciones. Las tres guían el *conjunto* de la actividad del hombre, pero a pesar de ello existe entre ellas una cierta «división del trabajo», en cuanto que cada una de ellas ejerce su propia función de guía principalmente sobre una u otra manifestación humana. En este sentido —y recordando las anteriores precisiones— podemos decir que los utensilios (los productos humanos) guían sobre todo la actividad material-concreta, los usos, los modos de comportamiento, y el lenguaje, el pensamiento. Y a la inversa: los utensilios, las objetivaciones cósicas, son sobre todo los productos del movimiento finalizado, del trabajo; los usos son objetivaciones de modos de vida derivadas de la producción y distribución así como de otras actividades sociales; en el lenguaje se objetiva fundamentalmente el pensamiento humano.

En primer lugar, en las objetivaciones genéricas en-sí (es decir, en los utensilios y en las cosas, en los sistemas de usos y en el lenguaje) se halla *acumulada* la cultura humana, su desarrollo constituye la primera garantía de la continuidad, en ellas se puede leer el grado de desarrollo que ha alcanzado una sociedad (una determinada integración social) *en su media* en una determinada época.

Las objetivaciones en-sí son además —*qua* objetivaciones— instrumentos, es decir, instrumentos para la reproducción de la vida de la humanidad. Poseer un instrumento significa también *apropiarse de su modo de funcionar*; conocer un instrumento significa *conocer su modo de funcionar*. Me he apropiado de un término, de un utensilio, o de un uso cuando soy capaz de emplearlo en la situación adecuada de un modo adecuado y de acuerdo con su destino. El sentido de los utensilios, sintagmas o usos antiguos sólo se hace claro cuando sé cómo eran empleados en el seno de su cultura. Malinowski escribe[4] que las lenguas primitivas sólo

---

4. B. MALINOWSKI, *The Problem of Meaning in Primitive Languages*, en

pueden ser traducidas a una lengua moderna describiendo al mismo tiempo la cultura a la que pertenecen, reproduciendo las situaciones y los modos en que eran usadas, en los que tuvieron validez.

Como hemos dicho, las tres formas de objetivación de la genericidad en-sí no son aislables completamente la una de la otra. El empleo de medios e instrumentos, la manipulación concreta y el trabajo presuponen ya de por sí una estructura de usos. Y no nos referimos solamente a los sistemas de usos de las relaciones sociales que fijan el momento, el lugar, el contenido y la forma del trabajo, sino al mismo *proceso de trabajo,* cuyos métodos y tipos de mayor éxito son heredados como usos —o *también* como usos— de generación en generación. También el lenguaje forma parte del trabajo: ni siquiera el trabajo más primitivo puede ser efectuado sin informaciones lingüísticas, órdenes, sin diversos tipos de comunicación lingüística. Es conocida la historia bíblica según la cual la torre de Babel no pudo ser terminada porque Dios confundió el lenguaje de sus constructores; sin mediación lingüística el trabajo no podía ser desarrollado. Malinowski describe [5] un proceso de trabajo muy simple —la pesca de los pueblos primitivos— cuyo decurso es conducido por reglas (usos) extremadamente organizadas y en el que el lenguaje ocupa un lugar central en las más diversas funciones (no sólo en las órdenes y en las respuestas respectivas, sino también en las indicaciones técnicas, en las reacciones ante el éxito o el fracaso, que forman parte de la pesca al igual que las indicaciones técnicas). Si nos aproximamos al mismo problema desde la vertiente de los usos, se alcanzan resultados análogos. Ante todo la mayor parte de los usos es expresada lingüísticamente o es traducible a formas lingüísticas. El ruego, por ejemplo, es, como acto puramente lingüístico, un uso. Puedo ceder a alguien mi puesto en el tranvía, pero también puedo decir: «Le ruego que se siente.» Al mismo tiempo hasta los usos puramente sociales están mediados por cosas (al menos en la mayor parte de los casos). Siguiendo con el ejemplo precedente: normalmente se ruega ante algo o hacia algo que la mayoría de las veces consiste en un objeto simbólico. Cedo mi *puesto* en el tranvía, por tanto el uso se refiere a la utilización de un objeto. Pero se podrían también dar ejemplos cotidianos como el vestir y el comer. En cuanto al lenguaje es una especie de movimiento que el hombre debe saber manipular del mismo modo que otros tipos de movimiento. (Reorganizar un movimiento ya habitual según otro tipo de movimiento —otra lengua— es tan dificultoso como pasar de las operaciones completamente asimiladas de un trabajo a operaciones

---

apéndice a C. K. OGDEN y I. A. RICHARDS, *The Meaning of the meaning,* Londres, Nueva York, Routledge e Kegan Paul-Harcourt, Brace and Co., 1956 (trad. castellana, Ed. Paidós).
    5. *Ibidem.*

de otro tipo.) Además, una de las funciones del lenguaje consiste en guiar el empleo de los medios (utensilios, objetos) en el plano del pensamiento,[6] en favorecer el ejercicio de su empleo. El lenguaje es también uso lingüístico; sobre ello Wittgenstein ha afirmado justamente: «Seguir una regla, comunicar algo, dar una orden, jugar una partida de ajedrez son *costumbres* (usos, instituciones) [...] Por ello "seguir la regla" es una praxis [...] Y por esto no se puede seguir una regla *"privatim".*»[7]

La objetivación genérica en-sí es, por tanto, incluso aislando sus tres momentos, un *sistema de referencia unitario* y al mismo tiempo, una cosa indisolublemente ligada a la precedente, un *sistema unitario de instrumentos.*

Hemos afirmado ya que una objetivación es un sistema de referencia y de instrumentos hecho por la actividad humana, pero que al mismo tiempo la guía. Como tal, la objetivación proporciona a los particulares que entran en una determinada sociedad esquemas acabados y los particulares plasman y ordenan sus experiencias guiados por estos modelos. Las objetivaciones en-sí están dotadas de un relativo estado de quietud frente a los movimientos y cambios capilares. Las nuevas experiencias, demandas, necesidades, modos de producción y distribución cambian siempre el sistema de objetivaciones; se encuentra circundado de nuevas cosas, nuevos usos, y cambia incluso la estructura del lenguaje (al menos hasta un cierto grado). Sin embargo, las objetivaciones en-sí actúan en un sentido conservador; la apropiación de los modelos de un determinado sistema de referencia predetermina las nuevas experiencias y puede frenar, aunque en modo y medida distintos, el mismo proceso de cambio, la generalización de las nuevas experiencias, el surgimiento de nuevos tipos de pensamiento, etcétera.

Todas las formas de la objetivación genérica en-sí *poseen un significado objetivo.* Este significado es idéntico a la *función* que tiene la forma en las relaciones sociales, es decir, es idéntico a su *empleo.* El significado del arado es arar la tierra, el de la reverencia es saludar, reverenciar, someterse. En este sentido el significado no sólo es un rasgo distintivo del lenguaje, sino también de las otras dos esferas de la objetivación genérica en-sí. Como se puede ver en el ejemplo de la reverencia, también un uso o un medio pueden tener más significados, al igual que una palabra; la pluralidad de significados indica que el uso y el medio pueden cumplir funciones sociales distintas, pueden ser empleados en más direcciones. Leontev escribe que el hombre encuentra un sistema de significados preformado, surgido históricamente, y toma pose-

6. *Ibídem.*
7. L. WITTGENSTEIN, *Philosophische Untersuchungen,* Oxford, Blackwell, 1953, pp. 107-109.

241

sión tanto de estos significados como de los medios, *encarnaciones materiales de los significados.*[8]

El significado de una palabra es idéntico a su función en el seno de la lengua. El nacimiento de este significado está indisolublemente ligado a la presentación del significado de la naturaleza socializada. Lo que va más allá, se deriva de la peculiar unidad de lenguaje y pensamiento, depende del hecho de que el pensamiento se encarna en primer lugar en el lenguaje y se desarrolla a través suyo. Por esta razón posee un significado en el lenguaje incluso lo que no existe objetivamente, al igual que lo que todavía no existe o que ya no existe pero que se basa en las cualidades latentes o posibles de las cosas y de los procesos. Objetivamente el diablo no existe, pero dado que existe en la consciencia social, la palabra tiene un sentido. Del mismo modo tiene sentido el diluvio universal, y también el juicio universal. Por otra parte, un utensilio primitivo conserva en sí su significado, pero dado que ya no lo usamos, este sentido sólo se convertirá en ser-para-nosotros cuando expliquemos cómo era usado en su tiempo. Pero sólo el pensamiento lingüístico es capaz de realizarlo. De similar modo, una nueva máquina puede tener un significado objetivo que, por el momento, sólo se encuentra en la cabeza de su constructor; sólo puede obtener un significado social cuando —dado que todavía no es usada, aún no tiene una función— el ingeniero la describe, elabora los proyectos, la presenta oralmente o por escrito. Por lo tanto, los elementos del pensamiento lingüístico poseen en el *tiempo* un espectro mucho más amplio que los objetos o los sistemas de usos.

Una relación análoga entre el lenguaje y las otras dos esferas de la objetivación genérica en-sí es posible encontrarla considerando su extensión *en el espacio.* El lenguaje trasciende el espacio y nos hace conocer cosas y usos de los cuales no podemos apropiarnos porque no son nuestros. Da un significado para-nosotros a lo que es puramente pensable o imaginable. Sin embargo, al hacer esto no supera todavía el círculo del significado cotidiano. Lo cual no sólo es válido en lo referente a la concepción de entidades peculiares de la consciencia social (por ejemplo, dioses, duendes o espíritus) con las cuales operamos como con objetos ideales, sino también en lo referente a informaciones sobre pueblos, países o acontecimientos del extranjero.

Indicamos ya el lenguaje como objetivación primaria del pensamiento cotidiano, pero esto no significa que el pensamiento se presente *exclusivamente* en el lenguaje: el pensamiento se manifiesta *en todas las acciones.* En cuanto al significado del término «actuar», nos atenemos a la definición de Leontev según la cual hay que considerar como acción toda actividad *en la cual la mo-*

8. A. N. LEONTEV, *Problemy reazvitija psichiki* (Problemas del desarrollo psíquico), Moscú, 1965, p. 289.

tivación y el objeto de la actividad son distintos. Como consecuencia de ello sólo el hombre puede ser definido como ser pensante, en cuanto que la separación entre motivación y objeto sólo se verifica en la actividad del trabajo. La unidad indiferenciada de motivación y objeto implica la simple satisfacción de una necesidad y por tanto no contiene una *generalización.* (Contiene, por el contrario, abstracciones que son numerosas incluso en la mera percepción.) Con esto, sin embargo, no queremos decir que *toda* actividad humana (mediada por el pensamiento) se base en la distinción de motivación y objeto. En las actividades humanas de nivel superior —de las que volveremos a hablar— surge *de nuevo* la unidad de los dos factores, pero ya no de un modo inmediato, sino ya reflejada, con la mediación del pensamiento. Este «ya» de la unidad caracteriza la actividad consciente orientada directamente sobre la genericidad o bien puede caracterizarla y a sus orígenes en la conducta de la vida cotidiana.

Hemos afirmado que toda objetivación generalizadora, o sea, toda acción, es también una objetivación del pensamiento, es decir, representa la solución generalizadora de un problema relativo al objeto dada por el sujeto. En este sentido podemos también afirmar que los instrumentos de trabajo y los usos son objetivaciones del pensamiento humano al igual que el lenguaje. Marx escribe que se podría leer la psicología del hombre en los medios de producción. Y lo mismo puede decirse en lo referente a los usos. No es necesario extenderse mucho para demostrar que los medios y los usos son encarnaciones específicas de la generalización de las capacidades humanas; constituye un hecho evidente. En la producción de un objeto de trabajo se objetivan las capacidades personales y las genéricas de acuerdo con determinadas normas (de ello hablaremos más adelante); si esta objetivación general-normativa de las capacidades no se verifica, el objeto no posee ningún valor de uso. También la pura observancia del uso es una generalización del comportamiento: la generalización de los sentimientos, impulsos y aspiraciones personales orientada en base a una norma social, a través de la apropiación de esta orientación. El empleo de las cosas y de los usos es una actividad aprendida al igual que el empleo del lenguaje.

Aunque para nosotros quede claro que todo actuar es al mismo tiempo también pensar y que el resultado objetivado de todo actuar es en este sentido un producto del pensamiento, debemos preguntarnos si el lenguaje no hace de mediador en la producción de objetivaciones no lingüísticas, en las objetuales y en las relativas a los sistemas de usos. Pues bien, el lenguaje tiene esta función, y no sólo porque sin ella no puede producirse la generalización objetual y del comportamiento (ni siquiera el lenguaje, como hemos visto, puede funcionar sin la creación y el empleo de utensilios y sin una estructura de usos), sino también porque es precisamente el lenguaje el que guía el *pensamiento* en las otras formas de objetivación. Se trata, por lo demás, de una peculiaridad humana y de uno de los criterios más importantes de la humanización. Vygotski llega a la conclusión de que en los animales el desarrollo de la inteligencia y la capacidad prelingüística progresan siguiendo dos líneas radicalmente distintas. La inteligencia de los animales superiores no se expresa en capacidades prelingüísticas particulares (por ejemplo, en el modo), sino en una actividad de manipulación extraordinariamente desarrollada. En otros animales, por el contrario —incluso en especies relativamente inferiores—, mientras que las formas prelingüísticas (señales) están fuertemente desarrolladas, la inteligencia es de bajo nivel, y en efecto, no son capaces de efectuar manipulaciones de un grado elevado. En el hombre, por el contrario, el desarrollo de la capacidad de manipulación y del lenguaje proceden paralelamente, y así este último se convierte *también* en el volante de todas las actividades manipuladoras. Hemos visto en el ejemplo aportado por Malinowski que el lenguaje se desarrolla funcionando de mediador del momento del pensamiento en la actividad inmediatamente objetual.

Naturalmente la objetivación objetual puede aparecer en acciones particulares incluso sin el lenguaje, y precisamente como realización del pensamiento. Si quiero mejorar un instrumento y la cosa tiene éxito, resuelvo un problema, es decir, reflexiono, sin que este pensamiento esté acompañado ni siquiera de un monólogo interior. Sin embargo, nos parece que la solución mental de un problema sin el lenguaje constituye un fenómeno *tardío*. Para que se verifique es necesario un grado superior de socialidad (y de individualidad) al igual que para la actitud puramente teórica. En todo caso se trata de un fenómeno que no tiene importancia desde el punto de vista de la sociedad en su conjunto; una solución sólo se generaliza en la sociedad cuando es *comunicada*. Y si bien es cierto que tal comunicación puede tener también lugar mediante el simple «mostrar», sin embargo, como comunicación, contiene necesariamente algún elemento del «hablar», y no sólo por el eventual texto explicativo, sino también por las preguntas, las respuestas, etcétera.

De este concepto más amplio de pensamiento quisiéramos distinguir uno más limitado, análogamente a las dos categorías de Lefèbvre. Este autor distingue la denominada praxis repetitiva de la inventiva tanto en el plano ontogenético como en el filogenético. La praxis inventiva produce algo nuevo (tanto en la vida del particular como en la de la especie), mientras que la praxis repetitiva no es más que la repetición de esquemas prácticos desarrollados por las generaciones precedentes y ya asimilados por el particular.[9] Sin embargo, no asumimos completamente estas dos categorías en el sentido que les confiére Lefèbvre. En la praxis inventiva

9. *Cf.* H. Lefèbvre, *Critique de la vie quotidienne, op. cit.,* vol. II.

no sólo incluimos la producción de algo nuevo, sino también toda acción que constituya la solución a un problema, pero donde la solución del problema —la recogida de experiencias, de opiniones, la emisión de juicios— sea *intencional*. Y tampoco entendemos la intencionalidad en sentido estricto, es decir, en el sentido de que la solución del problema se encuentra presente como fin en nuestra conciencia antes de la praxis, sino en sentido amplio, como actividad dirigida a un fin cuya intención puede *también* aparecer en el curso de la acción.

El pensamiento en sentido estricto opera en el campo de la praxis inventiva. Y praxis tiene también aquí el significado más amplio del término, en cuanto que consideramos igualmente como praxis el trabajo mental destinado a resolver problemas puramente teóricos. Por tanto, cuando hablamos de pensamiento repetitivo, nos referimos al caso en el que sean espontáneamente ejercidas actividades (objetuales, lingüísticas y relativas a los usos) producidas por el pensamiento inventivo (o por la praxis inventiva); inventivo, por el contrario, es el trabajo mental con el que es resuelto *intencionalmente* un problema. Debería estar claro que entre uno y otro tipo de pensamiento no hay un límite rígido. No existe un pensamiento puramente repetitivo, al igual que no existe uno totalmente inventivo en el cual no estén también presentes momentos repetitivos. El pensamiento, especialmente en las amplias esferas de la vida cotidiana, es a menudo una unidad de aspectos inventivos y de aspectos repetitivos que cambia indistintamente en una u otra dirección.

Las acciones, las actividades objetuales o las expresiones lingüísticas que surgen en la esfera de la genericidad en-sí a través del pensamiento inventivo y repetitivo, son *funcionalmente equivalentes*. Si alguien salta por primera vez al otro lado de un foso, resolviendo, por tanto, conscientemente un problema, o si por el contrario salta el mismo foso por enésima vez, haciéndolo casi por reflejo sin ningún trabajo mental, las dos cosas son netamente distintas desde el punto de vista del proceso que lleva a la acción, pero, por el contrario, son funcionalmente equivalentes por lo que respecta al resultado final (en ambos casos se salta el foso). Si un niño se pone a reflexionar sobre el modo en que deben ser saludados los adultos y al final decide comportarse según el sistema de usos, según la norma, según los matices de este sistema, mientras que otro niño de un modo totalmente espontáneo, sin ninguna intención de resolver un problema, saluda del mismo modo, tenemos también dos comportamientos equivalentes en su función. Pero apenas superamos el límite de la objetivación genérica en-sí, esta equivalencia funcional ya no existe. No es difícil comprender cómo están las cosas en el plano de las objetivaciones para-sí. Una «obra de arte» producida sobre la base de la rutina, de un modo puramente repetitivo, no puede ser funcionalmente equivalente a una obra nacida en el curso de la solución de un problema. Lo mismo puede decirse de la ciencia y de la moral. Por lo que concierne a ésta última, la dialéctica de intención y consecuencia sólo puede surgir en cuanto no existe una equivalencia funcional entre praxis (pensamiento) repetitiva e inventiva. Pero esto no sólo se refiere a las objetivaciones genéricas para-sí, sino también a todos los valores y a todas las actividades que se producen en el cuadro de la vida cotidiana, pero no a las actividades que se producen en el plano de la objetivación genérica en-sí. Más adelante volveremos a afrontar este fenómeno, de modo que nos bastará aquí un ejemplo: el conocimiento de los hombres. Puede darse el caso de alguien que, en base a su «conocimiento de los hombres», clasifique simplemente a las personas en la casilla correspondiente a la tipología corriente en la sociedad; puede darse también el caso de aquel que haya elaborado en sí un conocimiento individual de los hombres —una aguda sensibilidad frente al «ser-así», de la *diferencia específica* del otro—; tendremos, por tanto, que la actividad referida a los hombres particulares, la relación hacia ellos, será distinta en los dos casos: tampoco aquí existe la equivalencia funcional.

Repetimos: también el pensar repetitivo es pensar, aunque se trate de un proceso mental extremadamente abreviado. De hecho, no todas las actividades (ni siquiera las mentales) exigen el pensamiento inventivo, o bien lo exigen en una cantidad relativamente mínima. El hombre no podría vivir y sobrevivir en el infinito y heterogéneo flujo de actividades y tareas cotidianas, si cada una de sus acciones o cada uno de sus pensamientos fuesen producidos a través del pensamiento inventivo. Gehlen tiene toda la razón cuando afirma que para ejercer las actividades humanas es necesario un «descargo», o sea, una actividad que esté «liberada» de la constricción del pensamiento inventivo —del proceso mental—, que sea practicable *espontáneamente*, sin ningún pensamiento consciente. Cuando ya hemos aprendido una lengua —en la infancia esto tiene lugar a través del pensamiento inventivo—, simplemente la «empleamos», sin reflexionar sobre la gramática, la justa construcción de los períodos o el uso adecuado de las expresiones.[10] La *posibilidad* de que cada frase construida por nosotros sea nueva y única, nunca pronunciada por nadie —en otros términos: el lado creativo del lenguaje—, sólo surge cuando el proceso lingüístico se ha hecho espontáneo, es decir, repetitivo. El niño debe aprender (a través de la praxis o del pensamiento inventivos) a atarse los zapatos, a abrocharse, a sostener o limpiar un cubierto; más tarde, por el contrario, lo realizamos de un modo totalmente espontáneo, a través de un pensamiento extremadamente abreviado, que no intenta en absoluto resolver nuevos problemas. Este pensamien-

10. El proceso es extremadamente complicado. Damos aquí una descripción muy simplificada.

to repetitivo, esta praxis, constituyen un «descargo» porque liberan facultades para usarlas en aquellas soluciones de problemas que, a su vez, sólo son posibles a través de la praxis y el pensamiento inventivos y que, sucesivamente, también podrán llegar a ser espontáneas. Sin embargo, este proceso no es infinito. El «descargo», como hemos dicho, libera fuerzas para llevar a cabo acciones y para adquirir experiencias que sólo son posibles a través del pensamiento y la praxis inventivos.

La praxis y el pensamiento repetitivos son indicados comúnmente como un sistema de reflejos condicionados. Pero a nuestro parecer no lo son. De hecho todo reflejo condicionado tiene sus raíces en última instancia en los reflejos biológicos, está ligado a ellos, está construido sobre ellos. Por el contrario, la praxis y el pensamiento repetitivos del hombre sólo se ligan a necesidades biológicas en casos excepcionales; en la mayoría de los casos se basan en necesidades sociales y están guiados por productos genéricos en-sí (las cuales, como sabemos, son productos del pensamiento humano). La praxis y el pensamiento repetitivos crean una esfera superior de inmediatez que surge, tanto en la especie como en el particular, a través de mediaciones y que sirve de punto de partida para ulteriores mediaciones.

Esto implica varias cosas. En primer lugar, la praxis y el pensamiento repetitivos permiten hacer las cosas de un modo incomparablemente *más rápido* que el pensamiento inventivo. De modo que se gana tiempo. En segundo lugar, a causa del prolongado ejercicio, las cosas se hacen de un modo *más preciso*. Además, paralelamente a la praxis y al pensamiento repetitivos se pueden ejercer *simultáneamente* más actividades repetitivas (cuando escribo a máquina llevo a cabo dos operaciones, la escritura y la dactilografía, que son de naturaleza repetitiva). O bien se puede ejercer paralelamente una actividad inventiva (mientras nos afeitamos, podemos reflexionar sobre la solución de un nuevo problema). Finalmente, es posible por tal vía una consciente división del trabajo entre los sentidos.

Ya que la praxis y el pensamiento repetitivos son espontáneos, es decir, ya que en ellos la mediación se realiza en una inmediatez de nivel superior, ésta sólo puede surgir cuando se trata de una actividad o de un pensamiento que sea posible ordenar en un esquema general. Toda praxis repetitiva y todo pensamiento repetitivo son, por tanto, generalizaciones, pero que no implican que el hombre recorra cada vez desde el principio el *proceso* de generalización. A menudo ésta se produce a través de la apropiación de un esquema de generalización heredado socialmente, pero luego sobre estos esquemas se basan otros esquemas generalizados que fijamos sobre la base de experiencias, modo de pensar, acciones personales. Para usar el tenedor y el cuchillo debemos primeramente aprender el modo en que generalmente son cogidos, que se deriva de la naturaleza de estos utensilios y de las costumbres que hemos heredado. Pero no todos sostienen el tenedor y el cuchillo del mismo modo: en los movimientos para cogerlos y emplearlos está también fijada la forma generalizada del actuar individual. Cuanto más aflojado está el ligamen entre la sociedad y el particular, tanto más numerosas son las variaciones en el uso o simplemente los usos personales. Sin embargo, el número de estas variantes individuales o de los usos personales no nos revela la individualidad del particular. Una persona que exhiba muchísimas variantes o usos, puede también ser totalmente particular; la individualidad del particular no se manifiesta simplemente en el uso, sino también en su contenido y en la relación con éste.

La praxis y el pensamiento repetitivos son el fundamento necesario —y constantemente acumulativo— de la actividad y del pensamiento humanos. Pero dado que esta generalización sin proceso es espontánea y —aunque a un nivel superior— no mediada, puede conducir a una cierta rigidez en la acción y el pensamiento del hombre, lo que precisamente sucede muy a menudo. La praxis repetitiva (y el pensamiento repetitivo) está en perenne fase expansiva; invade también sectores para cuya manipulación óptima habían sido necesarios la praxis inventiva y el correspondiente pensamiento. La praxis repetitiva puede sustraer al hombre la sensibilidad (y a menudo lo hace efectivamente insensible) hacia los nuevos fenómenos o los *problemas* que están ocultos en ella. En situaciones problemáticas (es decir, en situaciones que requieren el pensamiento inventivo) el hombre continúa, por tanto, sirviéndose del pensamiento repetitivo. Esto, como mostraremos más adelante, puede conducir a catástrofes en la vida cotidiana, pero la mayoría de las veces impide el desarrollo de la personalidad.

Llegados a este punto —aunque también hablaremos de ello seguidamente— debe quedar subrayado que la subsunción de nuestra actuación y pensamiento a esquemas generales no es la única forma de la espontaneidad mediada. Existe también un tipo de pensamiento espontáneo que a menudo «impugna» la mera subsunción. Este último surge simultáneamente al primer tipo y es también ineludible en la conducta de la vida cotidiana. Nos referimos al *sentido del caso particular*. Si este sentido no estuviese presente —en una cierta medida— en todo particular, las catástrofes en la vida cotidiana serían inevitables. Este hecho psicológico, que en la vida cotidiana (y sólo en ella) *tiene un valor cognoscitivo*, es denominado a menudo *intuición*. También la intuición es el resultado de una acumulación de experiencias, una manifestación espontánea de las experiencias acumuladas en la acción y en el pensamiento del particular, al igual que la praxis y el pensamiento repetitivos; como resultante de experiencias aisladas es parte integrante de la personalidad. Pero precisamente porque forma parte de la personalidad, es posible aplicarla en todas las situaciones imprevistas, sorprendentes, en los acontecimientos casuales, cuando se tiene delante un hecho inusual. Por tanto, dado que la intuición se produce y se desarrolla a través de la mediación de la personalidad, también ella está *mediada* al igual que el pensamiento y la praxis intuitivos. Sin embargo, en este caso no es la personalidad la que se subsume en la generalidad, sino la solución concreta en la estructura de la personalidad. (Sólo hemos querido aquí indicar el puesto del pensamiento intuitivo en el sistema de los tipos de pensamiento, sin dar una respuesta a la cuestión de cómo se origina y funciona la intuición. Ésta es tarea de la psicología.)

El casi-reflejo (el reflejo no biológico) constituye la forma más primitiva del pensamiento intuitivo. Pero es posible también aportar ejemplos de tipo más elevado. En su *Estética*, Lukács, a propósito del reflejo condicionado, habla de la gracia, del tacto. El tacto es también un producto de la acumulación de experiencias, sin embargo, sus raíces no se encuentran en la praxis repetitiva, sino en la personalidad; ni siquiera la asimilación más precisa de los usos sociales es capaz de permitirnos adquirir el tacto. Puede decirse incluso, yendo aún más allá, que el tacto no es más que el complemento necesario de los usos de cortesía. Sin tacto incluso quien haya asimilado perfectamente las formas de la cortesía, es descortés.

En su esencia el pensamiento intuitivo *sensu stricto* no se distingue en nada del tacto. Se trata de la capacidad de la estructura mental humana de reconocer simplemente los fenómenos nuevos, inesperados (para los cuales el pensamiento repetitivo por sí solo no es suficiente), de «advertir» con el pensamiento los aspectos problemáticos (sin los cuales no puede ponerse en marcha el pensamiento inventivo), de sentir de improviso como extraño, no claro, algo que ya es conocido, de maravillarse, etc. También esto, como hemos dicho, es fruto de la mediación (las experiencias están mediadas por la personalidad que se desarrolla) y aparece espontáneamente, sin ningún proceso intencional de pensamiento. Sin este pensamiento intuitivo, el hombre no podría sobrevivir al igual que sin el pensamiento repetitivo. No estaría en condiciones de «sentir» el peligro, de reconocer lo «desconocido» o una posible fuente de peligro, de asimilar el conocimiento de los hombres, etc.

El pensamiento intuitivo *no es generalizable,* aunque se base en generalizaciones (por ello constituye un complemento necesario de la generalización rígida). He aquí por qué hemos afirmado que solamente en la vida cotidiana tiene un valor cognoscitivo. En el pensamiento científico sólo vale como conocimiento lo que ha sido generalizado. También aquí tiene parte la intuición, pero exclusivamente como *punto de partida del pensamiento inventivo.* Lo que ha sido reconocido a través de la intuición, debe ser generalizado con la ayuda del pensamiento inventivo, sin lo cual queda al nivel de la consciencia cotidiana y no entra en la ciencia (y ni siquiera en la filosofía).

Hemos afrontado el problema del pensamiento intuitivo para demostrar que no es indiferente la existencia de un tipo de pensamiento mediado-espontáneo. Sin embargo, debemos añadir que el pensamiento intuitivo no es de gran relevancia con respecto a los problemas aquí discutidos. La apropiación de las objetivaciones genéricas en-sí tiene lugar por medio del pensamiento inventivo y repetitivo; la intuición es simplemente un factor perenne —y necesario para su funcionamiento— de corrección frente a ellos.

Después de haber hablado del pensamiento repetitivo e inventivo, debemos decir todavía algo sobre los tipos en que este último se articula. Hemos afirmado que su carácter es resolver los problemas. Sin embargo, esta expresión, «resolver los problemas», debe ser entendida en sentido amplio. Incluye la solución de un problema en sentido estricto, es decir, el caso en que se toma consciencia de un problema y se reflexiona sobre su solución (cuál es el mejor modo de hacer un puente sobre un riachuelo, por qué motivo se ha roto una amistad, qué futuro imagino para mi hijo y cómo comunicarle mi decisión, etc.). Pero entra también la apropiación de un nuevo pensamiento o razonamiento, además de la elaboración de una nueva experiencia, el aprendizaje de una nueva operación e incluso el acordarse de un modo consciente de una nueva información. Repetimos, empero, que no existe una separación rígida entre el pensamiento inventivo y el pensamiento repetitivo, puesto que el vasto campo de pensamiento y de la praxis cotidianos comprende a ambos en mayor o menor medida. Si miro el termómetro por la mañana y me visto según sus indicaciones, si echo una mirada al boletín de calificaciones de mi hijo y lo firmo, si comunico mis sentimientos a la persona que amo, en todas estas acciones a veces toma la delantera la invención y a veces la repetición. En el primer caso domina ciertamente la repetición, aun dejando un cierto margen a la invención (decido entre la gabardina o el abrigo), en el segundo la acción misma es repetitiva, pero aparece llena de un contenido inventivo (juzgo la actividad de mi hijo durante el trimestre), en el tercero es probable que aparezca la neta prevalencia de la invención, pero no necesariamente. *La praxis y el pensamiento repetitivos no sólo son, por tanto, la base del pensamiento y de la praxis inventivos, sino también el marco de las heterogéneas actividades creativas y de los tipos de pensamiento correspondientes.*

III. Las características comunes de las objetivaciones genéricas en-sí

Las características comunes de las objetivaciones genéricas en-sí forman la base de la actividad en la vida cotidiana y el marco de su estructura. De hecho la apropiación de las objetivaciones genéricas en-sí constituye el mínimo requerido para tener en pie la vida del particular en un ambiente social determinado. El respeto a las normas que se derivan de ellas es —al menos dentro de ciertos límites— *obligatorio* para cada uno: si no lo realiza, el particular no está en condiciones de vivir y se hunde. Por tanto, cuando examinamos las características comunes de las objetivaciones genéricas en-sí, analizamos indirectamente la estructura fundamental necesaria de la vida y del pensamiento cotidianos.

Pero hay que establecer una delimitación. La vida y el pensamiento cotidianos se basan, en verdad, necesariamente en la estructura de las objetivaciones genéricas en-sí, y por tanto sólo pueden desarrollarse en su marco; sin embargo, *la vida y el pensamiento cotidianos no son reducibles en su totalidad a esta estructura*. Ante todo, porque la relación (la actitud) hacia esta estructura puede ser radicalmente distinta. Además porque la apropiación y la práctica de la estructura producen también la posibilidad de acciones y comportamiento mentales de tipo totalmente distinto, en cuanto que ellas, *incluso en el seno de la vida cotidiana*, «liberan» las más variadas formas de pensamiento creativo e inventivo y de praxis creativa.

Teniendo en cuenta esta delimitación, examinaremos ahora los rasgos comunes de las objetivaciones genéricas en-sí, que constituyen el fundamento de la vida y del pensamiento cotidianos.

LA REPETICIÓN

Las actividades genéricas en-sí son actividades *reiteradas*. Una acción llevada a cabo una sola vez no es una acción perteneciente a la costumbre; un objeto manejado con éxito una sola vez, por casualidad, no adquiere por ello un significado concreto; una palabra pronunciada una sola vez no es una palabra. Por tanto, no se trata sólo de que, al igual que toda acción social, toda actividad, a través de un número mayor o menor de mediaciones, deba al final desembocar en la praxis social, sino también del hecho de que ésta debe ser repetible en su *ser-así sea cual fuere* y debe realmente ser *repetida*.

Todas las delimitaciones hechas precedentemente son igualmente importantes aquí.

Para hacer comprensible la categoría de «ser-así» debemos subrayar de nuevo que el significado (la esencia) de la objetivación genérica en-sí está en su función. En la reiteración de la acción genérica en-sí, el ser-así comporta que la acción es repetible en su *función concreta*. Por ejemplo, la conjunción condicional «si» no es reiterada porque sea pronunciada repetidamente, sino porque la pronunciamos siempre con la misma función (como expresión del condicional). La inclinación no es reiterada porque a menudo nos inclinemos, sino porque lo hacemos de modo que el movimiento tiene una función determinada (por ejemplo, reverenciar). Si lo hacemos con otra función (por ejemplo, en gimnasia) ya no forma parte del sistema de costumbres. El vaso no es vaso porque se use repetidamente, sino porque se usa repetidamente para beber, etcétera.

En los distintos momentos de la objetivación genérica en-sí la rigidez del ser-así aparece socialmente modificada. Por ejemplo, en los inicios del trabajo el ser-así sólo existía incipientemente en lo referente a los medios de trabajo: la misma piedra podía funcionar, según la ocasión, como martillo, escarpa, proyectil, etcétera. En la actualidad, con la extrema diferenciación de las funciones, para cada una de las cuales se fabrican utensilios adecuados, ya no aparecen estas «funciones ocasionales» en el trabajo socialmente relevante (en la producción). Por el contrario, en otros tipos de trabajo este carácter no es infrecuente. Cuando en casa debemos clavar un clavo en la pared y no tenemos un martillo al alcance de la mano, nos basta cualquier objeto duro. Sin embargo, por lo que afecta a los utensilios, puede decirse que el ser-así se ha hecho más rígido, tanto en la producción como en el consumo. En los usos, en cambio, ha sucedido lo contrario. El mundo de las costumbres modernas es más libre que en el pasado; es más raro que un uso sirva para cumplir una sola función, y también el modo en que es cumplida la función se ha hecho más personal que en la Antigüedad o en el Medioevo.

Pero volvamos a las delimitaciones. Hemos dicho que la repetibilidad por parte de todo particular es obligatoria. Esto significa que para apropiarse de las objetivaciones genéricas en-sí son necesarias capacidades inherentes a todo particular de cualquier época o que todo hombre está en condiciones de desarrollar de un modo casi idéntico. (Naturalmente, quedan excluidas de tales consideraciones las personas de limitadas capacidades físicas o intelectuales.) O lo que es lo mismo, no todos los hombres se apropian de todas las actividades relativas a todas las formas de objetivación —lo que queda ya excluido por la división del trabajo—, pero cada uno es, por principio, capaz de hacerlo. Al mismo tiempo, la apropiación de las objetivaciones genéricas en-sí no requiere ninguna o casi ninguna cualificación específica (para las costumbres no es necesaria en absoluto, en el ámbito del lenguaje sólo es necesaria en referencia a la escritura, para el manejo de las cosas no sirve, en el trabajo sólo es necesaria cuando existe una división del trabajo fuertemente desarrollada, sobre todo cuando están presentes determinados contenidos precientíficos o preartísticos).

La repetibilidad no es sólo una característica de las objetivaciones genéricas en-sí, sino también de otros tipos de actividad. Tan repetible es una declaración de amor, como una ocurrencia ingeniosa o una acción militar. Pero en todos estos casos la repetibilidad es sólo una posibilidad y no una parte ineliminable de la actividad. Una ocurrencia ingeniosa sigue siendo una ocurrencia ingeniosa lo mismo que una declaración de amor aunque sean pronunciadas una sola vez. Su repetición, por tanto, como reiteración, tiene un significado *específico* que supera el originario. Yo no cuento repetidamente el mismo chiste a la misma persona, a menos de que tenga un motivo específico; una declaración de amor sólo es repetida cuando se le quiere dar una incisividad particular, cuando al compañero le falta confianza; una acción militar sólo es repetida cuando la guerra continúa y se presenta una nueva necesidad específica, etc. Lo mismo puede decirse de algunos tipos de acción que pertenecen a las objetivaciones genéricas en-sí. Es posible que yo vuele, me ponga el frac o pronuncie una determinada frase una sola vez en mi vida. Pero lo que nos interesa poner de relieve no es que todas estas cosas son repetibles, sino que *la repetición de estos tipos de acción es en sí sin importancia*. Si en los casos citados la reiteración se ha hecho importante, no significa que haya adquirido un significado por la repetición de la objetivación genérica (por el lado formal), sino por los contenidos expresados en tales formas (véase el ejemplo de la declaración de amor).

La repetibilidad nos muestra la cuestión desde el lado del particular; el ser-repetido nos la muestra desde el lado de la objetivación. Un tipo de acción se convierte en parte integrante de una objetivación genérica en-sí sólo cuando *ya ha sido repetida muchas veces*, puesto que su ser-repetida entra a formar parte de la esencia de su ser en cuanto objetivación. *En este caso el ser-repetido es el fundamento de la repetibilidad.*

EL CARÁCTER DE REGLA Y LA NORMATIVIDAD

El nexo que acabamos de poner de relieve (según el cual la reiteración constituye la base de la repetibilidad) es sólo un aspecto del hecho de que las objetivaciones genéricas en-sí exhiben un *carácter de regla*. La regla nace cuando hay «adaptación», es decir, cuando hay «referencia» a algo cuya observancia es obvia y natural (no se percibe la repetición), que sólo se evidencia cuando se da una *violación*. (Dado que la violación de la regla varía de importancia según los distintos momentos de la objetivación, volveremos a hablar de este problema; aquí sólo lo hemos mencionado con un fin complementario.) Por ello Wittgenstein ha podido parangonar las reglas lingüísticas con las reglas de un juego. Pero el parangón de hecho no encaja del todo, las objetivaciones genéricas en-sí sólo pueden ser asimiladas por el particular como reglas a través del ejercicio (por tanto, con la repetición), mientras que otras reglas (entre ellas las reglas de un juego) pueden ser aprendidas «antes de su uso».

El carácter de regla no sólo clarifica la obviedad de la observancia, sino también su *validez obligatoria*. En este sentido las objetivaciones genéricas en-sí —en cuanto estructuras de reglas formales que se cristalizan a través de las acciones repetidas— tienen un *carácter normativo*. Cuando (en la segunda parte) hemos hablado de la moral, hemos mencionado el hecho de que el comportamiento fijado en eso, es decir, el aspecto consuetudinario de nuestra moral, funciona como norma concreta. Pero también el mundo cósico-objetual de los medios, que encontramos preestablecido, funciona como norma para nuestras acciones, o mejor, la función normativa del mundo de los medios y la de los usos son recíprocamente indisolubles. Cuando habitamos en una casa, viajamos en tranvía, caminamos llevando vestidos, cocinamos en una cocina de gas, no es posible distinguir con precisión en el carácter normativo de las respectivas actividades la norma relativa al objeto y la relativa al uso. En el mejor de los casos la distinción es aproximada. En el encendido del gas es más bien el elemento objetual (la naturaleza del gas y de la cerilla) el que fija la norma, en el vestirse la norma objetual tiene una parte menor que la del uso. Pero es indudable que funcionan como norma tanto el mundo de los objetos como el de los usos (e incluso el del lenguaje).

El carácter normativo de las actividades genéricas en-sí, como sabemos, está orientado sobre su función. Observar una norma significa cumplir una función. Sabemos que también el ser-así atañe a la función (el lado formal). De ello se desprende que la observancia de la norma no es una acción «puntual»; el «cumplimiento de la norma» posee un *aura*. Cumplimos la norma cuando llevamos a la práctica (repetimos) la función oculta en el carácter específico de la objetivación genérica en-sí. Sin embargo, esta función puede ser realizada de cualquier modo y también es posible observar la norma de diversos modos. Es sabido que un mismo objeto puede ser fabricado mediante operaciones diversas, al igual que uno puede apropiárselo por distintas vías. La norma sólo «se interesa» por su cumplimiento. Considerada desde este punto de vista, la variedad de las operaciones nos da la amplitud del aura que circunda la realización de la función. Las operaciones que serán fijadas y las que desaparecerán, la mayoría de las veces, no depende del caso concreto, sino de una característica de la vida cotidiana que analizaremos más adelante: la parsimonia, la tendencia a la economía. Pero es de importancia secundaria frente al cumplimiento de la norma.

La amplitud del aura normativa *no es estática* y varía notablemente según las diversas objetivaciones (e incluso en su seno). Tomemos el uso lingüístico: cuando se usa una lengua que haya fijado el orden de las palabras, infringir este orden significa al mismo tiempo infringir la norma, mientras que en una lengua sin tal regla no es necesario prestar atención a una norma de este tipo. El aura normativa es también función de la *finalidad* personal. Una camiseta que confeccionada por mi hija puede cumplir esta función en un cierto sentido, pero no puede convertirse en mercancía si no alcanza el nivel medio de la mercancía-camiseta. En el primer caso el aura es mayor que en el segundo.

Que el aura de la norma sea mayor o menor (más restringida o más amplia), tiene siempre un límite: que nosotros, siguiendo la terminología de Ferenc Jánossy,[11] denominaremos *límite crítico*. El límite crítico pasa allí donde la expansión del aura comienza a impedir el cumplimiento de la función, es decir, donde la acción ya no corresponde a la norma. Distintas motivaciones pueden conducir a superar este límite crítico. En general —en la mayoría de los casos—, la superación no es voluntaria, sino casual. La casualidad puede tener un origen externo (en la repetición entran factores imprevisibles) o un origen interno que acompaña al externo (el pensamiento intuitivo que reacciona a los factores imprevistos funciona mal o no funciona en absoluto; la praxis y el pensamiento repetitivo quedan sujetos a frenos de otra naturaleza). En todos estos casos se presentan las catástrofes de la vida cotidiana. Pero el límite crítico también puede ser superado voluntariamente. En este grupo entran los casos, con motivación y contenido de valor distintos, en los cuales la praxis y el pensamiento repetitivos están suspendidos intencionalmente. Si tengo mucha prisa, atravieso la calle aunque el semáforo esté rojo; si estoy encolerizado, lanzo un vaso al suelo, no saludo a alguien por la calle. Solamente en el uso lingüístico no se da la violación intencional de reglas o normas, a menos que el uso no haya fijado una fórmula lingüística; pero en tal caso no nos

---

11. F. JÁNOSSY, *A gezdasági fejlettség mérhetösége és uj mérési módszere,* (Mensurabilidad del grado de desarrollo económico y un nuevo procedimiento para medirlo), Budapest, Kozgazdasági és Jogi Kiadó, 1963.

encontramos con una infracción consciente de una forma lingüística, sino de una norma del uso.

El cumplimiento de las objetivaciones genéricas en-sí en cuanto reglas posee, por tanto, un aura, y este hecho nos muestra ya que también éste se halla marcado por el *carácter de alternativa*, al igual que toda acción humana. En este caso el objeto de la alternativa no es el cumplimiento de la función, sino el *cómo*. Por lo cual las catástrofes de la vida cotidiana se derivan de la elección de una alternativa mala (falsa). Pero repetimos, en este caso la elección no se refiere al cumplimiento de la función, por lo cual el fracaso es la consecuencia de una casualidad. Cuando la superación del límite crítico, es decir, la violación de la norma, es intencional, la motivación de la elección *está fuera* del plano de las objetivaciones genéricas en-sí.

EL SISTEMA DE SIGNOS

Las objetivaciones genéricas en-sí, en cuanto vehículos de significados repetidos, constituyen también *sistemas de signos*. Como siempre, también en esta ocasión debemos perfilar en seguida algunas delimitaciones. Los tres momentos de la objetivación genérica en-sí no son todos ellos sistemas de signos en el mismo grado y del mismo modo. Los caracteres «comunes», por tanto, en este caso sólo son comunes aproximativamente. Pero examinemos ante todo el concepto de «signo».

Sólo lo que tiene significado puede tener un signo, al menos en el plano del pensamiento y de la praxis cotidianos. El nexo entre significado y signo no concierne solamente a las objetivaciones que poseen un significado en sí. Los conceptos cotidianos que se refieren a la naturaleza como objetivación no humana fijan el significado de determinados fenómenos naturales desde el punto de vista de la praxis humana. También en este caso el signo está en función del significado concreto, tanto en el espacio como en el tiempo. Las nubes que se agrupan no tienen para el campesino un significado autónomo, pero son indicios de un acontecimiento natural que es importante para él y que influye sobre su praxis: el temporal que se aproxima. Por esta razón distingue con exactitud entre las nubes borrascosas de las que no se deriva ningún temporal —que por tanto no constituyen un índice de temporal— de las que normalmente van seguidas de un temporal, y que por ello son indicios de temporal. En este caso, entre el signo y lo designado existe una relación de casualidad. En una piedra la función sígnica es cumplida por las cualidades que significan ‘las posibilidades de manipulación practicables sobre la piedra; el color, por ejemplo, no es un signo si no tiene importancia respecto a la praxis determinada. El conocimiento, la percepción de cualidades que no cumplen ninguna función sígnica es posterior en el plano filogenético y ontogenético al relativo a la función sígnica. Quine afirma que los niños distinguen mucho antes una pelota de un cubo que una pelota roja de una verde [12] simplemente porque la forma redonda tiene una función de signo respecto al uso de la pelota, mientras que el color no enuncia nada con respecto al significado (al uso). También los colores pueden tener una función sígnica (indicar el significado). El color verde de las cerezas significa que no están maduras y que por tanto no son comestibles. Sólo las cerezas rojas están maduras, es decir, son comestibles.

La función sígnica de las objetivaciones genéricas en-sí (como de todas las objetivaciones humanas) se distingue de la de los objetos naturales en cuanto en ellas *el signo es intencional* y en cuanto que en la praxis humana las cualidades objetivas independientes del hombre no se convierten en signos. Evidentemente esta intencionalidad no sólo aparece en las objetivaciones genéricas en-sí, sino en *todas* las esferas de la vida humana, y entre otras cosas también en el grupo de fenómenos que se agrupan bajo el nombre de «metacomunicación» y los cuales —al menos algunos tipos de ellos— representan un complemento del lenguaje tan necesario que el significado sin este complemento no sería plenamente comprensible. Un vaso lanzado al suelo o un bofetón son signos de ira, una sonrisa significa acogida amistosa, cordialidad, etcétera; por lo que afecta al hombre se habla de signos intencionales, incluso cuando aparentemente nos encontramos con fenómenos puramente «naturales». Así, gemir puede ser indicación de dolor físico o psíquico, el llanto un signo de tristeza, pero puede ser también un signo de alegría incontenible (si tiene lugar en medio de la risa) o de hipocresía. En el primer caso el signo tiene un único significado, en el segundo posee varios. Consideramos intencional también a este tipo de signos porque el carácter de alternativa de la acción también está presente en ellos. Durante el dolor se puede callar apretando los labios (éste será entonces el signo del dolor), se pueden dominar las lágrimas de tal modo que la expresión del rostro se convierte en el signo de la tristeza, etcétera. También en estos casos, el signo formado solamente por un reflejo es muy raro, y fuertemente personal, es decir, sus límites serán distintos según las personas (por ejemplo, no todos enrojecen al enfadarse).

Llegados a este punto quisiéramos poner de relieve que el término «metacomunicación» es para nosotros inutilizable, en cuanto que en él están comprendidos elementos totalmente heterogéneos en base a analogías superficiales. [13] En él son redu-

---

12. W. V. ORMAN QUINE, *Palabra y objeto*, Barcelona, Ed. Labor, 1968.
13. Un juicio análogo ha sido emitido por Schaff (*cf.* A. SCHAFF, *Introducción a la semántica*, México, FCE, 1973).

257

cidos al mismo denominador el disparo que da la salida (señal), el movimiento de la cabeza para expresar un sí o un no (que forma parte de la estructura de los usos), la gesticulación (costumbre personal que no pertenece al momento de los usos como objetivación genérica en-sí), etc. Para nosotros, por el contrario, es extremadamente importante distinguir el signo de la señal así como *distinguir los signos de la objetivación genérica en-sí de los signos con significado personal.*

Al distinguir el signo de la señal se presenta ante todo el problema de la *convención.* En sentido amplio, todo signo es convencional, en cuanto que cualquiera lo interpreta o puede interpretarlo del mismo modo. Sin embargo, el signo es una estructura que ha surgido y se ha desarrollado históricamente, independientemente de la voluntad de los hombres particulares (de los grupos humanos), y esto incluso cuando entre signo y designado no existe ninguna relación de causalidad (lenguaje). Es cierto que se puede «introducir» un uso concreto o crear una convención sígnica (introducción del emblema nacional), pero la creación de un uso convencional nunca puede ser arbitraria, su resultado debe estar de acuerdo con los sistemas de uso que se han desarrollado hasta aquel momento y debe ser posible establecer con ellos una relación. Para introducir un emblema nacional nuevo, debe existir el uso de tener un emblema, es necesario que el símbolo usado sea comprensible, etc. Sobre una base convencional se pueden crear también nuevas palabras. Pero precisamente en Hungría podemos ver cómo, de toda la masa de neologismos creados en el primer tercio del siglo XIX, sólo han sobrevivido y se han insertado en el tejido lingüístico aquellas neoformaciones lingüísticas que correspondían al sistema de la lengua, al uso lingüístico.

El *signo,* por tanto, no debe ser entendido sobre la base de la relación «*un* signo — *un* designado (significado)». El signo es lo que es solamente como parte de un conjunto y solamente en esta cualidad suya puede ser significante. La función significa de las palabras, por poner un ejemplo, no se agota en el hecho de que una palabra designa una o más cosas, acontecimientos o acciones (en este sentido también podría ser solamente una señal); comprenden también todos los contextos en que la palabra acostumbra a aparecer, así como todos los contextos en que ésta podría aparecer; resumiendo, comprende la totalidad de las funciones que cumple en el sistema determinado.

La *señal,* por el contrario, es convencional en un sentido más restringido del término. Nos podemos siempre poner de acuerdo para que sea el verde y no el rojo el signo de parada cuando se quiere atravesar la calle, para que la salida no sea señalada por un disparo, sino por unas palmadas, etcétera. En la elección entre esta o aquella señal hay mucho de arbitrario, y cuando tal arbitrariedad disminuye, esto no sucede por obra del sistema de objetivaciones socialmente heredado, sino sólo para obtener una más fácil perceptibilidad, una manipulabilidad más ágil, brevedad, etcétera. La señal, por tanto, es *aislable*, cuando no está ya aislada. También el lenguaje humano puede funcionar como señal, pero no en su peculiar función lingüística, sino más bien como conjunto fónico articulado. Esto resulta claro cuando se toman en consideración las señales lingüísticas relativas a los animales (como: ¡arre!, ¡op!); en este sentido son también señales las palabras usadas también como signos (¡aquí!, ¡sentado!). También en la comunicación humana aparecen a menudo palabras-señales (por ejemplo, en las órdenes militares), sin embargo, ni siquiera en este caso se puede prescindir de su función sígnica originaria: no se puede ordenar «¡firmes!» en lugar de «¡descanso!». Las exclamaciones por su parte no son señales, sino signos, aunque *no* son en primer lugar *signos lingüísticos*, sino simplemente fónicos.

Hemos dicho ya que no todos los signos son signos de la objetivación genérica en-sí. También fenómenos que se derivan de lo específico de la personalidad humana pueden funcionar como signos. Cuando se conoce bien a alguien se puede reconocer su estado de ánimo y comprender sus intenciones a partir de sus gestos, de su tono. Gestos y tono funcionan, por tanto, como signo. Lo mismo sucede en la moral, en la política, en la economía y en otras esferas de la convivencia social. Estos signos no indican el significado de una objetivación social; son más bien los signos de determinados *complejos sustanciales*: se los podría denominar también *síntomas*. Estos síntomas son reconocidos y su significado es comprendido sobre todo a través del pensamiento intuitivo e inventivo.

Pero volvamos a nuestro tema, a las objetivaciones genéricas en-sí y a su estructura sígnica. Sabemos desde hace mucho tiempo que el sistema de las costumbres y el lenguaje muestran sobre este punto propiedades comunes. Saussure, en su *Cours de Linguistique*, llega incluso a proponer, para el estudio en común de los signos de los usos y del lenguaje, la introducción de una nueva ciencia, la *semiología*. Por el contrario, el papel del mundo objetual en el sistema de signos ha sido casi olvidado, y se ha hablado mucho de él a propósito de los símbolos.

El signo es portador de la función explicitada en la acción social, del significado. Por ello, sólo aparece cuando el significado del designado no puede presentarse inmediatamente. Por el contrario, el significado del mundo objetual se presenta (como medios de producción o de uso) casi siempre inmediatamente. He aquí porque el significado del mundo objetual no posee signos objetuales. Cuando, como excepción, hay que indicar el significado (la función), esto no tiene lugar mediante signos objetuales, sino a través de sistemas sígnicos heterogéneos (por ejemplo, prescripciones o instrucciones para el uso).

Sin embargo, el mundo objetual constituye un sistema sígnico importante cuando transmite *significados que se refieren a usos.* Esto no significa que *todo* sistema de usos sea de origen objetual; respecto a los usos hay por lo menos tantos signos de naturaleza lingüística como signos que se expresan mediante el movimiento del cuerpo. Cuando saludo, me inclino, me sirvo de determinadas fórmulas de cortesía, rezo o converso, casi no tengo necesidad de mediación objetual. Por otra parte, *la mediación objetual no implica casi para nada una función sígnica del objeto* (por esto no basta con interpretar la función sígnica objetual solamente como mediación). Es cierto que sin mediación objetual no puedo esbozar un saludo con el sombrero, o agitar al aire mi pañuelo, pero el objeto no funciona como signo. El sombrero no es signo de reverencia, sino el gesto de alzarlo de la cabeza; el pañuelo no es signo de despedida, sino el movimiento con que es agitado al aire (se podría también agitar la mano o decir simplemente «adiós»). *El objeto sólo funciona como signo cuando el ser objetual, el ser-así, indica el significado, aunque se trate de un uso.*

Cuando alguien posee un palacio (y hay que distinguir el tipo de palacio) o bien una cabaña (y hay que distinguir el tipo de cabaña) cumple una función sígnica. Éstos no son simplemente signos de riqueza o de pobreza (palacio y cabaña designan también estas cosas, pero no se trata de objetivaciones genéricas en sí), sino signos de los usos de determinados estratos o clases sociales; indican a qué estrato o clase pertenece el propietario del palacio o de la cabaña, qué estructura de usos siguen. Es cierto que el palacio y la cabaña admitan determinadas variantes de usos y de gustos personales, pero solamente en el seno del sistema de normas y de reglas, en el seno del límite crítico. Pero este límite crítico varía según las épocas. En el Medioevo, por ejemplo, el modo de vestir era fijo para cada capa social: si una damisela noble se ponía la indumentaria de una campesina, superaba el límite crítico. En el socialismo no existe este tipo de división obligada, e incluso en la sociedad burguesa es más dificultoso que en el feudalismo, en un cierto sentido, adivinar algo a partir del modo de vestir. En todo caso continúan existiendo tanto la regla normativa como el límite crítico. En la ciudad no se puede pasear en traje de baño y es ridículo ir con frac en pleno día. Aún hoy ir acicalado puede ser un signo de fiesta y el vestido totalmente negro es signo de luto. No se puede afirmar que un vestido lujoso y uno sencillo tienen el mismo significado porque ambos cubren el cuerpo. Vestidos distintos cumplen funciones sociales distintas y tienen, por tanto, significados distintos.

Resulta claro que *estas cosas (objetos) han alcanzado un significado social y funcionan como signos (indican este significado) no independientemente de su especificidad de cosas.* Los grandes y fastuosos edificios públicos se han convertido en signos de la potencia de una ciudad del Renacimiento porque, por su naturaleza (material), son resistentes al tiempo, se elevan sobre las casas circundantes, llenan de estupor al extranjero, son vehículos de una expresión estética, etcétera.

La inmensa mayoría de los objetos portadores de un significado está compuesta de signos y no de símbolos, así como las palabras normalmente son signos y no símbolos. Lo mismo puede decirse de los gestos. El vestido, la habitación, la cubertería de plata, el portal cerrado, las ruinas, todas estas cosas tienen una función sígnica y, por el contrario, están carentes en sí de valor simbólico. La expresión «valor simbólico» nos muestra ya cómo *el símbolo no indica simplemente un significado, sino un valor o un conjunto de valores;* constituye la expresión objetual o lingüística de estos conjuntos de valores.

Evidentemente, aquí valor no sólo tiene un sentido positivo, sino también negativo. El símbolo, por tanto, representa cualquier valor, que en general es reflejado y sancionado por la tradición. *Este no presenta, como el signo, sino que representa;* y precisamente en cuanto tiene un carácter representativo, el símbolo no es simplemente una parte de una estructura de objetivación, no saca su significado de la función útil desarrollada por ella, sino por el contrario de la cosa o de la idea que éste representa. Un vestido, una vez deteriorado, ya no es el mismo vestido; por el contrario, una bandera una vez desgarrada, es la misma bandera. (La Iglesia, por ejemplo, constituye un término medio entre el signo y el símbolo: en cuanto edificio que cumple una función, que tiene un significado, es un signo; en cuanto representación de la religión, es un símbolo.)

En verdad el símbolo, al igual que el signo, puede ser singular-individual. El rizo de un hombre puede tener a los ojos de una mujer que lo ame un valor simbólico, mientras que para todos los otros no representa ese valor. Pero, contrariamente al puro signo, el símbolo puede también elevarse al plano de la objetivación genérica para-sí, y esto en el arte. En el arte no existen signos puros: los signos de la realidad, elevados en el medio homogéneo dado, son dotados por el artista de un valor simbólico. Cuando un objeto se encuentra en la esfera estética, éste representa, es simbólico. En el contexto del lenguaje poético la palabra no sólo posee un significado, sino también un valor simbólico. El hecho de que la palabra sea entendida como símbolo también en el lenguaje corriente, se deriva del peculiar modo de pensar no genérico en el que el tipo más bajo de las objetivaciones, no sólo es comprendido con la ayuda de los superiores, sino que también recibe proyectadas sus categorías. [14]

14. No podemos detenernos aquí en la diferencia entre alegoría y símbolo en el arte; sobre esto véase LUKÁCS, *Estética*, vol. IV, pp. 423 y ss. Observemos simplemente que en el sentido en el que abordamos la cuestión, es decir, como

Debemos subrayar que el signo del mundo de las costumbres y el lingüístico (el signo verbal) en la vida cotidiana la mayoría de las veces no poseen un valor simbólico; ni esto contradice el hecho de que en las objetivaciones genéricas en-sí existen también símbolos. Dotados de valor simbólico son los objetos y los actos (usos) religiosos, como el altar o la comunión, además los objetos que encarnan integraciones y una parte de las acciones del mundo de los usos relativas a estas últimas (los emblemas; las alianzas tribales selladas con sangre). Del mismo modo hay también palabras con valor simbólico, sobre todo las que han pasado de los mitos al lenguaje de la vida cotidiana (por ejemplo, eros). Palabras particulares cumplen una función sígnica, pero pueden representar un valor simbólico según el contexto en que se encuentran (primavera y Primavera, por ejemplo la de Botticelli).

Apropiarse de la objetivación genérica en-sí significa siempre, por tanto, apropiarse de distintos sistemas de signos.

EL ECONOMISMO

Otro de los rasgos comunes de los distintos momentos de las objetivaciones genéricas en-sí es el *economismo*, el cual aparece en las mismas objetivaciones y, obviamente, también en su apropiación, al igual que en la relación con ellas. El economismo atañe siempre al *fin* determinado (la función). Las objetivaciones genéricas en-sí y sus elementos son tales que, para cumplir su función (para alcanzar su fin), requieren un mínimo dispendio de energía y de pensamiento inventivo, y además las funciones determinadas pueden ser desarrolladas en un tiempo brevísimo desde el punto de vista del fin. Tanto el mínimo esfuerzo, como el mínimo pensamiento inventivo y el mínimo tiempo (cada vez desde el punto de vista del fin determinado) son aquí de la misma importancia. Lo ponemos de relieve porque estos factores no van siempre en concordancia, en cuanto que en los distintos tipos de objetivación cambian los factores que tienen la función principal. (También en períodos distintos varía la relación recíproca de estos factores en el seno de todos los momentos de la objetivación.)

Examinaremos en primer lugar el mundo de las cosas (de los medios) tanto en lo que afecta a la producción como en lo referente al uso. Desde el punto de vista de la producción hay que distinguir la tendencia histórica del mundo de las cosas (de los medios) de su ser-así (nivel concreto). El fin de la producción es siempre crear un valor de uso. En la producción de mercancías el fin es también —por añadidura— crear un valor de

---

antagonismo al pensamiento cotidiano, son símbolos tanto el símbolo artístico como la alegoría artística.

cambio. La historia humana tiende al alejamiento de las barreras naturales y a la producción de una creciente riqueza de bienes y de medios, lo que va a la par con la disminución del tiempo de trabajo socialmente necesario para la ejecución de un proceso de trabajo (para la producción de un mismo objeto). Del mismo modo disminuye con el desarrollo de la técnica productiva la cantidad de energía física e intelectual invertida en la fabricación de un (mismo) producto. Es patente aquí la tendencia a la economía. Pero al mismo tiempo —precisamente como consecuencia de la producción de mercancías, de la alienación— el consumo de energía del trabajador particular en el curso de una jornada de trabajo no se rebaja en lo más mínimo. En este caso el economismo no se manifiesta como una menor inversión de energías físicas e intelectuales, sino como aumento de los productos, de las mercancías (o bien como producción de otras mercancías, de productos y mercancías más complejos) con la misma inversión de energía. Por tanto el economismo es un fenómeno que afecta al conjunto de la sociedad y no al hombre particular. Las cosas sólo han cambiado con el período intensivo del desarrollo industrial moderno, cuando se ha convertido ya en un interés del capital el extender el economismo también al particular. Sin embargo, esto sólo tiene lugar en la medida en que sirve al crecimiento de la producción o bien (si es consecuencia de una reivindicación sindical) no la obstaculiza. Uno (pero sólo uno) de los fines del comunismo es precisamente el transformar el economismo de toda la sociedad en economismo individual, aunque retarde el ritmo de desarrollo de la producción.

El economismo es un fenómeno que también se observa cuando se considera la apropiación de los medios y procesos de trabajo en el curso de un determinado período. Si consideramos como dado el nivel de los medios de producción y de las relaciones sociales de un período determinado y examinamos en qué medida es económico (en el sentido de la palabra aquí usado) el proceso de trabajo, encontramos que éste es tal en todas las circunstancias. No hay esclavo que, apenas se le ha encomendado una tarea, no se esfuerce en apropiarse del modo en que ese trabajo es comúnmente desarrollado con el mínimo dispendio de energía, que no se esfuerce por alcanzar el mínimo dispendio de energía posible en el tiempo determinado. Un peso es más ligero cuando es soportado de un modo adecuado, un movimiento es más mecánico, más rápido, cuando se ha hecho habitual. El impulso interno a elegir la cosa más difícil o bien *la elección de la cosa más difícil, como valor, en el trabajo no se verifica*. O más exactamente, cuando se verifica, la motivación *está fuera* de la objetivación genérica en-sí y es de naturaleza moral, política o estética.

También el objetivo del trabajo, es decir, las cosas producidas que representan valores de uso, contiene este tipo de economismo. Para un determinado uso son producidas las cosas que mejor se adecúan a él, las que pueden ser utilizadas en un tiempo más breve y con un menor dispendio de energía, cuyo empleo resulta espontáneo. Esto es también válido cuando los objetos de uso representan un valor estético. Una flecha puede estar adornada con tallas, pero sólo en la medida en que esto no perjudique su cualidad de flecha. La forma de un vaso puede ser variada según el gusto estético, pero dentro de ciertos límites: el nuevo producto no debe funcionar peor que un vaso no trabajado. Si un objeto de uso supera este límite crítico, ya no es un objeto de uso, aunque posea un valor estético.

Hemos dicho ya que la exclusión de la inventiva es en sí un hecho de economismo. Sin embargo, esta exclusión asume a veces un peso tal que los otros factores del economismo pasan a segundo plano, de modo que es *disminuido* el economismo conjunto en la producción o en el uso del objeto determinado. Estamos hablando de la dificultad de volver a aprender: los hombres podrían desarrollar su actividad de un modo más económico. El temor del período (por breve que sea) en el que será necesario emplear la propia inventiva (que constituye también un momento de economismo) constituye una potencia conservadora y puede obstaculizar el desarrollo del economismo en su conjunto. Es sabido que los campesinos han dudado mucho antes de utilizar el arado de hierro en lugar del de madera y el tractor en lugar de los caballos o de los bueyes, en cuanto que estaban habituados a la forma más antigua.

Esta potencia —por principio económica— de la exclusión de la inventiva, del apego a la costumbre, se percibe más claramente en el mundo de los usos, de las normas sociales, que en la producción y en el uso de los objetos. Por tanto, examinaremos ahora brevemente la especificidad del economismo del mundo de los usos.

Si se observa el desarrollo histórico en su conjunto, se percibe *una tendencia a la disminución* de la parte que tiene la objetivación social de los usos en la guía de las formas de la vida personal. En la sociedad gentilicia ésta domina por así decir cada paso del particular. En las sociedades naturales —es decir, precapitalistas— el margen de maniobra del particular se hace netamente mayor, pero las formas de la convivencia social están articuladas para estratos y capas mediante la ordenación de las costumbres, que pone entre ellos límites rígidos. A partir del capitalismo la red de los usos se entrelaza confusamente. Algunos usos son institucionalizados por el Estado y entran en una nueva esfera, otros pierden el carácter de norma, por lo que su inobservancia ya no conduce a la catástrofe de la vida cotidiana. Esta última tendencia se refuerza ulteriormente en el socialismo (por ejemplo, retroceso de la normatividad de los usos religiosos). Esto no significa que no se formen nuevos usos, sino significa simplemente que *la estructura conjunta de los usos tiene menor parte en la actividad del particular,* que su importancia como fuerza plasmadora, ordenadora, se reduce al parangón con el número de las acciones de los particulares. Paralelamente la cultura de los usos se hace cada vez más formal y simplificada, mientras que se extiende el aura del límite crítico.

Todo esto no constituye obligatoriamente un proceso de economización. Se trata en primer lugar de esto: en las viejas sociedades eran necesarias para el desarrollo de determinadas funciones estructuras de los usos (que representaban una solución económica) que hoy ya no son necesarias. Y llegados a este punto debemos volver a enlazar con lo que decíamos sobre la exclusión de la inventiva como potencia conservadora. En sociedades con una estructura de los usos relativamente entrelazada, en la que éstos están estrechamente ligados el uno al otro, la fuerza conservadora de la exclusión de la inventiva (la cual, como hemos dicho, por su naturaleza es una potencia económica) es relativamente grande. Sin embargo, la sociedad orientada hacia el futuro, que ejerce la producción por la producción, se ve fuertemente obstaculizada en su desarrollo por los usos conservados mediante la exclusión de la inventiva. Esta sociedad entonces destruye este sistema. De hecho los usos vigentes en virtud de la exclusión de la inventiva *no cumplen necesariamente una función.* Su funcionalidad, su utilidad puede pertenecer a tiempos pasados y haberse agotado, mientras que los usos continúan siendo seguidos. O bien: la función determinada podría ser desarrollada de un modo más simple, pero continúa siendo desarrollada de un modo más complicado, como en el momento de la génesis del uso, por exclusión de la inventiva. O bien: los usos adquieren un valor simbólico más o menos pronunciado, y después dejan de ser signos, mientras que otros usos más imples, que podrían expresar mejor el significado, no poseen ningún valor simbólico. En las épocas en que los hombres se dan cuenta más o menos conscientemente de que determinadas estructuras sígnicas ya no corresponden a su significado (función), que el ser-así de esas estructuras se deriva de funciones, de significados precedentes, que son conservadas por la exclusión de la inventiva y de que no facilitan (ya no plasman económicamente) la vida de los hombres, sino que por el contrario la complican y la hacen más difícil, en estas épocas tales sistemas de usos comienzan a ser considerados como una *convención.* Y en efecto se convierten en convenciones, extinguiéndose poco a poco. (Naturalmente, sólo hablamos aquí de convenciones relativas a los usos. Algunos tipos de decisión moral son ya una convención cuando, sin inventiva, nacen del puro sometimiento a los usos.)

El grado de economismo en el ejercicio y en la apropiación de los usos varía según se refiera el uso a objetos, regule las condiciones de las relaciones interpersonales o las relaciones interpersonales mismas. En los dos primeros casos es válido todo cuanto se ha dicho sobre los medios: el fin es efectuar la tarea con el mínimo dispendio de energía física, con el mínimo de inventiva, en el tiempo más breve, lo que tiene lugar en virtud de la praxis repetitiva. En el tercer caso, por el contrario, *domina la categoría de la mínima inventiva*, en tal medida que la observancia del uso puede conducir a un derroche de tiempo y a un dispendio de energía superflua respecto a la función. Por tanto, el economismo de los usos de comunicación no *permite ahorrar* al particular movimiento, sino *pensamiento*: el carácter económico de estos usos consiste ante todo en el hecho de que son aceptados y seguidos de un modo irreflexivo como «obvios».

Si y en qué medida el lenguaje es económico, es un tema del cual los mismos lingüistas no han conseguido salir airosos. Según la «teoría de la comodidad» (Curtius) el lenguaje funciona siempre del modo más económico posible; Leskien y Sievers, por el contrario, ponen de relieve algunas características no funcionales y algunos aspectos ultracomplejos de numerosas lenguas. A nosotros nos parece que las cosas son aún más complicadas en el caso del lenguaje que en el de los usos. Por un lado tenemos también aquí el ahorro de inventiva: algunos esquemas lingüísticos y locuciones gramaticales sobreviven incluso después de haber perdido su funcionalidad. Pero más importante es el hecho de que el lenguaje cumple la mayor parte de las funciones entre las objetivaciones genéricas en-sí, por lo que *aquello que respecto a una función es económico puede ser antieconómico respecto a otra*; lo que simplifica las cosas en el ámbito de una función puede complicarlas en el ámbito de otra.

Cuanto hemos dicho sobre los diversos sistemas de usos es también válido para las distintas lenguas. Es decir, *no* todas son *igualmente económicas*. Y esto sucede incluso cuando se trata de lenguas habladas en el mismo período por pueblos que se hallan en el mismo nivel cultural. La tradición y la historia de la lengua (la tradición y la historia de una integración) contribuyen muchísimo a formar este ser-así. Piénsese en la extinción de la forma «tu» en inglés. ¿Quién podría afirmar si con ello esta lengua se ha hecho más simple o más complicada? En el plano gramatical es ciertamente más simple, pero quien habla inglés está obligado a complicados circunloquios para parafrasear esa intimidad que en alemán o en francés se expresa con el simple tu.

Al igual que en las objetivaciones objetuales y en las de los usos, también en el lenguaje hay que distinguir la tendencia histórica al economismo de las formas concretas que caracterizan un determinado estado del lenguaje. Si éste ha surgido como lenguaje fonético, esto no ha sucedido por casualidad (como piensa Saussure), sino, y no en último lugar, por el economismo de este tipo de lenguaje. De hecho los sonidos pueden cumplir las funciones más heterogéneas con el mínimo dispendio de energía. Estamos de acuerdo con Jespersen según el cual, más allá de las diferencias aportadas por las tradiciones culturales y sociales, el lenguaje (y las lenguas) nace y se desarrolla exhibiendo la tendencia de fondo a la simplificación, al economismo. Según Jespersen, los criterios de este proceso son los siguientes: *a)* las fórmulas a menudo se hacen más breves; *b)* la memoria está grabada por pocas fórmulas específicas; *c)* las formaciones léxicas se hacen más regulares; *d)* en la sintaxis aparece un número menor de momentos irregulares; *e)* la lengua se hace más analítica y abstracta, lo que aumenta las posibilidades de combinación; *f)* la repetición de la concordancia se hace superflua; *g)* la comprensión inequívoca está garantizada por la construcción fija del período. Jespersen sostiene que, todo sumado, el desarrollo lingüístico muestra una tendencia progresiva que va, de conglomerados irregulares entre ellos indisolubles, hacia elementos breves libre y regularmente combinables.[15]

En cuanto al economismo de un determinado estado lingüísticas cumplen iguales funciones. La estructura de la gramática sigue ciertamente una tendencia a la economía, se desarrolla de modo que sea, de acuerdo con el uso plurifuncional del lenguaje, lo más simple posible y aprendida espontáneamente. El economismo actúa también respecto a las combinaciones fonéticas de difícil pronunciación, que son eliminadas en el uso lingüístico mediante la asimilación (la lengua tiende a ser pronunciada de un modo veloz y fácil), aunque a veces sobrevive en la ortografía.

La situación es más complicada para algunas fórmulas lingüísticas que cumplen ciertas funciones determinadas. A causa de la naturaleza comunicativa del lenguaje, tienen también influencia en él usos, los significados sociales de los usos. Si cuando estamos en sociedad deseamos beber un poco de agua, no decimos simplemente: «Agua», aunque ésta sería la fórmula más breve. Decimos: «Un vaso de agua, por favor», o bien «¿Podría darme un vaso de agua, por favor?», etcétera. Aparentemente esto no es mínimamente económico, y ni siquiera contradice la tendencia al economismo. De hecho, la frase «Un vaso de agua, por favor» tiene un significado social distinto que la simple expresión «¡Agua!». Es decir, esta forma más breve no significa solamente que el que la pronuncia esté sediento, sino también que no se encuentra bien; por tanto, la fórmula más larga no

15. O. Jespersen, *Language, its nature and origin*, Londres, George Allen, 1949. (Otra cosa es aceptar la concepción de Jespersen según la cual se trata de un desarrollo y no de un simple cambio.) Persuasivas tomas de posición contra la teoría del desarrollo lingüístico se encuentran en G. Bence y J. Kiss, *Nyelv és mindennapi élet* (Lenguaje y vida cotidiana), en «Altalános nyelveszeti tanulmáyok», 1966, núm. VII.

significa solamente que se observan los preceptos de la buena educación. La coexistencia de las dos fórmulas, la más breve y la más larga, indica que tienen significados sociales distintos.

EL VÍNCULO CON LA SITUACIÓN

Este último ejemplo nos conduce a un nuevo problema: los diversos momentos de la objetivación genérica en-sí *están estrechamente ligados a situaciones interpersonales*. En la esfera del lenguaje *el lenguaje interior constituye una excepción absoluta*, en cuanto no está conectado con ninguna situación de este género. En tal caso el lenguaje no es vehículo de la comunicación, sino sólo de los pensamientos, y el pensamiento no está *obligatoriamente* ligado a situaciones interpersonales. Tampoco los sentimientos tienen un sentido situacional, pero lo tienen los discursos sobre ellos, donde opera precisamente la comunicatividad del lenguaje.

En la esfera del mundo objetual debemos hacer también una delimitación. Gran parte de los objetos (y de sus usos) no tiene un papel de primer plano en las situaciones interpersonales y por tanto no puede tampoco estar relacionado con éstas. La situacionalidad sólo tiene relevancia respecto a los objetos cuando éstos son signos de usos o bien cuando en la relación con objetos (medios) se realizan usos. Si una mesa está dispuesta de modo que cualquier cubierto sea fácilmente alcanzable, y uno se sirve únicamente del tenedor, este hecho tiene un significado específico (mala educación, descortesía, deseo de llamar la atención), mientras que en una excursión es «natural» comer solamente con el tenedor. La utilización inadecuada (respecto al uso) de las cosas es a menudo tan absurda que es considerada como indicio de locura: por ejemplo, si una mujer va por la calle en camisón de dormir. Pero cuando se prescinde de la situación interpersonal, el camisón de dormir no es distinto de un ligero vestido de verano.

Los usos, por el contrario, están normalmente ligados a la situación. Apropiarse de la observancia de los usos, significa siempre cuándo, en qué circunstancias, en qué casos hay que aplicar éste o aquel uso, para qué situaciones es «válido». Se saluda de un modo distinto por la mañana y por la tarde, nos comportamos diferentemente en la escuela y en la iglesia, para los ancianos son válidas las fórmulas de cortesía distintas que para los jóvenes. Según las culturas los usos son distintamente articulados y graduados con respecto a las situaciones; y como consecuencia cambia el momento en que el particular supera el aura de una norma en el seno de una situación en la que obra equivocadamente. Sin embargo, en toda cultura existe una graduación más o menos extendida relativa a las situaciones (los niños a menudo no saludan porque no saben cómo deben saludar a las distintas personas).

La situacionalidad del lenguaje es al mismo tiempo la más radical y la más variada. El uso lingüístico (el lenguaje) sólo adquiere sentido en el contexto, en la situación en que es expresado. Las palabras con más significados sólo pueden ser usadas porque la situación (la función ejercida en la frase, en la situación de quien habla) hace el sentido unívoco. La frase «Tequiero» tiene un significado cuando la dice un niño a la madre y otro cuando un hombre la dice a una mujer. Respecto a la situacionalidad se distinguen en lingüística dos tipos principales de proposiciones: las *occasional sentences* y las *standing sentences*.[16] Las primeras sólo poseen un sentido cuando son pronunciadas en una situación determinada. Si uno va de paseo por la calle y grita de improviso «¡Vete al diablo!», nosotros lo consideramos loco. La frase «Tus manos están sucias» sólo tiene un significado cuando está dirigida a alguien. La pregunta «¿Cómo es eso?», «¿Por qué?» y la exclamación «¡Qué dice!» solamente adquieren significado cuando constituyen una reacción adecuada a algo que se ha dicho precedentemente. Si alguien en junio, mirando por la ventana, dice a su mujer: «No llueve», pronuncia una frase sensata, porque en esa situación tiene una función (no hay que coger impermeable). Pero decir en junio, mirando la ventana, en cualquier lugar de Europa, que no nieva, no tiene sentido: de hecho en esa situación no hay ninguna posibilidad de que nieve; etcétera.

El vínculo de las *standing sentences* con la situación es menos directo y de otro género. Siempre se puede decir: «Pedro estuvo ayer en casa de Pablo», o bien: «Budapest se alza a orillas del Danubio», y el sentido de tales enunciados no depende de la situación. Solamente en un sentido más amplio están ligadas a la situación. Es decir, la situación interviene a través del sistema social (y personal) de los usos. Si se está hablando del tiempo y alguien dice de improviso que Budapest se alza a orillas del Danubio, será mirado con sorpresa. Y obtendré esta misma reacción si voy a comunicar a un desconocido, que no conozca ni a Pedro ni a Pablo, que el primero visitó ayer al segundo. Dado que el objetivo de la comunicación es conseguir que el receptor (los receptores) «entre en el circuito», que manifieste una reacción análoga a la mía (o una reacción contraria motivada), no tiene sentido pronunciar una (tal) frase de la cual no hay que esperar una reacción de este género, aunque la frase en sí tiene un sentido prescindiendo de la situación.

Hay que poner de relieve que no sólo los momentos de la objetivación genérica en-sí están caracterizados por este vínculo

16. *Cf.* W. V. ORMAN QUINE, *Palabra y objeto, op. cit.*

269

con la situación, sino también, por ejemplo, las decisiones políticas y morales. Sin embargo, tenemos aquí muchas diferencias de fondo. Mientras que en el caso de las objetivaciones genéricas en-sí la violación de la situacionalidad (la violación de la norma) conduce a acciones o actos lingüísticos faltos de sentido o bien, en determinadas circunstancias, a catástrofes de la vida cotidiana, la violación de la situacionalidad en las decisiones morales y políticas nunca está falta de sentido. Puede ser, por el contrario, un acto de perversidad, una falta, una culpa, es decir, posee siempre un contenido de valor (negativo). Puede conducir también a catástrofes de la vida cotidiana, pero la cadena de las consecuencias a menudo afecta al mismo tiempo a otras esferas. Además: mientras que la observancia de la situacionalidad en el caso de las objetivaciones genéricas en-sí no nos dice nada sobre la individualidad como tal,[17] en la política y en la moral el tener en cuenta de un modo correcto la situación expresa la individualidad. Por último, correlativamente: mientras que en el ámbito de las objetivaciones genéricas en-sí el ejercicio de la situacionalidad deviene una función de la praxis y del pensamiento repetitivos, en otras actividades para «captar» una situación son también necesarios el pensamiento intuitivo e inventivo, y a veces incluso el pensamiento puramente teórico.

17. En el caso de los usos este factor cambia según el tipo de uso. Volveremos sobre este tema.

IV. Las características específicas de las objetivaciones genéricas en-sí

Hemos considerado hasta ahora la objetivación genérica en-sí como una estructura unitaria, aun sabiendo que de este modo describíamos solamente la *tendencia de fondo* de las objetivaciones. Pero en realidad los tres momentos —el mundo de las cosas, de las costumbres y del lenguaje— poseen también rasgos específicos relevantes y, por añadidura, son *heterogéneos* en sí mismos. Nos ocuparemos ahora precisamente de estas características peculiares y de la estructura interna de las objetivaciones genéricas en-sí. Advertimos, empero, que no tenemos ninguna intención de exhaustividad; sino por el contrario, pondremos de relieve solamente *algunos momentos*, aquellos que es necesario conocer para comprender la actividad y el pensamiento cotidianos.

EL MUNDO DE LOS OBJETOS

Cuando entramos en relación con el mundo de los objetos, entramos cada vez en relación con la *naturaleza humanizada*. Cada objeto y cada manipulación exitosa de él constituye una prueba de la fuerza del hombre, o sea, una renovada victoria sobre la naturaleza. Como consecuencia la cantidad y la calidad de los objetos utilizados son indicios *directos* del desarrollo de la humanidad (del grado alcanzado en el alejamiento de las barreras naturales), los objetos se encuentran en una relación directa entre ellos. Sin embargo, hay que distinguir entre los objetos en cuanto *medios para la satisfacción de las necesidades* (medios de uso, bienes de consumo) y los objetos en cuanto *medios de producción*. A menudo el distinto modo de uso se objetiva ya en las características de los objetos, pero esto no sucede siempre. El mismo medio puede servir contemporáneamente para la producción y para el consumo; sin embargo, la diversidad de empleo implica una neta diferencia tanto social como personal. Social, en cuanto que nosotros, usando los medios de producción, entramos en la división social del trabajo: el metro para medir nuestras posibilidades de empleo del medio de producción es el grado de éxito con que nos afirmamos en nuestro puesto en el seno de la división social del trabajo. El éxito en el uso de un medio de consumo, por el contrario, depende mucho menos de nuestro puesto en la división social del trabajo. Aunque esta independencia es relativa. A un campesino no se le ocurrirá nunca ponerse una armadura señorial. Pero si se le ocurre (por ejemplo, su señor le obliga a intercambiar los vestidos), no tendrá dificultad, normalmente para dominar la situación. Sin embargo, muy a menudo los miembros de una determinada clase no son capaces de manejar de un *modo adecuado* los bienes de consumo corrientes en otros estratos sociales, a menudo no saben ni siquiera *para qué sirven*. La tendencia histórica (en especial desde que el capitalismo ha comenzado a desarrollarse) es que cada uno sea capaz de usar relativamente cada vez más cosas de las que pueda saber producir.

Esto no significa necesariamente que la universalidad humana sea transferida al acto de uso de los medios cada vez más variados, aunque éste sea uno (pero sólo uno) de los momentos de la universalidad. De hecho, *el valor de la realización* del uso de los bienes de consumo se limita *únicamente a la esfera privada*. Con esto no queremos decir que su empleo (su utilización) sea privado: hemos dicho ya que la utilización de los medios de uso es mediada por los usos, por la tradición, por la importancia, en una palabra, por la objetividad natural socialmente mediada, al igual que la de los medios de producción. (Si no fuese así el mundo de las cosas no constituiría un momento *común* de la objetivación genérica en-sí.) Pero el empleo regulado por normas sociales sirve para la satisfacción de exigencias (necesidades) privadas. La pluma con la que se escribe un diario o con la que se compila una interesante novela traza las mismas volutas en el papel, pero su movimiento en el primer caso satisface una necesidad privada y en el segundo caso una necesidad social (es decir, constituye un medio de ambas necesidades). Los cigarrillos son fumados y naturalmente fabricados: en el primer caso se trata de la satisfacción de una necesidad puramente privada, en el segundo de una necesidad social. Y todo esto sigue siendo cierto aunque el límite no es siempre detectable con claridad.

De ello se desprende que el elemento normativo (y el aura de la norma) almacenado en los medios no tiene la misma intensidad o extensión en el uso de los medios de producción y en el de los medios de uso. (Una vez más, estamos hablando sólo de una tendencia, que por añadidura puede diferir en el seno de determinadas esferas y variar según los períodos.) La tendencia de fondo es que este aura en el uso de los medios como medios de producción es más restringida que en los medios usados como bienes de consumo. Una carta de amor escrita lentamente y con mala caligrafía, puede ser igualmente adecuada a su fin; pero si un empleado es lento de escritura y posee una caligrafía fea, es despedido. Por tanto, la misma desviación de la norma en un caso no tiene consecuencias negativas y en el otro provoca una catástrofe de la vida cotidiana.

Sin embargo, otras expectativas sociales pueden restringir las normas de satisfacción de las necesidades privadas, pueden disminuir el aura. Puedo satisfacer perfectamente mis necesidades privadas manejando «mal» el cuchillo y el tenedor, pero solamente cuando estoy solo. La sociedad lo consideraría un acto de mala educación y me «excluiría», por lo cual, si quiero evitar las catástrofes de la vida cotidiana, estoy obligado a adecuarme al aura más restringida de esta actividad.

Pero la diferencia mayor entre los medios de producción y los medios de uso, o sea, entre el empleo de un objeto como medio de producción y como medio de uso, se presenta en la relación entre uso y desarrollo de las capacidades humanas. En este sentido es interpretable como consumo la apropiación de todo significado objetual, el cual (cuyo sentido) surge sobre todo a través de la mediación social (apropiarse del uso de una bandera significa apropiarse del sentido, ya presente, de la bandera). Por tanto, apropiándose de la representación de un objeto, el hombre no produce nada *nuevo*. A menudo no produce ni siquiera nuevos objetos (medios), pero ciertamente no produce nuevos significados (un objeto con un nuevo significado o función). Por el contrario, la esencia de los medios como medios de producción es precisamente *la producción de nuevos objetos*. Y éstos pueden tener el mismo significado nuevo. La actividad de trabajo no sólo produce cosas singulares aún no existentes, sino también tipos —en el plano histórico cada vez más numerosos y cuantitativamente consistentes— de objetos y medios que no han existido nunca: es decir, cosas con nuevos significados (funciones, usos). Por ello en la actividad de trabajo el pensamiento inventivo no representa simplemente la fase de desarrollo (relativamente breve) que precede al pensamiento repetitivo. En la media de la sociedad (y no por lo que afecta a cada hombre particular) y como tendencia social (no igualmente en cada sociedad) la actividad de trabajo suscita continuamente el pensamiento inventivo. En el uso de las cosas el hombre (el particular) sólo puede realizarse *a través de la mediación moral*. En la actividad de trabajo, por el contrario, el hombre puede realizarse en un sentido determinado (puede objetivar para la sociedad sus capacidades personales), y esto *incluso sin mediación moral*: naturalmente *no en todas las circunstancias*. Aun prescindiendo de la alienación, no todos los géneros de trabajo ofrecen tal oportunidad.

En el uso de los objetos (de ambos tipos) tenemos una *doble confirmación*. Y es precisamente esta doble confirmación la que distingue el mundo de las objetivaciones objetuales de la estructura de los usos cotidianos y del lenguaje. Las acciones humanas son confirmadas conjuntamente (unitariamente) por la naturaleza y por la sociedad, su éxito o fracaso son confirmados por ambas simultáneamente. Esto es válido si aramos y sembramos, si apretamos el botón del ascensor o si preparamos el *foie-gras*. Por el

273

contrario, tanto los usos que regulan las relaciones sociales como el lenguaje *funcionan únicamente a través de la confirmación social*. (En cuanto a las aserciones que prevén el comportamiento de la naturaleza, ésta no contradice o confirma el enunciado, sino el saber en él contenido: «Mañana tendremos buen tiempo» es una aserción funcionalmente correcta de perfecto sentido lingüístico aunque mañana llueva.)

Esta doble confirmación es estrechamente afín al *valor de realización*, el cual no es más que *la satisfacción de la necesidad*, o mejor, la confirmación de nosotros mismos en la satisfación de la necesidad. Las necesidades del hombre son, como es sabido, extremadamente heterogéneas y transmitidas diversamente. Una costumbre, por ejemplo, puede satisfacer o suscitar una necesidad moral *mientras que* retrasa o incluso impide definitivamente la satisfacción de otras necesidades. A este propósito la función de los usos tiene una doble dirección: a menudo el valor de realización va acompañado de la falta de satisfacción de la nenecesidad. También el lenguaje puede ser un medio para satisfacer las necesidades, pero, dada su función, puede constituir también un freno (Dios prohíbe a la primera pareja humana comer los frutos del árbol del conocimiento). Que a menudo el mismo lenguaje pueda convertirse en una necesidad (el deseo de «hacer confidencias») es un hecho de escaso relieve para nuestro problema.

La característica del mundo de los objetos (medios), por el contrario, es precisamente el ser por su naturaleza capaz de satisfacer las necesidades, el poseer valor de realización. El objetivo del trabajo es producir directa o indirectamente valor de uso: objetos y medios para satisfacer necesidades de consumo o de producción. Todo objeto (medio) está hecho para satisfacer una necesidad y pierde su sentido cuando deja de hacerlo. E incluso: este carácter del objeto está exento de ambigüedad. En un objeto no existe nunca el impedimento para la satisfacción de otra necesidad (para la satisfacción de ésta por parte de otro objeto). Cuando el hombre se abstiene del uso de determinadas cosas, ello sucede *a pesar* de su significado, de su función, por motivos que están fuera del mundo de las acciones que conciernen a las cosas (digamos por escrúpulos morales, higiénicos, etc.).

Por tanto el significado del valor de realización resulta claro por lo que afecta al uso de productos que sirven a objetivos de consumo; igualmente claro es que el fin último del proceso de trabajo es el de fabricarlos. Ahora bien, ¿vale también el valor de realización para el proceso de trabajo, para la actividad misma de trabajo?

La satisfacción de la necesidad humana se distingue de la satisfacción de la necesidad animal —entre otras cosas— por el hecho de que aquél es al mismo tiempo realización de un fin.

Por ello la realización de un fin puede también llegar a ser en sí una necesidad humana. La acción conseguida concerniente a la naturaleza es la forma más simple y menos contradictoria de posición teleológica conseguida. La victoria sobre la naturaleza es ya en sí un éxito absoluto. Cuando el trigo está maduro, cuando el martillo está terminado, hemos «vencido». Éxitos de este tipo son muy raros (extremos) en el ámbito de las acciones puramente sociales. Lo que por un lado constituye un éxito, por otro puede ser una derrota. Además, el éxito constituye la base de ulteriores acciones humanas que en seguida ponen en discusión el éxito obtenido anteriormente (victoria en una batalla, en base a la cual el enemigo cierra sus propias filas y contraataca con mayores energías). Aunque el éxito obtenido en el trabajo sea la base de nuevas actividades, en este caso no puede ser sometido a discusión. El éxito en la actividad de trabajo, en cuanto forma de la lucha victoriosa del hombre con la naturaleza, posee por su índole valor de realización incluso cuando la actividad en sí, a causa del carácter concreto del trabajo, no tiene tal valor.

Si un trabajo exitoso no tiene valor de realización, ello se deriva de la determinación social y en primer lugar de su alienación. Cuando Marx afirma que en el comunismo el trabajo se convertirá en una necesidad vital, ve en él —entre otras cosas— también la conquista del valor de realización.

EL MUNDO DE LOS USOS

El mundo de los usos está todavía más estructurado que el mundo de los objetos. El tipo de sus estratos depende sobre todo del *género de los contenidos* que regula, de la *amplitud del estrato* en que se verifica la regulación, de la *fuerza de la necesidad* (interés) social que determina la regulación; intervienen además otros factores secundarios.

Las normas de los usos elementales

Las normas elementales de la convivencia social son normativas al grado máximo, en posesión de la mayor intensidad, dotadas de un aura mínima. Algunas de ellas tienen un contenido de valor moral, pero otras son moralmente indiferentes. (Hemos hablado ya de las normas morales elementales en la segunda parte.) Sus *formas concretas* pueden diverger según las épocas y los estratos sociales, pero todas expresan en sustancia el *mismo* interés social. Cuando los hombres hacen sus necesidades no en público, sino retirados en un lugar destinado a ello (no importa que sea detrás de unos matorrales o en un wáter con agua corriente), cuando para indicar el inicio de la comunicación se saluda recíprocamente (sea cual sea la forma), cuando en acontecimientos sociales distintos se ponen ornamentos adecuados (las perlas, el *tight*), cuando establecen sus relaciones personales con determinadas ceremonias (juramento de sangre, matrimonio, la declaración: «De ahora en adelante somos amigos»), los hombres no hacen más que desempeñar, en múltiples variantes, siempre la misma función social.

Por variadas, distintas y articuladas en sus tipos que sean, las normas de los usos elementales tienen siempre y solamente una función: regulan las formas más generales de la convivencia humana. Por ello se las encuentra en cada época y en cada clase social, aunque, repetimos, bajo forma de ceremonias distintas.

Por «ceremonia» no entendemos el uso propiamente dicho, sino su forma concreta. No es posible respetar un uso «en su conjunto», sino solamente en la *forma de determinadas ceremonias* (determinados rituales). No se puede saludar «aproximativamente», sino solamente de un modo o de otro; no es posible vestirse «en general», sino solamente de una determinada manera o de otra. A pesar de ello es importante— en especial por lo que afecta a las normas de los usos sociales elementales— distinguir el uso propiamente dicho del ritual. Este último puede también de hecho hacerse más elástico (el mismo uso puede ser expresado por más ceremonias) sin que el uso deje de actuar con la misma fuerza. El paso del matrimonio religioso al civil, del funeral religioso al laico, por ejemplo, cambia el ritual (es suprimida su *forma especial* que expresa el uso religioso), pero permanece la usanza originaria de la convivencia social de subrayar de algún modo los puntos nodales de la vida cotidiana. Incluso en las variantes burguesas existen los rituales (porque no hay uso sin ceremonia), pero ha cambiado su modalidad, sin que sea eliminado el uso que regula la convivencia social.

Entre las características comunes de los usos elementales que regulan la convivencia social se sitúa ante todo el hecho de que éstos —considerando las ceremonias particulares vigentes en una época— son seguidos con *escasa diferencia de intensidad*. En el fondo todos hacen funerales a sus allegados (aquellos que lo querían y aquellos que no lo querían, aquello que creen en el más allá y aquellos que no), todos saludan cuando entran en un local (sea con cordialidad o con brusquedad, pero permanece la observancia del uso).

De ello se desprende que la observancia de un uso (y de sus ceremonias) que regula la convivencia social *no nos dice nada sobre la personalidad del hombre concreto*, al igual que no es indicativo el que beba de un vaso o maneje el cuchillo y el tenedor. El lenguaje, por el contrario, no es en absoluto indiferente respecto a la personalidad: incluso la voz (la inflexión) refleja en cierto grado la personalidad del que habla.

El rechazo global de los usos elementales de la convivencia social es por tanto *insensato*. Si alguien decide no saludar más a nadie o ir desnudo por la calle, es considerado justamente como anormal. De hecho, de este modo no expresa su personalidad, sino que demuestra solamente su enfermedad mental. Sin embargo, no es de locos decidir en casos *concretos* el no seguir un uso (por ejemplo, no saludar a ciertas personas). En este caso la *inobservancia del uso es precisamente la prueba de que éste se halla vigente* (a los ojos de quien no lo sigue): si uno voluntariamente no saluda, es porque considera el saludo como una forma de respeto y no quiere tributarlo a determinadas personas. (Para el lenguaje no existen situaciones de este tipo. Una única frase insensata significa ya la violación de las normas lingüísticas.) Pero hay que decir que la posibilidad de transgredir un uso en casos particulares, aun permaneciendo en el ámbito de la normalidad, no vale para *todos* los usos. Además, a veces la transgresión tiene lugar por razones inevitables y por tanto no es intencional (y por consiguiente ni siquiera insensata).

Los usos particulares

De los usos elementales de la convivencia social se distinguen los *usos particulares* que regulan la vida y las acciones de clases, integraciones, personas determinadas y constituyen formas en las que se expresan los intereses, los fines, los sistemas de valores, la ideología de integraciones determinadas. Regulan las formas de contacto *dentro* de la integración, pero también entre las diversas integraciones. El mundo de los usos particulares es también fuertemente estratificado y heterogéneo en su interior; sin embargo, aquí, dado el tema, no nos interesa discutir ahora sobre las diferencias tipológicas que lo afectan. He aquí algunos de estos tipos como ejemplo: los usos religiosos, incluidos los rituales, los usos de capas particulares, los relativos a los dos sexos en el seno de la misma capa, los usos de las mayores unidades locales, etc. *Las ceremonias de los usos concernientes a la convivencia social asumen también a menudo la forma de usos particulares* (pertenecen al sistema de los usos particulares).

Los usos (sistemas de usos) particulares se distinguen de los elementales principalmente porque están en todo momento más o menos dotados de un *contenido ideológico*: Su observancia, por tanto, y el cómo de esta observancia expresan siempre una actitud hacia el sistema de valores de la determinada integración (que la actitud sea espontánea o consciente es indiferente). El hecho de que yo interpele a alguien porque quiero hablar con él, no tiene nada de ideológico; pero el hecho de que interpele al aristócrata llamándolo «señor» y de que me dirija al burgués con un simple «usted», oculta un contenido ideológico. Cuando doy de comer a un hombre medio muerto de hambre (norma elemental de la conducta moral), no expreso ninguna ideología; pero cuando desafío a un duelo a alguien por una ofensa mínima, real o presunta, expreso una ideología. El comportamiento de un joven que tiene en cuenta el consejo de un adulto no es ideológico, pero sí lo es si se somete a él de un modo absoluto. El funeral de un pariente no es ideológico, pero sí lo es la elección entre un funeral religioso y uno civil. En las sociedades naturales este contenido ideológico en general está oculto, pero se hace explícito a partir del capitalismo.

Esta diferencia remite en seguida a otra no irrelevante. A saber, en la observancia de los usos particulares *la intensidad puede ser muy diferente* y esta diversa intensidad constituye *un espejo de la personalidad* y en primer lugar de la moral. La intensidad con que es respetado un tipo de uso particular revela y expresa hasta qué punto el particular se identifica con su integración (estrato, clase, capa), hasta qué punto ha interiorizado los valores y la ideología de su integración. Un monje puede disciplinarse ligeramente o de tal manera que se procure realmente dolor; nos podemos batir para salvaguardar el «honor» (el puesto en la sociedad) o bien la vida; etcétera. Los ejemplos citados muestran cómo la mayor intensidad, la identificación más profunda con el uso, no implica necesariamente un comportamiento más rico de valor genérico, aunque esto pueda suceder. La tendencia de fondo es que *en el seno de una integración se aprecia más la identificación más intensa,* aunque también aquí pueden darse casos en los cuales la intensidad de la identificación aparece como un híbrido a los ojos del público determinado.

Pero también *el cómo, la manera* en que los usos particulares son respetados, nos dice mucho sobre la personalidad. Estos usos se organizan en sistemas que no son elementales, sino complejos, y que por tanto afectan a otros aspectos de la personalidad. (Las ceremonias de los usos elementales, naturalmente, constituyen una excepción.) Una parte de los usos particulares afecta al comportamiento en general y no directamente al contacto con las otras personas; se presentan en las situaciones más variadas, incluso en situaciones en las cuales *no está presente ningún público* (o bien no el público habitual). En épocas y en estratos sociales, como por ejemplo en la antigua polis, donde el sistema de los usos prescribía a los hombres una conducta digna y donde el llanto era considerado como una violación de esta dignidad, un verdadero hombre no lloraba ni siquiera cuando estaba solo. El pequeño príncipe de Mark Twain exige que en su presencia todos estén de pie incluso cuando viste en harapos.

Las características del sistema de los usos particulares son de tal modo que permiten que en la misma época *estén vigentes usos diversos para personas diversas.* Allí donde el llanto de un hombre constituye una transgresión de la norma del uso, una mujer puede llorar tranquilamente, puesto que haciéndolo no viola las normas *que le afectan.* Mientras que las estructuras sociales y sus integraciones son económica y políticamente sólidas, a causa de esta «división del trabajo» entre los usos, su intensidad, la necesidad de identificarse con ellos permanece intacta. Cuando las estructuras (e integraciones) se hacen débiles internamente, cuando comienzan a disolverse, esta pluralidad de usos se convierte, por el contrario, en uno de los motivos intelectuales y sentimentales que llevan a disminuir la intensidad y a violar los usos.

Hemos llegado así a la diferencia quizá más evidente: *la violación de los usos particulares no es insensata, falta de sentido.* Esto no solamente es válido para algunos casos particulares, que son frecuentes —como hemos visto— también para los usos elementales, sino que se basa precisamente en el reconocimiento de la validez general de las normas de los usos (Creonte prohíbe la sepultura del joven que había combatido contra Tebas, porque a sus ojos la sepultura de los muertos es una norma del uso absolutamente obligatorio). Ni siquiera la *violación global* de una norma es insensata cuando lo que impulsa a violarla es el hecho de que *el uso en cuestión ya no es aceptado.* Si uno decide no saludar nunca más a nadie, su gesto resulta falto de sentido. Pero cuando el Poliuto de Corneille decide no hacer más sacrificios según el viejo uso de los antiguos dioses, su gesto tiene un sentido muy claro: expresa el hecho de que Poliuto ya no acepta a los antiguos dioses, que se ha separado de la fe, de la ideología, de la que el rito del sacrificio es la expresión. Ha elegido otra ideología, otro sistema de usos: el cristianismo.

Esta característica de la relación con los usos particulares, o sea, la posibilidad de negar su validez, distingue netamente el sistema de los usos de los otros dos momentos de la objetivación genérica en-sí: el mundo objetual y el lenguaje. Es cierto que en casos excepcionales puede suceder que uno decida no usar las mercancías a su disposición y fabricarse por sí mismo los objetos que necesita. Sin embargo, una decisión de este tipo no se desprende del carácter de la objetivación objetual, con la que no tiene nada que ver, sino de posiciones puramente morales o políticas (por ejemplo, en el caso del movimiento de Gandhi se trataba de un acto más o menos político). Se puede también proponer hablar en una lengua distinta que en el pasado; sin embargo, esta lengua distinta expresará los mismos contenidos, asumirá las mismas funciones, etc. Es inútil buscar aquí cualquier analogía.

Resulta claro que la observancia de las reglas de los usos particulares posee implícitamente una impronta ideológica. Y cuando estas reglas son violadas, el aspecto ideológico emerge con una claridad todavía mayor. Pero no en el caso de que yo viole una regla particular reconociendo su validez (a causa de un deseo o de una necesidad, por malignidad, etcétera) —en tal caso el momento ideológico tiene tan poco peso como en la observancia aparente—, sino, por el contrario, cuando la violo conscientemente, cuando «denuncio» los contenidos (valores, intereses) presentes en ella.

Hagamos aún una observación «horizontal» sobre los tipos de usos discutidos hasta ahora: los usos elementales de la convivencia social y los usos particulares, pero especialmente estos últimos, *pueden ser institucionalizados* por el conjunto de la sociedad. Pero, incluso en el segundo caso, se trata siempre de una parte relativamente pequeña. Además, aun siendo posible, esto no se verifica siempre. Algunos usos pueden ser institucionalizados incluso después de siglos de existencia (como por ejemplo —en parte— la beneficencia).

Los usos condicionados

Lo que acabamos de decir nos introduce en un tercer tipo de usos que denominaremos *usos condicionados*. También en este caso nos encontramos frente a un grupo extremadamente heterogéneo, cuyos elementos están ligados entre ellos por algunos caracteres importantísimos desde el punto de vista de la sociedad. El primero nos remite precisamente al problema mencionado ahora: *los usos condicionados no pueden nunca ser institucionalizados por el conjunto social*. Cuando (como puede suceder en casos excepcionales) se convierten en instituciones, éstas tienen un carácter local o de grupo y no son nunca válidas para una integración socialmente *primaria*. Las logias masónicas, por ejemplo, son instituciones, pero de importancia secundaria para la sociedad.

Serán condicionados aquellos usos que son *característicos de grupos o de un número relativamente grande de personas*, pero cuya observancia *no representa una condición necesaria para que el particular viva en conformidad a las normas de los relativos a su puesto en la división del trabajo*. Muchos de ellos lo son de tal modo que *por principio solamente pueden ser seguidos, pero no violados*: por ejemplo, las supersticiones. Cuando antes de dormirme cuento los ángulos de la habitación para que mi sueño se verifique, cuando toco madera para evitar la desgracia, indudablemente sigo usos, y usos ligados a determinadas creencias. Pero, cuando no cuento los ángulos y no hago gestos de hechicería, no transgredo ningún uso. De hecho los usos citados se refieren exclusivamente a mi particularidad (*mi* sueño debe verificarse, la desgracia debe estar lejos de *mí*), no contienen valores o intereses del conjunto social. Si, por el contrario, en un ambiente donde predominan los usos católicos, no hago la señal de la cruz al pasar delante de una iglesia, transgredo el sistema de usos de una institución e ideología social, mientras que el daño que personalmente recibo por esta omisión es de orden subordinado en el plano social.

Pero existen también usos condicionados transgredibles: los locales, que afectan a integraciones menores. Si en una aldea existe desde hace siglos el uso de que en un día determinado los muchachos de la parte alta luchen contra los de la parte baja, aquel que no tome parte en la batalla o bien, habitando en la parte alta, se alinee con los muchachos de la parte baja, viola un uso. Transgrede una norma *local*, lo que puede tener como consecuencia la expulsión de la aldea, etc. Sin embargo, esto no le impedirá, por ejemplo, asentarse en otro pueblo y alcanzar incluso —asumiendo el mismo puesto en la división del trabajo— una posición de preeminencia. Si alguien no respeta las reglas de su logia masónica, puede ser expulsado, pero seguir siendo igualmente un noble o un burgués *comme-il-faut*. Tales tipos de usos podemos denominarlos, sintetizando, tradiciones.

Dado que se trata del grupo de usos más heterogéneo, no intentaremos ni siquiera examinar cuál es en su ámbito la relación entre personalidad y comportamiento (su intensidad y carácter). Diremos solamente que tal relación puede estar también en gran medida fuera de la normalidad, hasta ser totalmente personal. No obstante, resulta claro que el rechazo total de un uso de esta esfera es igualmente sensato que en la esfera de los usos particulares.

Sin embargo, hay que decir que el carácter general (elemental, concerniente a la convivencia social), particular o condicionado de los usos es de una extrema movilidad. El mismo uso puede en un momento determinado ser particular y elevarse luego a validez general; así como puede suceder que usos particulares desciendan al nivel de la condicionalidad. Sabemos por Lévi-Strauss que en las épocas prehistóricas comer alimentos cocidos era un uso particular de determinadas tribus, pero que más tarde se difundió y se hizo general. Los usos de numerosas religiones se han transformado con el tiempo, cuando se han adelantado otras religiones, en usos condicionados, en supersticiones. Ni es infrecuente que un uso particular sea prohibido en el ámbito de sucesivos sistemas de usos de la convivencia social (el sacrificio humano).

El número increíblemente elevado y la gran difusión de los usos condicionados nos revelan un hecho general: *los usos son «contagiosos»*. Hacen más fácil a los hombres orientarse en las complejas estructuras de actividades, dan encuadramiento y forma (a menudo incluso de naturaleza estética y moral) a la vida cotidiana. Lo que produce una especie de pleonasmo. No hay grupo por pequeño que sea, incluso sólo un círculo de amigos, que no produzca determinados usos, que no tenga tradiciones, cuya inobservancia no revela nada sobre la actitud del transgresor hacia la integración (aunque puede ser algún modo indicativa de su personalidad).

Los usos personales

Para moverse con éxito en la esfera heterogénea de la vida cotidiana, es necesario una especie de orden o de regulación, y las formas objetivadas de tal regulación están constituidas precisamente por los sistemas de usos sociales generales o particulares. Éstos no sólo fijan determinadas formas de acción, sino también y en cierta medida *el ritmo de la vida*. Nuestro levantarnos por la mañana, nuestra comida del mediodía y la de la noche, son acciones que, como marcadas por un ritmo, representan un alivio, en el sentido en que Gehlen ha usado ese término. Pero el regulador de fondo de la vida no es, obviamente, el uso sino el lugar ocupado en la división social del trabajo: el uso sólo actúa como regulador *en el seno de ese cuadro*. Ahora bien, si el cuadro es establecido por el uso (como mediador), el modo concreto del ritmo de la vida depende en gran medida del «serasí» antropológico del particular. Un hombre lento e inhábil empleará *a priori* más tiempo que uno veloz y hábil en el desempeño de ciertas actividades socialmente necesarias. Si esto es cierto, con mayor razón las características (y las necesidades) personales influirán sobre el modo y las formas en que es seguido un uso, la distribución del tiempo, etcétera. Se obtienen así variantes personales en el interior de la observancia general de los usos, las cuales, empero, deben permanecer absolutamente dentro del «aura» de los usos socialmente vigentes.

Una ulterior función de los usos personales es la de ordenar la vida del particular *sólo en el seno del cuadro que lo caracteriza*. Sin embargo, también entre estos usos, es difícil que algunos sean hasta tal punto singulares que no puedan ser seguidos por nadie más. Se puede ser tan maniático de la extravagancia como para nadar todos los días de invierno en el Danubio, pero casi seguro que no será el único en hacerlo. *La singularidad del uso no se desprende de su unicidad*, sino del hecho de que éste no tiene relación con los vigentes sistemas de usos objetivados o bien con las representaciones colectivas predominantes en determinados ambientes. La inobservancia de los usos personales, por tanto, no se identifica nunca con la transgresión de una norma social: se refiere exclusivamente a la persona que la cumple. El uso personal es fuertemente indicativo de la personalidad del particular, y ello es también válido cuando éste es transgredido o suspendido. Por otra parte, si la singularidad del uso personal no consiste en el hecho de que el particular es el único en seguirlo, por el contrario, el sistema de los usos personales, su conjunto, y la relación de tal sistema con las prescripciones objetivadas de los usos, son únicos. No existen dos personas que tengan una idéntica *estructura* de usos personales.

El hábito

La costumbre (el uso) y el hábito son dos categorías *distintas*; con todo, no es casual que en numerosas lenguas se basen en la misma palabra. De hecho, el primer sentido del hábito es el *surgimiento de la praxis repetitiva*. En nuestra relación con la esfera de la objetivación genérica en-sí debe producirse obligatoriamente una praxis repetitiva puesto que de otro modo no podríamos sobrevivir. Pero esto no significa que el hábito sea únicamente una categoría de la apropiación de la objetivación genérica en-sí. El hábito —*sensu lato*— significa que determinados tipos de acciones, tipos de decisiones, modos de comportamiento y modos de pensar aparecen como totalmente «naturales», que su práctica ya no es puesta en discusión, porque constituyen *partes coherentes de nuestra personalidad*. Es posible habituarse a un comportamiento decoroso, a la sinceridad, a mantener los compromisos, al pensamiento matemático; es posible incluso habituarse a no fiarse incondicionalmente de los esquemas de la praxis y del pensamiento repetitivos. Gehlen afirma justamente que en el mundo del hombre no existe un límite rígido entre el instinto y el hábito. Un claro signo de individualidad se tiene precisamente cuando *las costumbres traspasan ampliamente el hábito al mundo de los usos*, y además cuando la interiorización de los usos particulares —en especial desde que la relación con la sociedad se ha hecho casual— para el individuo se hace cada vez menos importante.

EL LENGUAJE

El lenguaje, según la definición de Sapir, es un *medio perfectamente homogéneo*, lo cual lo distingue del mundo de las objetivaciones objetuales y de las de los usos. Sapir pretende decir con esto que toda la cultura de una determinada época es expresable mediante el lenguaje de esa época. que el lenguaje, como todo medio homogéneo. por una parte *homogeniza en su medio las esferas y actividades más heterogéneas*, y por otra *introduce* al hombre en el mundo de esa determinada cultura, característica esta que el lenguaje posee en común con todos los medios homogéneos. Aunque esta tesis, por lo que sabemos, sólo ha sido expresada explícitamente por Sapir, es acogida implícitamente por la mayoría de los estudiosos de la materia. En todas partes la encontramos incluso a nivel teórico: por ejemplo en Gehlen, cuando dice que el lenguaje reduce a común denominador los acontecimientos externos e interiores, o bien en Lefèvre,[18] para quien el lenguaje es el mediador entre el silencio «superior» y el «inferior». Wittgenstein es quizás el único que refuta claramente la concepción del medio homogéneo en su teoría de los «juegos lingüísticos». Pero a nosotros no nos parece que las funciones lingüísticas descritas por él formen medios homogéneos separados, sobre todo porque éstas no aparecen nunca aisladas (ni en el plano histórico, como se desprende del ejemplo de los pescadores de Malinowski, ni en el seno de cualquier estado lingüístico determinado). No existe ninguna situación en la que el lenguaje consista exclusivamente en órdenes y directrices, así como no existen situaciones que expresen puramente sentimientos o que comuniquen puramente hechos. En todo lenguaje es posible preguntar, responder, confirmar (cosas que forman parte de las órdenes, de las expresiones de sentimientos y de la comunicación de hechos). Además, como justamente sostiene Rhees,[19] el uso lingüístico no viene dado por la simple agregación de frases o sintagmas, sino por su empleo según un sentido. Y, podemos añadir, el sentido, aun siendo relativo a la situación, no está ligado a *una sola* situación. Rhees pone de relieve, con razón, que un juego lingüístico con funciones de mando no constituye aún un lenguaje. También los animales pueden aprender a reaccionar ante determinadas palabras cada vez del mismo modo, o bien se puede enseñar a los hombres a reaccionar unívocamente a proposiciones enteras griegas que no comprenden. A todo esto hay que añadir que la comprensión surge en el seno del lenguaje, en el interior de este medio homogéneo; los hombres sólo comprenden cuando la frase (el sintagma) es referida a la situación determinada, pero al mismo tiempo es interpretada en la totalidad del medio homogéneo, o sea, en la totalidad de la vida que el medio homogeneiza.

Llegados a este punto debemos clarificar el concepto de medio homogéneo referido al lenguaje. Ante todo hay que poner en relieve cómo *el lenguaje cotidiano (corriente) constituye el medio homogéneo de la vida y del pensamiento cotidianos*, el medio que homogeneiza sus esferas heterogéneas. Como es sabido, el lenguaje puede también ejercer como medio de varias objetivaciones genéricas para-sí. La terminología del lenguaje científico homogeneiza el pensamiento especializado, el poético homogeneiza el pensamiento y el comportamiento artístico. La tendencia fundamental consiste en que cuanto más la disciplina en cuestión (o el comportamiento requerido por ella) está próxima a la cotidianidad, tanto más el lenguaje se aproxima al lenguaje cotidiano.

18. H. LEFÈBVRE, *Le langage et la société*, París, Gallimard, 1966.
19. R. RHEES, *Can there be a private language?* - *Philosophy and ordinary language*, Urbana, University of Illinois Press, 1963.

La literatura amena, por ejemplo, está más próxima a la vida cotidiana que los dramas de Shakespeare, por lo cual su lenguaje se aproxima en mayor medida al lenguaje corriente. Cuanto más un sector científico (por ejemplo, la física) se aleja de la experiencia y del conocimiento cotidianos, tanto más aparecerán en su medio lingüístico fórmulas (por ejemplo, signos matemáticos) que no están presentes en el lenguaje cotidiano. Pero dado que la vida y el pensamiento cotidianos constituyen el fundamento de toda objetivación genérica para-sí, consideramos que no es nunca posible una separación completa del lenguaje cotidiano, ni siquiera en la matemática, cuyos conceptos de igual, mayor, menor, etc., se basan en el lenguaje cotidiano. (Las tentativas de elevar las experiencias puramente cotidianas a «ciencia especial» a través del simple empleo de una terminología científica, clasificándolas sobre la base de estos términos técnicos, son fenómenos marginales desde el punto de vista del desarrollo de la humanidad; y su fracaso debería ser una prueba suficiente. Piénsese en el experimento de Ch. Whright Mills, quien, «traduciendo» algunos enunciados de Parsons del «idioma técnico» al inglés cotidiano, ha puesto claramente en evidencia la obviedad de su contenido.) [20]

Función homogeneizadora del lenguaje común significa *conceptualización* de las experiencias cotidianas. Pero esto no significa que sólo sea posible expresar en forma lingüística los pensamientos; se puede expresar todo lo que es *pensable*. Y mis sentimientos, mis percepciones o sensaciones, son *tan* pensables como mis pensamientos, aunque no *exactamente del mismo modo*. Sería muy complicado examinar ahora tal coincidencia no perfecta, la extensión de la diversidad. Nos basta aquí el «tanto como»: y esto es posible ante todo porque entre sensaciones, percepciones, etcétera, y pensamientos no existe una muralla china. Mis sentimientos pasan siempre a través de la reflexión, al igual que la mayor parte de mis percepciones y sensaciones, del mismo modo en que mis pensamientos (cotidianos) no están totalmente separados de la percepción (en los conceptos cotidianos, que Vygotski denomina «pseudo-conceptos» está siempre más o menos presente un algo de «figurativo»), mientras que mis juicios y mis aserciones en la vida cotidiana poseen siempre un substrato (y a menudo también un contenido) afectivo. Por ello resulta unilateral ver en la verbalización de los sentimientos, de las percepciones y de las sensaciones *sólo* o *sobre todo* la pérdida de su riqueza de contenido concreto a causa de la generalización conceptualizante (con este propósito es citada a menudo la frase de Schiller: «Si el alma *habla*, ya no habla el *alma*»). Por el contrario, y es al menos tan importante para nuestro ser hombres, sólo *podemos percibir en concreto estos sentimientos* con el auxilio, a través, a causa del

20. *Cf.* Ch. W. MILLS, *The social imagination*, Oxford, Oxford University Press, 1959.

lenguaje (de la generalización conceptualizante). Sólo puedo estar enamorado si existe el concepto de amor en general; sólo sé que tengo un dolor de cabeza si sé qué es la cabeza y el dolor local (de otro modo sería simplemente un dolor); sin la distinción conceptual (lingüística) de los colores no existiría la sensibilidad cromática del hombre, etcétera. Con lo que no queremos infravalorar el problema esbozado en la frase de Schiller. Simplemente que, como aclararemos más adelante, esto no se deriva de un «defecto» específico o de una carencia del lenguaje, sino que se trata de una característica (la incapacidad de captar el elemento singular) que es común a toda la objetivación genérica en-sí.

Dentro del conjunto heterogéneo de la vida cotidiana, por tanto, todo es pensable y, como consecuencia, homogeneizable en el medio del lenguaje. En este sentido «todo es pensable» significa también que «todo es enunciable». (Una aserción está falta de sentido cuando no es pensable.) Esta pensabilidad y enunciabilidad tiene, evidentemente, unos límites, pero que *no son de naturaleza lingüística*. Incluso lo que en realidad no existe (comprendidas las representaciones colectivas), incluso lo que está falto de función es pensable: pero normalmente no es pensado precisamente porque está falto de función; de hecho el lenguaje sirve a fin de cuentas (constituye su rol social) para favorecer la orientación en la realidad presente. Los obstáculos que se yerguen frente a la enunciación son mucho más concretos: se trata de los límites establecidos por las reglas de los usos. Una cosa se puede decir en público, y otra sólo en privado; y aun otra no se puede enunciar en absoluto, sino solamente pensar. (En las culturas animísticas, en las que las palabras y las cosas son identificadas, son innumerables las reglas que prohíben pronunciar ciertas palabras.)

El lenguaje como medio del pensamiento conceptualizante posee una particularidad que lo distingue netamente de los otros dos momentos de la objetivación genérica en-sí. A saber, la manipulación de las cosas y la observancia de los usos se traducen en *acciones que se objetivan directamente*. Por el contrario, la operación ejecutada con el pensamiento puede constituir quizás un acto preparatorio de ésta, pero no la operación propiamente dicha; la costumbre seguida en el pensamiento puede significar la intención de seguirla, pero no la observancia de la costumbre propiamente dicha. La acción objetiva y la observancia de la costumbre sólo son tales cuando son traducidas *a la práctica,* cuando se objetivan *efectivamente*.

Llegados a este punto, no podemos olvidar que existe un *lenguaje interior,* un monólogo interior. Entre tanto hay que subrayar que este lenguaje interior sea probablemente más reciente que el lenguaje comunicativo «externo». En todo caso Vygotski ha demostrado experimentalmente que el monólogo interior aparece en una fase relativamente tardía en el desarrollo del mundo; al principio el lenguaje es siempre fonético, y a veces cumple una función de comunicación, o a veces acompaña una acción objetiva (solución de un problema) como lenguaje egocéntrico. El monólogo interior como resultado de la interiorización es probablemente efecto de dos factores. El primero es de naturaleza puramente social (la ocultación de los pensamientos frente al público), el segundo es económico-funcional. Esto es, el monólogo interior requiere un dispendio de energía menor que el lenguaje en general (es eliminado el lenguaje fonético, y por añadidura emplea fuertes abreviaciones). Como muestra Vygotski, también en el lenguaje fonético se tiene la exigencia de abreviar: si para hacer comprensibles los pensamientos basta con un fragmento de frase, las frases enteras no son pronunciadas. (Entre amigos que recíprocamense se «leen el pensamiento», el lenguaje se hace mucho más breve.)

El monólogo interior no es la preparación para hablar (mientras que la reflexión sobre un acto manipulativo es la preparación para ejecutarlo), sino ya lenguaje que, aunque de forma abreviada, sigue las normas del fonético. El lenguaje interior —hay que subrayarlo— *no se objetiva directamente*. Si uno dice antes un texto dentro de sí y luego pronuncia *el mismo* texto delante de alguien, la objetivación sólo se obtiene en la segunda fase; el monólogo interior que precede participa sólo *mediadamente* en la objetivación (se puede expresar algo con más exactitud, mejor, más claramente, cuando la expresión ha sido primeramente concebida como monólogo interior). Pero se trata, también en esta forma, de un caso extremo. Es decir, entre los complicados complejos del pensamiento interior solamente *algunas variantes* entran en el proceso de objetivación, las otras permanecen en el estado de intenciones o desaparecen totalmente. Es cierto que algunos de estos rudimentos lingüísticos interiores también se objetivan —pero pasando a través de múltiples mediaciones— (incluso cuando no son pronunciados): si se verifican repeticiones en la personalidad del hombre, en actos contemporáneos o sucesivos, etcétera. Pero en el cerebro del hombre bullen múltiples pensamientos que nunca se convertirán en característicos de su personalidad o de sus acciones y que no entrarán de ningún modo en la cadena de la comunicación. Entre el lenguaje hablado y el monologo interior existe una *diferencia de responsabilidad*. Cuanto más sólidamente se insertan un pensamiento, una opinión o un sentimiento en la cadena de la comunicación, tanto mayor es la responsabilidad que se deriva. En el monólogo interior nunca es necesario retractarse públicamente, como por el contrario ocurre muy a menudo en el lenguaje exterior y también en los tipos de actividad relativos a las otras dos objetivaciones genéricas en-sí. Un objeto mal fabricado es destruido, abandonado, es considerado falto de función; frente a una expresión mal colocada se debe admitir que «no se quería decir esto»; cuando no se respeta una costumbre hay que pedir disculpas; etcétera. Todo lo cual no es válido para el monólogo interior.

Pero queda la posibilidad de hacer públicos los contenidos del monólogo interior en el momento oportuno (si uno lo recuerda). Si bajo nuestros comportamientos ocultos no estuviese más que el «subconsciente», su conceptualización (sucesiva) sería imposible por principio. Por el contrario es un hecho muy habitual en la vida cotidiana que uno conceptualice su comportamiento oculto, es decir, que lo objetive retardadamente (en otra situación), por ejemplo: «Hace dos años pensaba que entre nosotros habría terminado todo».

No es necesario detenerse para demostrar que el lenguaje fonético constituye una objetivación inmediata. Wittgenstein dice justamente que «las palabras son también actos»,[21] y no importa que la objetivación sea relevante e intensa o bien irrelevante (lo cual es válido para todas las objetivaciones pertenecientes al ámbito de la vida cotidiana). Mis expresiones «Hace sol» y «¡Maldito!», son actos de peso muy diferente. Incluso, la misma frase puede ser relevante o irrelevante según la situación. La despedida cuando parto de vacaciones durante quince días es un acto distinto de la despedida de cuando me voy para siempre. Pero lo esencial es que las palabras pronunciadas por mí (no separadas de los otros actos míos) tienen un eco más o menos fuerte: en parte en la objetivación misma (en el lenguaje, que vive a través de la palabra de los hombres y que cambia a través suyo), y en parte en la totalidad de la vida heterogénea de la que el lenguaje es el medio homogéneo.

Al inicio hemos dicho que en el lenguaje no hay que distinguir las estratificaciones, como, por el contrario, en los otros dos momentos de la objetivación genérica en-sí. Con esto no queríamos decir que el lenguaje no tiene funciones diferentes, sino sólo que es imposible apropiarse solamente de una u otra función lingüística (mientras que, por ejemplo, es posible apropiarse de la manipulación de las cosas y no de la operación de trabajo, o bien es posible apropiarse de algunos usos rechazando conscientemente la validez de otro). *Apropiarse de un lenguaje significa usarlo en todas sus funciones.*

Hasta ahora hemos considerado el lenguaje totalmente en general, sin tener en cuenta que existen diversas *lenguas.* Esto ha sido posible porque *todas las lenguas cumplen la misma función*; opinamos que Chomsky está en lo cierto cuando dice que la estructura profunda —en la que se expresa el hecho de que en todas las lenguas el significado es común— es a su juicio un simple reflejo de las formas del pensamiento.[22] Sin embargo, en la vida cotidiana

21. L. Wittgenstein, *Philosophische Untersuchungen, op. cit.,* p. 193.
22. N. Chomsky, *Lingüística cartesiana,* Madrid, Ed. Gredos, 1969.

las diferencias lingüísticas son importantes y por esta razón deberemos detenernos brevemente en este problema.

Las lenguas concretas son lenguas de determinadas *integraciones*. De ahí una analogía superficial con los usos particulares. Pero mientras que las unidades de los usos particulares desde la disolución de la sociedad gentilicia son la mayoría de las veces relativas a determinados estratos o existen en el interior de instituciones —la unidad geográfica no tiene mucha importancia—, en lo referente a la identidad de las lenguas particulares la división en clases o estratos ha sido relativamente irrelevante y, por el contrario, *los factores geográficos y étnicos* han tenido hasta ahora una importancia decisiva. (Esto no significa que la división en capas, clases o estratos haya carecido de influencia. La misma lengua es hablada por la clase dominante con un léxico más variado y en parte distinto, e incluso con una gramática más diferenciada, pero se trata siempre de la misma lengua usada por la «plebe». En los siglos XVI-XVIII y parcialmente también en el XIX la nobleza media húngara hablaba latín en la oficina, pero no en la cocina, donde se servía del mismo idioma que los campesinos.)

La integración y la lengua se interactúan recíprocamente. Estamos de acuerdo con Saussure, según el cual la lengua estuvo hace tiempo limitada a pequeñas unidades étnico-territoriales y constituía por tanto un «dialecto». No es la lengua unitaria la que (junto a otros factores) produce las grandes integraciones, sino al contrario: cuando por causas económicas se forman unidades mayores, como consecuencia y por una especie de selección natural toman iniciativa aquellos dialectos que, más tarde, se difunden en toda la integración y se convierten en lenguas nacionales. *La necesidad general de contactos* en el seno de una unidad mayor es la que puede ser considerada como la promotora de las lenguas concretas. Resulta claro que no todos los dialectos tienen las mismas posibilidades de transformarse en una lengua más o menos general. La lengua de la unidad étnica que guía la formación del Estado, que habita en la zona económicamente más avanzada, etc., tiene mayores posibilidades de convertirse en la lengua principal.

Llegados a este punto conviene recordar otro carácter específico del lenguaje. El lenguaje es la única objetivación genérica en-sí en la cual, junto al sistema de signos primario, se ha producido también un sistema de signos secundario: la *escritura*. No es por casualidad que el lenguaje aparezca en primer lugar como lenguaje fonético. Hemos mencionado antes que Saussure y otros creen que el lenguaje fonético ha surgido *por casualidad*, que cualquier otro sistema de signos habría podido muy bien asumir la función del sistema de signos lingüísticos (Schaff todavía va más lejos al afirmar que el lenguaje originario estuvo probablemente compuesto por gestos y que el lenguaje fonético sería un producto posterior). Por el contrario, cuando se estudian las circunstancias efectivas de la humanización o la función actual del lenguaje se descu-

289

bre que el lenguaje fonético es el sistema de signos lingüísticos natural. (Lo mismo afirma sobre una base antropológica Gehlen.) Y no sólo porque el sonido requiera el mínimo empleo de energía en el acto de señalar, porque es de por sí más económico que cualquier otro signo, sino también porque no depende de la capacidad visual [23] y de la iluminación. Esta última constituye ya una exigencia esencial en la forma más primitiva de la caza (está oscuro, los cazadores no se ven el uno al otro). Además, la necesidad de independizarse de la vista no sólo aparece en el trabajo, sino también en las relaciones sociales más primitivas, por ejemplo, en las discusiones en grupo (yo puedo hablar de modo que cada uno me oiga aunque no todos me vean, etcétera). Frente a aquéllas son *importantes, pero históricamente secundarias* todas las demás ventajas naturales del sonido presentes en este sistema de signos, que, por el contrario, sólo aparecen parcialmente en otros sistemas de signos (enriquece la parte perceptible del mundo, permite expresar una posición teórica, es reproducible en todo momento, puede ser variado, es posible combinarlo libremente con las formas más diversas de la denominada metacomunicación).

Todos los otros sistemas de signos lingüísticos (el lenguaje gestual de los sordomudos absolutos y la escritura) no son más que sistemas de signos del sistema primario, es decir, la «traducción» secundaria del lenguaje fonético. El lenguaje gestual es socialmente irrelevante, mientras que la escritura tiene gran importancia. Dado que el medio homogéneo es el lenguaje y no (como en la música) el sonido, *«traducción» no significa transposición a otro medio homogéneo*: el medio homogéneo de la escritura es el mismo que el del lenguaje fonético.

Sin embargo, la especificidad del sistema de signos produce un cambio en el uso lingüístico. Mientras que en la lengua hablada la relación con la situación está dada objetivamente por las circunstancias del discurso y es evidente para cualquiera, al escribir tal relación debe ser expresada lingüísticamente. (En el discurso decimos simplemente: «¿Cómo te va?», porque la situación clarifica a quién dirigimos la pregunta. En una carta, por el contrario, se escribe, por ejemplo: «Querida madre, ¿cómo te va?», dado que es necesario decir a quién se dirige.) Es bien sabido, para ser discutido aquí de nuevo expresamente, que la lengua escrita no puede ser abreviada en la misma medida que la hablada, donde se deben componer frases completas describiendo e incluso parafraseando lo que en el contacto personal puede ser expresado mediante un gesto, por un acento, etcétera. Cambia también el carácter de la reacción de confirmación —alejada en el espacio y en el tiempo—, pueden diferenciarse claramente las funciones del lenguaje, etc. Cuando aprendemos a escribir, aprendemos, también,

---

23. Es cierto que la capacidad del oído es menos extensa que la de la vista, sin embargo, el sonido no se propaga solamente en línea recta.

junto al nuevo sistema de signos, un uso lingüístico relativamente distinto.

En el curso de la historia de la humanidad la lengua escrita no ha jugado durante largo tiempo *ningún papel* en la vida cotidiana. La gran mayoría de los hombres no sabía leer ni escribir, y los que sabían aplicaban este saber al derecho, a la ciencia y al arte, y no a la vida cotidiana. Sólo con la llegada de la economía burguesa el sistema de signos escritos se convierte en un factor de la vida cotidiana. En la actualidad no es posible sobrevivir en ningún ambiente cultural sin saber leer y escribir; la letra del alfabeto se ha convertido, junto con la palabra hablada, en la mediadora del saber acumulado (desde las prescripciones de los usos hasta las recetas de cocina), ha asumido una parte de las funciones señalizadoras (en la actualidad, en lugar de colgar fuera una palangana, se pone un rótulo con el escrito «barbería»), constituye el vehículo por excelencia de la información (desde la carta privada hasta el periódico) y es parte ineludible de un número creciente de actividades de trabajo. A pesar de todo se puede afirmar que en la actualidad —y seguramente aún por mucho tiempo— *el sistema de signos lingüísticos al que le corresponde la función del primer plano en la conducta de la vida cotidiana es y seguirá siendo el lenguaje fonético.*

V. Los esquemas de comportamiento y de conocimiento más corrientes en la vida cotidiana

En todo nuestro discurso precedente, no hemos podido en ningún momento hablar de las objetivaciones genéricas en-sí sin tener en cuenta los modos de apropiación relativos. De hecho la estructura de las objetivaciones —que precisamente son actividades objetivadas— contiene también la manera en que el hombre puede apropiárselas. Pero hasta ahora nos hemos fijado sobre todo en la estructura como tal; nos detendremos aquí a analizar con más precisión el modo de apropiación. De esta forma, perfeccionaremos su imagen: tomando en consideración los modos de comportamiento comunes hacia las objetivaciones genéricas en-sí, al mismo tiempo iluminaremos mejor cualquier aspecto de su particular carácter.

Describiendo los tipos de comportamiento y de conocimiento *necesarios* para apropiarse las objetivaciones genéricas en-sí, abandonamos ya, empero, la esfera de las objetivaciones examinadas hasta ahora y nos situamos en el terreno de los *esquemas generales* de apropiación de la vida cotidiana. De hecho, es característico de la vida cotidiana que *las formas de actividad más heterogéneas estén ordenadas a través de la estructura relativamente fija de las objetivaciones genéricas en-sí.* Por tanto, para infundir algún orden a estas actividades heterogéneas, es necesario precisamente apropiarse de las objetivaciones. En el seno de tales estructuras fijas pueden presentarse los hechos y las acciones más inesperadas, las motivaciones y las tendencias más imprevistas; *la repetición es la que indica el camino en medio de tantos hechos casuales y únicos.* Los esquemas de la vida y del pensamiento cotidianos son, por tanto, los de la *subsunción* (producida mediante el pensamiento repetitivo o intuitivo): las tendencias, acontecimientos, situaciones, elecciones únicas, casuales, inesperadas, del particular son ordenadas a través suyo de modo que sean asumidas en parte o totalmente bajo lo que es habitual y acostumbrado.

EL PRAGMATISMO

El pensamiento y el comportamiento cotidianos son en primer lugar *pragmáticos*. Como sabemos, el particular se apropia —de un modo económico— del significado (la función) de las objetivaciones genéricas en-sí prescindiendo prácticamente del *por qué* de la función, reaccionando a ésta tal como es y *sin cuestionar cuál es su génesis.* Preguntarse el por qué, el origen de las funciones, normalmente es, en el plano de las objetivaciones genéricas en-sí, *infantil.* Cuando un niño pregunta estas cosas, el adulto responde a menudo afirmando pragmáticamente su ser-así. ¿Por qué hay que saludar? ¿Por qué está bien saludar? ¿Por qué hay que cortar con las tijeras? Porque las tijeras están hechas para ello. ¿Por qué hay que decir esto de este modo? Porque se dice así.

Pero se pueden formular también preguntas de tipo no infantil, cuando *la forma concreta de la objetivación genérica en-sí es puesta en discusión a partir de una objetivación superior o es elegida como objeto de estudio.* Lo cual sucede también en el marco de la vida cotidiana —son sometidas a discusión o refutadas costumbres que en la actualidad han cristalizado en convenciones—, pero la mayoría de las veces esto sucede fuera del radio de acción de la vida y del pensamiento cotidianos: un reexamen operado con conceptos morales, artísticos y, especialmente, científicos.

La actitud pragmática constituye un signo de la *unidad inmediata entre teoría y praxis.*[24] Puesto que el significado de las objetivaciones genéricas en-sí se presenta en su uso, a menudo en el marco de la vida y del pensamiento cotidiano no se tiene hacia ellas una relación puramente teorética. Ni tal relación es necesaria para operar con ellas. Se puede muy bien encender la luz, sin comprender nada de las leyes de la electricidad. Estos conocimientos ni siquiera son necesarios para cambiar unos plomos fundidos: bastan poquísimas nociones técnicas para desenroscar los viejos y enroscar los nuevos. El pragmatismo, por tanto, no es un «defecto» presente en la vida cotidiana. *Por principio es imposible adoptar una actitud teorética hacia todo objeto de uso.* Si sólo utilizásemos los objetos cuando conociésemos su estructura científica, no podríamos sobrevivir.

Pero esto nos muestra que el comportamiento pragmático hacia las objetivaciones genéricas en-sí implica la unidad inmediata entre teoría y praxis solamente como *tendencia.* Hay casos —totalmente accidentales, pero existentes— en los que es precisamente la actitud pragmática la que exige la renuncia a esta unidad inmediata y la asunción de una actitud teorética. Respecto a los objetos, el ejemplo más claro es el fracaso. Si una acción habitual en una o más ocasiones no conduce al éxito, es precisamente el pragmatismo, la aspiración al éxito, el que nos obliga a cuestionar el por qué: y constituye el comienzo de la actitud teorética.

Lo mismo sucede con el lenguaje. La apropiación tiene lugar como en el caso de los objetos. Cuestionar por qué es infantil a

24. De este problema se ocupa extensamente G. *Lukács* en el primer capítulo de la *Estética.*

menudo es un hecho que pertenece a la lingüística. La gramática y el significado de las palabras son tratados como cosas obvias. Pero también aquí sucede a veces que la actitud pragmática requiere algún principio de actitud teorética: por ejemplo cuando es necesaria una *definición* del significado de las palabras. No nos referimos al caso en que se quiere precisar el significado de un término desconocido aún, porque no se trata aquí del modo en que se presenta su aspecto pragmático. (La introducción de nuevos conceptos en el uso lingüístico no forma parte del pensamiento cotidiano.) Nos referimos, por el contrario, al fenómeno denominado en lingüística «metalenguaje». Jakobson[25] dice, en nuestra opinión justamente, que los elementos del metalenguaje se hallan también presentes en el uso cotidiano cuando es necesario. Ciertas expresiones son usadas espontáneamente en un sentido determinado, hasta que no se está en situaciones en las que está obligado a definir el significado (porque de otro modo no podríamos reaccionar de un modo adecuado). Supongamos que un hombre diga a una mujer: «Te amo»; si la mujer pregunta: «¿Qué entiendes por amor?», la respuesta, para ser adecuada al fin (al problema planteado con la pregunta), se moverá dentro de ciertos límites en el plano del metalenguaje. Aunque aún no estamos más allá del pragmatismo: de hecho la pregunta es formulada por la mujer con el fin de elaborar una reacción adecuada propia, un comportamiento práctico propio.

En el campo de los sistemas de usos sociales el problema es más complicado. En lo referente a las reglas más corrientes de la convivencia social: aquí el pragmatismo es inevitable al igual que en los otros momentos de la objetivación genérica en-sí; lo mismo puede decirse de la unidad inmediata de teoría y praxis. La misma tendencia se da en los usos relativos a unidades particulares, aunque su observancia, su contenido y el modo de la observancia, e incluso su transgresión, pueden *también* estar mediados por motivaciones morales. Esto significa que si no el uso propiamente dicho, la intensidad, el modo, etcétera, de la observancia también pueden ir más allá del ámbito del puro pragmatismo. Por lo demás, un determinado sistema de usos puede ser puesto en discusión por quien siga un sistema distinto, y no sólo por razones éticas, sino también pragmáticas. Esta actitud puramente pragmática hacia los sistemas de usos distintos es más característica de los miembros de sociedades orientadas hacia el pasado que de miembros pertenecientes a las sociedades orientadas hacia el futuro, está más ligada al estado de alienación subjetiva que a la liquidación de este estado en el seno de una sociedad orientada hacia el futuro.

25. *Cf.* H. Lefèbvre, *Le language et la société, op. cit.*

LA PROBABILIDAD

Las acciones concernientes a las objetivaciones genéricas en-sí se basan siempre en la *probabilidad*. Y esto no sólo es válido para estas acciones, sino también para todas las actividades efectuadas en el plano de la vida cotidiana. Spinoza distinguía ya del siguiente modo el pensamiento cotidiano del científico: «En la vida ordinaria estamos obligados a seguir lo verosímil; pero en la especulación estamos obligados a perseguir la verdad. El hombre moriría de hambre y de sed si se negase a comer y a beber antes de haber alcanzado una demostración perfecta a la utilidad de la comida o de la bebida. Pero esto no ocurre en el caso de la contemplación, donde por el contrario debemos guardarnos muy bien de admitir como verdadero algo que sea solamente verosímil.»[26] Lo que Spinoza nos hace notar es que la acción basada en la probabilidad constituye una consecuencia coherente de la unidad entre economía y pragmatismo, y de la repetición. Puesto que en la vida cotidiana se deben llevar a cabo muchísimas operaciones heterogéneas, si no se actuase en base a valoraciones probabilistas no se podría vivir. Si tuviese que calcular con exactitud científica la posibilidad de atravesar antes que los automóviles me rebasasen, nunca alcanzaría la otra acera. La valoración probabilista es el *máximo* a que puedo aspirar en la ejecución de las actividades cotidianas, pero también el *mínimo*. De hecho, *para orientarse en la vida cotidiana no basta con actuar solamente sobre la base de la posibilidad*; esto puede conducir —como demuestra la praxis— a catástrofes de la vida cotidiana, de modo que es mejor no fiarse únicamente de las probabilidades. Consideremos el ejemplo de Spinoza. En nuestra sociedad se nos pone delante un alimento; es probable que no sea nocivo (sólo en casos extremos y excepcionales pensaríamos hoy que se nos quiere envenenar, y sólo entonces evitaríamos tocar el alimento). Comemos, por tanto, sin ninguna prueba de la comestibilidad del alimento. Si, por el contrario, acontece en una isla deshabitada y encontramos un fruto desconocido, no lo comeremos a ojos cerrados (es decir, sin una verificación más científica). Ciertamente es posible que el fruto sea comestible y no nocivo, pero el riesgo ligado a la mera posibilidad es tan grande que en la mayor parte de los casos no se asume.

Este ejemplo muestra que el fundamento objetivo de la acción probabilista es el hábito y la costumbre, es decir, la repetición. Dado que en la sociedad se reciben alimentos comestibles, uno se confía. Dado que a menudo se ha atravesado la calle ante automóviles que proceden a una determinada velocidad, y dado que nosotros lo hemos hecho ya (lo hemos aprendido con el ejercicio), podemos llevar a cabo esta acción con

26. B. SPINOZA, *Epistolario*, Turín, Einaudi, 1951, pp. 242-243.

un cierto valor de probabilidad. Aparece claro aquí que la repetición viene obligatoriamente complementada por la intuición, cosa de la que ya hemos hablado. Si el automóvil aumenta de improviso la velocidad se puede (cuando los reflejos sean buenos) intuitivamente saltar rápido. Evidentemente también una acción llevada a cabo sobre la base de la probabilidad puede conducir a la catástrofe. Esto sucede sobre todo cuando la situación o el acontecimiento al que se aplica el criterio de la probabilidad elaborado en la praxis repetitiva por cualquier motivo se desvía de la norma: piénsese en el ejemplo del alimento envenenado. En aquellos tipos de acción en que las catástrofes son frecuentes, en el cálculo del valor de probabilidad se tiene en cuenta incluso la eventualidad. Cuando conducimos un automóvil tenemos presente el espacio de frenada preveyendo cualquier caso fortuito (por ejemplo, un defecto del vehículo que nos precede). Sin embargo, no se pueden tener en cuenta *todas* las eventualidades y prevenirlas, si se quiere (como es necesario) permanecer en el plano de la acción probabilista.

Acción probabilista significa que el éxito, dado el tipo de acción y dada la situación, es probable. Por ejemplo, es muy alto el grado de probabilidad de que la observancia de las normas elementales de la convivencia social sea coronada por el éxito. Es posible fiarse aquí de la simple repetición. Con igual probabilidad la repetición llevará al éxito en el manejo de los objetos de uso. En las situaciones de la vida cotidiana más complicadas, cuando existen muchas posibilidades de elección, la probabilidad sirve de *vector de más factores*. Actuar sobre la base de la probabilidad en este tipo de situaciones significa actuar sobre la base de *fundamentos suficientes*, pero donde están unidos contenidos y motivos heterogéneos. Piénsese en la elección del cónyuge. Durante mucho tiempo esta elección ha sido realizada sobre la base de la costumbre (en general no eran los esposos los que elegían, sino sus padres). Era el uso el que establecía las familias de las que podían ser elegidos la mujer o el marido. Sin embargo, la *sola* observancia de este uso no constituía un «fundamento suficiente». Para obtener un buen matrimonio había que tener también en cuenta otros factores, incluso en un ambiente guiado por la tradición. Era necesario, por ejemplo, considerar si la joven era apta para engendrar hijos sanos, si el estado financiero era adecuado, etcétera. Cuanto mayor peso tiene la tradición, tanto más numerosos son los factores que entran en el «fundamento suficiente»; y viceversa, cuanto más se afirma la convicción de que los matrimonios no deben durar obligatoriamente toda la vida, menos factores son considerados, puesto que se considera también un éxito un matrimonio feliz. aunque de breve duración. No obstante, por numerosos que sean los factores que determinan el fundamento suficiente de tales decisiones, éstas son tomadas sobre la base del valor de probabilidad. Quien quisiese proceder con absoluta seguridad, quien quisiese tener en cuenta todos los factores posibles y prever cualquier eventualidad, sería incapaz de tomar cualquier decisión.

En cuanto a las acciones concernientes a las objetivaciones genéricas en-sí, la búsqueda del fundamento suficiente para una acción probabilista está fuertemente «aligerada»: basta con seguir el uso (el hábito) para tener un indicador adecuado en el cálculo de las probabilidades. Cuando la objetivación genérica en-sí (sobre todo el uso) no indica el camino, o apenas lo esboza, o sólo lo indica respecto de un único factor, es la *personalidad* la que interviene para establecer la probabilidad. La personalidad no sólo interviene en la búsqueda del fundamento suficiente de la probabilidad, sino también en la elección del *fin de la acción*. Lo que es especialmente importante cuando se trata de acciones con un contenido más o menos moral. En tal caso, el *modo* en el que se intenta encontrar la probabilidad puede ser muy variado (según la persona y según el caso concreto): va desde la acción puramente impulsiva a la premeditada y calculada, pero también son posibles diversas combinaciones de impulso y cálculo.

En la búsqueda del valor de probabilidad de las acciones cotidianas una parte importante corresponde a la *fe*, que es acompañamiento afectivo y a menudo también fuente impulsora de todas las elecciones y de todas las acciones. En este sentido amplio la fe es, en esencia, un *sentimiento de sí* sin el cual no es posible ninguna decisión de ningún género. Cuando en el mercado elijo entre dos repollos, creo en el hecho de que uno proporcionará una comida mejor que el otro. Cuando dudo entre dos máquinas de escribir, reflexionando sobre con cuál debo quedarme, y elijo luego una, confío en que ésta hará mejor su trabajo. Cuando elijo una profesión, creo que así podré utilizar mejor mis capacidades, o ganar más, etcétera. Pero dado que examinaremos todavía el problema de la fe desde otros aspectos, por el momento nos limitaremos a esta constatación.

LA IMITACIÓN

En la apropiación y en la conducta de la vida cotidiana tienen una parte importante tres distintas —pero relacionadas— formas de *imitación*: se trata de la imitación de acciones, de la imitación de comportamientos y de la imitación evocativa.

La imitación de acciones (el aprendizaje)

La actividad imitativa es también notoria en el reino animal. La imitación de acciones es también imitación de actividades, pero en su específica forma humana: en la acción, recordemos, objeto y motivación son distintos y esto sólo es posible en el hombre. Si repetimos una palabra delante de un papagayo hasta que —por imitación— la haya aprendido, su actividad continúa siendo una imitación de actividades por numerosas que sean estas palabras. Si decimos una palabra a un niño y ésta la repite (por ejemplo, «mamá»), al inicio puede ser sólo imitación de actividad, en cuanto que él se apropia de la palabra «mamá» no como palabra, sino como un conjunto fonético. Pero apenas la palabra «mamá» comienza a explicar una función sígnica utilizable en varios contextos («mamá, ven», «mamá tengo hambre»), el niño se ha apropiado del *significado* de la palabra y se puede hablar de apropiación de acción. La imitación verbal del niño, por tanto, no se limita simplemente a la pronunciación de la palabra, sino que sirve también a un fin (separado); quiere así obtener algo. En la apropiación de la lengua la imitación constituye solamente uno de los momentos, es una parte orgánica de una creación, al igual que en el aprendizaje de una melodía.

No es necesario insistir en la importancia de la imitación de acciones en la apropiación de la vida cotidiana. Pero hay que poner de relieve un aspecto. En las esferas del mundo de los usos y del lenguaje —es decir, en aquellos tipos de acción y de pensamiento guiados por los usos y la lengua— la imitación de acciones raramente aparece aislada; en general constituye una parte o momento de la imitación de un conjunto de comportamiento. Cuando un niño va a la escuela encuentra a alguien que le muestra cómo debe alzar la mano cuando quiere decir algo, dónde debe poner los libros y los cuadernos; pero el niño imitará estas formas de acción como parte de la apropiación de las normas generales del comportamiento de un «escolar». Por el contrario, *es muy importante la imitación de acciones aisladas en la esfera del mundo objetual,* tanto para el uso como para la producción de objetos. Cuando aprendemos a encender la luz, no imitamos los actos necesarios para mover el interruptor como parte de un tipo de acción de comportamiento. Cuando el tornero muestra al aprendiz determinados actos relativos a su trabajo, éste intentará imitarlos tal como los ha visto ejecutar al operario, también de un modo relativamente independiente de un conjunto de comportamiento. El soldado imita a quien le enseña a apuntar, pero no como si éste apuntar fuese una parte del comportamiento del soldado: la imitación de los gestos tiene lugar también en este caso de un modo relativamente independiente de la imitación de un comportamiento.

En este contexto son necesarias algunas palabras sobre el *aprendizaje*. Pero no tenemos la intención de ofrecer una teoría unitaria del aprendizaje: es tarea ésta de la psicología, y además no creemos que una teoría unitaria sea correcta. El aprendizaje depende en gran parte de *qué* se aprende. Sin embargo, muy en general se puede decir que la *invención* (comprender y resolver problemas nuevos) y la repetición *conscientemente intencionada* tienen la función decisiva. En la acción conscientemente repetida se apunta al objetivo, se abrevia el proceso mental, se transforman determinados procesos mentales inventivos en procesos repetitivos, etc. En el aprendizaje humano la imitación de acciones tienen una parte *subordinada*, aunque no se puede negar su presencia. Sin embargo, no por casualidad hablamos de aprendizaje precisamente en este punto. El hecho es que en dos momentos de la objetivación genérica en-sí —en la manipulación de los objetos y medios, y en los usos— ésta posee una parte notablemente más importante que los otros tipos de aprendizaje.

El aprendizaje de los particulares, concretos procesos de trabajo, tiene lugar a través de una imitación plenamente consciente, paralelamente a la repetición (ejercicio).

La imitación del comportamiento

Entre los tipos de imitación usuales en la vida cotidiana, la imitación de los modos de comportamiento ocupa un lugar de primer plano. Ésta no se limita a determinados usos, sino que comprende unos o más *tipos de conducta* complejos. El fenómeno en sociología es denominado «imitación del rol» o «apropiación del rol». Pero nosotros no usamos el término «rol» en el sentido anodino de los estereotipos de comportamiento, sino cuando nos enfrentamos con sus formas cristalizadas en clichés, en modelos. [27] Por esta razón en el curso del razonamiento sobre este fenómeno evitaremos el concepto de rol.

Pero la apropiación de los tipos de conducta, de los estereotipos de comportamiento, no se verifica solamente a través de la imitación. Las solicitaciones mediante el lenguaje (advertencias morales, preguntas) son también importantes en la guía de la apropiación. Sin embargo, la guía a través de las palabras no es nunca independiente de la invitación (presentación) del ejemplo, del modelo, puesto que hace también de motivación de la imitación. Cuando explicamos a un niño cómo se debe comportar en una determinada circunstancia, añadimos (si pode-

27. Sobre este punto véase, más extensamente, A. HELLER, *Historia y vida cotidiana*, Barcelona, Ed. Grijalbo, 1970, pp. 71 y ss. («De los prejuicios») y 123 y ss. («Sobre los roles»).

mos): «Mira lo que hace fulano o mengano, y haz lo mismo.» Pero la imitación funciona también sin este tipo de guía verbal: es suscitada por la simple necesidad de saberse «mover» en el ambiente. Un niño apenas llegado a un colegio imita lo que hacen los «antiguos», y evita así los equívocos más graves y las catástrofes de la vida cotidiana.

Con la *imitación del comportamiento*, el particular (de un modo distinto que en la pura imitación de acciones) se apropia siempre de un comportamiento dotado de un contenido de valor concreto y socialmente significativo y de una carga más o menos ideológica: es decir, asume su propia conducta bajo modos de comportamiento que poseen un contenido de valor social y un alcance ideológico. Cuando un niño se comporta por imitar al padre de una forma grosera con los criados negros (conscientemente o no) se apropia de un prejuicio social. Si un niño, por el contrario, siempre bajo la impronta del padre, trata a los criados como hombres iguales a él, se apropia también de un comportamiento con significado social: el rechazo del prejuicio.

En las épocas históricas, en los ambientes y en los períodos de la vida en los que el particular, a propósito de un determinado aspecto, encuentra un solo género de comportamiento, el hecho de que lo imite no dice nada sobre su nivel moral. Si, pongamos por caso, los dos niños citados han observado únicamente la actitud de su padre hacia los negros, es posible que más tarde, enfrentados con otros tipos de comportamiento, se avergüencen del propio y que el primero se arrepienta de haber observado de niño un mal comportamiento, y el segundo uno bueno. Cuanto más numerosos son los modos de comportamiento con los que el particular se enfrenta para un determinado aspecto, tanto mayor es la posibilidad de elección de lo *que* debe imitar, qué comportamiento debe asumir como modelo: es decir, en mayor medida la imitación del tipo de conducta y su contenido concreto se convierten en una cuestión moral. Sin embargo, hay que recordar que no existe un hombre en esta tierra —y no hablamos sólo de los niños, sino también de los adultos— de cuya apropiación y de cuyo ejercicio de un comportamiento esté totalmente excluida la imitación (con o sin elección).

El carácter de las relaciones sociales fija en gran parte a qué tipo (más amplio o más restringido) de complejos se refiere (o puede referirse) la imitación del comportamiento. Existe una relación directa entre la densidad y la intensidad de los sistemas de usos particulares y la amplitud, la universalidad de los tipos de comportamiento. Pero incluso cuando los tipos de conducta forman un bloque casi unitario, este complejo se verifica por la homogeneización de diversas unidades concretas de comportamiento. La conducta del noble frente al rey, de las mujeres, de los criados, etc., es homogeneizada en el denominado comportamiento aristocrático; en la imitación se intentará alcanzar este último, pero esto sólo será posible apropiándose conjuntamente de todos aquellos tipos de conducta. Solamente con la sociedad burguesa se observa el fenómeno típico según el cual los tipos de conducta heterogéneos, los estereotipos de comportamiento ya no forman una síntesis, sino que se yuxtaponen coexistiendo de un modo relativamente independiente el uno del otro. Es en este marco donde los estereotipos de comportamiento cristalizan en *roles*.

La imitación evocativa

La imitación evocativa consiste en aquel tipo de imitación que despierta el recuerdo de actos o sentimientos concretos, provocando así un efecto sentimental y/o intelectual. Nos encontramos aquí ya, por tanto, con una imitación surgida a través de la elaboración conceptualizada. La forma fundamental de la imitación evocativa es, en la cotidianidad moderna, el relato. Cuando relato lo que me sucedió ayer en el trabajo, hago revivir a los otros el acontecimiento con el fin (confesado o recóndito) de suscitar un efecto: en general la solidaridad hacia mí: quiero que se me «dé la razón». En este caso el lenguaje es ya un medio que guía la mímesis. Sin embargo, la comunicación mimética lingüística está necesitada de las formas de la imitación directa: durante el relato «atribuyo las partes», imito la cadencia, el estilo, la periorización y quizá también los gestos de las personas, etcétera. En la vida cotidiana están también presentes las formas de la imitación evocativa inmediatamente mimética (imito a mi profesor, a mi jefe, etcétera), pero tienen menor importancia que el relato.

Mientras que en las sociedades primitivas la mímesis evocativa tenía gran relieve en la apropiación de las objetivaciones genéricas en-sí (piénsese en las culturas animistas), su importancia en la sociedad moderna va decreciendo gradualmente. Como máximo posee una función secundaria de sostén (historias ejemplares), pero nos hallamos ya en la esfera del prearte; lo que restringe todavía más su presencia en la esfera general de la vida cotidiana.[28]

---

28. De la imitación evocativa habla extensamente Lukács en los capítulos de la *Estética* sobre la mímesis.

En la analogía están también contenidos algunos momentos de la imitación. Pero mientras que en la imitación un contexto, un comportamiento, un acto existente inducen a producir *exactamente la misma cosa*, la analogía, por el contrario, lleva a producir algo *similar*. *La analogía juega un papel de primer plano en el desarrollo estructural de la objetivación genérica en-sí*, y en tales y tantos aspectos que aquí sólo podemos examinar algunos, y por añadidura de un modo incompleto y casual.

En el mundo de los medios objetuales la analogía es importante tanto para la producción de nuevos objetos como para su uso. Durante el largo (no el primerísimo) período de «invención» de los medios de producción el hilo conductor fue la analogía con las funciones del organismo humano y, más en general, con el natural. Se intentó transmitir las funciones del puño, de la uña o del diente canino a los utensilios, fabricando estos últimos en analogía con los caracteres funcionalmente importantes de aquéllos. Marx indica esta tendencia incluso en algunos tipos de máquinas del período de la revolución industrial. Las primeras ideas (y las primeras tentativas prácticas) del aeroplano estaban basadas en la analogía con el vuelo de los pájaros: se pensaba en máquinas con alas móviles. Luego este tipo de analogía fue disminuyendo en importancia con la desantropomorfización de la técnica y especialmente con el predominio en ella de la ciencia. Solamente el arte vuelve a representar el objeto mecánico de un modo analógico y antropologizado, pero a un plano superior.

Además los productos intencionados tienden a la analogía con los precedentes: la convención social impulsa en este sentido. En sus inicios los recipientes de materias plásticas no fueron más que imitaciones del cristal y de la porcelana; sólo más tarde se ha desarrollado un estilo autónomo del plástico. Sólo la moderna industria consumista, fuertemente manipuladora, es capaz de hacer la competencia a esta necesidad de analogía.

En lo referente al uso de los objetos, la analogía opera teniendo presente la función concreta. Si no tenemos a mano precisamente el clavo que necesitamos, cogemos uno similar; si no tenemos un vaso bebemos de un recipiente que cumpla la función de un modo análogo.

La presencia determinante de la analogía en el lenguaje es bastante conocida. Saussure la considera directamente el medio capaz de eliminar la casualidad lingüística. Las palabras extranjeras son asimiladas en una lengua en base a la analogía; y la analogía se la encuentra por todas partes, desde la formación de los modos verbales hasta la *armonía vocal de los prefijos*. Los sentidos desplazados nacen también por esta vía (pata de la mesa, pie de la montaña, «encender» la luz eléctrica, etcétera).

Como se desprende de estos ejemplos, la analogía lingüística nos revela también otra cosa, a saber, *el carácter general analógico del pensamiento cotidiano*. Frente a nuevas conexiones, en el pensamiento cotidiano nos apoyamos en las viejas. Y es esta apoyatura la que nos ayuda a alcanzar nuevos conocimientos, aunque más tarde se haga superflua. Hemos recordado a menudo que la imagen cotidiana de la naturaleza (al igual que la imagen religiosa del mundo) se basa en la analogía y que ha sido necesario un largo proceso de desantropomorfización para que fuese eliminada (al menos tendencialmente) del mundo conceptual de las ciencias naturales. Aunque una analogía controlada —consciente, metodológica— (el modelo) es siempre indispensable.

Esto es válido en lo referente a la imagen del mundo de las ciencias naturales; las ciencias sociales, por el contrario, están hoy completamente entretejidas de analogías (en primer lugar las ciencias históricas). Más que iluminar el nexo entre el serasí de las formaciones o de los hechos y el proceso histórico, incluso hoy se nos remite frecuentemente a la analogía (piénsese en los innumerables análisis en los que la victoria política de Stalin sobre la oposición ha sido parangonada con el Termidor o con el bonapartismo). En este ámbito la fuerza del pensamiento cotidiano es enorme.

Un signo de la naturaleza analógica del pensamiento cotidiano es que sus conceptos o al menos una gran parte de ellos son de naturaleza tipológica: designan lo que es *análogo* desde el ángulo visual del pensamiento cotidiano. Este fenómeno lo encontramos (entre otros) en el frecuente equívoco de las palabras con que es clasificado lo que es «análogo». El concepto de «pequeñoburgués», por ejemplo, se basa en una analogía vista desde un cierto ángulo pragmático (o desde varios ángulos pragmáticos) y fuertemente cargada de afectividad. Lo mismo puede decirse de la palabra «soldado» (¿qué significa «soldado de la paz»?).

Observamos que la investigación social (y ante todo la filosofía) ya en la Antigüedad había declarado la guerra al pensamiento analógico, sobre todo en el estudio de los hechos sociales. Platón afirma incluso que la filosofía comienza con la maravilla, y *¿qué es la maravilla, sino el maravillarse del serasí del fenómeno, la suspensión de la analogía?* Considera qué es verdaderamente lo que tú ves, antes de decir que es «precisamente como»: he aquí la maravilla como base del pensamiento filosófico. (Otro asunto es que precisamente la filosofía de Platón esté plagada de las analogías más diversas.) En cuanto a los conceptos tipológicos, la batalla contra ellos fue emprendida por Aristóteles. La capacidad aristotélica de *distinguir*, refinada en *análisis* científicos, no tiene otro significado que la «descomposición» de los conceptos cotidianos, la separación de las cosas análogas en base a sus diferencias, donde las expresiones de la vida cotidiana se convierten en términos técnicos (en el buen sentido) con un significado definido (y ya analógicamente confuso).

Pero sobre la naturaleza analógica del pensamiento cotidiano sería necesario un estudio exprofeso; aquí deberemos limitarnos a decir alguna cosa más sobre la analogía en el *mundo de los usos*. Entre tanto podemos observar que todos los usos válidos para el conjunto de la sociedad (y casi todos los usos condicionados) surgen sobre una base analógica. Usos de este tipo no pueden ser «inventados». Por el contrario, una vez que existen, pueden alejarse de la objetivación en analogía a la cual han surgido; entonces se mueven autónomamente y, por analogía consigo mismos (o por ampliar su propia función), producen nuevas ramificaciones. El ritual cristiano ante el altar puede también haber nacido, por ejemplo, en base al rito del sacrificio romano ante el ara. Sin embargo, primero la comunidad específica que lo ejercía y luego las nuevas relaciones sociales han cambiado ampliamente, enriquecido, dilatado las formas concretas y el ejercicio de este ritual. (Existe toda una literatura especializada sobre los precedentes de cada ritual cristiano, sobre los ritos en base a los cuales o a partir de los que cada uno de ellos se ha originado. Pero, en cada caso, todos se han alejado de la forma originaria.) Con esto no queremos afirmar que no existe nada nuevo bajo el sol, sino simplemente que cada hecho nuevo, incluidos los ideológicos, es incorporado sobre una base analógica en esquemas de usos, precisamente para divulgar lo nuevo. Marx observa que los jacobinos divulgaron su lucha de clases, burguesa de arriba abajo, bajo los ropajes de la romanidad y que incluso Napoleón denominó «consulado» e «imperio» a su nueva forma de gobierno, que no tenía modelo en la historia.

Sabemos, además, que en la vida cotidiana el pensamiento y la actividad forman una unidad indisoluble —de un modo absoluto por lo que afecta a la apropiación de las objetivaciones genéricas en-sí, sólo como tendencia en otros casos. Y nuestra actividad cotidiana está conducida sobre todo por analogías. Cuando en una cierta coyuntura debo tomar una decisión, lo haré en la mayoría de los casos operando espontáneamente una analogía, es decir, subsumiendo el caso específico bajo un caso típico corriente y tomando la decisión que usualmente se toma en aquel caso típico.[29] (Repetimos que esto sucede en general de un modo irreflexivo, espontáneamente.) Lo mismo ocurre cuando debo emitir un juicio sobre una persona o sobre un

29. Subsunción y analogía, que en la ciencia están netamente separadas, en el pensamiento cotidiano aparecen normalmente unidas. La mayoría de las veces la subsunción está mediada por analogías.

caso. Subsumo la persona o el caso bajo el correspondiente tipo analógico y aplico, por tanto, la norma, el modo de juzgar, la opinión (socialmente vigentes y aceptados por mí) «que le corresponden». En este caso el pensamiento (praxis) intuitivo y repetitivo operan una vez más simultáneamente: por medio de la praxis intuitiva yo «sé» dónde está situada la cuestión, por medio de la praxis repetitiva tomo la medida (tomo la decisión, emito el juicio). Instituir analogías es, por tanto, absolutamente necesario para actuar de un modo económico en la vida cotidiana (también juzgar es actuar).

Pero existe una subforma de analogía —también usual en la vida cotidiana— en la que la tendencia económica no se resuelve en ahorro de tiempo, en velocidad de decisión sino que apunta, por el contrario, a la *seguridad*. Interviene aquí ya la reflexión. Estamos hablando de la referencia a los «precedentes». Cuando en una situación quiero decidir (cómo actuar o juzgar), busco puntos de referencia. Estos puntos de referencia son los casos análogos al caso en cuestión. Las decisiones tomadas en casos análogos servirán de modelo y yo, por tanto, configuraré mi decisión actual de un modo análogo.

La referencia a los «precedentes» quiere ser también un descargo, en cuanto que, con el crecimiento —aunque ilusorio— de la seguridad de la decisión disminuye el sentido de la responsabilidad y se hace más fácil la decisión misma. Pero hay que subrayar la ilusoriedad de la seguridad. Dado que, de hecho, la acción basada en los precedentes no es praxis repetitiva, sino que sirve para «descargar» la praxis intuitiva e inventiva, con posibles errores aún más numerosos respecto del ser-así que en las otras formas de analogía.

En las distintas épocas históricas ha cambiado el papel de los precedentes, que son más importantes en las comunidades naturales y menos en las sociedades «puras». Se detecta también examinando el sistema jurídico. En la Antigüedad solamente el derecho romano revolucionado se apartó de la estructura construida sobre el precedente; en la moderna sociedad burguesa ha sido el Código de Napoleón el que ha roto definitivamente los vínculos con el derecho medieval. El mismo proceso se verifica en la fijación de un ideal y en el juicio sobre una situación política. El ideal, el modelo, es también por su naturaleza un precedente relativo a un comportamiento humano: para Alejandro Magno era Aquiles. Cuanto más dinámica es una sociedad, tanto menor es la función constructiva de estos ideales. El dinamismo restringe el valor del precedente, en cuanto hilo conductor, incluso en las decisiones políticas. Con la aparición de la sociedad burguesa, entre el ser-así de las situaciones particulares y el de las situaciones precedentes existe una diferencia mucho más grande que la que existía en las sociedades orientadas hacia el pasado. Quien en la actualidad juzga (o analiza) con el método de los «precedentes», se confía a una falsa conciencia: este método sólo ofrece una pseudoseguridad e impide el conocimiento concreto tendente a una seguridad efectiva, relativamente creciente.

LA HIPERGENERALIZACIÓN

Tanto en la imitación del comportamiento como en la decisión sobre la base de la analogía, así como también en la apreciación de los precedentes nos encontramos con el fenómeno de la *hipergeneralización*. Es evidente que subsumiendo espontáneamente un caso a otro análogo generalizamos la solución (el juicio) de nuestro caso, puesto que aplicamos a éste las normas generales, corrientes. De este modo podemos conseguir —cosa que a menudo no depende de nosotros, sino del caso determinado— que el asunto resulte «liquidado», es decir, satisfacemos las exigencias de la vida y del pensamiento cotidiano relativas al caso concreto. Pero cuando en los casos que se presentan prevalece el elemento singular, específico, cuando nos enfrentamos con un fenómeno nuevo, la generalización conduce a un *tratamiento aproximativo de la singularidad* y —incluso cuando se considera como norma la exigencia cotidiana— se convierte en una hipergeneralización, lo que produce los fracasos y las catástrofes de la vida cotidiana. Cuando aparece este tratamiento aproximativo de la singularidad —que es una consecuencia del pensamiento y de la praxis cotidianos— se hace inevitable que en el curso de la praxis y del pensamiento repetitivos surjan tales generalizaciones exageradas, por lo cual se convierten también en inevitables las consiguientes catástrofes, ya sean pequeñas o grandes. (El pensamiento intuitivo actúa de contrapeso.)

Pero para comprender mejor la problemática de la hipergeneralización, debemos preguntarnos *de dónde tomamos los juicios,* los tipos, las normas de acción bajo los cuales subsumimos espontáneamente el hecho singular. Muchos los tomamos simplemente de nuestro ambiente, sin someterlos a discusión, sin verificarlos, y se trata, por tanto, de datos que *preceden a la experiencia del particular.* Los definiremos como normas, tipos y juicios preconstituidos. Lo cual no significa que no hayamos tenido nunca experiencias personales al respecto (lo que es perfectamente posible), sino solamente que encuadramos siempre las experiencias personales en tales esquemas sin poderlas ampliar y en parte cambiar o revisar. De este modo aparece un tipo social de acción (y pensamiento) *que, aun siendo psicológicamente activo, en el plano del conocimiento y de la moral es pasivo.* El uso de normas, tipos y juicios como datos preconstituidos —la unión de la actividad psicológica con la pasividad cognoscitiva y ética— constituye el pilar de la hipergeneralización.

307

Pero llegados a este punto se plantea la siguiente pregunta: ¿frente a *qué* decimos que la generalización es exagerada? De hecho no está excluido que la subsunción se realice bajo un tipo preexistente, que este género de juicio o de modo de actuar sea *suficiente* para la vida cotidiana, y que, por tanto, *no* conduzca —y seguramente no lleva *en-seguida*— a la catástrofe. Y también: por esta vía es posible además tener por un cierto período —a menudo incluso durante toda la vida— una vida cotidiana correcta, es decir, es posible que el particular consiga conservarse en un determinado ambiente. Sin embargo, dado que de este modo se hacen imposibles nuevos conocimientos e impedida la decisión moral individual, o sea la frónesis (de la que hemos hablado extensamente en la segunda parte de este volumen), lo que no puede tener lugar es el *desarrollo* del particular como personalidad. Y esto pudee crear problemas no sólo en el plano ético —como mostraremos más adelante—, sino también en la conducta de la vida cotidiana. Surgirán problemas apenas el particular se encuentre en situaciones imprevistas, inesperadas, o porque cambien las circunstancias sociales o su condición personal. En tales casos proceder sobre la base de juicios preconstituidos puede conducir a resultados fatales para el particular incluso considerando solamente su simple conservación en la vida cotidiana. Por ello dijimos que la subsunción por sí sola a veces no conduce a la catástrofe e incluso no conduce nunca pero que *puede producirla* si la crítica práctica al comportamiento cristalizado del particular es difícil. Más frecuente que la historia de Robinson Crusoe es que el particular en una situación totalmente nueva sea incapaz de orientarse, y dado que la pura subsunción ya no es funcional, se rinde y se hunde (piénsese en la suerte de la mayor parte de los desclasados).

La decisión u opinión hipergeneralizada sobre la base de tipos y juicios preconstituidos cumple una doble función en la vida cotidiana. Por un lado es indispensable e inevitable para la economía en la conducta de la vida cotidiana. Cuando no se tienen experiencias personales, en la vida cotidiana no se puede actuar de otro modo (mientras que en la ciencia sí): en el marco de la vida cotidiana la simple subsunción de las experiencias en general es «adecuada». Sin embargo, la vida cotidiana requiere también una modificación (de dimensiones y a un nivel distinto) y a veces incluso la suspensión práctica de los tipos y juicios preconstituidos corrientes. Si esto no sucediese, no podrían acumularse en la vida cotidiana las nuevas experiencias que son necesarias para el desarrollo de la producción y de la sociedad, y además para que nazca y se desarrolle la ciencia. *La superación de la hipergeneralización de los juicios preconstituidos es, por tanto,* (según los casos particulares) *un interés social* (y no solamente relativo al particular) *al menos tanto como la práctica generali-*

zada de la subsunción. (Pero esto no solamente es válido para la vida cotidiana, sino también —e incluso más— para esferas como por ejemplo el derecho y la política. Pero la cuestión queda al margen de nuestro actual campo de investigación.)

Cuando la hipergeneralización basada en juicios y tipos preconstituidos respecto del mundo de los objetos constituye un fenómeno general en una sociedad, ello conduce a una especie de estancamiento técnico. Valen como ejemplo determinadas culturas animistas, en las cuales las normas de la actividad de trabajo están prescritas de un modo tan riguroso y están tan sobrecargadas de ritos que sólo se hace posible la pura subsunción, por lo cual el desarrollo de las fuerzas productivas resulta impedido a nivel ideológico. Es cierto que en tal caso la hipergeneralización no es la causa, sino simplemente la mediadora ideológica. Dada la rigidez de la sociedad, y sobre todo de la división social del trabajo, la praxis puramente repetitiva (basada en normas preconstituidas) se generaliza de tal modo en cada zona de la producción, de la distribución y del intercambio, que a partir de un cierto punto se hace imposible el desarrollo de la misma sociedad (modo de producción asiático). Cuando se considera la cuestión desde el punto de vista del particular, puede decirse solamente que la hipergeneralización respecto al mundo de los objetos conduce como máximo al fracaso personal del particular.

Por el contrario, la hipergeneralización por parte del particular respecto de las normas, opiniones y juicios sociales contiene también un momento ético específico (y quizá también político).[30] *La acción exitosa desde el punto de vista de la vida cotidiana puede estar en contraste neto con lo que tiene valor moral* (o al menos puede ser diferente). Si acepto las normas y los juicios de mi sociedad (clase), considero sus usos particulares como estructuras absolutas y subsumo espontáneamente todas mis experiencias a tales normas y juicios, es ciertamente posible, incluso es probable que consiga moverme óptimamente en mi ambiente, que proceda correctamente desde el punto de vista de la vida cotidiana, que consiga permanecer a flote en este ambiente e incluso obteniendo éxitos, y que evite las catástrofes. Pero estas normas y estos usos pueden contener también contradicciones morales objetivas, e incluso desvalores, de tal modo que la solución respecto al contenido moral en acciones particulares puede entrar en contradicción con la práctica de la simple subsunción. Lo que es particularmente frecuente en el período de decadencia de ciertas integraciones o clases, cuando los usos se han cristalizado en convenciones. En tal caso los juicios preconstituidos se convierten en prejuicios, que las experiencias no consiguen corregir o eliminar porque existe un interés afectivo (pero no únicamente sentimental)

30. *Cf.* A. HELLER, *Társadalmi szerep és előítélet, op. cit.*

hacia ellos: piénsese en el conformismo o en los prejuicios religiosos, raciales, etc.

Un juicio preconstituido sólo puede ser eliminado, en cuanto prejuicio, cuando es *objetivamente posible* corregirlo, cuando la sociedad posee ya o al menos son configurables en ella otras generalizaciones más adecuadas a las experiencias, a lo nuevo, aunque los representantes del juicio preconstituido se resistan a estas generalizaciones más adecuadas. Nos referimos a las nuevas normas sociales y a los nuevos usos, pero también a las conquistas científicas.

Evidentemente, los juicios preconstituidos y los prejuicios no existen sólo en la vida cotidiana. Sin embargo, cuando se actúa en base a juicios derivados de prejuicios, se está igualmente fuera de la esfera de las objetivaciones genéricas para-sí, en cuanto que falta la libertad de movimiento que en tal esfera es indispensable. Un artista o un científico que en su trabajo (y no en su vida privada, aquí irrelevante) se deje guiar por prejuicios, se halla fuera del dominio del arte o de la ciencia, aunque en la vida cotidiana consiga afirmarse muy bien (quizá precisamente *en virtud* de sus prejuicios). La esfera de la economía se encuentra a este respecto en una posición históricamente variable. En las sociedades guiadas por la tradición los juicios preconstituidos (los usos, los tipos de conocimiento, etc. tradicionales) bastan para orientarse en esta esfera. En la sociedad burguesa, por el contrario, con su infinito desarrollo productivo, con la producción por la producción y con la competencia capitalista, permanecer atados a juicios preconstituidos en cuanto prejuicios sería fatal (para las personas particulares siempre, pero a veces incluso para sociedades enteras) también en la esfera de la economía. De ahí —aunque no solamente de ahí— el apasionamiento con que la burguesía en ascenso fustiga los prejuicios.

EL TRATAMIENTO APROXIMATIVO DE LA SINGULARIDAD

Examinemos ahora más atentamente qué significa que la estructura de fondo de la vida cotidiana conduce a un tratamiento aproximativo de la singularidad (del fenómeno único).

Observemos ante todo que, una vez más, nos encontramos con una categoría extremadamente heterogénea, por lo cual —como en otros casos— sólo tomaremos en consideración algunos puntos, corriendo el riesgo de la casualidad. Aceptemos además que el tratamiento aproximativo de la singularidad deriva en todas sus formas principalmente de la esfera de las objetivaciones genéricas en-sí. Cuando en la vida cotidiana operan las objetivaciones genéricas para-sí o cuando surge una relación consciente con esta genericidad, el tratamiento aproximativo de la singularidad va disminuyendo proporcionalmente a la función o a la relación hasta desaparecer.

Trataremos este problema dividiéndolo en dos partes (a su vez también heterogéneas). En la primera tomaremos en consideración cómo y hasta qué punto la particularidad (el hombre particular) puede expresarse en su concreción y cualidad dentro de la estructura de la vida cotidiana. En la segunda analizaremos el modo mediante el cual el hombre consigue captar en el mundo existente fuera de él la cualidad específica del caso singular, del acontecimiento singular, de la cosa singular.

La expresabilidad de lo singular

El lenguaje, por su naturaleza, generaliza; es incapaz de expresar adecuadamente los hechos interiores (percepciones, sentimientos, sensaciones) del sujeto: esto ha sido analizado hasta la saciedad por la lingüística. Hemos visto brevemente un aspecto de este fenómeno al hablar de la homogeneización lingüística. Afrontaremos ahora el núcleo racional del problema.

Es indudable que, por ejemplo, un sentimiento concreto expresado en conceptos cotidianos no puede ser expresado mediante tales conceptos en su concreto ser-así. Un ejemplo palmario: se prueban tantos sentimientos de amistad como amigos se tengan. Sin embargo, refiriéndose a todos estos amigos no se consigue más que hablar de un «sentimiento de amistad». No se trata ni de un caso aislado, ni de una prueba de la «incognoscibilidad» del alma, sino simplemente de una forma del tratamiento aproximativo de la particularidad como se experimenta en la vida cotidiana. La inexpresabilidad del ser-así de los sentimientos mediante el sistema conceptual cotidiano no implica en absoluto la incognoscibilidad de éstos. (Si ésta existe, es *por otros motivos*. Podemos imaginarnos un lenguaje capaz de reproducir el ser-así; pero si los particulares no estuviesen dispuestos a servirse de este lenguaje, se daría igualmente la incognoscibilidad.) Wittgenstein, dice con razón que se puede expresar adecuadamente lo «interior», pero no solamente con el lenguaje, y ni siquiera con la descripción (la forma cotidiana de la mímesis), sino más bien con el comportamiento: mediante el modo concreto de comportarse, donde las palabras —como actos— son simplemente momentos (aunque necesarios): «Los criterios de verdad de la *admisión* según la cual yo había pensado esta cosa así y así, no son los criterios de la *descripción* conforme a verdades de un proceso. Y la importancia de la aceptación verdadera no consiste en el hecho de que reproduce con seguridad y correctamente un proceso. Consiste más bien en las consecuencias particulares que se pueden sacar de una aceptación, cuya verdad está garantizada por los criterios particulares de la *veracidad*.»[31]

Que la expresión de sentimiento o pensamientos privados mediante el lenguaje cotidiano sea inadecuada, no es, por tanto, un «defecto» a eliminar. El lenguaje sólo es utilizable (y es lenguaje) porque —entre otras cosas— en este caso es o puede ser inadecuado. Solamente en una esfera *diversa* del lenguaje, es éste capaz de expresar adecuadamente (con la mediación de esta esfera) el estado subjetivo efectivo del particular, y en tal caso la expresión es realmente adecuada. Wittgenstein cita la comunicación mediada por el comportamiento moral. En este caso son el comportamiento y la moralidad, tal como se expresan, los que garantizan la autenticidad y el contenido de verdad de las palabras, los que comprueban la adecuabilidad de la aserción y de las palabras. Pero se podría poner también otro ejemplo: el lenguaje poético (es decir, mediado por el arte) es capaz de algo que el lenguaje cotidiano no sabe hacer: está en condiciones de expresar adecuadamente mediante palabras sentimientos y pensamientos singulares.

El mundo de los usos puede ser mencionado como ejemplo también concluyente. Sabemos que la sola observancia de los usos elementales de la sociedad nada nos dice sobre el particular en cuestión. Y sabemos también cómo, por el contrario, la intensidad con que son seguidos (o refutados) los usos particulares nos ilumina ya sobre la singularidad del particular. Pero una vez más nos encontramos con que está actuando una relación diversa del mundo de los usos (de la objetivación en-sí), esto es, de nuevo la moral.

En la actividad del trabajo son generalizadas también algunas capacidades. Las demás para poderse objetivar, a causa de la división del trabajo, se transforman en determinadas capacidades especiales. Después, en el producto del trabajo, el particular que lo ha originado desaparece; si no desaparece del todo, tenemos un tipo intermedio entre trabajo y actividad artística. Finalmente, las cosas son usadas también de un modo típico y no singular: personas profundamente distintas llevan zapatos similares. Los hombres no consiguen casi nunca o con dificultad adaptar sus objetos de uso a su propia personalidad o a ciertos rasgos de ella. Y ésta no se revela ni siquiera en el uso de las cosas únicas. Cuando la personalidad se expresa, ello tiene lugar —una vez más por *mediación de la moral o de la concepción del mundo*— sobre todo en el gusto individual. Aquello que instituye una escala de importancia entre los objetos de uso, lo que fija su lugar en la conducta cotidiana, etc., constituye el gusto, en el que se sintetizan la moral, la concepción del mundo, la cultura y los usos.

31. L. Wittgenstein, *Philosophische Untersuchungen, op. cit.*, segunda parte, p. 291.

Esto significa que la expresión (la expresabilidad) de la particularidad en la vida cotidiana es ciertamente posible, pero no por medio de las objetivaciones genéricas en-sí, sino en primer lugar por medio de objetivaciones heterogéneas enfrentadas a ellas. (De todos modos, donde la objetivación genérica en-sí hace de sistema de confrontación.)

La aferrabilidad de lo singular

De un modo totalmente análogo es posible describir la capacidad de aferrar la singularidad. Es sabido que las palabras no expresan la singularidad de las cosas, ni siquiera los nombres propios. «María García» no nos dice nada sobre María García, a menos que la conozcamos. «La mesa de García» designa efectivamente un único objeto, pero sólo nos lo podemos representar cuando ya hemos visto la mesa de García, sólo cuando podemos visualizarlo. El lenguaje se sirve de medios que tienen la función específica de expresar la relación con lo singular; como justamente dice Wittgenstein: «"Yo" no denomina ninguna persona, "aquí" ningún lugar, "esto" no es un nombre [...]. Los nombres son explicados a través de ellos.» [32]

La intención de aferrar singularmente lo no perceptible (o no percibido) se presenta además en la descripción (mímesis evocativa, prearte) y en la *definición* (en el pensamiento precientífico). Sin embargo, la singularidad es, por principio, inagotable. Su descripción y definición sólo puede ser adecuada y satisfactoria desde el punto de vista de un objetivo determinado o de una situación. Es posible aplicar adecuadamente los usos y en su interior las costumbres morales, los estereotipos y las normas, el caso particular (a la decisión particular) por medio de la frónesis. Pero precisamente la frónesis, como ya hemos puesto de relieve, no es más que una categoría moral, y una categoría moral que exige la aplicación del pensamiento y de la praxis intuitivos e inventivos. De modo que nos encontramos de nuevo más allá de la objetivación genérica en-sí.

Toda decisión singular no simplemente de subsunción contiene un momento moral o la intención de conocer lo nuevo; además puede poseer también en sí una intención política (como sucede a menudo). Cuando es oportuno impulsar una revuelta, no se pueden tomar las decisiones sobre la base de la pura subsunción: son necesarios los análisis de la situación y de las posibilidades, además de las reflexiones morales y políticas. Se puede elegir la propia carrera en base a la subsunción (por ejemplo: el segundo hijo de un noble emprende, siguiendo la tradición, la carrera eclesiástica), pero en este caso se tiene precisamente un trata-

---

32. *Ibídem*, pp. 162-163.

miento aproximativo de la singularidad y se halla dentro de la esfera de la objetivación genérica en-sí. Si, por el contrario, la carrera no es establecida o no lo es necesariamente por la tradición, se tiene al menos la *posibilidad* de tomar en consideración la singularidad: se tiene en cuenta el propio carácter y las aptitudes, se intenta juzgarse a sí mismos de un modo adecuado, examinar la situación; de modo que entran también en juego aspectos morales (se debe establecer qué es más importante para nosotros: si ganar mucho dinero o servir con abnegación). Nos encontramos aún, como es evidente, en el plano de la acción probabilista, no hemos superado ni un centímetro la esfera del pensamiento y de la praxis cotidianos. Sin embargo, procedemos teniendo ampliamente en cuenta la singularidad, en cuanto que nuestra motivación no está dada solamente por las normas de la objetivación genérica en-sí, sino también por sistemas normativos extraños a ella.

Hemos llegado así al término de nuestras consideraciones sobre la apropiación de la estructura fundamental de la vida cotidiana. Resumiendo podemos decir que tal estructura, como tendencia, guía a toda persona que se mueva en la esfera de la vida cotidiana. Las objetivaciones genéricas en-sí delimitan rígidamente el marco de este proceso de apropiación. *Sin embargo, la estructura puede ser también corregida, en el interior de la relación con este último, en el ámbito de aquel marco, lo que efectivamente sucede.* Pero en este caso las objetivaciones genéricas en-sí son conducidas por factores extraños.

Estos factores heterogéneos pueden influenciar (modificar) la relación con la estructura fundamental de la vida cotidiana en dos direcciones. Por una parte, como hemos visto, suspendiendo provisionalmente el pragmatismo, haciendo aparecer la actitud teórica dentro de la esfera cotidiana (preciencia) y provocando el análisis de los «conceptos tipológicos» (basados en la analogía) para así impulsarlos en la dirección de los conceptos científicos. Por otra parte, esto puede tener lugar en cuanto la singularidad se aferra sobre la base de la genericidad, es decir, elaborando un comportamiento o una relación artística, pero sobre todo una relación moral, una vez más en el interior de la esfera de la vida cotidiana. Para captar la estructura de la vida cotidiana en su totalidad, debemos examinarla ahora como fundamento de las objetivaciones genéricas para-sí.

LOS GÉRMENES EN LA VIDA COTIDIANA DE LAS NECESIDADES Y DE LAS OBJETIVACIONES QUE SE DIRIGEN A LA GENERICIDAD PARA-SÍ

I. El saber cotidiano

Afrontaremos el problema del saber cotidiano[1] desde diversas vertientes. En primer lugar consideraremos el *contenido* del saber cotidiano, y por tanto, su *carácter antropológico*. Luego nos preguntaremos qué significa «*saber algo*» en la vida cotidiana y finalmente examinaremos las formas en las cuales se manifiestan las *actitudes relativas a las objetivaciones para-sí* en el pensamiento cotidiano.

EL CONTENIDO DEL SABER COTIDIANO

Entendemos mediante la expresión «*contenido* del saber cotidiano» la *suma de nuestros conocimientos* sobre la *realidad* que utilizamos de un modo efectivo en la vida cotidiana del modo más heterogéneo (como guía para las acciones, como temas de conversación, etcétera).

El saber cotidiano es, por tanto, una categoría *objetiva* y al mismo tiempo *normativa*. Es objetiva en cuanto la suma del saber cotidiano de una época, de un estrato social, de una integración, es relativamente independiente de lo que de tal saber se convierte en patrimonio de *un solo sujeto*. Es normativa en cuanto que, para que un estrato o integración cumpla su función, es la totalidad de tal estrato o integración la que *debe apropiarse* de este saber cotidiano.

Pero hay que apuntar algunas precisiones. En primer lugar debemos poner de relieve la existencia de un determinado mínimo de saber cotidiano: la suma de los conocimientos que todo sujeto debe interiorizar para poder existir y moverse en su ambiente. Nos referimos al conocimiento de la lengua, de los usos elementales, de los usos particulares y de las representaciones colectivas normales en su ambiente, del uso de los medios ordinarios, etc. Hay que notar que según las épocas y los estratos sociales no sólo

---

1. La idea según la cual el saber cotidiano constituye el fundamento de todo saber ha sido discutida por György Márkus en un estudio (inédito) que lleva por título *Tudásunk fundamentuma* (El fundamento de nuestro saber). El autor tiene intención de exponer esta idea en un trabajo de mayor envergadura; por tanto, lo que aquí se dice —relativo solamente a algunos aspectos de la cuestión— hay que entenderlo solamente como ensayo preliminar.

cambia el contenido de tales conocimientos, sino también su extensión. El mínimo necesario para el habitante de una ciudad moderna es mayor que el necesario para un campesino medieval. Hemos recordado ya que la lectura y la escritura sólo en nuestro siglo se han convertido en conocimientos obligatorios. Sin embargo, la *suma* de los conocimientos necesarios para el funcionamiento de la vida cotidiana en un determinado período puede no ser poseída por cada sujeto, y la posibilidad de que todos posean tal suma de conocimientos *disminuye paralelamente al desarrollo de la división del trabajo*. Y esto no sólo es válido, como es obvio, para el conocimiento del proceso determinado de trabajo; la posición de clase o de capa social implica también numerosos conocimientos y capacidades específicas. El campesino medieval no conocía las reglas de esgrima, pero por otra parte sabía prever el tiempo mirando el estado de las nubes. Ninguno de estos conocimientos se basa en la experiencia personal: son todos aprendidos. El viejo pastor transmite al joven los conocimientos relativos a la conexión entre el tipo de nube y la lluvia al igual que el maestro de esgrima enseña al joven aristócrata las modalidades de su arte.

De esta suma de conocimientos quedan eliminadas, por el filtro del saber cotidiano, aquellas nociones que los particulares ya no necesitan a ningún nivel de la división del trabajo. Simultáneamente el saber se enriquece con aquellas nociones necesarias a cualquier estrato social para poder llevar adecuadamente su propia vida. El conocimiento de las nubes está hoy desapareciendo; el saber sobre el tiempo —al menos en las ciudades— se obtiene del boletín meteorológico. Por el contrario, la capacidad de vestirse adecuadamente y con gusto continúa formando parte del saber cotidiano, aunque indudablemente estos conocimientos han sido y continúan siendo patrimonio de aquellas personas que poseen la base material sin la cual no se puede ni siquiera pretender el conocimiento de tales cosas. En la actualidad este saber —a partir de un cierto nivel— se está haciendo cada vez más general. Conducir un automóvil sólo se ha convertido en un conocimiento a disposición de todos a partir del momento en que ha comenzado la fabricación industrial de automóviles. Y se podrían continuar multiplicando los ejemplos.

La obligatoriedad de los conocimientos cotidianos es también muy relativa. Como hemos dicho, existe un criterio mínimo general. Pero de ahí en adelante, la medida de la obligatoriedad varía según el puesto en la división del trabajo. Las mujeres (hasta hace poquísimo tiempo, e incluso hoy existe sobre este punto un cambio en realidad sólo teórico) debían apropiarse de conocimientos distintos de los de los hombres. No obstante, los conocimientos obligatorios y los posibles divergen notablemente según el lugar en la división del trabajo.

En cuanto al contenido del saber cotidiano, «saber qué» y

«saber cómo» son *igualmente importantes* y a menudo incluso inseparables el uno del otro. El «saber qué» es, tendencialmente, la preparación del «saber cómo». Cuando Marx escribe que los hombres «no lo saben, pero lo hacen», no quiere decir que actúan sin saber «qué» hacen, sino que no poseen un saber adecuado, genérico, para-sí (científico, filosófico) sobre lo que hacen, o dicho en otras palabras, que actúan con un saber cotidiano. El «saber qué» es, en el plano de la vida cotidiana, una preparación para el «saber cómo» y, viceversa, el «saber cómo» es el estadio preliminar del «saber qué». Dado que tendremos que volver a tratar del aspecto pragmático del saber cotidiano, nos contentamos por el momento con poner de relieve esta identificación tendencial. Sin embargo, en la vida cotidiana, en el seno de la estructura del pensamiento cotidiano, existe un «saber qué» absolutamente del todo libre de vertientes pragmáticas —que forma parte integrante de la orientación social del particular. Saber que Dios ha creado el mundo, no provoca acciones prácticas de ningún género; pero sin este saber los hombres no pueden moverse adecuadamente en un ambiente cristiano. Tiene, sin embargo —mediadamente— una relación con una habilidad práctica, aunque ésta no se *deriva* de aquel saber. Considerando el problema desde otro aspecto: el «saber cómo» es totalmente posible cuando el «saber qué» no existe ni siquiera en el plano del saber cotidiano, cuando la noción cotidiana por sí sola dice sobre la cosa, sobre el origen de la acción, más de lo que el particular sabe efectivamente.

¿Quién y qué son los portadores y los trámites de los contenidos del saber cotidiano, es decir, de nuestros conocimientos cotidianos? Y ¿cuáles son los factores que determinan la *medida de la apropiación* de éstos por parte nuestra?

Los portadores del saber cotidiano.
El saber «transmitido» y el saber «añadido»

Portadores del contenido del saber cotidiano —que puede ser muy distinto según los estratos y las clases— son los mismos hombres, las generaciones «adultas». El *saber cotidiano* de las generaciones adultas es el que hará de fundamento del saber cotidiano de las generaciones sucesivas. Sin embargo, a este respecto, las proporciones entre las sociedades orientadas hacia el pasado y las orientadas hacia el futuro no son las mismas. Mientras que en las primeras el saber cotidiano se deriva *casi exclusivamente* del saber de las generaciones precedentes, las segundas están caracterizadas por el cambio del saber cotidiano. El desarrollo de los medios de producción y el cambio de las relaciones sociales pueden ser tan rápidos que no sólo las generaciones más jóvenes toman una parte de su saber de otras fuentes, sino que las mismas generaciones más viejas están obligadas a aprender de nuevo, a apropiarse de un nuevo saber cotidiano. No obstante, incluso en presencia de tal orientación hacia el futuro, la *materia prima* del saber cotidiano es llevada y transmitida sobre todo por las generaciones precedentes.

Aunque todos sean portadores y mediadores del saber cotidiano, en toda sociedad existen algunas personas principalmente aplicadas a su transmisión. En muchas formaciones sociales el transmitir tal saber a las nuevas generaciones es tarea de los padres. En las sociedades naturales esta función corresponde a los ancianos, que por su edad son los portadores de la mayor parte de las experiencias sociales. En ambos casos las formas y los métodos de la transmisión pueden más o menos —en diversa medida según las épocas— estar institucionalizados. En las comunidades rígidamente religiosas los sacerdotes desarrollan también una función análoga: recuérdese lo que hemos dicho, en la segunda parte, sobre el papel de la religión en la vida cotidiana. Un canal institucionalizado (socialmente cada vez más importante) de este saber es la escuela. Desde la aparición de la forma escrita y de la opinión pública burguesa, la prensa ejerce también en parte tal función, y en la actualidad participan en ella todos los medios de comunicación de masas. A través de la radio y de la televisión sabemos qué dieta es sana, cómo se hace gimnasia, cuánto tiempo hay que dormir, cómo comportarse correctamente en público, etc.: cosas todas que antes eran transmitidas oral y personalmente por las generaciones más viejas. Este nuevo modo parece muy dudoso en el plano de los resultados. El lado positivo es que se hace teóricamente posible proponer a toda una sociedad el saber cotidiano de un estrato relativamente culto (otro asunto es que los medios de comunicación de masas no exploten tales posibilidades). El aspecto negativo es que estas comunicaciones nunca apuntan hacia el particular. Cuando un padre transmite el saber a su hijo, incluso transmitiendo una experiencia cognoscitiva general, a causa del contacto directo la adapta a la persona a la que se dirige. La radio y la televisión, por el contrario, hablan a cientos de miles de hombres, a masas impersonales, por lo cual no pueden ser adaptadas al particular ni el mismo saber ni la forma de su transmisión. Además, la superación de los límites de clase en el marco de las formas de conocimiento permite privar a determinadas clases (en primer lugar a las explotadas) de su saber, que se deriva de sus necesidades y las expresa, sustituyéndolo por un saber portador de las necesidades y de los intereses de otras clases. De modo que los medios de comunicación de masas se convierten en medios más o menos eficaces de *manipulación*.

Como hemos dicho, las generaciones adultas constituyen el principal vehículo del saber cotidiano. Sin embargo, es evidente que el saber de la generación sucesiva, incluso en las sociedades orientadas hacia el pasado, no es *exclusivamente* el saber transmitido. La suma del saber disminuirá o se acrecentará según las necesidades sociales de las respectivas generaciones. Nos hemos referido ya a su disminución: tiene lugar cuando un determinado saber se hace superfluo en el uso cotidiano. Su aumento es alimentado por dos fuentes. La primera está constituida por las *nuevas experiencias sociales* que se derivan de las situaciones sociales nuevas, de las nuevas tareas, y *que se depositan bajo la forma de saber cotidiano*. Estas experiencias son transmitidas luego a las generaciones sucesivas de modo tradicional. La segunda fuente está representada por los *conocimientos que de la esfera de las objetivaciones genéricas para-sí descienden a la vida cotidiana*, donde son introducidos tal como son o bien en una forma adaptada.

Algunas cogniciones religiosas, especialmente por lo que afecta a las religiones dogmáticas, son introducidas conscientemente en la vida cotidiana, sin que tengan un fundamento inmediato en la experiencia de esta esfera. Como sabemos, la estructura del pensamiento religioso es afín a la del pensamiento cotidiano, especialmente del pensamiento cotidiano del hombre particular. Esto no significa que los dogmas de las diversas religiones —cuando los tienen— hayan sido configurados a través de la simple *intentio recta* sobre la base de las experiencias cotidianas. El saber religioso es la ideología de una objetivación para-sí alienada y como tal debe ser introducido en el pensamiento cotidiano de los hombres particulares. Luego que un pensamiento religioso ha nacido ya, de nuevo es sólo el pensamiento cotidiano de las generaciones adultas el portador de sus elementos indispensables para el saber cotidiano. Son éstas las que lo transmiten a los jóvenes. Sin embargo, los representantes institucionales de la religión (sacerdotes, adivinos, funcionarios de la teocracia) intervienen continuamente en este proceso e impiden el curso «natural» de la transmisión del saber, evitando que la idea, contaminándose con experiencias locales y cogniciones particulares, se aleje lentamente del dogma originario. Esta intervención continua de corrección es muy evidente, totalmente declarada la exigencia de no alejarse de la «pureza» del saber originario, en las religiones mundiales (no sabríamos imaginarnos el cristianismo sin sus luchas contra las supersticiones y las herejías).

El saber científico cala de un modo análogo en el saber cotidiano. Este proceso —en la forma de saber distinto del religioso— constituye un fenómeno totalmente moderno. La introducción consciente de los conocimientos científicos en el material cognoscitivo cotidiano es aún más reciente: se verifica paralelamente a la difusión de los medios de comunicación de masas burgueses. La «ilustración» personal, por importante que sea en el plano ideológico, tiene aquí, desde el punto de vista social, una posición subordinada. Sólo la Atenas del siglo V puede proporcionarnos un ejemplo de sociedad en la que el saber filosófico

321

se convierte en parte integrante del saber cotidiano de una integración social entera, y precisamente a través de la comunicación personal.

Aunque el saber religioso transformado en saber cotidiano sea originariamente introducido también desde fuera, el pensamiento cotidiano está en condiciones de asimilar las cogniciones relativas tal como son (precisamente como consecuencia de la afinidad de los dos tipos de pensamiento); aunque primeramente deben ser «traducidas» al lenguaje de los conceptos cotidianos. Por el contrario, por lo que afecta al saber científico las cosas suceden de otro modo. El saber cotidiano acoge (o puede suceder que acoja) ciertas *adquisiciones científicas*, pero no *el saber científico como tal*. Cuando un conocimiento científico cala en el pensamiento cotidiano, el saber cotidiano lo asimila englobándolo en su propia estructura. Más adelante hablaremos de la diferencia entre estos dos tipos de haber; nos limitaremos aquí a indicar algunos problemas. En primer lugar: las adquisiciones científicas particulares se presentan en el saber cotidiano aisladas (aisladas de su medio homogéneo) e implicadas en el *pragmatismo* del pensamiento cotidiano. Se convierten parcialmente en el trampolín puramente intelectivo, en la guía de una acción cotidiana; cumplen en parte la función de informaciones heterogéneas; y finalmente —y también aquí se trata de un uso práctico, aunque de alto nivel— contribuyen a desfetichizar la vida cotidiana, a formar la conducta de vida (lo que vale sobre todo para el saber filosófico). En el plano del saber cotidiano, por el contrario, no es necesario conocer la *génesis* de todas las adquisiciones, ni la derivación ni la demostración. Para la ciencia un resultado es en el verdadero sentido de la palabra un resultado, que se basa sólo en última instancia en determinados hechos evidentes. Para el pensamiento y saber cotidianos, por el contrario, el saber científico es algo formado de antemano y es en sí un *hecho evidente* («¿Cómo lo sabes?» «Por el periódico».)

Examinemos ahora los tres modos de empleo del saber científico. Nosotros decimos a nuestros hijos que deben beber limonada porque contiene mucha vitamina C. Con esta aserción expresamos un conocimiento científico. Pero si preguntamos a las madres que incitan a sus hijos a tomar vitamina C, qué son las vitaminas o cuál es la fórmula química de la vitamina C, estas entusiastas partidarias de la vitamina no saben responder. Ni es necesario; para ellas la vitamina C no es el tema de una investigación científica, sino un saber tomado de la ciencia, que es importante para organizar la dieta de los niños, es decir, para una actividad absolutamente práctica. Por ello aceptan la existencia de la vitamina C como algo formado de antemano, como un hecho tan indemostrable e irrefutable como la estructura de los usos y la utilización de los objetos o, quinientos años atrás, los consejos de las ancianas sobre la dieta. Un empleo tal de los conocimientos científicos, por tanto, no cambia en su esencia la estructura del saber cotidiano.

Pero las informaciones científicas introducidas en el saber cotidiano no sirven solamente como guía del saber práctico. Pueden también satisfacer simplemente *el interés y la curiosidad* del hombre. El interés y la curiosidad hacia el ser-así de las cosas constituyen indudablemente el germen de la actitud teorética en el pensamiento cotidiano. Representando aquel comportamiento humano necesario para que surja la ciencia. Sin embargo, las informaciones obtenidas a través del interés y la curiosidad hacia el conocimiento del mundo aún no constituyen saber científico. El modo en que tales informaciones son aprendidas y asimiladas en el saber cotidiano no difiere sustancialmente de aquel en el que eran acumuladas en el pasado informaciones en absoluto científicas (basadas en mitos o supersticiones). En el saber cotidiano nos comportamos en relación a la aserción según la cual la tierra es redonda exactamente igual como hacia aquella según la cual la tierra estaría apoyada en una tortuga. No podemos demostrar ninguna de las dos, ambas son acogidas como informaciones sobre hechos evidentes. Pero a veces sucede —y no tan raramente— que la curiosidad y el interés inducen a alguien a no aceptar el resultado científico como un dato, como ley, sino a estudiar la génesis y a penetrar en el medio específico de la ciencia. Pero en este punto ya no nos enfrentamos con el pensamiento cotidiano, sino con el pensamiento científico (lo que no significa necesariamente que el particular se haya convertido en un científico).

La adquisición de informaciones científicas y su englobamiento en el saber cotidiano no son sólo consecuencia de la curiosidad y del interés. Hay ambientes sociales que exigen la posesión de estas informaciones, en cuanto forman parte simplemente de su *cultura*. Son necesarias para poderse mover en estos ambientes, es decir, recuperan, aunque a través de algunas mediaciones, el carácter pragmático. Es cierto que los estudiantes de las escuelas superiores son instruidos a un cierto (bajo) nivel científico, que les introduce en el medio homogéneo de las ciencias particulares, pero lo que «queda» de lo que se ha aprendido, si no se prosigue ocupándose de la ciencia, es notoriamente sólo información científica, que los estudiantes podrán o deberán usar más tarde en un determinado ambiente social.

Los conocimientos científicos (y filosóficos) sirven para plasmar la conducta de vida. El influjo del saber científico-natural no ideológico es, en este sentido, irrelevante (el saber sobre mi enfermedad puede influir en un determinado aspecto —pero en uno solo— sobre mi conducta de vida). Mucho más relevante es la acción de las ciencias portadoras de ideología. Es sabido que el epicureísmo ha guiado durante siglos la vida de sus seguidores y que el conocimiento de las ideas marxistas ha cambiado la

323

conducta de vida de cientos de miles de trabajadores. Pero hay que poner de relieve que no se trata, tampoco aquí, de conocimiento científico y ni siquiera filosófico. El abad de Coignard, de Anatole France, estaba en condiciones de vivir siguiendo los principios epicúreos sin ser capaz de refutar en el plano filosófico las teorías que negaban las doctrinas epicúreas. Los trabajadores que cambiaron su conducta de vida en base al marxismo, sólo conocían algunas —pero decisivas— conclusiones de esta teoría y pocos de ellos habían leído ni tan solo *El capital*.

En lo referente al arte las cosas son un poco distintas, porque su tarea principal no es el introducirse en el saber cotidiano, enriquecerlo. Mediante el goce artístico, mediante la catarsis, el hombre se eleva —de un modo distinto según el grado de intensidad de su experiencia interior— sobre su propia cotidianidad y deviene, con auxilio del medio homogéneo del arte, en una esfera para-sí, que de este modo se convierte en para-él. Pero cuando consideramos el enriquecimiento del saber cotidiano provocado por el goce artístico, el modo en que este último se inserta en la estructura de tal saber, encontramos hechos análogos (aunque no idénticos) a los de la ciencia y la filosofía. Toda obra de arte comunica conocimiento (información) sobre el mundo y sobre los hombres, realizando al mismo tiempo una jerarquía específica de valores que corresponde a la jerarquía objetiva y autónoma de los valores genéricos. No pocas veces sucede que el material cognoscitivo (el contenido de la obra de arte) comienza a vivir una vida independiente sucesiva al goce de la obra de arte, que el particular interioriza como mera información. En este sentido podemos también «aprender» de la obra de arte un saber que se convierte en guía de nuestro comportamiento práctico (por ejemplo, cómo debe hacerse una declaración de amor). Muestras precedentes (si otro lo ha hecho así, también yo puedo hacerlo del mismo modo), proporcionan ideales (los héroes como modelo de comportamiento), etc. La obra de arte puede también, como la información científica, satisfacer simplemente el interés y la curiosidad. A partir de las novelas puede saberse cómo se vive en otros países, cómo se comportan los miembros de otras sociedades con los cuales no se tienen contactos personales, etc. Además, la estructura basada en una jerarquía de valores de la obra de arte puede ejercer también una fuerte influencia sobre la conducta de vida: el «debes cambiar tu vida» es, según Rilke, el enunciado de toda obra de arte. Es decir, la obra de arte comunica contenidos y juicios morales que, como consecuencia de su carácter moral, pueden tener la capacidad de cambiar y ordenar una conducta de vida (cumpliendo así, una vez más, una función práctica superior).

Hemos visto, por tanto, los cambios en el contenido del saber cotidiano desde dos lados. Por uno hemos observado cómo éstos se verifican «desde abajo», desde el lado de las necesidades sociales y personales, partiendo de la expresión y generalización de la experiencia social y personal. Por otro, hemos visto cómo inciden en ellos la cala en el saber cotidiano y la mediación de las objetivaciones genéricas para-sí. Examinaremos ahora brevemente cómo los dos tipos de saber derivados de tales fuentes se «encuentran» en el plano del saber cotidiano.

Primeramente tomaremos en consideración la estructura y, por tanto, el contenido de ese encuentro. En cuanto a la primera: de lo que hemos dicho se desprende que en tales casos la estructura del pensamiento cotidiano es la que marca todo el saber. Pero cuando el saber no cotidiano plasma (o perfecciona) la conducta de vida, aún no cambiando la estructura del saber cotidiano, cambia sin embargo la *actitud* hacia la vida cotidiana del hombre que la vive. Lo que lleva en última instancia a posibles desplazamientos en el seno de la estructura determinada. Volveremos a hablar sobre este punto.

Por lo que afecta al contenido: las objetivaciones genéricas para-sí nacen de la intención de satisfacer una determinada necesidad social (aunque los productores de las obras no lo sepan). Los hombres cotidianos sienten y viven (aunque parcialmente) en sus experiencias cotidianas las mismas necesidades sociales, y las expresan también —al nivel de la particularidad o de la genericidad en-sí— en su saber cotidiano. Aunque fragmentarias, a causa de la división del trabajo, tales experiencias cotidianas en su unidad inmediata con la praxis, a pesar de su parcialidad y unilateralidad, son en un cierto sentido experiencias iguales. Al mismo tiempo el esquema conceptual fijado en el lenguaje constituye también la base conceptual unitaria de todas las objetivaciones genéricas para-sí. Por ello el encuentro con una objetivación genérica para-sí introducida en el saber cotidiano es (o puede ser) también un acto súbito de conocimiento. Las cogniciones de la ciencia (de la ciencia social), de la filosofía y del arte (su contenido), obtenidas ya preformadas de estas diversas esferas y luego articuladas, pueden hacerse conscientes de tales experiencias reclamando la atención de los hombres sobre su ser-así, y, por tanto, pueden también *influir en el proceso de la experiencia cotidiana*. Quien entra en posesión de muchas nociones científicas no sistematizadas, puede llegar a ser capaz de subsumir una nueva experiencia bajo el saber apropiado e, incluso, puede hallarse en condiciones de aprender cosas que hasta aquel momento no había aprendido. Los impresionistas enseñaron a la gente a percibir (mediante la observación de la naturaleza que formaba parte de su saber cotidiano) lo que hasta entonces no había percibido nunca. Ciertamente también antes la gente era fisiológicamente capaz de distinguir tales colores, sólo que nunca les había prestado «atención». La literatura puede enseñar un tipo de conocimiento de los hombres (y también el conocimiento de los hombres constituye una pieza en el mosaico del saber cotidiano) del cual el particular, aun necesitándolo, no era capaz. Un oído educado en la música percibe algunos sonidos de un modo distinto y más complejo (un científico húngaro, que tuvo la idea de escuchar el gorjeo de los pájaros en un magnetofón que giraba a una velocidad muy reducida, detectó inequívocamente estructuras musicales primarias). Un trabajador que haya asimilado el marxismo sentirá de un modo distinto que en el pasado su condición de explotado (sus «malos» sentimientos se transformarán en rebelión), etcétera. Por el contrario, la experiencia cotidiana puede servir a menudo para controlar las objetivaciones para-sí y para descubrir en ellas aspectos no auténticos. Y no es raro que algunas objetivaciones para-sí resuman simplemente experiencias cotidianas, por lo cual su práctica cotidiana (adecuada) se convierte en parte orgánica del saber cotidiano (por ejemplo, los cantos populares). En numerosos casos la esfera de origen del saber es incierta (proverbios, modos de decir, etcétera). Sobre estos últimos ejemplos puede decirse que son característicos de una fase primitiva del desarrollo del hombre. Pero la excepcional predilección de la ilustración y del clasicismo alemán por la poesía popular muestra cómo vieron en ella también un elemento normativo, a saber, la posibilidad de que el género humano liberado de la división del trabajo, quizá sólo en algunos sectores, construya una unidad más estrecha entre el saber cotidiano «de abajo» y el «elevado». E incluso si consideramos utópica la concepción del joven Marx según la cual en el comunismo ya no habrán pintores, no juzgamos en absoluto utópico prever que se habrá muchos hombres los cuales, entre otras cosas, también pintarán: hombres que expresarán sus experiencias de vida a través de las objetivaciones para-sí, que serán capaces de elevar su propia particularidad al nivel de la genericidad (aunque no con la misma habilidad que los pintores de profesión). Que en el comunismo la distancia entre las fuentes «superiores» e «inferiores» del saber cotidiano será menor, aun permaneciendo intacta la estructura general del saber cotidiano, se desprende a nuestro parecer del desmantelamiento de la división social del trabajo.

El saber personal

Digamos algunas palabras sobre el saber cotidiano que surge de la necesidad y de la experiencia personales. Todo saber proviene naturalmente de la experiencia de los particulares, pero no todas las experiencias particulares son sociales *en la misma medida*, igualmente generales, igualmente extendibles e importantes para un determinado estrato o integración. Es evidente que las experiencias de los particulares cuanto más socialmente generales son las necesidades o la satisfacción de las necesidades a que se refieren, cuanto más se derivan de situaciones típicas, tanto más se resuelven en los contenidos generales del saber cotidiano. La validez del saber cotidiano tiene, por tanto, límites amplios, va desde la singularidad hasta la generalidad.

El saber con validez puramente personal aparece muy a menudo en la vida cotidiana. Si noto que alguien me engaña, tengo una cognición que puede convertirse en un saber importantísimo en mi vida, pero que de tal forma no podrá nunca tener validez relativamente general (como máximo será oportuno comunicar este saber a las personas que están en contacto con el mismo personaje, aunque no sea en absoluto cierto que los engañe también a ellos). Cuando se tiene consciencia de que se trata de un *hecho del particular*, el saber personal adquiere gran importancia en la conducta de la vida cotidiana. Sus ventajas sólo se convierten en desventajas cuando se hipergeneraliza, como sucede a menudo en el pensamiento cotidiano: cuando la propia experiencia es presentada falsamente como saber de validez general; cuando, siguiendo con nuestro ejemplo, partiendo de nuestra experiencia se dice: «Todos me engañan», o bien: «Todos los hombres son mentirosos.» La confusión entre hechos *personales* y hechos *generales* es una fuente importante de prejuicios.

Junto al saber personal, es también importante en la vida cotidiana el *saber particular*. El saber puede ser particular de dos modos: *por el carácter del saber o en virtud de prescripciones, usos y normas sociales*. El primer tipo aparece cuando el saber sólo encuentra de hecho aplicación en un círculo restringido. Un sastre debe saber sobre telas muchas cosas que otros no están obligados a saber; un científico debe conocer si alguien en el mundo se está ocupando de un tema análogo al suyo: no se trata de un saber científico, sino cotidiano (y, en este ámbito, particular), sin distinguirse sustancialmente del saber del negociante que sabe quiénes son sus propios clientes.

Pero en la historia el tipo de saber particular que debe su particularidad a las prescripciones sociales ha tenido una parte relevante: por ejemplo, el secreto. *El secreto es la privilegización de algunos contenidos cognoscitivos cotidianos*, es la iniciación al conocimiento de algún saber cotidiano que no es transmitido simplemente de generación en generación, sino que, por el contrario, es comunicado a personas elegidas según determinados criterios. Los secretos pueden tener una función económica (como los secretos técnicos de las corporaciones), o servir al mantenimiento del poder ideológico (iniciación en determinados cultos misteriosos), pero pueden también ser simples medios para obtener el aislamiento y un estado iniciático (una parte de los secretos familiares, etcétera). A menudo, el saber que nace del pensamiento anticipatorio asume también la forma del saber particular (cuando se refiere a un acontecimiento que se presume que debe verificarse en el futuro). Este último tiene siempre gran importancia social cuando se refiere a una *acción* que podría ser verificada mediante la divulgación de este saber. La salvaguardia de la particularidad del saber puede tener tanta importancia hasta el punto de ser tutelada con *ceremonias*. Se está obligado a jurar que no se contará a otros lo que se ha oído, que no se traicionarán los proyectos del grupo, etcétera. La comunicación a extraños del saber particular constituye siempre una culpa, prescindiendo del hecho de que la comunicación del saber concreto provoque o no daños prácticos.

En el ámbito del saber cotidiano es extremadamente fascinante el sentirse privilegiados. Baste recordar la frecuencia del secreto en el juego infantil. Igualmente fascinante es *darse importancia* con algún saber particular. Pregonar secretos constituye un hábito tan común como el fabricarlos. En la mayor parte de los casos los secretos no son traicionados para perjudicar voluntariamente o para beneficiarse, sino por el deseo de subrayar la propia posición privilegiada. Es lo mismo que sucede en general cuando se habla de hechos personales íntimos.

Por principio las objetivaciones genéricas para-sí comunican un saber general y público. Por principio no son, en consecuencia, secretas. La moral no lo ha sido nunca: no existen virtudes secretas. La condición fundamental para que la ciencia llegase a ser ciencia fue la superación del secreto de las corporaciones y los gremios, fue el derecho de cada uno a tener acceso a las nuevas adquisiciones. En cuanto al arte, pueden existir también secretos técnicos (la fabricación de determinados colores, el uso de aglutinantes, de procedimientos), pero la obra de arte en cuanto tal no ha sido nunca ni podía ser secreta. Cuando su comunicación ha dependido de determinados ritos secretos, el secreto afectaba a la función religiosa de la obra de arte y no a su naturaleza artística. Desde el momento en que las religiones se han convertido en objetivaciones genéricas en-sí y para-sí, es decir, en religiones mundiales, sólo contienen conocimientos secretos en cuanto no se hayan separado de la estructura del pensamiento cotidiano. Si en la objetivación genérica para-sí aparece el secreto, esto no se deriva de la objetivación misma, sino de su relación con la vida cotidiana. Piénsese en el deber de los médicos de mantener el secreto, lo que de ningún modo es válido para los resultados científicos. Las conquistas de la ciencia médica (como disciplina científica) son públicas al igual que las de cualquier otra ciencia. La obligación del secreto tiene por objeto solamente las personas empíricas (los pacientes), es decir, el hombre particular empírico al que «pertenece» la enfermedad. Pero lo cual forma parte del saber cotidiano y es totalmente indiferente para la ciencia. «Secreto» significa aquí lo mismo de siempre: un saber particular que sólo es comunicable a los iniciados (en el caso apuntado los médicos) y cuya divulgación viola, por tanto, la ética.

EL CARÁCTER ANTROPOLÓGICO DEL SABER COTIDIANO

En lo referente a ese aspecto del saber cotidiano, hay que poner de relieve ante todo que para interiorizar el saber de las generaciones adultas, para poder adquirir nuevo saber, se deben poseer primeramente percepción humana, determinadas actitudes sentimentales y el pensamiento lingüístico. *Resumiendo, hay que aprender a percibir, a sentir y a pensar.* El hecho que estos tres factores sólo sean separables el uno del otro en el plano teórico, que en la praxis —en la vida cotidiana— aparezcan indisolublemente unidos, es para nosotros extremadamente significativo. En la vida cotidiana no existe una «pura» percepción, un «puro» pensamiento, un «puro» sentir. O mejor, la pura percepción es posible, pero sólo en casos-límite, irrelevantes para el desarrollo de la humanidad (Gehlen cita sobre este punto el reflejo provocado por la percepción de una repentina luz intensa). Cuando consigo producir un objeto, cuando digo a una persona: «Si te portas bien, seré tu amigo», o bien declaro mi amor, observo el cielo estrellado, miro la hora y rápidamente salto de la cama: en todos estos casos absolutamente cotidianos, ¿quién sabría aclarar la sensación o el pensamiento o el sentimiento?

La percepción cotidiana

En un estudio sobre la percepción, György Márkus la describe como una especie de condición de disponibilidad.[2] Las infinitas afecciones interiores y exteriores se convierten (o pueden convertirse) en señal en el momento en que reaccionamos con disponibilidad (es decir, con percepción) a lo que es esencial para la autoconservación. En el animal los límites de la perceptibilidad no están fijados por la estructura de los órganos sensoriales, sino que establece lo que es esencial para la conservación de la especie). El ejemplo citado por Engels de la vista del águila y del hombre es universalmente conocido. El ojo del águila es en sí un órgano visual completo, sin embargo, dado el conjunto de su constitución biológica, el águila «ve» poquísimo, sólo ve lo que es biológicamente importante para ella. Paralelamente al proceso con que la autoconservación del hombre se hace social, sus capacidades

2. *Cf.* G. MARKUS, *Az észlelés és a pszichofizikai problema* (La percepción y el problema psicofísico), en «Magyar Filozófiai Szemble», 1968, núm. 2.

perceptivas se liberan de los límites de la unilateralidad animal. El hombre es capaz por principio de percibir todo lo que entra en los límites de la capacidad perceptiva de sus órganos sensoriales. Esta especie de liberación de la percepción destruiría el mundo animal. El hombre, por el contrario, no se pierde en esta «inundación sensorial»[3] porque, produciéndose el hombre, se produce también paralelamente la canalización socio-conceptual de la percepción. En este caso es todavía la autoconservación la que elige lo que hay que percibir y cómo percibirlo, pero *ya no la autoconservación biológica, sino la social.*

Después de la «maduración» biológica de la percepción, el hombre se halla en condiciones de percibirlo todo. Pero estamos orientados hacia determinados tipos de percepción (objetos, formas, colores), es decir, nuestra percepción se verifica, con la mediación del esquema conceptual, de un modo «ordenado». Nuestros tipos de percepción están ya «formados» por el ser social, donde hace de guía el saber transmitido preformado por las generaciones precedentes, con el lenguaje en primer plano. El niño debe aprender a percibir de un modo humano, o sea, a percibir *lo que* el mundo de los adultos le presenta y *del modo* en que se lo presenta. El niño no percibe algo redondo, sino la pelota: la percepción se hace humana cuando se aprende a nombrar el objeto o se conocen sus funciones. No se empieza por percibir el rojo, sino objetos rojos, objetos cuyo índice de diferenciación es el color rojo (respecto a los colores la función no tiene un papel primario). Cuando se llega a percibir el rojo o lo redondo, no se da un paso atrás hacia la pura percepción, sino que, por el contrario, se está a un nivel más elevado de generalización conceptualizante.

La inconceptualizabilidad del ser-así de las cualidades secundarias (y de las sensaciones interiores), de las que ya hemos hablado, no cambia las cosas. La dificultad de conceptualizar el ser-así sólo se hace consciente para el hombre cuando la mide en base al consenso social relativo a la percepción, cuando la pone en relación con éste. «No sabes exactamente qué dolor siento» implica la presunción de que el otro sabe qué es el dolor, significa que el consenso existe. El hecho de que en tales casos se pueda errar, no tiene nada que ver con la percepción (la misma posibilidad existe en el caso de los hechos internos relativos al pensamiento). La relación de las cualidades secundarias y de las percepciones interiores con el consenso general constituye en realidad una característica del comportamiento cotidiano y no de la filosofía.

En el saber recibido de las generaciones precedentes aparecen

3. *«Sinnesüberflut».* Se trata de una expresión usada por Arnold GEHLEN (en el volumen *Der Mensch-Seine Natur und seine Stellung in der Welt*, Bonn, Bouvier, 1955).

englobadas las nuevas percepciones: y aquí opera la subsunción analogizante. Cuando se percibe algo absolutamente nuevo, inesperado, siempre se pregunta, acaso para sí mismo: «Qué es.» Y se trata de un interrogante en el que se expresa la exigencia de subsumir el nuevo fenómeno bajo las categorías del saber cotidiano. Precisamente por esto el *milagro* asume una función importante en el pensamiento cotidiano. Esta categoría sirve simplemente para subsumir todos los fenómenos que hemos percibido (o que otros afirman haber percibido), pero que no sabemos insertarlos en la estructura del saber cotidiano.

El horizonte y los contenidos de las percepciones cambian muchísimo en el curso de la historia. Pero el horizonte de la percepción se dilata también en la vida de un solo hombre. El niño no percibe muchas cosas simplemente porque no sabe que existen. Por el contrario, en las cosas que le son conocidas observa .más detalles que los adultos, porque éstos son para él más importantes. Además, el horizonte de las percepciones concretas es distinto según las clases y los estratos. El pobre frente a un escaparate elegante nota solamente el esplendor y la abundancia; el rico, por el contrario, percibe las diferencias entre las mercancías hasta los matices más sutiles. En la determinación del horizonte perceptivo o de su contenido intervienen luego el trabajo, el puesto en la división del trabajo, la necesidad individual, el interés, etcétera.

Pero repitamos: el hombre en su vida cotidiana es capaz de percibir por principio todo lo que sus órganos sensoriales son capaces de percibir. Pero de hecho, percibe solamente lo que el saber cotidiano le presenta como perceptible y digno de ser percibido. La «inundación sensorial», hecha posible para el hombre por su estructura social, se hace —indirectamente— imposible precisamente a causa de esta estructura social.

La percepción científica al igual que la cotidiana está guiada por el saber, sólo que no es el saber cotidiano sino el científico (el sistema conceptual científico) el que hace de guía. Usando las palabras de Gyögy Márkus, la evidencia empírico-sensible de la ciencia viene dada por sus «propios modos de observación».[4] La ciencia operando con conceptos puros generales, con un sistema conceptual propio, suspende la analogía, el sometimiento a los conceptos cotidianos y de este modo organiza percepciones propias. En las ciencias sociales esta percepción propia es determinante, en cuanto que los conceptos cotidianos son en sí fetichistas. En las ciencias naturales la ascensión de la ciencia a ciencia y la formación de un modo de observar propio proceden necesariamente de un modo paralelo: la percepción aquí puede (con el auxilio de instrumentos) superar ampliamente las posibilidades ofrecidas por los órganos sensoriales.

En el arte la percepción no puede nunca superar los límites de

4. *Cf.* G. Márkus, *Tudásunk fundamentuma, op. cit.*

los órganos sensoriales. Son predominantes aquí, como ha observado santo Tomás de Aquino, las percepciones de dos únicos órganos: el ojo y el oído. El medio homogéneo de las obras de arte está constituido por las distintas formas de visibilidad y de audibilidad. La percepción artística es también *guiada*, y precisamente por el medio homogéneo, tanto en el proceso de creación como en el de recepción. De ello se desprende claramente que el arte posee también «percepciones propias», aunque de un modo distinto de la ciencia. En el arte la percepción propia muy raramente implica un objeto distinto; «propio» quiere decir por el contrario que se realiza de otro modo. Es decir, tampoco en el arte las percepciones son asumidas simplemente bajo conceptos cotidianos. Lo cual no significa que la percepción artística no sea expresable mediante conceptos cotidianos. La literatura no posee un lenguaje distinto del de la vida cotidiana: la poesía no estriba en el distinto carácter del lenguaje, sino en la naturaleza diferente de su empleo. Pero, incluso en el caso en que la percepción artística se realiza en conceptos cotidianos, estos conceptos, por el modo en que son usados, conectados y organizados entre ellos, se convierten en instrumentos para captar una especificidad en la cual lo general no es lo que es generalmente aceptado, sino por el contrario lo que es genéricamente esencial. Por ello la percepción es también de naturaleza distinta: el artista al producir una obra de arte ve cosas distintas o las mismas cosas de un modo distinto que en la vida cotidiana, y la obra de arte hace conocer al hombre cosas distintas de las experiencias cotidianas.

Creemos haber clarificado suficientemente la indisolubilidad de percepción cotidiana y pensamiento cotidiano; nos detendremos ahora brevemente en la carga afectiva de las percepciones cotidianas. Rasgos afectivos son también observables en los animales de grados superiores, pero la gama de sentimientos es en ellos muy restringida (alegría, miedo, ira, agradecimiento, repugnancia, etcétera). Pero, en el hombre, a las percepciones particulares se ligan más o menos intensamente «asociaciones» indiferenciadas, constituidas por los sentimientos más variados. La contemplación de un escaparate elegante puede estar acompañada por la alegría, aprensión, ira, deseo, desprecio, envidia, admiración, orgullo, y por las más variadas combinaciones. La observación de polvo sobre la mesa puede suscitar ira, resignación, un sentido de familiaridad, repulsión, etcétera. Es evidente que lo sentimental depende en gran medida del significado del objeto o acontecimiento para el particular o para la sociedad, de las asociaciones, de los recuerdos relacionados, de su capacidad de satisfacer o no necesidades, etcétera.

Todo esto significa, por tanto, que la percepción viene acompañada de sentimientos. Pero en percepciones particulares los sentimientos pueden tener un *papel de guía* al igual que en el pensamiento. En el rostro de la persona amada se ven cosas distintas y más numerosas que observando a una persona indiferente, y también la antipatía nos hace descubrir lo que antes no habíamos notado. La ira, como es sabido, «ciega», es decir, disminuye la capacidad de percepción frente a un hombre, un objeto o una situación. La vanidad, por el contrario, incapacita para la observación correcta de sí mismo a la luz del consenso social.

Pero a menudo no es posible distinguir si se trata de percepción o de sentimiento. El sentido de agrado —a la vista de un color o al introducirse en un baño tibio— contiene al mismo tiempo tanto el momento de la percepción como el del sentimiento. Pero lo mismo sucede en casos mucho más complicados. Piénsese, por ejemplo, en la sensación de *familiaridad*: ¿es un sentimiento o simplemente la percepción del hecho de que todo está «en su sitio», exactamente como se está acostumbrado a ver?

Sobre el pensamiento cotidiano en general

El pensamiento cotidiano es el pensamiento destinado a resolver los problemas cotidianos. De ahí su carácter pragmático, que ya hemos subrayado en otras ocasiones. Tal pragmatismo no sólo significa que estos procesos de pensamiento son preparativos realizados en función de determinados objetivos prácticos (como sucede en el pensamiento político y en determinados tipos de pensamiento científico-natural, por ejemplo, el médico), sino también que tales pensamientos no se independizan de los problemas a resolver, no constituyen un orden propio, no producen una esfera autónoma (un medio homogéneo), significa que sólo adquieren un sentido relacionados con el objetivo determinado, con el problema *y solamente en esta relación.* Por lo cual el saber cotidiano no constituye, como saber, una esfera autónoma, sino que es y sigue siendo siempre la totalidad —ordenada en un esquema conceptual-lingüístico unitario y, por el contrario, heterogénea, inorgánica, en el plano del contenido— de los conocimientos necesarios para la conducta de la vida cotidiana en una determinada época.

El pensamiento cotidiano está, en primer lugar, dirigido siempre a los problemas del *particular* o de su ambiente. El saber sobre el que se basa el pensamiento del particular —es decir, el pensamiento cotidiano— no es casi nunca personal, sino que está formado principalmente por la generalidad de las experiencias de vida de las generaciones anteriores. Por el contrario, la tarea para la que el particular lo emplea es la mayoría de las veces personal: quiere encontrar su puesto en el mundo dado. Del saber cotidiano, de la experiencia acumulada, el particular se apropia sólo de lo que le es necesario o puede serle necesario para mantener y estructurar su vida en la época y en el ambiente determinado. Tenemos, por tanto, *no un pragmatismo en general, sino un pragmatismo personal*, cuya materia está dada por el saber cotidiano recibido preformado o por el conocimiento personal adquirido sobre esta base.

Evidentemente existen épocas en las que el pragmatismo personal debe tener alguna relación con una integración —más o menos amplia— y debe estar acompañada por una actividad de pensamiento en interés de esta integración. En tales épocas el pensamiento cotidiano incluye también el pensamiento relativo a la integración. Entonces —y sólo entonces— se hace posible que la actividad concerniente a la integración proceda sobre el plano del saber cotidiano o que en su desarrollo apenas se eleve más allá de este nivel. Por ejemplo, los asuntos de la antigua polis o de una familia noble en el Medioevo podían ser regulados con poco más que el saber cotidiano: en éste, simplemente, estaban «contenidos» los conocimientos que necesitaban los hombres particulares para resolver adecuadamente las cuestiones concernientes a la integración. Desde la disolución de las comunidades naturales y el surgimiento de la sociedad burguesa, la tarea de la autoconservación del particular y el de la conservación de la sociedad van divergiendo cada vez más (la separación entre *homme* y *citoyen*), de modo que no hay que sorprenderse si el pensamiento cotidiano va transformándose progresivamente en la base de pensamiento de sólo el particular, mientras se hace cada vez más imposible tomar decisiones sobre problemas que afectan a la integración sólo en base al saber cotidiano.

El pragmatismo hace que, respecto a una gran parte de las actividades necesarias para la vida, el trabajo del pensamiento cotidiano no sea más que la preparación mental de estas actividades o bien la reflexión sobre acciones concretas ya realizadas. La gama de los tipos de preparación o de reflexión es, en verdad, muy variada. A veces, como dijimos ya, el pensamiento es solamente repetitivo y no se separa de la praxis *ni* en el tiempo *ni* en el espacio. Por el contrario el trabajo mental puede traducirse en una larga ponderación —lo que en sí no es pensamiento repetitivo— incluso cuando el resultado sea la simple subsunción de la acción en base a la analogía o al «precedente». Este tipo de reflexión —el examen de la situación, la búsqueda cuidadosa de los medios a emplear, etcétera— se distingue ya del pensamiento puramente repetitivo sólo por el hecho de que el trabajo del pensamiento puede convertirse en un momento (relativamente) autónomo. Pero sólo relativamente, en cuanto que el objetivo último sigue siendo la actividad; sin embargo, es un momento autónomo, porque en el seno del proceso en su conjunto se requiere una «actitud» teorética. En tales casos *el proceso de pensamiento puede alejarse de la praxis en el espacio y en el tiempo*. Esto es válido en todos los casos, tanto si se trata de la reflexión que precede a la acción o de la posterior.

El pensamiento anticipador. La fantasía

El pensamiento separado de la praxis en el tiempo y/o en el espacio, del que acabamos de hablar, ha sido estudiado parcialmente por Ernst Bloch en su libro *Das Prinzip Hoffnung* (El Principio Esperanza) y ha quedado definido por el como *pensamiento anticipador*. El pensamiento anticipador está siempre dirigido a una tarea futura y a la actividad preparatoria en vista a aquella tarea, y comporta una actitud relativamente teorética. El hecho de que un proceso de pensamiento sea anticipador, no nos dice, como hemos mencionado ya, si su resultado —y la praxis subsiguiente— se basará en la sola subsunción o será inventivo. Cuando un capitalista reflexione sobre el mejor modo de invertir su dinero, estamos sin duda en presencia de un pensamiento anticipador. El resultado puede ser exclusivamente una subsunción: compra obligaciones que todos compran porque ciertamente son las más convenientes. Es decir, se mueve en analogía con las acciones de otra gente. Pero el resultado puede ser también inventivo: corre el riesgo de invertir en una nueva rama, etcétera.

El hecho de que el pensamiento anticipador (como todo pensamiento cotidiano) esté dirigido a una tarea práctica, a una actividad del particular, no implica necesariamente que a todo proceso mental de este tipo le siga una acción. A menudo las personas reflexionan sobre cómo harían algo, sin tener la más mínima intención de realizarlo. El pensamiento anticipador que *a priori* no contiene ninguna intención de traducirse en práctica (es decir, la puesta en práctica no es impedida simplemente por otros hechos que interfieren el proyecto) lo definimos como *sueño con los ojos abiertos*. Los sueños con los ojos abiertos cotidianos se distinguen de los no exclusivamente cotidianos en cuanto se refieren al *futuro del particular* (y solamente a su futuro). Pero esto no nos dice aún si la persona en cuestión es particular o individual. Una cosa es el sueño durante el cual compro la tiendecita del vecino y otra el sueño en el que encuentro el modo de sostener a mi familia: sin embargo, ambos sueños son sueños cotidianos concernientes a la vida del particular.

Aunque el significado del pensamiento anticipador sea también de naturaleza pragmática (sin proyectos e imaginaciones no existe ninguna acción cotidiana que tenga sentido), no obstante, en la vida cotidiana de todo hombre se dan también fantasías en las cuales está totalmente ausente la intención de llevarse a la práctica. Hasta un cierto orden de grandeza los sueños con los ojos abiertos tienen una función positiva en la vida cotidiana; no sólo porque en ellos se revela nuestro carácter y sus potencialidades (potencialidades que no se realizarán todas), con lo cual son medios para conocerse a sí mismos, sino también porque representan una especie de *juego* libre y despreocupado del espíritu humano (juego, hay que subrayarlo, como sinónimo de despreocupación), contribuyendo así a la plenitud de la vida cotidiana. La forma del pensamiento cotidiano que se expresa en los sueños con los ojos abiertos sólo transforma su valor en veneno cuando, por así decir, ocupa toda la esfera del pensamiento anticipador, cuando la mayoría de nuestros pensamientos-proyectos se encalla en la fantasía. Lo que conduce a esa peculiar incapacidad de vivir que ha sido óptimamente descrita por Goncarov en la figura de Oblomov. Pero cabe añadir que la esfera fantástica del pensamiento anticipador constituye en la vida cotidiana la base antropológica de una objetivación genérica para-sí, a saber, el arte. Pero se podría ir más lejos y afirmar que ninguna objetivación genérica para-sí sería posible sin la base de la fantasía en la vida cotidiana. De hecho los sueños en las objetivaciones genéricas para-sí ya no afectan al destino aislado del particular, sino que anticipan el futuro de toda la sociedad, de toda la humanidad. Por ello Bloch puede ver en las utopías las formas de fantasía transformadas en genericidad.[5]

No obstante, la referencia del pensamiento anticipador al destino del particular es compleja y mediada. Puede suceder que el pensamiento (y el soñar) no se refiera inmediatamente a nuestra actividad personal, sino que imagine una situación que tenga lugar independientemente de nosotros y realice proyectos que nosotros llevaríamos a la práctica *en el caso de que* esta situación se verificase. También aquí la gama es extremadamente amplia, va desde los sueños realistas a las puras fantasías. Pongamos que un joven campesino se imagine lo que haría si fuese rey: en este caso el pensamiento anticipador se refiere ciertamente a una actividad en la que puede tener mucha importancia el libre «juego» del carácter, pero no abre paso a ninguna acción real inmediata. Supongamos, por el contrario, que el mismo joven campesino se imagina el modo en que salvaría a su amiga si estuviese en peligro: en este caso es perfectamente posible que la situación se verifique verdaderamente y que él «ponga a prueba» el contenido de realidad de sus pensamientos anticipadores.

En cuanto a la reflexión sucesiva a la acción y separada de ésta en el espacio y/o en el tiempo, su forma más frecuente es la reflexión sobre la acción (pienso en un segundo tiempo aprobar o no mi acción). De todos es conocido el «si hubiese...» (*l'esprit de l'escalier*), es decir, el caso en que solamente en un segundo tiempo se reflexiona de un modo adecuado sobre lo que antes se debería haber dicho o hecho. Este «si hubiese...» no es necesariamente fruto de un pensamiento nuestro precedentemente inadecuado, aunque la praxis demuestra a menudo que deberíamos haber hablado o actuado de un modo distinto de como hemos hablado o actuado. En casos particulares (que pueden ser muy frecuentes)

5. Ernst BLOCH, *Das Prinzip Hoffnung*, vol. I, Frankfurt am Main, Suhrkamp, 1967.

es posible que tales pensamientos sucesivos sean infructuosos. Pero considerando el conjunto social, son necesarios y fecundos. Comprender que una determinada acción era equivocada —una especie de autocrítica que se repite continuamente en la vida de todo hombre— puede resultar fecundo frente a una acción análoga a la precedente.

El proverbio que dice «El que tiene juicio aprende a expensas de los demás» nos informa de algo importante sobre el pensamiento cotidiano. Equivale a decir que la reflexión *a posteriori* puede referirse no sólo a mis acciones, sino también a las acciones y al destino de los demás. Es éste también un método frecuente en la vida cotidiana para acumular experiencias. De hecho este tipo de pensamiento (o acumulación de experiencias) está dirigido en última instancia a la propia praxis. Aprender algo a expensas de los demás significa que en mi acción futura tendré en cuenta las consecuencias que se hayan derivado de las acciones de los otros.

La verdad cotidiana

De que en última instancia pensamiento cotidiano y praxis cotidiana sean inescindibles se desprende que en nuestra vida cotidiana *verdadero* y *correcto* (por tanto, erróneo e incorrecto) *coinciden*. En el plano de la vida cotidiana (pero no en el de la ciencia) la prueba del *puding* estriba efectivamente en comerlo. Si mis cogniciones sobre un instrumento bastan para manejarlo correctamente (de un modo adecuado para lo que está destinado), son verdaderas; si mis cogniciones sobre la sociedad bastan para moverme adecuadamente, también son verdaderas. Si conozco a un hombre hasta el punto de poderlo tratar de un modo adecuado, de prever sus reacciones, poseo un conocimiento verdadero de este hombre. El saber cotidiano concretamente válido (en su totalidad, no en sus momentos particulares) nos brinda conocimientos verdaderos: de hecho apropiándonos de este saber podemos mantenernos en la vida cotidiana y pensar adecuadamente las necesidades relativas.

Por ello en su uso cotidiano la palabra «verdadero» contiene al mismo tiempo un momento *cognoscitivo* y un momento *ético*. Verdadero es aquel saber que corresponde a los hechos. ¿Pero a qué hechos? Al conocimiento de las opiniones y a la experiencia personal dadas por el saber cotidiano. El conocimiento de las opiniones —el saber que encontramos preformado— predetermina en gran medida el modo en que son efectuadas las experiencias particulares y el modo en que son valoradas. Si esto es suficiente, es una vez más la praxis la que decide, al menos tendencialmente. Una acción verdadera (correcta) es, por el contrario, aquella que corresponde a las normas morales (concretas)

337

cotidianas, es decir, de nuevo al saber heredado (el saber sobre las normas y los usos) y a la experiencia personal (sobre qué norma debe ser aplicada a la experiencia concreta). Hay aquí un solo criterio de verdad: *el éxito de la acción*.

Sin embargo, no sólo mi acción entra en la cuenta, sino también la de los demás. Cuando en mis acciones procedo de un modo adecuado a las normas, permito también a los otros la observancia de estas normas. Y no sólo en cuanto que mi mismo actuar es normativo (vale como ejemplo), sino también porque con mi actuar *mantengo válida* la norma, la comunico, etcétera. Lo contrario de lo verdadero, es decir, del comportamiento correcto, es el comportamiento *incorrecto*. Puede darse que yo, mediante mi comportamiento incorrecto, sólo provoque daños a mí mismo; en tal caso se trata ciertamente de un problema moral, pero en general no viene acompañado por la condena moral. Cuando, por el contrario, mi comportamiento hace daño a los demás (asumiendo como criterio las normas de los usos dadas), existe siempre una condena que es también moral.

Lo contrario del conocimiento cotidiano verdadero (correcto) es también «incorrecto» y puede derivarse de tres fuentes. La primera es la *ignorancia* de ciertos hechos, normas o elementos cognoscitivos. En tal caso, la falsedad del saber se deriva de su insuficiencia. Para esta última no existe evidentemente un criterio absoluto: el criterio es cada vez la posibilidad o bien la *norma cognoscitiva vigente* en el determinado ambiente social. En la vida cotidiana se puede aducir el haber actuado de un modo equivocado a causa de la insuficiencia del saber cuando debería haberse apropiado de aquel determinado saber (por ejemplo: debería saber cómo usar la plancha y no quemar el vestido), o bien cuando por principio se ha tenido la posibilidad de apropiarse del saber suficiente para actuar correctamente (debería saber que el niño al que se reprocha el andar descalzo no posee zapatos porque es pobre). Recuérdese que Marx define la ignorancia como un demonio, una fuente de innumerables tragedias. Pero de ella se derivan, además de las grandes tragedias, muy a menudo los fracasos menores de la vida cotidiana.

Otra forma de saber incorrecto es el *error*. El error está constituido por una valoración equivocada de la experiencia sobre la base de analogías equivocadas, de una subsunción equivocada, etc. Piénsese, por ejemplo, en los frecuentes errores en el campo del conocimiento de los hombres: se observa una persona, se establecen correlaciones entre sus características, y se la subsume bajo un tipo; a continuación resulta, por el contrario, que ha sido situada en el grupo equivocado, que sus características han sido evaluadas (juzgadas) de un modo equivocado. En algunos casos la carencia (insuficiencia) de conocimientos y el error sólo provocan daños a uno mismo. A menudo este tipo de error no aparece juzgado en el plano moral. Si planchando mi vestido lo quemo, perjudico mi éxito personal, por lo cual como máximo puedo recibir compasión. Si, por mi mal conocimiento de los hombres, no tengo confianza en quien la merece y confío en quien no es digno de confianza, de nuevo soy yo quien pierdo, y la condena moral, si aparece, será preferida respecto de la compasión o la alegría maligna (según el contenido de mi error y según la persona juzgada). Si, por el contrario, mi error impide a otro (o a otros) el éxito en la acción o comporta daños a los demás, la condena moral podrá ser más o menos rigurosa, pero en todos los casos aparecerá. Añadamos que entre el conocimiento insuficiente y el error no existe una muralla china y que a menudo es difícil (e incluso irrelevante) distinguir en el caso concreto de cuál de los dos se trata.

La *mentira*, por el contrario, se distingue por principio de la ignorancia y del error. La mentira aparece cuando poseo el saber correcto y *conscientemente* no lo comunico al otro. Es, en consecuencia, por principio moralmente negativa y *no constituye una categoría del conocimiento, sino de la moral.* Naturalmente no estamos tomando en consideración ni la *pía fraus* ni la mentira como un fin en sí misma (como juego de fantasía). La mentira consciente tiene la misión de garantizar el éxito de mi acción ocultando a los otros el saber, el conocimiento verdadero que es necesario para el éxito de su acción.

De ello se desprende que estamos autorizados a considerar como «falsa» una aserción cotidiana sólo si —tendencialmente, para la sociedad— *viola también valores ético-sociales* (como, por ejemplo, los prejuicios raciales o religiosos) y/o si la noción de la que se trata *no corresponde además a la praxis cotidiana* (por ejemplo, el exorcismo en medicina). También desde el punto de vista de la ciencia, cuando se califica a algo como «falso», se atiene a las características de la verdad cotidiana. En la vida cotidiana es verdadero que el sol sale por oriente y se oculta por occidente, aunque se sepa que el sol ni surge ni se oculta. También un científico, mirando por la ventana, dirá: «El sol ha salido por oriente», lo cual en el sentido del saber cotidiano es verdadero. Pero quien sabe que no existen infrahombres, ni siquiera en la vida cotidiana puede hablar de la inferioridad de los negros. En este caso la verdad científica ofrece una elección de tipo superior (con contenido de valor) y por tanto no es indiferente ni siquiera en la vida cotidiana.

Teniendo en cuenta todo lo que llevamos dicho, ¿es posible sostener que en la vida cotidiana lo que tiene éxito es siempre verdadero? Creemos que tal concepción debe ser mucho más matizada. La verdad como categoría de la adecuación es en la vida cotidiana (y no solamente en ella) una *categoría de valor.* En el ámbito del trabajo el valor se expresa de la manera más simple: cuanto menor es el gasto de energía para producir mejores y más numerosos valores de uso, tanto más cargados de valor están la actividad y el pensamiento relativo. En las aserciones, pensamientos y elecciones que no contienen una actitud moral, que sólo están dirigidas a nosotros mismos o sirven para juzgar una situación, el valor crece paralelamente al éxito, a la simple adecuación.

¿Pero qué sucede con las elecciones con contenido moral? ¿O con los pensamientos, fantasías, etc., que se refieren a ellas? En tales casos el valor es doble: tiene un aspecto relativo a la particularidad (la adecuada conservación de la persona determinada) y un aspecto más o menos ligado a la genericidad (la posibilidad de pensar o elegir lo que posee el máximo contenido de valor genérico posible). Cuando existen pensamientos, ideas, ideologías que guían al particular hacia las elecciones de mayor valor genérico, se puede afirmar tranquilamente que estas últimas son *más verdaderas,* aunque en la vida cotidiana prevalecen las acciones basadas en pensamientos, etc., de menor contenido de valor, aunque en el saber cotidiano domina este tipo de pensamiento, etc. Esto, evidentemente, sólo es válido si existen (si están al alcance del pensamiento cotidiano) pensamientos que conducen a una elección con contenido de valor más elevado.

Son frecuentes en la vida cotidiana los *debates* sobre la verdad. Pueden referirse a la valoración correcta de una situación concreta, es decir, simplemente al problema de cómo juzgar una experiencia en base al saber *aceptado.* Pero a veces las acciones y el saber (cogniciones) aceptados como correctos son puestos en duda. Cuando las necesidades sociales producen nuevas experiencias sociales, o bien cuando el saber relativo a determinadas objetivaciones genéricas para-sí cala a la cotidianidad (estos dos procesos, como vimos, se condicionan recíprocamente y a menudo coinciden), el problema de qué es la verdad puede afectar parcialmente o incluso toda la vida de determinados grupos sociales. En la época de la Ilustración se cuestionó, por ejemplo, si las tesis de la religión eran verdaderas o no, y este tema se hizo cotidiano entre la opinión pública burguesa, influyendo incluso en la forma de vida. Sin embargo, los «debates sobre la verdad» no siempre son también morales. Piénsese en el ejemplo citado del capitalista que quiere invertir su dinero. Pongamos que discute primero sus proyectos con un amigo el cual intenta disuadirlo de invertir su dinero en empresas desconocidas, no experimentadas. Cuando posteriormente haya tenido éxito, el amigo le dará la razón: en otros términos, la nueva experiencia (el éxito) refuerza al capitalista. Pero en tales casos pueden existir también momentos morales (piénsese en los temerarios mercaderes del Renacimiento) incluso si la exploración de un nuevo saber (de una nueva verdad) se presenta acompañada de grandes riesgos. Lo cual es también válido para las acciones en estricto sentido con contenido moral (en las que el éxito no es el éxito del particular). Cuando diversas exigencias morales chocan entre ellas, es difícil hallar la «verdadera»; es necesario encontrar la «más verdadera», lo que significa «descubrir» los modos de actuar que corresponden a las normas e ideas con mayor contenido de valor genérico. En este sentido tenía perfectamente razón Jesús cuando, contraponiendo sus normas a las normas convencionales dominantes, declaraba: yo soy la verdad.

Pensar y percibir. La carga afectiva del pensamiento cotidiano

Vimos que la percepción está interrelacionada con el pensamiento y el sentimiento. Pero puede decirse también lo contrario. El pensamiento cotidiano aparece siempre saturado de percepciones, o muy próximo a ellas, y cargado siempre de sentimientos. De nuestros conceptos cotidianos hemos afirmado que son fuertemente figurativos. Es difícil distinguir el momento del pensamiento del de la imaginación. Cuando digo «mesa» ¿pienso en la mesa o me la imagino? Sólo la ciencia trabaja con conceptos puros, completamente abstraídos del elemento figurativo. Ni tiene sentido preguntarse cuál de los dos momentos es *prioritario*. La percepción, como percepción *humana*, no tiene ninguna prioridad respecto del pensamiento conceptual, ni éste es prioritario con respecto a aquélla. Sólo cuando poseemos el concepto de mesa podemos percibir una mesa, y sólo con el auxilio de la percepción llegamos al concepto de mesa. Se trata de un *proceso cognoscitivo* unitario e indisoluble.

Esta saturación perceptiva, naturalmente no sólo es válida en lo referente a los conceptos, sino en general en lo referente a todo el proceso del pensamiento cotidiano.

Cuando pensamos algo con anticipación, este algo (el resultado, el objetivo) lo imaginamos al mismo tiempo sobre la base de percepciones precedentes (los acontecimientos futuros «aparecen» en nuestra fantasía, nos los «figuramos»). Es cierto que en el pensamiento cotidiano puede también aparecer la conceptualidad pura, pero sólo como resultado del saber «derivado» de la ciencia: por ejemplo, cuando en un negocio calculamos la suma de los precios de las mercancías que hemos comprado. No obstante, este cálculo cotidiano, en la medida en que es puramente conceptual, se convierte simultáneamente en habilidad, en praxis repetitiva. Cuando, por el contrario, es inventivo (en el niño que aprende a calcular), es difícil separarlo de la ilustración (de la imagen de las «2 peras», de la forma escrita).

De un aspecto importante de la saturación afectiva del pensamiento cotidiano, a saber, de la fe, hablaremos más adelante. Observemos aquí solamente que la saturación afectiva del pensamiento cotidiano deriva también de su orientación hacia la praxis (el éxito). El pensamiento anticipador está permeado en general por los sentimientos del *temor* y de la *esperanza*, según si el que piensa anticipa los peligros y las dificultades o el éxito. Pero incluso los enunciados más indiferentes pueden estar cargados de contenido afectivo, dado que a fin de cuentas afectan a mi vida. La frase «estamos a veintisiete de mes» puede ir acompañada de alegría (es el día de cobro) o bien de abatimiento (debo pagar). La noticia de que mi hijo ha conseguido buenas o malas calificaciones en la escuela puede llenarme de satisfacción o de vergüenza, o quizá de cólera. En la reflexión sobre el problema de acaso pasar la tarde con alguien los sentimientos tienen un lugar relevante (si las personas me placen, si en su compañía me aburro, etcétera). Wittgenstein hace observar cómo en la forma condicional de una proposición son detectables múltiples significados; en el «sí» existen abundantes significados con diferente carga afectiva. Y los ejemplos podrían ser numerosos.

La percepción, el pensamiento y el sentimiento cotidianos son *antropológicamente primarios*; no abstraen nunca ningún sentido del hombre como totalidad antropológica. También por ello no aparecen nunca separados. *Realizan colectiva y simultáneamente el conocimiento y la acción del hombre,* y por tanto son inescindibles. Husserl denomina justamente la orientación cotidiana «actitud natural». Lo cual no significa que la actitud artística o científica no sean naturales, sino que son antropológica y ontológicamente *secundarias*. Como tales, pueden suspender el pragmatismo, poner en marcha separadamente (distinguiendo entre ellos) los momentos que en la actitud natural son inseparables (percepción, pensamiento, sentimiento), pueden abstraer de la totalidad el ser-así antropológico e incluso superar los límites cognoscitivos del hombre antropológicamente determinados (por ejemplo, los límites planteados por los órganos sensoriales).

La actitud natural

El fundamento del saber para-sí no viene dado solamente por los contenidos de nuestro saber cotidiano, en cuanto suscitan problemas que reciben respuesta de las objetivaciones genéricas para-sí, o en cuanto almacenan experiencias que luego serán elevadas de las objetivaciones genéricas para-sí a una conceptualidad de grado superior o a formas de expresión de universalidad humana genérica. La actitud antropológica-ontológica («natural») cotidiana constituye también un fundamento de nuestra actitud cognoscitiva hacia todas las otras objetivaciones para-sí. Las cuales se desarrollan a partir de aquellos contenidos, e incluso cuando —en la *intentio obliqua*— se contraponen a ellos, pueden en un cierto sentido volver a entrar en relación con la vida y el pensamiento cotidiano (como en el caso de la *intentio obliqua 1*). Cuando no pueden volver a entrar en relación con la vida cotidiana en su totalidad (por ejemplo, ciertas ciencias naturales), ello es posible al menos para *algunos* momentos del *ser-así formado en la vida cotidiana*.

Tal relación, como afirma György Márkus, es tan estrecha que, por ejemplo, una verdad científica sólo puede convertirse en tal cuando y si está en condiciones de *refutar* y de *explicar* en su génesis las cogniciones de nuestro saber cotidiano que contradigan las científicas. (En el arte esta función es cumplida por la jerarquía de valores de la obra de arte como «criterio» de la vida cotidiana.) De ello se deriva que el saber cotidiano como base de todo saber no cotidiano y la actitud natural cotidiana como fundamento de todas las otras actitudes no constituyen más que dos momentos distintos de un mismo nexo. (Las actitudes no naturales conducen a verdades de otro tipo —genéricas para-sí— en contraste con las verdades del saber cotidiano.)

¿QUÉ SIGNIFICA «SABER ALGO»?

El saber cotidiano —como ya Platón había puesto de relieve— es siempre y solamente *opinión (doxa)*, no es saber filosófico o científico *(episteme)*. Este hecho no tiene nada que ver con la cuestión del saber absoluto o relativo, temporal o eterno. Ciertas cogniciones del saber cotidiano pueden muy bien ser más sólidas, indestructibles, «eternas», que las cogniciones más exquisitamente científicas. Desde el momento en que los hombres han sabido (y lo han sabido siempre y correctamente) que los objetos dejados libres caen al suelo, las verdaderas cogniciones científicas sobre la caída de los graves han cambiado a menudo y radicalmente. Desde que sabemos (válida y correcta-. mente) que se pueden adquirir mercancías a cambio de dinero, la teoría científica del dinero ha cambiado numerosas veces. *Sin embargo, una verdad cotidiana es siempre doxa, aunque se muestre constantemente verdadera, mientras que la verdad científica es episteme, aunque a la mañana siguiente sea sustituida por una verdad de nivel más elevado.*

No podemos discutir aquí en detalle la diferencia entre el saber-doxa y el saber-episteme. Quisiéramos solamente fijar algunos criterios de distinción, pero observando que no valen aisladamente; solamente relacionados en un determinado conjunto nos dicen si un saber posee el carácter de doxa o de episteme.

Doxa y episteme

La doxa, como es sabido, no puede ser separada de la acción práctica, en ella está única y exclusivamente su verdad. Pero *no en la praxis como totalidad*, y ni siquiera en un *conjunto* relativamente grande de acciones, su verdad, por el contrario, se muestra cada vez en tipos *particulares* de acciones concretas conseguidas. Por ello los fragmentos particulares de saber-doxa no se relacionan entre ellos, sino que están siempre referidos solamente a una determinada praxis, y el eventual contacto recíproco es muy efímero. Conocemos el sonido emitido por los pájaros y el provocado por el trueno, somos capaces de reaccionar frente a ambos, sin saber nada del sonido como tal ni preguntarnos algo sobre él. En los distintos fenómenos sólo percibimos el elemento «común» si precisamente este elemento común es importante para un cierto tipo de praxis cotidiana. La episteme, por el contrario, no constituye nunca un saber relativo a una sola cosa, sino que es un saber sobre una cosa *en relación* con otras cosas (conjuntos). Esta actitud *no es práctica*, sino teorética. Conocer un fenómeno en el plano de la episteme no significa simplemente poder reaccionar ante él (o bien saberlo producir), sino conocer la conexión que lo liga a otros fenómenos, captar *el puesto* que ocupa en el sistema de otros fenómenos. Por ello las verdades del arte, de la ciencia y de otras objetivaciones para-sí *poseen un doble sistema de referencia.* Por un lado deben ser válidas en la realidad (praxis), y por otro deben ser *situables dentro de un determinado sistema cognoscitivo* (en la ciencia) o bien ser (en el arte) *partes orgánicas de la personalidad-obra-de arte.* Cuando Tales afirma que todo es agua, con esta sola proposición se eleva al plano de la episteme (aunque se trate de una verdad caduca, mientras que la aserción «el agua de beber es agua» tiene indudablemente una validez eterna) simplemente porque pone a todos los entes un sustrato común que los hace en un cierto sentido interpretables en base a un fundamento unitario. El mismo doble nexo lo volvemos a encontrar por ejemplo en el color de una pintura. La pintura entera debe reproducir la realidad, y por tanto el color debe también conformarse a esta función. Sin embargo, al mismo tiempo el color posee también otro sistema de referencia con la verdad: la misma pintura, en la que exactamente ese único color en ese determinado puesto representa la verdad.

La evidencia

La doxa es un saber para el cual las cogniciones y exigencias dadas en los contenidos del mundo de conocimientos y normas cotidianos son —globalmente y, como es obvio, no en cada caso particular— *evidentes*. Son verdades evidentes que el sol sale, que los objetos caen al suelo, que los hombres mueren, que existe un dios, que existen patronos y siervos, que el vino emborracha. En el plano del saber cotidiano estas verdades son evidentes y no son puestas en duda. Cuando son sometidas a discusión, tenemos ya los gérmenes de un saber que lleva a las objetivaciones para-sí (un ejemplo: ¿por qué existen amos y siervos?). La episteme surge *allí donde puede ser puesto en discusión el contenido del saber recibido.* El hombre que piensa en el plano de la episteme usa frente a la evidencia del saber «dado» todas las posibles experiencias y argumentaciones en contra; puede suceder que al final acepte la cognición precedente (no siempre la episteme implica la superación de la actitud natural), pero ahora cómo saber que está en condiciones de retener los argumentos en contra y que ninguna experiencia opuesta puede refutar. Es cierto que la misma ciencia opera con verdades evidentes, pero se trata siempre, en el seno del determinado contexto, de verdades en última instancia en el plano lógico y/o en el de la experiencia. *El hecho de la causalidad* constituye una de las verdades evidentes del saber cotidiano. Como hemos visto, se establece ya en los primerísimos grados del proceso de trabajo. Pero se trata aquí de las causas concretas de los fenómenos concretos (no importa que tales causas sean verdaderas o presuntas). *El concepto universal de causalidad* (todo tiene una causa) es ya, por el contrario, un efecto de la actitud teorética y, al mismo tiempo, una de sus fuentes en el seno del pensamiento cotidiano, y, en consecuencia, una vía hacia la episteme.

Prueba y refutación. Los hechos

En el caso de la doxa refutar y probar tienen un significado distinto que en el caso de la episteme. En primer lugar *los datos efectivos y preceptivos de la doxa son por principio indemostrables e irrefutables.* No es posible probar que un determinado saber suscita en mí un sentimiento de tristeza, así como no es refutable lo que significa para mí la imagen de mi abuela muerta. En este caso la demostración es sustituida por la *posición probabilista*, y la refutación por la *duda*. Es también Wittgenstein el que ha subrayado el papel de la duda a este respecto. Si conozco el carácter de un hombre, sé que una cierta palabra pronunciada por él en una determinada situación expresa tristeza; y por tanto, puedo poner en duda su afirmación según la cual no está triste. Si alguien dice tener un sentimiento, mientras que sus actos traslucen otra cosa, tengo una vez más el derecho de dudar del sentimiento afirmado por él. En el campo de la episteme científica, por el contrario, no existen aserciones indemostrables e irrefutables. Pensar en el plano de la ciencia significa exponer los propios pensamientos a la demostración y a la refutación.

Es evidente que la prueba y la refutación existen también en el pensamiento cotidiano. Por un lado es la misma praxis la que prueba o refuta las cogniciones, indicando si son adecuadas o no. Cuando, por citar a Engels, producimos alizarina, ponemos a prueba la verdad de nuestras cogniciones en el plano de la cotidianidad —¡pero sólo en este plano! En una perspectiva puramente lógica el saber cotidiano no es ni comprobable ni refutable. Las pruebas y refutaciones corrientes en la vida cotidiana se remiten a menudo a los *hechos*. Si un niño ayer, en lugar de ir a la escuela, fue a jugar a los jardines públicos, puedo refutar su aserción según la cual habría ido a la escuela: es decir, he refutado una aserción relativa a un hecho particular. Las pruebas y refutaciones que conciernen a circunstancias de hecho son, al nivel de la doxa cotidiana, los pródromos del pensamiento jurídico. Pero con la diferencia de que el derecho interpreta siempre las circunstancias de hecho en el seno de su medio homogéneo. De hecho en el conocimiento científico es importante la verificación de la situación concreta, el conocimiento de los hechos (su refutación o demostración comprobada), pero en este ámbito deben ser analizados, problematizándolos, los hechos concernientes no a las acciones cotidianas, sino más bien a toda disciplina científica concreta. El medio homogéneo de la ciencia tamiza los hechos de la ciencia, y, por tanto, son puestos de relieve y *explicados* con el auxilio de la teoría aquellos hechos que interesan para el estudio del fenómeno considerado. Volvemos así de nuevo a la diferencia decisiva entre doxa y episteme. En la doxa la prueba o refutación de los hechos tiene lugar desde el punto de vista de un determinado contexto, de una situación; su ser o no ser es afirmado o negado en el interior de una determinada situación, y con ello el problema está resuelto. Los hechos de la episteme son, por el contrario, de naturaleza universal (hechos que son universalizados a través de la teoría), sólo tienen un sentido en un contexto completo; por ello no sólo es necesario acertar su ser o no ser, sino que es preciso también explicar e interpretar su ser (ser-así) o no-estar-presentes en el interior de un determinado sistema, contexto, de una teoría.

Saber particular y saber genérico

La doxa es el saber mediante el cual estoy en condiciones de actuar en la vida cotidiana con valor de probabilidad. Más adelante veremos que la doxa es totalmente suficiente para el comportamiento particular y que, además, aunque la mayor parte del saber cotidiano incluso del hombre individual está constituido por la doxa, sin embargo, en la regulación de su conducta de vida está también presente la episteme. Observamos aquí solamente que es erróneo contraponer el «eterno» saber de la episteme al saber «temporal» de la doxa, pero en esta diferenciación existe también un momento racional. El lado «eterno», «cierto» de la episteme no proviene de la eternidad o certeza de sus cogniciones concretas, sino del hecho de que la episteme cada vez *representa el estado alcanzado por el saber genérico* y es, por tanto, en cada época la portadora del *máximo posible* de contenidos de verdad del conocimiento humano.

Volvemos ahora a la pregunta de la que hemos partido: ¿qué significa en la vida cotidiana saber algo? Significa que el particular se apropia de las opiniones (doxa) presentes, incorpora en ellas su propia experiencia, y adquiere así la capacidad de llevar a cabo los heterogéneos tipos de acciones cotidianas. Wittgenstein señala justamente que «yo sé», «yo comprendo», «soy capaz» («puedo») forman una única familia. *Comprender* significa apropiarse de una cognición y ser capaz de emplearla, ser «entendido». Los *planos* del «comprender», «saber» y «poder» son en general paralelos, y pueden situarse a un nivel superficial, pero también profundo. Para tomar una mecanógrafa me basta con saber cómo escribe a máquina: en tal caso sólo debo saber juzgar la mecanografía, esto es lo que me hace capaz de seleccionar la persona justa. Para elegir un amigo debo conocer íntegramente su carácter y comprender al hombre con sus motivaciones: sólo de este modo puedo (con valor de probabilidad) elegir un amigo justo. Los planos del comprender, saber y poder, su superficialidad o profundidad, son, por tanto, distintos según el fin concreto, según la función. (Si no se tiene en cuenta o incluso se olvida la existencia de estas diferencias de nivel, se puede avanzar hacia el fracaso de la vida cotidiana.)

En relación con el saber cotidiano encontramos ahora el problema de la fe.

La fe

En primer lugar quisiéramos confrontar nuestra concepción de la «fe» con otras dos concepciones que, aun estando en un cierto aspecto en contradicción, tienen entre ellas un elemento en común. La primera desciende de la tradición de la Ilustración y contrapone la «fe» al «saber». De modo que creer algo significa no saber, mientras que el saber suspende la fe. Esta concepción es alimentada por dos fuentes: en parte por la polémica contra la religión, en cuanto que en el lugar de la fe religiosa se quisiera poner el sólido y seguro saber de la ciencia (cosa que, a propósito de la ciencia, aun podría ser «creída» en tiempos de Newton); en parte por el uso lingüístico cotidiano, en el cual «yo creo» y «yo sé» cumplen funciones distintas. La otra concepción ha surgido de la crisis de la ciencia moderna y, sobre esta base, niega el carácter epistémico del saber científico. Su rasgo común es que ambas *consideran la fe como una categoría gnoseológica*. Pero en realidad no lo es; se trata, por el contrario, de un *sentimiento* que acompaña a comportamientos humanos radicalmente distintos y, entre éstos, *también* al conocimiento.

Para Russell —y nosotros estamos aproximadamente de acuerdo— la fe es un sentimiento del sí que acompaña a todo saber. A decir verdad el concepto de sentimiento del sí es muy amplio. En sustancia todos los sentimientos humanos, incluso los más heterogéneos, pueden ser divididos en sentimientos del sí y sentimientos del no. A los sentimientos del sí es más o menos adaptable la definición de Spinoza (concerniente al amor) según la cual entran en este grupo todos los sentimientos que acrecientan la potencia de la personalidad (prescindimos aquí del contenido individual o particular de esta potencia), mientras que pertenecen al segundo grupo todos los sentimientos que van acompañados por una disminución de la potencia del particular. Tal subdivisión es legítima, en cuanto sabemos que la tarea primaria del particular es conservarse en vida y dar el máximo espacio posible a su personalidad. En efecto, los sentimientos han surgido como reacciones afectivas a los diversos factores de esta aspiración o a los impedimentos que ella encontraba. Vives había hablado ya de ello, pero sólo Hobbes lo ha tratado sistemáticamente haciendo derivar todos los sentimientos humanos de la atracción y de la repulsión. Dado que ni Hobbes ni Spinoza partían de una antropología u ontología social, se vieron obligados a considerar la atracción-repulsión y el amor-odio como afectos primarios y prioritarios de los que podían ser derivados todos los demás. Nosotros, ciertamente, no queremos hacer derivar los afectos de los sentimientos del sí y del no; nos basta con constatar que los afectos, después de haber partido de las necesidades de la vida cotidiana, se distribuyen tendencialmente en estos dos grupos.

Los sentimientos del sí son, por tanto, muchísimos. Sobre uno de estos, lo agradable, nos detendremos más adelante. Otros sentimientos del sí, pero cada uno en sentido distinto, son la nostalgia, la alegría, el amor, etcétera.

De modo que, diciendo que la fe es un sentimiento del sí, no hemos dicho mucho. Pero la fe es un sentimiento del sí extremadamente específico, es un *sentido de certeza*. Al igual que todos los otros sentimientos cotidianos, *también el sentimiento de certeza tiene siempre un lado cognoscitivo*. En el pensamiento intuitivo, por ejemplo, éste ocupa una gran parte. Cuando —pongamos por caso— un hombre se casa con una muchacha después de haberla visto sólo dos veces porque «sabe que será feliz» con ella, es evidente que este saber no se basa ni en la experiencia, ni en la reflexión, etcétera, sino en el pensamiento intuitivo, donde el sentido de la certeza cumple una función de primer plano. Cuando durante una escalada en la montaña elijo entre dos vías, mi decisión está motivada por la fe —por el sentido de la certeza— en que la vía elegida será más hermosa, más fácil, quizá más breve, etcétera. (Si en el pasado he hecho ya esta excursión, la fe se basa en la experiencia; si no la he realizado, solamente en la intuición.) Puedo creer en la existencia de algo, o en la verdad de una idea, en el triunfo de una causa, en la bondad de los hombres, en la lealtad de un amigo: en todos estos casos la fe no es más que la afirmación de la certeza subjetiva (del sentido de la certeza). El hecho de que creo no significa que no sé; es simplemente una formulación que nace de una perspectiva distinta. La frase «Sé que mi causa triunfará» no implica (necesariamente) más que la frase «Creo en el triunfo de mi causa». La primera formulación posee un carácter cognoscitivo, mientras que la segunda tiene un carácter emocional (naturalmente sobre la base de algunos conocimientos).

Todo saber va acompañado por un sentido de la certeza (fe). Por ello *la fe no puede valer como criterio de verdad de una cognición.* La fe no implica ni ignorancia, ni saber. Las proposiciones «Creo en algo», «Creo que algo es así» expresan en el uso lingüístico cotidiano precisamente tal presencia. Aunque es cierto que el verbo «creer» en el lenguaje cotidiano sirve a menudo para expresar un grado menor de certeza: «Creo...», «Lo creo sin más, pero no lo sé de cierto», etcétera.

La fe está presente en la vida cotidiana *en el plano cuantitativo* mucho más que en otras partes. De hecho, los hombres en su gran mayoría, como hemos visto, asumen como datos acabados las formas de la vida cotidiana, las objetivaciones genéricas en-sí y el saber cotidiano; y precisamente su ser-así, su inmutabilidad, su aceptación tal como son, se basan en la fe. La mayor parte de las personas interioriza las exigencias del sistema de los usos, los principios morales predominantes, las ideas e ideologías cotidianas, como certezas. Además la fe, el sentido de la certeza, ocupa un puesto de primer plano en todas las decisiones en las que el hecho particular debe ser lo más rápidamente posible (económicamente) subsumido bajo los esquemas de las objetivaciones genéricas en-sí adecuándolo a los estereotipos. Sin embargo, el hecho de que la fe esté tan difundida no nos dice nada sobre su *intensidad.* En la vida cotidiana se encuentran de hecho muchas fes, pero es raro que alguna de ellas se transforme en *pasión.* Lo cual sobre todo tiene lugar en las relaciones inmediatamente humanas con las objetivaciones genéricas para-sí, en las elecciones que se derivan de la actitud consciente hacia la genericidad y en su afirmación. Es un fenómeno que se encuentra ante todo en la acción política, en el ámbito de la moral y en la religión, pero también en la ciencia y en el arte. Recuérdese lo que pensaba Goethe a este respecto: las grandes épocas históricas están entretejidas de grandes fes.

La fe, el sentido de la certeza, multiplica las fuerzas, da impulso a quien cree, acrecienta su energía en la acción y es efectivamente capaz de mover montañas; pero puede también llevar a caminos equivocados, a catástrofes, tragedias, al mal. Y esto puede suceder especialmente cuando el sentido de la certeza es utilizado *contra* el saber, el razonamiento, y quizás incluso contra la evidencia, es decir, cuando *se da un valor de conocimiento* al sentido de la certeza en sí y para sí.

Aunque, en menor medida, esto también puede suceder en la vida cotidiana. He aquí por qué en el comportamiento cotidiano paralelamente a la fe es eliminado el sentido de la certeza. La *duda* aún no es el *escepticismo*: la primera es por así decir la suspensión «localizada» de la fe relativa a una determinada existencia, a una cognición, a una persona, a una solución, a una exigencia, etcétera; el segundo es, por el contrario, *un principio de vida, un comportamiento*, en el cual no es eliminado un sentido de la certeza definido, sino el sentido de la certeza *como tal*. En el escepticismo todo (el saber, la verdad) es puesto *a priori* como incierto, y esta incertidumbre de principio es elegida como hilo conductor del comportamiento humano. El escepticismo, por tanto, no constituye un comportamiento cotidiano, sino filosófico, y al mismo tiempo una concepción del mundo (aparece por primera vez en la filosofía de la Antigüedad clásica). No queremos detenernos en las formas muy variadas de este comportamiento filosófico, pero por no obstante diremos que la denominada duda metódica de Descartes no hace de la duda misma el principio último del comportamiento. Ésta solamente es válida para todo saber y conocimiento «pasados» respecto al punto firme, al hecho evidente del *ego cogito*, donde el sentido de la certeza emerge de nuevo, como evidencia, y se pone como fundamento seguro de toda nueva certeza. Nos interesa simplemente notar aquí que del mismo modo que la fe cotidiana constituye el terreno del que se alimenta la fe que aparece en las objetivaciones genéricas para-sí o que se refiere a ellas, también la duda cotidiana es el fundamento de la duda elevada a principio, a comportamiento, a método.

Algunos ejemplos bastarán para ilustrarnos sobre el significado de la duda en la vida cotidiana, es decir, de la suspensión localizada del sentido de la certeza. Creo en la lealtad de alguien; pero si un indicio me dice que esta lealtad es incierta, suspendo mi fe e intento alcanzar la certeza (reforzar mi saber). Creo que mi método de trabajo es el mejor; pero si me entero de que alguien trabaja bien con otro procedimiento, suspendo mi fe. Creo en lo que alguien me cuenta sobre algunos países extranjeros; pero cuando oigo que otro cuenta lo contrario, suspendo mi fe y no creo a ninguno de los dos, etcétera. También en la vida cotidiana puede generalizarse la duda, pero sin alcanzar el plano filosófico. Nos referimos al comportamiento de quien acepta solamente lo que es habitual, lo que está preformado, de quien sólo sabe probar el sentido de la certeza por estas cosas y por tanto es *a priori* escéptico frente a lo que es insólito, no preformado, único. Denominamos este comportamiento «desconfianza». Después está el recelo, en el caso de la eliminación exagerada del sentido de la certeza hacia las personas (en primer lugar hacia aquellas personas a las que no se está habituado). Siendo comportamientos afines la desconfianza y el recelo se presentan a menudo emparejados.

Nos hemos referido a que la filosofía puede elevar la duda a comportamiento general, a principio. Pero esto sólo sucede en casos excepcionales. Por el contrario, tanto la filosofía como la ciencia presentan una actitud escéptica hacia los presupuestos del saber cotidiano, mientras que *la religión eleva la fe a principio*. Tertuliano da de este hecho una formulación radical con su *«credo quia absurdum est»*. En verdad la vida religiosa no expresa esta tendencia de un modo tan neto, también ella se esfuerza por explicar, clarificar, motivar. No obstante, lo que a nosotros nos interesa es que la vida religiosa *excluye por principio la suspensión del sentido de la certeza, la duda, respecto a las tesis religiosas*. En la teología la filosofía está subordinada a la religión, tiene solamente la posibilidad de explicar, interpretar, motivar sistemáticamente —filosóficamente—, y no la de suspender la certeza de las tesis religiosas aunque sólo sea temporalmente.

La desconfianza, el recelo y el escepticismo pueden conducir también, al igual que la fe, a catástrofes y tragedias tanto en la vida cotidiana como en las objetivaciones genéricas para-sí. Permaneciendo en el plano de la vida cotidiana: ¿cuántos pierden la «gran ocasión» de su vida —es decir, la posibilidad de cambiar de vida, de mejorarla— por desconfianza hacia nuevos fenómenos, métodos y experiencias o por recelo hacia personas que serían, por el contrario, importantes? Para hallar una relación justa entre fe y duda es necesario, en cada caso particular, la *frónesis* aristotética, que evita los peligros de la hipergeneralización. Este último aspecto es muy importante. Si es cierto que los hombres tienen la tendencia innata a dar confianza o a tener desconfianza de un modo unilateral y gratuito, ambas sólo se convierten en un comportamiento por una excesiva generalización de experiencias de vida particulares. Si una mujer me ha abandonado, sostengo que todas las mujeres son infieles, ya no creo en ninguna. Si una tentativa falla, sostengo que este tipo de tentativas es siempre inútil, que la cosa no funciona, que no soy capaz, etcétera. La duda hipergeneralizada puede conducir a los prejuicios al igual que la fe hipergeneralizada.

Hasta ahora sólo hemos hablado de la fe, del sentido de la certeza, en abstracto. Pero el contenido de la fe puede variar notablemente según el por qué (por qué motivo, en base a qué motivación), *de qué* y el *cómo* se cree o bien el por qué, el cuándo y el cómo es suspendido el sentido de la certeza respecto a algo o a alguien. Desde el punto de vista *ético* estos casos en general no son en absoluto indiferentes. Por eso subdividíamos el sentido de la certeza en dos tipos principales totalmente distintos éticamente: la fe ciega y la confianza.[6] Resumiremos brevemente el problema por lo que afecta a la vida cotidiana.

La fe ciega es la fe del hombre particular, la confianza es la fe del individuo. El fanático se aferra con sentido de la certeza a toda cognición, causa, idea, etcétera que le permita realizar su propia particularidad, y sólo deja de creer (se hace escéptico) cuando una cognición, un saber, una causa, una idea ofende su particularidad. El hombre individual, caracterizado por la confianza, prueba un sentido de la certeza frente a toda cognición, saber, causa, idea en la que vea incorporada la genericidad o al menos donde *también* esté la genericidad; por tanto, asume hacia tales sentimientos una actitud escéptica, cuando éstos ofenden los valores genéricos. Por ejemplo, uno que haya sido educado en el odio a los negros, puede no creer ya en la inferioridad de los negros cuando se entere de que no es un blanco puro y que también él será objeto de discriminación. Si esto no sucede, puede permanecer en su fe ciega (manteniendo sus cogniciones convertidas así en «certeza») aunque se le explique ampliamente la insostenibilidad, en el plano científico y de la experiencia, de sus principios. No renunciará a sus prejuicios puesto que con ellos consigue moverse bien en su ambiente. El individuo, por el contrario, aceptará como válida la verdad científica, porque ve en ella el contenido de valor de tipo superior, etcétera.

Evidentemente la fe ciega y la confianza no sólo tienen una función importante en la vida cotidiana, sino también en la ciencia, en el arte, en la política y en la moral. En cuanto a la religión, a pesar de que ésta brinda apoyo a la fe ciega (permaneciendo también por esta vía ligada a la particularidad), en el seno del comportamiento religioso no son irrelevantes las diferencias entre fe ciega y confianza (en la interpretación de los dogmas de fe, en las decisiones prácticas sobre determinados casos, etcétera).

Quisiéramos observar, además, que la desconfianza y el recelo como formas de comportamiento son la expresión de *reacciones particulares*. Normalmente se llega a tales reacciones cuando la fe ciega defrauda (especialmente si la desilusión se verifica de una manera continua). Con esto no se pretende decir que no se pueda reaccionar en el plano de la particularidad cuando la desilusión

6. *Cf.* A. HELLER, *Glaube oder Vertrauen*, en «International Dialog Zeitschrift», 1969.

afecta a la confianza (el individuo también puede tener reacciones particulares), sino más bien que es del todo posible que ésta produzca desconfianza y recelo. Pero dado que la confianza del hombre individual se basa en el ligamen con los valores genéricos, dado que es un sentido de la certeza que se refiere a valores de este tipo, a menudo, la pérdida de confianza o es parcial (se desvía hacia otro objeto) o bien, cuando no se encuentra o se cree no encontrar un valor genérico adecuado, conduce a la *desesperación*. *Puede haber* (pero no necesariamente) en la desesperación un camino que haga volver a la confianza apenas se encuentre un objeto digno. Sin embargo, no siempre la fe ciega y la confianza están netamente diferenciadas. A veces ambas permanecen para siempre indiferenciadas, otras es la desilusión la que las distingue pasando por la desesperación (Shakespeare muestra ejemplos insuperables en este sentido en las figuras de Otello, el rey Lear y Edmundo). Las variantes son tales y tantas, que aquí como máximo sólo podemos indicar los rasgos más importantes de los tipos.

El sentido de la certeza tiene una estrecha relación con la *asunción de responsabilidad* respecto al saber cotidiano. Somos responsables de todo saber que comunicamos, de todo saber en base al cual actuamos (y como hemos dicho, también las palabras son actos): lo somos *tanto hacia nosotros mismos como hacia los otros*. Cuando considero que mis conocimientos son suficientes para cambiar una válvula, asumo una responsabilidad (si la atornillo de un modo equivocado, se me pueden pedir cuentas de mis escasos conocimientos). Cuando considero que un niño, dadas sus capacidades, debería continuar los estudios, asumo una responsabilidad semejante (sobre sus capacidades, de su provecho en el estudio, etcétera). Cuando invito a alguien para mañana por la noche, asumo la responsabilidad de estar en casa mañana por la noche, de acoger a la persona en cuestión en mi casa, etcétera. Cuando digo que hoy hace calor, asumo la responsabilidad del tipo de ropa que nos pondremos mi familia y yo, etcétera. Es cierto que la responsabilidad puede ser mayor o menor según las consecuencias de mis actos (de mis palabras), según éstos sean de mucho peso o relativamente indiferentes, ramificados o simples, etcétera. En la vida cotidiana los hombres son en general espontáneamente conscientes de su responsabilidad, pero a menudo tal consciencia es fruto de la reflexión. Cuando nos expresamos con cautela, se quiere también atenuar la responsabilidad. Si, en lugar de «mañana lloverá», digo que creo que mañana lloverá; en lugar de «Pedro tiene mal carácter», digo que tengo la impresión de que Pedro tiene un mal carácter; en lugar de «debes detenerte aquí», digo que en mi opinión es necesario detenerse; en todos estos casos —tanto si se trata de hechos importantes como si no— atenúo mi responsabilidad por las palabras que pronuncio (en relación al acto). Tales tipos de ate-

353

nuación de la responsabilidad son menos numerosos en el campo de las acciones no verbales (un indeciso levantarse el sombrero, que podría ser interpretado como un saludo, pero también como un gesto cualquiera; actos imprecisos de preparación, que posteriormente podrían ser negados; etcétera).

La preferencia acordada a estereotipos bien experimentados, el aferrarse al comportamiento de la media de los hombres, el uso de la praxis repetitiva en los casos en que sería necesaria la inventiva, nacen a menudo del temor a la responsabilidad. Y también muy a menudo es el temor a la responsabilidad el que vuelve convencional el sentido de la certeza (la fe) de la media de los hombres, el que lo hace degenerar en fe ciega, el que da tanta fuerza a la desconfianza y al recelo frente a lo nuevo (como sabemos, éstas son las otras caras de la fe ciega). Sin embargo, el temor a la responsabilidad *no es obligatoriamente una categoría negativa.* Es sabido de lo que han sido capaces los hombres que han superado este temor: piénsese en Nerón, que prendió fuego a Roma para poder escribir una oda sobre el incendio. También un individuo que actúa en base a normas con contenido de valor positivo, conoce el temor a la responsabilidad, pero este temor, cuando se trata de una causa cargada de valor, no lo induce a huir de la responsabilidad, sino más bien a tomar una decisión que implique la asunción de la responsabilidad y la superación del temor. Hamlet dice al final del primer acto: «Los tiempos están desbaratados: ¡Oh, maldito desasosiego; nunca debería haber nacido para volverlos a poner en orden!» Shakespeare representa en la figura de Hamlet la dialéctica de saber y responsabilidad. Para Hamlet superar el temor de la responsabilidad significa *saber, estar seguro* de que su acto es *adecuado* y no arbitrario (y que no se trata de una acción puramente convencional).

TIPOS DE ACTITUD TEORÉTICA EN EL PENSAMIENTO COTIDIANO

Hemos hablado ya de los fundamentos en el pensamiento cotidiano de las particulares actitudes (no naturales) de las objetivaciones para-sí). Por ejemplo, las formas de actitud teorética en el seno de la estructura pragmática (el alejamiento en el tiempo y en el espacio de la praxis), entre las cuales el pensamiento anticipador, o bien la comprobación de los hechos, la fe, la confianza entendidos como sentido de la certeza respecto (entre otros) al saber. Hemos intentado demostrar que el saber cotidiano, con sus características antropológicas y ontológicas y con su contenido cognoscitivo, constituye el fundamento de las objetivaciones genéricas superiores. Examinaremos ahora la cuestión bajo un aspecto distinto. Tomaremos en consideración *tipos de pensamiento que como tales no tienen ninguna relación con el pragma-*

tismo cotidiano, que se fijan en cuanto tales en la vida cotidiana, convirtiéndose en habilidades y además en habilidades típicas. Esto es, se trata de actitudes no cotidianas «puras», *pero que son partes orgánicas de la vida y del pensamiento cotidianos* y que como tales se convierten en fundamento de las objetivaciones genéricas para-sí.

La contemplación

La contemplación constituye un comportamiento humano primordial. Aparece donde quiera que la relación con la naturaleza *no* sea *pragmática*, cuando la naturaleza no es utilizada, vencida, pero tampoco temida. Su primordialidad es evidentemente relativa. Para que se presente como comportamiento independiente deben existir hombres que, en parte, estén ya libres de la lucha por la autoconservación. Como hemos dicho ya, en el hombre el mundo en el que vive suscita curiosidad e interés. Más tarde cuando no es *ni necesario ni posible* un comportamiento pragmático, curiosidad e interés se convierten en fines en sí mismos. Todas las cosas que por un lado son objeto del interés pragmático, por otro —cuando reposamos y no consumimos— pueden convertirse en objeto de contemplación. El pastor que mira el cielo estrellado, no puede ni debe hacer nada con las estrellas: son bellas, forman figuras extrañas, suscitan interés, temor reverencial, estupor. Les da un nombre y distingue las constelaciones. Aprende a *observar* algo que *no usa* y a *experimentar placer* frente a algo que *no consume*. A partir de esta observación, de la que encontramos huellas en diversas representaciones mágicas, se llega después de un largo camino a descubrir la belleza de la naturaleza. Este escalón sólo se alcanza a través de la mediación del arte. Pero una vez alcanzado, el hombre llega a una fuente inagotable de placeres cotidianos. En un rostro se descubren bellas líneas, en un paisaje las líneas onduladas del movimiento, en el sonido la armonía. El hombre llega así a un tipo de placer que no tiene nada que ver con la satisfacción de las necesidades de la vida. La observación, la contemplación se convierte en el fundamento de la ciencia y del arte en las percepciones cotidianas.

La descripción de las cualidades

Una capacidad unida a la precedente es la descripción de las cualidades. Se trata, evidentemente, ante todo de un hecho pragmático. Las cualidades de una cosa son descritas para dar a conocer cómo y cuándo usarla (cómo reaccionar frente a ella). Sin embargo, desde hace ya mucho tiempo la descripción de las cualidades se ha hecho autónoma, se ha separado de la intención pragmática: junto a las cualidades que interesan a la praxis, se observan también cualidades irrelevantes en tal sentido. Estas observaciones se convierten después en un saber que es legado en herencia a las generaciones siguientes. Los dibujos de las cavernas del Paleolítico muestran muy bien cómo la observación se convierte en una intención autónoma. En los animales representados sobre la roca no sólo están presentes las cualidades que interesan desde el punto de vista de la caza o de la utilización de la presa, sino también las cualidades «inútiles».

La clasificación

En la clasificación tenemos ya una especie de homogeneización. La clasificación surge también en primera instancia de una necesidad pragmática. Por ejemplo, los hombres han tenido que distinguir los frutos comestibles de los no comestibles, y ulteriormente han tenido que subdividir entre ellos las plantas comestibles, etcétera. Para realizarlo fue necesario un particular tipo de clasificación. Pero una vez existente la capacidad de clasificar no se detiene en los límites del pragmatismo. A la distinción entre plantas comestibles y venenosas sigue de inmediato, como muestra Lévi-Strauss, la distinción de las plantas venenosas sobre la base no de su grado de toxicidad, sino de los más diversos criterios no pragmáticos. Las clases que surgen no tienen ningún significado práctico. De este modo nace, por el contrario, una forma de homogeneización, el clasificar que se hace relativamente autónomo como habilidad, que ya sólo satisface un interés, la curiosidad, *sirviendo a la conquista teorética de la realidad* y ya no solamente a la práctica.

El experimento

La preparación con vistas a un cierto fin, la adquisición preventiva de conocimientos, el deseo de seguridad, pueden hacer surgir también en la vida cotidiana una *prepraxis* que apunta al pragmatismo, la forma del experimento muy frecuente en la vida cotidiana. Se trata de una actividad práctica *sui generis*, que yo mismo desarrollo o encargo a otros: no es un fin en sí mismo, pero no tiene ni siquiera el objetivo de desarrollar las habilidades necesarias para ejecutar una determinada tarea (como ciertos juegos). Su función es la de preparar la *consciencia* suficientemente para tomar una decisión, para permitir el actuar con un mayor valor de probabilidad, quizá suficiente para garantizar una acción segura. Aquel que usando un nuevo color tiñe primeramente un pedazo de tela para ver si no perjudica el tejido, quiere precisamente procurarse el conocimiento (el saber) del color antes de usarlo efectivamente. (El mayor conocimiento sirve en este caso para disminuir la responsabilidad.) Resulta claro que nos encontramos aquí frente al germen de determinados métodos científicos. Otro asunto, pero no podemos detenernos en tal cuestión, es la ambigüedad y por tanto la problematicidad moral de los experimentos hechos con personas.[7]

La síntesis o imagen del mundo

Aunque el saber cotidiano, la doxa, no se inserte en la ordenación de una imagen homogénea del mundo, aparece ya en el plano del pensamiento cotidiano *la necesidad de una imagen del mundo unitaria, de una síntesis*. En parte son las cuestiones teleológicas concernientes al particular (por qué o con qué objetivo están en el mundo, por qué esta o aquella cosa debe suceder precisamente por mi causa, etcétera) las que constituyen los fundamentos de esta necesidad. Pero evidentemente no sólo éstas se hallan también, indisolublemente ligadas a las precedentes, cuestiones teleológicas concernientes al «nosotros» o derivadas de la consciencia del nosotros (por ejemplo, sobre el origen de una estirpe). Además algunas cuestiones nacen del trabajo, aunque luego se han separado de él (la magia pseudopragmática, especialmente la forma analogizante que Frazer denomina magia contagiosa). Estas necesidades y modos de pensar que se derivan de las fuentes más variadas crean en sus comienzos sólo síntesis parciales bajo la forma de *mitos*, que constituyen modos de comportamiento *religiosos* y *artísticos* que aún no se han alejado del pensamiento cotidiano. Estos mitos explican el ser-así del mundo del hombre, así como el puesto del hombre en el mundo. Sólo la religión se ocupa —cuando lo hace— en fundir o incluso en unificar orgánicamente estas síntesis parciales en una síntesis complexiva. Una síntesis filosófico-científica la tenemos por primera vez en el pensamiento griego que, ya en sus primeros pasos, se enfrenta con el modo de sintetizar de los mitos ligados al carácter antropomórfico del pensamiento cotidiano y con sus contenidos. La primera imagen filosófico-científica del mundo que proporciona una explicación complexiva del mundo dotada de una solidez propia, la debemos a Heráclito y a las ideas de los eléatas.[8]

Las grandes síntesis en el plano de la genericidad no han impedido al pensamiento cotidiano el producir día a día sus síntesis parciales. Así tenemos por un lado síntesis de carácter primitivo, mitológico, y por otro generalizaciones sintetizadas de las

7. A este respecto distinguimos dos polos: el poner a prueba a personas, que constituye el polo positivo; el juego con personas, que es el polo negativo.
8. Sobre la lucha de la imagen del mundo de la Antigüedad clásica contra los mitos, véase el último capítulo de la *Estética* de G. Lukács.

experiencias cotidianas, la denominada «sabiduría popular», la «filosofía del campesino». Durante largos períodos históricos ni la religión, ni la filosofía (y más tarde la ciencia) han cedido sus armas en la lucha por el «alma» del hombre, en la lucha por subordinar la vida y el pensamiento cotidianos a su propia síntesis. Sólo en el último siglo —por causas y motivos que no podemos analizar aquí— tal pretensión se ha atenuado, e incluso ha desaparecido parcialmente, y las objetivaciones genéricas para-sí (parcialmente también el arte) han renunciado espontáneamente a la pretensión de dar una explicación unitaria del mundo y de trasponerla al pensamiento cotidiano. Son también cada vez más raras las síntesis parciales, pero que aparecen conscientemente organizadas por la manipulación y consumidas como mercancías ya confeccionadas.

II. El contacto cotidiano

Debemos decir ante todo que no es posible subdividir las manifestaciones de la vida cotidiana en fenómenos concernientes al saber, a las relaciones y a la personalidad. Tomemos, por ejemplo, el «debate» y el «juego»: se trata de dos fenómenos que pueden referirse (aunque no exclusivamente) al saber y que al mismo tiempo tienen un papel relevante en el desarrollo de la personalidad. Por el contrario, es en cualquier medida arbitrario (y podríamos citar otros ejemplos) discutir en el ámbito del problema del contacto entre los hombres. Sin embargo, una cierta arbitrariedad es inevitable si queremos comprender teóricamente una esfera por su esencia heterogénea, en la cual todo fenómeno forma parte de conjuntos heterogéneos. En cada caso el arbitrio es relativo. Por tanto, examinaremos ahora aquellos fenómenos que en primer lugar forman parte del contacto entre los hombres (aun teniendo también otros significados) o que parece necesario examinar *también* desde tal punto de vista.

EL CONTACTO COTIDIANO COMO BASE Y REFLEJO DE LAS RELACIONES SOCIALES. IGUALDAD Y DESIGUALDAD

Normalmente a través del contacto cotidiano no entran en contacto el «hombre» con el «hombre», sino una persona que ocupa un puesto determinado en la división del trabajo con otra persona que ocupa otro puesto. Entran en contacto el señor feudal con su siervo de la gleba o con su vasallo, el empleado con su jefe o con su subordinado, el revisor con el pasajero del tren, el libre agricultor con su jornalero. Incluso los contactos de aquellos que tienen vínculos de sangre son regulados por el contenido, por los usos y por las normas posibles en presencia de determinadas formas de división del trabajo (incluso la relación entre padre e hijo o entre hermanos se ha transformado muchas veces en el curso de la historia), por no hablar de las formas de contacto entre hombres y mujeres, formas que, mediadas por las costumbres, cambian ampliamente. Cuando uno dice a su interlocutor: «Quisiera hablar contigo de hombre a hombre», pretende decir que en esta circunstancia no quiere considerar los respectivos puestos en la división del trabajo o las costumbres que regulan los contactos en la media de la sociedad.

Pero aunque los contactos personales estén fijados por el lugar en la división del trabajo y por las consiguientes costumbres, *el contacto se desarrolla entre hombres particulares concretos y no entre portadores de roles.* El carácter del particular se manifiesta como un todo unitario en los más diversos tipos de contacto: sea cual sea la persona y el contexto en que entra en contacto con ella, el particular permanece «idéntico» a sí mismo. (Hemos hablado ya de la posibilidad de que el contacto, como forma de alienación, cristalice en rol.)

Las relaciones que aparecen en la vida cotidiana en base a los contactos determinados por el lugar ocupado en la división del trabajo, pueden ser distinguidas en dos grupos principales: las relaciones basadas en la *igualdad* y las basadas en la *desigualdad.* En cuanto a las segundas puede tratarse de *relaciones de dependencia o de inferioridad-superioridad.* Las relaciones de dependencia son siempre de naturaleza *personal* (una persona es dependiente de otra), mientras que las de inferioridad-superioridad reflejan el lugar que ocupan las personas de un modo permanente en la división social del trabajo y no se basan necesariamente en la dependencia personal. La relación de inferioridad-superioridad entre el señor feudal y *su* siervo de la gleba es también una relación de dependencia; por el contrario, la relación entre el mismo señor feudal y el siervo de la gleba de *otro* no lo es. Entre enseñante y alumno existe una relación de dependencia, pero no una relación de inferioridad-superioridad. El alumno puede por principio hallarse en un grado superior en la división social del trabajo respecto a su enseñante. La relación de dependencia puede desaparecer aun permaneciendo inmutable el puesto en la división social del trabajo (el muchacho crece, la mujer se divorcia, el obrero encuentra otra ocupación), mientras que la relación de inferioridad-superioridad sólo cambia cuando cambia el lugar del particular en la división del trabajo o bien cuando esta última asume otras formas (por ejemplo en las revoluciones).

Hay que precisar que las relaciones de dependencia, en especial cuando son también relaciones de inferioridad-superioridad, no presuponen obligatoriamente un contacto personal. Por principio el rey no está obligado a tener contactos personales con todos sus vasallos y mucho menos con todos sus súbditos, así como el capitalista (y ni siquiera el director) con ninguno de sus obreros. La característica esencial que hace alienantes las relaciones de dependencia personales (como relaciones de inferioridad-superioridad), es precisamente el hecho de que dentro de la relación de dependencia se hacen imposibles por principio (o en la praxis) los contactos personales.

Las relaciones de inferioridad-superioridad (que, repetimos, reflejan el lugar ocupado de un modo permanente en la división social del trabajo) son, por tanto, relaciones de *desigualdad so-*

cial y como consecuencia son por principio *alienantes*. El viejo sueño de la igualdad surge en el hombre del odio y de la protesta contra este sistema de inferioridad-superioridad (incluso cuando esto sea evitable). Sin embargo, las relaciones de dependencia personal *no* contienen *obligatoriamente* el momento de la inferioridad-superioridad. Cuando son el fruto de una libre elección, cuando se basan en la diferencia de capacidad, cuando surgen por la necesidad de guiar, integrar una acción o una serie de acciones, se basan también en este caso en la desigualdad, pero no en la desigualdad social, sino más bien en la *personal*. La relación entre padres e hijos, entre enseñantes y alumnos, será durante un cierto período de tiempo desigual, en vista de la diferencia (la desigualdad) de saber y de experiencia entre las dos partes. Pero esta desigualdad (no-alienada) es siempre temporal, o bien surge en cierto punto de la actividad sin determinar la *totalidad* de las relaciones interpersonales.

En las sociedades de clase los contactos basados en la igualdad son correlativos a los basados en la desigualdad. Señor feudal y señor feudal, director ministerial y director ministerial, ama de casa y ama de casa entran en contacto entre ellos de igual a igual. *De modo que la misma igualdad personal es alienada, en cuanto se convierte en función de la desigualdad social.* Se tiene además una relación igualada entre desiguales, puesto que se pone el signo de iguales a personas desiguales por sus cualidades humanas. No nos referimos solamente a que sea potenciada la apariencia de las cualidades personales (quien tiene dinero, es hermoso, ingenioso, inteligente), sino ante todo al hecho de que *solamente algunos lugares privilegiados en el seno de la división social del trabajo ofrecen la posibilidad de desarrollar ciertas capacidades humanas* (saber, cultura, gusto, etc.). Para los apologetas de la sociedad de clase este fenómeno les sirve de argumento contra la igualdad. (Un ejemplo entre muchos: las mujeres no pueden ser situadas al mismo nivel que los hombres, nunca han producido nada grande, aún hoy son incultas, votan de un modo reaccionario, etcétera. De una igualdad personal no alienada sólo se podrá hablar como fenómeno socialmente típico cuando, en lugar de las relaciones de inferioridad-superioridad, existan relaciones de dependencia personal basadas únicamente en la diferencia de capacidad. El opuesto real de la desigualdad no es, por tanto, la igualdad, sino la «igualdad libre» en la que el contacto interpersonal es efectivamente un contacto de hombre a hombre, entre «este ser humano» y «aquel otro ser humano».

Creemos que no es necesario detenernos en demostrar que las relaciones interpersonales son necesarias por el hecho antropológico de la *diferencia* entre los hombres. Si no existiesen tales diferencias, cada particular no sería «único» en su género y una gran parte de los tipos de contacto sería superflua. Si tú reaccionases exactamente como yo, no sería necesario que yo te aconseje, te convenza de algo, te explique algo, etcétera. Pero todo esto no tiene nada que ver con el programa de la igualdad y de la desigualdad.

El contacto cotidiano constituye la *base* y el *espejo* de las formas de contacto del conjunto social. Lo examinaremos en primer lugar como base.

El contacto cotidiano es siempre un *contacto personal*: una o más personas entran en relación con otra u otras personas. El «contacto personal» es entendido aquí en sentido amplio. No es necesaria una proximidad física propiamente dicha, una conversación telefónica o una carta significan también un contacto personal, que, por tanto, puede estar mediado por objetos (entre comprador y vendedor existe un contacto personal). Pero, evidentemente, no es sinónimo del concepto de relaciones interpersonales. Todas las relaciones sociales son relaciones interpersonales, pero en cuanto conjunto de relaciones no son relaciones de contacto personal, aunque estén basadas en éstas. A pesar de ello los contactos cotidianos pueden ser también alienados. Hemos dicho ya que la inferioridad-superioridad, como hecho cotidiano, es una forma en la que se expresa la alienación. El grado de alienación de una sociedad puede ser también revelado por los contactos personales. No es el Estado, sino el funcionario del juzgado el que hace el embargo, y es el funcionario del juzgado con su dureza, los policías que lo ayudan (también éstos como personas), quienes muestran al hombre cotidiano particular la extrañación del Estado.

Resulta claro que las relaciones mercantiles y monetarias de una sociedad (por ejemplo el capitalismo) no son simplemente factores del conjunto de contactos personales concernientes al intercambio de mercancías. Sin embargo, no hay intercambio de mercancías sin que el productor de trigo A venda (en un contrato personal) su producto al mayorista B, sin que el mayorista B a través de sus agentes (guiados en el ámbito de un contacto personal) venda el trigo al detallista C, el cual luego (también él a través de un contacto personal) lo vende a sus clientes D. Todo acto de compra-venta se desarrolla bajo la forma de contacto personal cotidiano. (Lo cual es válido incluso cuando el detallista encarga telefónicamente el pedido a los delegados del mayorista.) O bien examinemos la relación recíproca de las clases. El antagonismo entre proletariado y burguesía surge de sus relaciones antagónicas con los medios de producción; de ahí los intereses opuestos de las dos clases y la posibilidad de una lucha entre ellas. Sin embargo, es evidente que la lucha de clases sólo se constituye cuando millares y millares de obreros particulares tienen una actitud de igualdad con sus propios compañeros de trabajo y una actitud de desigualdad con el capitalista o con el capataz (actitudes personales), cuando además un agitador (evidentemente de un modo personal) explica que la situación es injusta.

El obrero discute la cuestión con su compañero más próximo (una vez más en contacto cotidiano personal) y todos juntos acuerdan reivindicar del capitalista un salario más alto (tenemos también aquí un contacto personal en el plano de la vida cotidiana). Los millares y millares de obreros sólo se elevan por encima del nivel de la vida y del contacto cotidianos adquiriendo la consciencia de clase (la consciencia genérica mediada por la consciencia del nosotros), cuando *la consciencia de clase fundamenta su lucha integrándola en la lucha de toda la clase, ahora ya no sobre la base del contacto personal*. De este modo el contacto cotidiano se convierte, en el ejemplo, en el fundamento de la *actividad política* consciente.

En la primera parte hemos mostrado ya que las relaciones cotidianas reflejan las relaciones existentes en el conjunto social. Resulta evidente que la totalidad de las relaciones personales de una persona o de un grupo no puede darnos una imagen clara de las relaciones sociales, pero, por el contrario, *toda* relación personal refleja algo de la naturaleza de la totalidad social. Cuando el amo puede pegar a su siervo sin que éste se defienda, cuando un hombre puede aterrorizar (en cierta forma) a una mujer a su placer, o bien —por poner un ejemplo contrario— cuando pueden surgir numerosas relaciones de amistad sobre una base paritaria: en todos estos casos encontramos expresado algo importante sobre la totalidad del determinado mundo. Cuanto más numerosas son las relaciones interpersonales que surgen sobre una base de libre igualdad, tanto más humanizada está la sociedad.

LAS FORMAS DEL CONTACTO COTIDIANO

Para empezar, digamos algunas palabras sobre los *tipos* más importantes de contacto cotidiano. Se trata del contacto *casual*, del contacto *habitual*, de la *relación* y finalmente del *contacto organizado*. Cada uno de estos tipos no se presenta obligatoriamente aislado, sino que puede también estar interrelacionado con los otros.

Los tipos en sí no nos indican cuál es la *intensidad* del contacto. Cuando dos hombres, uno junto al otro durante un incendio, se ayudan recíprocamente en la tarea de extinción, tenemos un contacto casual (no se han encontrado nunca antes y no se volverán a encontrar en el futuro) pero muy intenso; el contacto habitual de algunos vecinos de casa puede ser por ejemplo mucho menos intenso. Si consideramos los tipos de contacto desde el punto de vista de la sociedad, los contactos organizados son los más intensos, puesto que son necesarios para su autorreproducción (familia, grupos de trabajo, organizaciones religiosas, células de partido, etcétera). Si analizamos los fenómenos observando la intensidad de los sentimientos, ocupan el primer puesto las relaciones: la relación es por su naturaleza un contacto permanente (habitual u organizado) entre dos o más personas basado en un vínculo sentimental recíproco. Forman parte de él la amistad y el amor, pero a menudo también un fuerte sentimiento negativo (el odio) hace surgir relaciones.

Dado que los tipos de contacto social (es decir, los organizados: los grupos y las comunidades) han sido examinados en la primera parte, mientras que las relaciones serán analizadas más adelante, nos limitaremos aquí a analizar el *cómo* del contacto. Son dos las formas a tomar en consideración: la *acción directa* y la *acción verbal*. Ambas pueden ser partes orgánicas del contacto relativo al conjunto social (su función social es, como hemos visto, el constituir sus factores), pero puede tener lugar también una forma especial que existe de por sí. Esta forma de por sí de contacto, que encuentra en sí misma su propio sentido, a saber el *juego*, la examinaremos separadamente.[9]

La acción directa (el otro como instrumento y como objetivo)

Evidentemente la acción directa no aparece siempre aislada de la acción verbal. Es decir, no se trata de una acción «muda», aunque puede serlo (dos personas caminan por la calle sin hablar y con las manos cogidas). La acción directa se distingue de la verbal porque contiene también *un acto como factor suyo*, porque se expresa inmediatamente también en el acto. La inmensa mayoría de los contactos cotidianos está constituida por acciones directas, mientras que la acción verbal tiene importancia como su anticipación o como reflexión sobre aquéllas.

Las formas de contacto cotidiano que se expresan en acciones directas son tan numerosas y tan heterogéneas que no podríamos ni siquiera enumerarlas. Sin embargo, citaremos algunas: *la acción en común* (por ejemplo, un paseo en común), *la acción concerniente al respectivo compañero* (le doy algo), *la acción recíproca* (el juego de pelota). Es posible establecer tipologías de acciones según los criterios más variados, pero para nosotros de momento esto es irrelevante. Lo que nos interesa es *la otra persona como objetivo o instrumento* en el contacto cotidiano.

Es sabido que Kant sostenía que un hombre no debe ser un instrumento para otro hombre. Kant ponía este precepto en la esfera de la moral abstracta, lo cual significa que consideraba como un *factum brutum* la función instrumental del hombre (para

---

9. Sabemos muy bien que esta subdivisión no se fundamenta en bases unitarias, pero creemos habernos justificado mediante las líneas iniciales de este capítulo.

otro hombre) en el contacto humano guiado por la moral no abstracta. Pero en realidad un contacto cotidiano en el que un hombre no haga de instrumento de otro *bajo ningún aspecto* es imposible (e incluso carece de sentido). Cuando tomo un contable, lo utilizo *(también)* como instrumento para mejorar la gestión de los negocios. Cuando invito a unos huéspedes, los considero *(también)* como instrumentos de entretenimiento para mí. El coito puede servir *(también)* como instrumento para generar. Los niños pueden constituir *(también)* un instrumento para obtener de ellos una alegría particular o un apoyo en la vejez, para darnos prestigio, etcétera. En la vida cotidiana es además inevitable que en ciertos tipos de contacto otras personas sean para nosotros *solamente instrumentos* (el cobrador está para vender billetes, el electricista para reparar mi lámpara, etcétera). La alienación del contacto cotidiano (personal) no consiste, por tanto, en el hecho de que otras personas cumplan *también* la función de instrumentos o de que en algunos contactos (en general casuales) esta función sea exclusiva. La vida cotidiana está alienada cuando (y en la medida en que) *la función instrumental domina todas mis relaciones humanas,* cuando la relación con otro hombre, es decir, el otro hombre (los otros hombres), *como objetivo* desaparece completamente (en la mayor parte de mis contactos, o también en las formas de contacto más importantes para mí).

Cuando afirmamos que el papel de instrumento por parte del otro es inevitable en el contacto cotidiano, no negamos que la misma persona pueda ser *también el objetivo* de nuestro contacto. El hombre que se casa con una mujer exclusivamente porque constituye un buen partido, porque acrecienta su prestigio, porque le conviene casarse, porque los hijos son necesarios, considera a la mujer sólo como un instrumento. Por el contrario, para el hombre que ve la esencia del matrimonio en la relación amorosa y que por ello se preocupa de la felicidad de la esposa tanto como de la propia, la institución del matrimonio constituye una relación con un fin en sí mísma, con la esposa, es decir, mediante la relación con la esposa como objetivo, aun estando presente una cierta instrumentalidad. También puedo tomar un contable no pensando solamente en la administración, sino en los intereses del otro: lo que ganará con ese trabajo, si el trabajo es apto para él, etcétera. El otro hombre no deja de ser un instrumento, pero es al mismo tiempo un objetivo.

Evidentemente, el otro hombre no es considerado como un objetivo con *igual* intensidad en todos los tipos de contacto. La máxima intensidad es posible en las relaciones, la mínima en los contactos casuales. Sin embargo, podemos detectar la tendencia de fondo por la cual *tanto más humanizado es el contacto cotidiano cuanto más numerosas son las relaciones personales en las que la función instrumental del otro hombre está subordinada, cuanto más es en ellas el otro hombre (y el contacto mismo) el objetivo.*

En la serie de relaciones de desigualdad son las relaciones de inferioridad-superioridad aquellas en las que predominan la instrumentalidad del otro hombre. El trabajador es para el capitalista un instrumento para enriquecerse, el siervo es para el amo un instrumento a emplear (para los servicios que afectan a su persona), no son tomados en consideración bajo ningún otro aspecto. O mejor, cuando el otro hombre en estas relaciones aparece como objetivo, es porque *el fin mismo es subordinado a la función de instrumento* (me conviene ser bueno con el siervo, porque así me sirve mejor). Sólo eliminando la inferioridad-superioridad en la vida cotidiana se hace posible que la función primaria de instrumento de un hombre para otro pierda su universalidad social.

La relación moral abstracta (aquí Kant tiene razón) pone siempre el veto a la pura función de instrumento del otro hombre. En base a las normas morales abstractas —no a las concretas— debo tomar en consideración también desde el punto de vista de *sus* necesidades, deseos, etcétera, al ser que, como hombre, es igual a mí. «Bien» no es sólo «bien para mí», sino el *bien* simplemente como valor, y, por tanto, también «bien para él». Al mismo tiempo (y ahí estriba la dialéctica de la pura moral abstracta) *también* en este caso el hombre puede ser un instrumento para otro hombre: cuando se trata de un objetivo moral abstracto en cuanto tal. Y la moral abstracta constituye sólo un ejemplo de cómo la relación con el hombre como instrumento se transforma en el plano del para-sí. Piénsese en la política («el fin justifica los medios»), en la función instrumental de la persona-modelo en el arte, en los experimentos científicos efectuados con hombres y sobre hombres, etcétera.

La acción verbal

La acción verbal como tipo específico es difícilmente distinguible en sus formas elementales de los aspectos lingüísticos de la acción directa. Sus formas elementales son la *comunicación*, la *discusión* y la *persuasión*.[10] Las tres pueden referirse inmediatamente a la acción, lo que sucede en la mayoría de los casos. Cuando comunico que el tren parte a las diez y trece minutos, lo hago a fin de que mi interlocutor tome el tren a tiempo; un grupo de trabajo, antes de empezar un trabajo, subdividirá sus fases particulares en el curso de una discusión; persuado a mi amiga

10. La petición, la orden, el ruego, la exhortación, etc., forman parte del aspecto lingüístico de la acción directa, por esta razón no tratamos de ello en este punto.

para que se ponga esta noche el vestido negro y no uno rojo burdeos; etcétera. Sin embargo, poseen también funciones y significado autónomos.

Empecemos por la *comunicación*. Comunicar no significa necesariamente suscitar una reacción correspondiente inmediata. Cuanto más evolucionada es una sociedad, cuanto más saber —no inmediatamente referido a las acciones del particular— es necesario para moverse en el propio ambiente, tanto mayor es la importancia de las comunicaciones que no son realizables en acciones y a las cuales no se reacciona con actos. Cuando alguien me comunica que Thomas Mann ha muerto, que ayer en Uganda hubo un golpe de Estado, que ha sido efectuado el centésimo transplante de corazón, recibo informaciones ante las cuales no puedo reaccionar con actos. Ni su misión es la de suscitar una acción, soy simplemente «informado». Aunque recibiese muchas informaciones de este género, no adquiriría una mayor capacidad de acción, sino que solamente estaría más informado. No hay que creer sin embargo que la comunicación de noticias, como acción verbal autónoma, sea un fenómeno «moderno»; en nuestra época simplemente han cambiado el *espacio* y el *tiempo* de la información, porque han cambiado los *medios* de comunicación. La prensa, la radio y la televisión han hecho posible la rápida difusión de las noticias, en la práctica llegan simultáneamente a los más diversos puntos del espacio. Además, gracias a la técnica evolucionada de las telecomunicaciones, estamos en condiciones de obtener más información de más sitios y de mayores distancias. Pero las noticias han existido siempre, siempre han sido comunicadas y siempre han tenido una importancia mayor o menor para la vida cotidiana. Basta pensar en la forma primitiva de la comunicación de noticias en el contacto personal, en los chismorreos, o en el papel que siempre han jugado, antes de la llegada de los medios de comunicación de masas, los *viajeros*, los extranjeros, los cantantes, los trovadores. La relación entre la masa de informaciones sólo «memorizadas» y la masa de informaciones que suscitan acciones es siempre indicativo del desarrollo técnico *además* del social de una época. Si la proporción se decanta en beneficio de las informaciones sólo memorizadas, tenemos un signo cierto de saber creciente. Sin embargo, Wright Mills observa justamente que la aspiración a estar informados, a «estar en», como comportamiento humano dominante, constituye un fenómeno moralmente negativo. Cuando el *deseo de pura información reprime totalmente la exigencia de transformar las informaciones en actos*, el saber del hombre en vez de ser activo se hace pasivo y pierde su función en la obra de replasmación de la vida (que es, por el contrario, un aspecto importante del saber cotidiano). Se llega así —sea cual sea el crecimiento cuantitativo de las informaciones— a una desesencialización de la personalidad humana.

La *discusión* como acción verbal relativamente autónoma es

sustancialmente una *forma colectiva* del pensamiento anticipador o diferido. Su tema no es obligatoriamente una acción inmediata (como en el caso de la discusión de trabajo), sino que puede ser también un acontecimiento lejano, que quizá no se verificará nunca. Se distingue de la conversación sólo porque en ella se debe llegar a una *decisión*. Cuando una familia discute el futuro de los hijos, cada miembro expone sus propias ideas, se confrontan las diversas, y al final se decide algo. Por el contrario, cuando se discute sobre un acontecimiento pasado, la decisión afecta a la *valoración* de tal hecho. No hay ni que decir la importancia de la discusión en una específica actividad genérica emergente de la vida cotidiana: la política.

Al igual que en muchas otras categorías de la vida y del pensamiento cotidianos, también en este caso debe ser puesta de relieve la duplicidad del contenido de valor social y ético del fenómeno. La discusión presenta innumerables aspectos positivos: preserva al particular de las decisiones equivocadas, de las ideas erróneas, de las reacciones unilaterales; puede servir como antídoto contra la particularidad, en cuanto las concepciones orientadas en este sentido se encuentran enfrentadas en la discusión con las opiniones de otros. Además, la discusión opera como principio de descargo facilitando las decisiones. Pero precisamente éste es el punto en el que hay que tomar en consideración el justo medio aristotélico. Si se discute siempre sobre todo, si se confía siempre en las decisiones colectivas, la responsabilidad personal es disminuida hasta tal punto que la función de la discusión acaba por transformarse en su contrario: es cierto que disminuyen las posibilidades de tomar decisiones condicionadas por la particularidad, pero se refuerza así un afecto suyo fundamental, la cobardía.

La *persuasión* (disuasión) no es más que una forma relativamente autónoma del *aconsejar*. De hecho su función no es sólo la de dar un consejo de aprobación o desaprobación sobre un determinado acto, su eficacia además no depende solamente del consejo dado, si es bueno o malo, sino también de la *forma* en que es presentado. Es decir, se trata de una acción verbal continuada, que está construida voluntariamente de tal modo que tenga la máxima eficacia. En la medida en que (y si) la comunicación no es puramente informativa, sino que sirve también para transmitir un convencimiento (tiene como fin la formación del mismo convencimiento), contiene siempre el momento de la persuasión. El sujeto de ésta puede ser un hombre particular, pero también una masa. *En el caso de la pura información ambos participantes son relativamente pasivos* (el informador no hace más que transmitir la información), *en la discusión todos los participantes son activos*; en la persuasión, por el contrario, uno (el persuasor) es activo, y el otro (el que es persuadido) es pasivo.

Dado que la persuasión se presenta ya en la vida cotidiana en una determinada forma preconstituida, para conseguir persuadir son necesarias facultades especiales. Se dice a menudo sobre alguien que tiene una buena capacidad de persuasión: no es solamente una cuestión de técnica, sino también de *carisma personal*. Esta capacidad tiene grandísima importancia en la actividad política, especialmente en los *discursos* políticos. Un discurso de hecho no es más que un persuadir a la acción y/o al convencimiento. En la Antigüedad clásica la retórica era considerada un arte o ciencia específica, se enseñaban sus reglas y todo buen ciudadano debía practicarla. En verdad la retórica no es ni un arte ni una ciencia, sino una capacidad cotidiana afinada dominando determinadas locuciones, una técnica, instrumentos típicos al efecto. No es una ciencia, porque en la ciencia la personalidad debe quedar suspendida, mientras que una retórica que operase solamente con reglas y métodos generales sería vacía e ineficaz. Para el éxito de la retórica es necesaria, por tanto, la presencia de la personalidad, un estilo personal, una adaptación rápida a la situación, el encanto del orador. Pero tampoco es un arte porque la evocación sólo tiene en ella una función secundaria. Su objetivo no es el efecto obtenido indirectamente a través de la evocación, sino precisamente el efecto directo. Sin embargo, la persuasión como *acción verbal dramática* es uno de los materiales fundamentales del drama (piénsese en el arte persuasorio de Ricardo junto al cadáver del marido de Ana).

El «*confiarse*» es también un fenómeno elemental de la vida cotidiana. Malinowski cuenta que los miembros de algunas tribus primitivas se congregan todas las noches y luego cada uno de ellos «se confía». El que habla está en una situación privilegiada y cada uno espera con impaciencia que llegue su turno. No es necesario demostrar que nosotros diferimos poco de los «salvajes» de Malinowski. Como máximo en el lugar de la confidencia pública, han entrado gradualmente sus formas más íntimas. Nosotros nos confiamos cara a cara: con un amigo, con la persona que amamos, con nuestro confesor, con el psicoanalista, etcétera. Cuanto más compleja es la individualidad del particular, tanto más (¡y no menos!) se hacen valer las dos necesidades que se reflejan en la confidencia. La primera es el deseo de «abrirse»; exponer libremente el propio yo delante de otro o de otros, es una necesidad perenne que surge de un modo inmediato de la socialidad del hombre. La segunda exigencia es ambigua: a través de la confidencia se quiere reducir, desgravar en parte o del todo la responsabilidad (moral). Se trata de una exigencia positiva cuando la división de la responsabilidad se convierte en un medio para comprenderse mejor a sí mismo y no para autoabsolverse. La confidencia, por el contrario, es negativa cuando el descargo de la responsabilidad sirve al particular para continuar del mismo modo. Por ello los diversos tipos de confidencia son siempre caracterizadores en el plano ético. No es necesario explicar cómo el confiarse, en cuanto hecho de la vida cotidiana se convierte en el fundamento de actividades genéricas para-sí. Hace un momento hemos hablado de su significado ético. Añadamos solamente que la *lírica subjetiva* como género artístico se basa también en un tipo de confidencia: es el «confiarse» del particular que se eleva a la genericidad.

La *conversación* es también un hecho fundamental de la vida cotidiana. Llamamos conversación a toda acción lingüística entre dos o más personas cuyo *único objetivo es el intercambio de ideas*. Éste aparece si y cuando los particulares tienen ideas autónomas y divergentes, o sea, precisamente «intercambiables». En ciertas épocas históricas, en determinados estratos sociales, donde ideas de este tipo sólo se presentan en momentos particulares, la conversación *no es un factor permanente de la vida*, sino una ocasión rara, podríamos decir, solemne. El campesino que viva en condiciones primitivas, sometido a un duro trabajo no tendrá ocasión en toda su vida de «mantener una conversación»; para el ciudadano ateniense, por el contrario, conversar formaba parte de su vida como hacer gimnasia o comer.

La presencia de la conversación como fenómeno continuo sistemático de la vida es, por tanto, indicio de un *nivel cultural* relativamente elevado. Pero produce también, a ese determinado nivel cultural, sus formas alienadas. Dado que, en una tertulia que se ha reunido precisamente para conversar, «no queda bien» estar en silencio, las personas hablan aunque no tengan nada que decirse, aunque no tengan ideas que intercambiar. Hay que hablar simplemente porque el silencio constituye una descortesía. Este tipo de conversar alienado es el que denominamos parloteo. Se toman temas esteriotipados (el tiempo, los ultimísimos acontecimientos, los chismes) y se habla únicamente por hablar. Un ejemplo de este conversar alienado son los diálogos grotescos de Ionesco.

Mientras en épocas y estratos sociales en los que la conversación no es usual, el silencio en común es un hecho obvio, en los estratos habituados a la conversación (o al parloteo) el silencio es ya un signo de *intimidad*. Cuando se encuentran juntos, sólo pueden callar aquellas personas que tienen una relación extremadamente íntima y que en el contacto ya no tienen necesidad (o no *siempre*) del lenguaje.

Una única conversación (con excepción de las obras de arte, en las que lo irrepetible es también típico) no nos puede revelar hasta qué punto un estrato (comunidad, grupo) conversa o parlotea, hasta qué punto el contacto verbal es alienado o no. Aún no existe un individuo pensante tan evolucionado que no sienta la necesidad de cuando en cuando de encontrar a otros, «así», para charlar cuatro cosas. (La intimidad caracteriza más bien el encuentro de dos personas o de pocas.) Es necesaria una serie de conversaciones o charlas, hay que conocer su tendencia de fondo, para comprender cuál es el contenido y la profundidad del contacto.

Hablaremos ahora brevemente sobre el *silencio*. El existencialismo hace de él un mito, pero no existe un «silencio» puro y simple; en realidad se da siempre un *silencio extremadamente concreto con un contenido concreto*. Malinowski, a propósito de la citada forma primitiva del confiarse, nos refiere que son considerados «peligrosos» aquellos que en tal circunstancia permanecen en silencio; quien no se confía, tiene un secreto, es peligroso para los otros. Del mismo modo, cuando un escolar responde con el silencio a las preguntas del maestro, este silencio posee un contenido concreto, aunque totalmente distinto del precedente: en general significa que el escolar no sabe responder. Hay situaciones en las que callar significa realmente consentir. Hemos visto ahora que el silencio de quien no está habituado a la conversación tiene otro significado del que está habituado a ella (según las situaciones, puede darse: aburrimiento, descortesía, intimidad). El juicio moral sobre el silencio varía también según las épocas y el puesto en la división del trabajo. En el pasado los niños sólo podían hablar si eran interrogados por un adulto, la mujer debía callar; en el proverbio latino «*si tacuisses*» el silencio es elevado a valor.

La mitificación del silencio por parte de los existencialistas proviene del hecho de que consideran la vida cotidiana total y necesariamente alienada, y, por tanto, para ellos son alienadas todas las formas del contacto cotidiano, incluida la acción verbal. Quien calla, «se sustrae» del contacto cotidiano, de la acción verbal en absoluto, y por tanto, de la alienación, y se retira así a la «existencia auténtica». En verdad, en un mundo alienado el «silencio», el retirarse de la acción verbal es tan alienado como la acción verbal misma, porque significa que se acepta la alienación como un hecho. No eliminaremos subjetivamente nuestra propia alienación aceptándola como condición del contacto cotidiano, sino revelándonos y actuando contra ella (es decir, también con acciones verbales).

Existe por tanto un silencio alienado, al igual que hay acciones verbales alienadas. Pero con esto no se fija una jerarquía entre los dos fenómenos. Es la situación concreta la que cada vez establece cuál de los dos es más rico de valor, más verdadero, más desfetichizador, más humano, más moral. Cuando el activista ilegal silencia a la policía su propia identidad, tenemos un silencio de alto valor. Por el contrario, cuando Lohengrin calla a Elsa su procedencia y pretende además que la mujer lo ame sin conocer su identidad, tenemos un silencio que no es rico en absoluto, pero hecho pasar como tal por el mito del «desconocido».

EL JUEGO

El rasgo común de las acciones que hemos examinado hasta ahora es el de ser partes y fundamentos de la reproducción social, el objetivarse en ella. El hombre es siempre responsable de estas acciones y del saber que en ellas se manifiesta. Pero hay un tipo de acción, directa o verbal, y de saber correspondiente que no entra en el círculo de la reproducción social y de las cuales *no se es responsable*. Se trata del *juego*. Un aspecto común y esencial de todo juego es que *desarrolla o moviliza capacidades humanas, sin ninguna consecuencia*. Si alguien recita una escena en la que mata al hijo del rey, esto no trae consecuencias, porque *en realidad* no le hace nada. Si uno gana a un amigo al ajedrez, el hecho no tiene consecuencias reales, porque *en realidad* no le causa ningún daño. Cuando esta ausencia de consecuencias acaba, ya no se trata —aunque permanezca inmutable la forma lúdica— de un juego en lo referente al contenido. Así sucede, por ejemplo, en el profesionalismo.[11] Es cierto que el juego, además de las facultades, pone también en movimiento a menudo las pasiones. Sin embargo, la ausencia de consecuencias sigue siendo posible por la intervención de las formas normales de autocontrol. «Hay que saber perder» es la conocida norma del juego, y quien no la respeta, pasa por un aguafiestas.

A causa de esta falta de consecuencias, la moral del juego es radicalmente distinta de la moral de la vida. *La única moral del juego estriba en la observancia de las reglas*, y esto sólo en los juegos que las poseen. Dentro de las reglas todo es posible. El jugador no debe tener miramientos con el otro. Sería absurdo jugar mal para dejar ganar al adversario. Cuando en los jugadores aparecen motivaciones de este género, es porque provienen «de fuera», «de la vida», no pertenecen a la esfera inmanente del juego.

En el momento en que se presenta la responsabilidad moral, se está ya fuera de los límites del juego; «dejamos perder, ya no es un juego», dicen los niños en quienes se ha desarrollado ya el sentido de este *punto-límite*. (La ausencia de la responsabilidad en la esfera lúdica no impide que en el juego se manifieste también el carácter del hombre. El *homo ludens* no es más que la revelación del hombre *entero* en la actividad lúdica, donde puede manifestarse, por tanto, toda su humanidad: en el juego puede ser celoso, envidioso, indiferente, apasionado, bondadoso, etcétera; puede jugar con o sin inventiva, con mayor o menor fantasía, de un modo lógico o ilógico; puede tomar o no en serio la derrota; puede transferir o no a la vida «real» el dolor sufrido en el juego, etcétera.)

11. Este hecho está bien representado en los *40.000 dólares*, de Ernest Hemigway.

Como hemos dicho, mediante el juego pueden ser puestas en movimiento *todas las facultades humanas.* Los juegos también se distinguen entre ellos por las capacidades que prevalentemente ponen en movimiento. Jugar a alcanzarse requiere y desarrolla ante todo la destreza y la agilidad; la gallina ciega, la sagacidad; las adivinanzas, la lógica y la asociación. Pero hay una facultad que salta siempre a primer plano: la *fantasía.* Precisamente porque la realidad es «sustituida» por una realidad imaginaria y se vive en un mundo inventado y autónomo, todo juego se convierte en una *satisfacción de la fantasía.* Con mucha agudeza Gehlen detecta esa necesidad incluso en juegos que tienen objetivos muy próximos a la vida, es decir, que superan el círculo lúdico inmanente: los juegos eróticos y aquellos cuyo objetivo son las ganancias.

Distinguiremos tres grandes grupos. Pertenecen al primero los *juegos de pura fantasía.* Según Leontev la mayoría de los juegos infantiles son de este tipo, y sirven prevalentemente para la interiorización social. El juego de una niña que viste y cuida a su muñeca y el de un niño que construye un castillo con piezas, consisten en sentir respectivamente la muñeca como una recién nacida y el castillo construido como un castillo real. Con el crecimiento los juegos de fantasía no desaparecen, sino que asumen otras formas. Una de ellas es para los adultos el *do-it-yourself.* De hecho el placer que se experimenta en estos juegos no se deriva tanto del hecho de producir un objeto útil, como del hecho de que es producido a través del libre juego de la fantasía, de que es satisfecha en él la necesidad de fantasía. Es también de este tipo la forma de pensamiento anticipador convertida en un fin en sí misma, la fantasía, al igual que los citados juegos eróticos.

Forman parte del segundo grupo los denominados juegos *miméticos,* en los cuales la satisfacción de la fantasía se traduce en la asunción de un *papel.* La forma más desarrollada y plena de este juego es el teatro, y bajo este aspecto el juego mimético constituye en realidad el punto de partida y el fundamento del arte. Pero esto no significa —como piensan algunos, y entre ellos Schiller— que el arte mismo sea también un juego. De hecho el arte, en cuanto objetivación genérica para-sí, no es en absoluto una mímesis puramente evocativa, sino que constituye su objetivación elevada al nivel de la genericidad. El juego, por el contrario, es por su carácter un fenómeno de la vida cotidiana y no supera nunca esta esfera. Aunque con esto no queremos negar que existan numerosísimas formas de paso entre el juego mimético cotidiano y la creación artística o su concreción.

Los juegos miméticos tienen también evidentemente formas menos desarrolladas. Entre los niños se verifican a menudo temporales «atribuciones de papeles» (ahora yo soy el conductor, ahora yo hago de maestro y tú de niño, etcétera). En ciertos casos tienen lugar transposiciones directas a los juegos regulados (por ejemplo, el gato y el ratón). Leontev ve en ellos un desarrollo típico: «El juego procede evolutivamente: en primer lugar el papel claro con la situación imaginaria y las reglas encubiertas, finalmente las reglas claras con la situación y el papel imaginarios.» [12]

El tercer tipo es el *juego regulado*. En este caso los papeles —cuando existen— pierden importancia y se convierten en funciones dentro del determinado sistema de reglas (tú eres el que alcanza, él es el ala izquierda, etcétera). Los juegos regulados tienen dos elementos característicos. El primero es que son en general juegos colectivos, no es posible efectuarlos solos. Lo que puede expresarse en una concomitancia o en una sucesión (el fútbol y la competición entre tiradores). Pero, como siempre, deben estar implicados un cierto *número* de participantes. El número mínimo es de dos (el esgrima), pero varía según los juegos; el máximo es indeterminado, pero no puede ser demasiado grande (diez mil personas no pueden jugar juntas, como máximo pueden mirar, entusiasmarse, etcétera). El segundo elemento de los juegos regulados es su *carácter competitivo*: en ellos se puede ganar o perder. Incluso deben su popularidad precisamente a este aspecto competitivo, en cuanto no sólo la fantasía encuentra en ellos un nuevo alimento (el papel de la casualidad en los juegos regulados), sino que a través suyo surge una particular tensión que aferra tanto a los jugadores como a los hinchas. Los juegos de pura fantasía casi no producen tensión, son relativamente privados y no tienen hinchas. En los juegos miméticos se crea ya una atmósfera de algún modo tensa, pero la causa primera de esta tensión no es el juego, sino más bien el contenido evocado. (Cuanto más trata la historia «de nosotros», tanto más numeroso es el público.) Los juegos regulados, por el contrario, son por su naturaleza creadores de público. Pero también aquí es importante el contenido: la competición entre los dos mejores espadachines del país (una «bella competición») atrae muchos más espectadores que un partido de fútbol entre equipos de tercera división. Sin embargo, tienen siempre un público, porque la posibilidad de ganar o perder, la tensión y la expectativa bastan por sí solas para atraer espectadores.

¿Cuál es, por tanto, la función del juego en la vida cotidiana? El juego constituye una actividad que desarrolla las capacidades, que está guiada por la fantasía, y que —dada su falta de consecuencias— *no puede ser un deber*: no se podría nunca exigir, ni nunca nadie lo ha hecho. El desarrollo de las capacidades sin consecuencias sociales, por un lado y la inexigibilidad

---

12. A. N. Leontev, *A pszichikum fejlödésének problémái* (Problemas del desarrollo de la psique), Budapest, Akadémiai Kiadó, 1963, p. 500.

por otro, crean una particular *esfera* y una particular *consciencia de libertad*. Tenemos así un momento positivo y un momento negativo interrelacionados entre sí. Es negativo el aspecto de la ausencia de obligación; el dato positivo es el desarrollo de las capacidades. Hay que subrayar con fuerza que en el juego, sea cual sea el momento de la libertad predominante, el positivo o el negativo, se trata siempre de una libertad *subjetiva*. Es decir, a partir del juego no podemos saber si determinada persona en la vida «verdadera» puede realizar sus capacidades y cómo.

En el mundo del niño, que aún no ha alcanzado el nivel de la conducta autónoma de la vida cotidiana, la libertad subjetiva tiene necesariamente mucho espacio. Para los niños, por tanto, el juego es una forma de vida «natural», una forma inconsciente de preparación para la vida. En el mundo de los adultos las cosas son de otro modo: el contenido del juego y la función que cumple en su vida varían sensiblemente según el grado en que pueden *realmente* ser libres y según la medida y el modo en que consiguen realizar sus propias capacidades en la vida. En épocas en las que las posibilidades de libertad en la vida son relativamente amplias, cuando el trabajo y las relaciones sociales están relativamente poco alienadas, el juego conserva en su totalidad la libertad subjetiva de la satisfacción de la fantasía. En este caso no es una preparación para la vida, sino el ejercicio sin responsabilidad de las capacidades *adquiridas* y de las habilidades desarrolladas en la vida. (De este tipo eran las fiestas de los arqueros en la Suiza de los inicios del siglo XIX.) Todos los pensadores que han emitido hipótesis sobre un futuro no alienado, se han interesado particularmente por la parte que el juego puede tener en un mundo sin alienación (Rousseau, Fourier). Por el contrario, cuanto más alienadas son las relaciones sociales, cuanto más alienada es la actividad de trabajo y la misma vida «verdadera», tanto más clara y unívocamente el juego se convierte en una *evasión*, en un punto de apoyo, en una pequeña isla de libertad. (Un ejemplo en este sentido es la predilección de los negros estadounidenses por el boxeo, como única ocasión en la que un negro puede dejar k.o. a un blanco *impunemente*.) Los adultos juegan la mayoría de las veces para olvidar el mundo, para crear un mundo distinto en el lugar del real, y también para constituirse una pseudoindividualidad en el lugar de una individualidad efectiva. La plaga de *hobbies* indica precisamente la difusión de esta última necesidad. Pero dado que la libertad del juego, como hemos visto, es en sí solamente una libertad subjetiva, no podrá nunca procurar una satisfacción completa y auténtica *en el lugar de la vida*. El juego, elegido como instrumento de evasión, sigue siendo improductivo y el mismo hombre, precisamente a causa de la libertad subjetiva conservada de este modo, se convierte en *prisionero del juego* (piénsese en

375

el *Jugador* de Dostoyevski). Y esto no sólo se verifica cuando las consecuencias se presentan (como en la ruleta), sino también en el caso de la clásica ausencia de consecuencias: el hombre que sólo vive sus fantasías en el juego o que se resarce de su vida fracasada y mezquina con la victoria de su equipo de fútbol preferido, está tan a merced del juego como un empedernido jugador de cartas.

Hemos hablado hasta ahora de un tipo de interacción entre la vida «verdadera» y el juego. Pero hay también otra, más relevante y más general. A saber: cuanto más alienadas son las relaciones sociales, tanto más surgen los clichés, los roles estereotipados, y tanto más disminuye en los hombres la consciencia de la responsabilidad moral respecto de sus acciones. Quien tiene un comportamiento basado en módulos, casi nunca o sólo superficialmente se enfrenta al contenido moral de sus propias acciones, casi nunca o sólo superficialmente siente la responsabilidad personal y admite las consecuencias de sus actos. Surge así el mundo del *Así lo hacen todos* y de esta argumentación emerge un comportamiento en el que los «roles» de las personas son entendidos como «reglas del juego», mientras que la firmeza o el hundimiento de los hombres aparecen identificados cada vez en mayor grado con la observancia y, respectivamente, las violaciones de tales reglas. Se instaura así un comportamiento humano que, si es legítimo en el juego —donde objetivamente no existen consecuencias—, cuando se difunde en la esfera de la vida «verdadera», es de una extrema absurdidad. En la vida, se sepa o no, todo acto tiene sus consecuencias, las cuales quizá perjudiquen gravemente a otras personas. Por otra parte, la vida «verdadera», cuando está dominada por la ausencia de consecuencias y de responsabilidades convertida en comportamiento general, ya no proporciona la libertad desarrollada en capacidades, la autorrealización auténtica que es propia del juego. El comportamiento de la vida cotidiana se convierte en un juego de las partes de las funciones. Por ello, la lucha contra la alienación se convierte en una lucha por la *reconquista* del juego. Debe ser reconquistado el juego auténtico, que no es el juego de las funciones, las apariencias, sustituto de la vida, sino parte orgánica de la libertad finalmente conquistada.

LOS AFECTOS QUE ORIENTAN EL CONTACTO COTIDIANO. AMOR Y ODIO. LAS RELACIONES

El contacto cotidiano apela evidentemente a los afectos más variados, pero algunos de ellos son *de primera importancia para la orientación en la vida cotidiana.* Y se trata de sentimientos del sí (enunciados según el grado de intensidad): *simpatía, inclinación, amor*; y de los sentimientos del no (también éstos ordenados según el grado de intensidad): *antipatía, aversión, odio*. Entre ambos grupos está como «tercero neutral» *la indiferencia*. Dado que no podemos proporcionar aquí una teoría de los afectos, nos limitaremos a hablar de los polos más intensos y del «centro». El sentimiento del amor nos liga a aquellas personas cuyo contacto aparece como importante para nuestra personalidad; el odio, por el contrario, nos liga a aquellas personas con las cuales —siempre desde el punto de vista de nuestra personalidad— queremos evitar de un modo absoluto el contacto. Somos indiferentes hacia aquellas personas con las cuales tener o no contactos posee para nosotros el mismo valor.

En los sentimientos hay que subrayar la relación con la personalidad. Cualquier contacto podría ser entendido como importante sin que exista una satisfacción de la personalidad (por ejemplo, cuando produce un útil material). Es posible que queramos evitar absolutamente el contacto con personas que amamos (el contacto con las cuales comportaría una satisfacción de la personalidad) por distintos motivos (el objeto de mi amor no me ama, quiero mitigar mi dolor evitando el encuentro, no quiero perturbarlo, etcétera). Análogamente, pueden ser numerosos los motivos por los que deseamos tener o evitar los contactos con personas indiferentes.

Aunque los afectos de que hablamos se derivan indudablemente en primer lugar de los contactos interpersonales y se refieren a éstos, desde siempre se han extendido por analogía también a los seres vivientes no humanos, a los objetos, a las instituciones, etcétera. Sin embargo, esta extensión analógica no ha afectado su estructura fundamental. Mi amor hacia un perro significa, como siempre, que es importante para mí estar junto a él. Si odio un objeto (porque me recuerda algo desagradable), me esforzaré por evitar el tocarlo y, si puedo, lo destruiré. Si soy indiferente hacia cierta legumbre, no me importará si la sirven o no durante la comida, etcétera.

Definimos afectos de orientación el amor, el odio y la indiferencia porque su función consiste principalmente en promover o guiar la orientación en la producción de los contactos cotidianos. Debo estar orientado sobre con quién está bien, mal o es indiferente tener contactos. Pero hay que poner de relieve que estos afectos *no son en absoluto tan subjetivos, tan ligados a la personalidad, como podría parecer a primera vista*. Los hombres nacen en una red de relaciones de amor y de odio, aunque esto varía en las diversas épocas. Todo niño «nace» en una situación por la cual ama a sus padres. No sólo porque éstos son necesariamente importantes para él (sin ellos no podría existir), sino también porque este amor forma parte del sistema de exigencias sociales. De igual modo, constituye una exigencia social el que todos los padres amen a sus hijos. También en este caso el origen del amor (más allá de la atracción natural hacia quien es frágil, indefenso, y más allá de los fundamentos biológicos del amor) es el hecho de que el niño es importante para los padres: quienes «continúan viviendo» en él, le transmiten sus propias características, el nombre, la propiedad, los objetivos de vida, etcétera. Pero además de todo esto, el amor es también una norma social, y es tan sólida que hijos que desde hace tiempo son indiferentes hacia sus padres (ya no son importantes para ellos) y padres desde hace tiempo indiferentes hacia sus hijos (tampoco éstos son ya importantes para ellos) continúan sosteniendo que los aman. Es necesario que penetre la aversión —en casos excepcionales incluso el odio— para confesarse a sí mismos que no aman a aquellos que «deberían» amar.

De un modo análogo, son también socialmente prescritas numerosas relaciones de odio. Los niños pequeños saben ya que hay que odiar a los enemigos de la patria o de la familia, que sólo se les puede encontrar en un lugar: el campo de batalla. En este caso es también necesario un potente «sentimiento opuesto» para liquidar el odio recibido de la convención; Romeo debe *enamorarse* de Julieta para poder amar a un miembro de la familia de los Capuletos.

Quién o qué es o no importante para nosotros, quién o qué se debe o no amar, está en cierto modo socialmente preformado. Evidentemente dentro de tales límites sigue siendo válida la importancia atribuida por el *particular* y su iniciativa. Aun enrojeciendo, el niño confiesa amar más a uno u otro de sus padres. Y tampoco el amor de los padres es igual respecto a todos sus hijos (seleccionados según su sentido de importancia). La intensidad de la normativa social puede verse también en el hecho de que en tales casos se habla a menudo de «injusticia»: los hijos de Jacob consideraban injusto que el padre prefiriese a José.

Con el fin de que las sociedades naturales y la aparición de la individualidad burguesa, los afectos orientativos del contacto interpersonal han comenzado —al menos tendencialmente— a ser menos preformados por la sociedad. Incluso en los contactos del hombre más insignificante va creciendo la posibilidad de elegir libremente el objeto del amor o del odio. Que esto luego suministre mayor espacio a la arbitrariedad o signifique efectivamente una mayor libertad, depende en gran parte, como veremos, de la *motivación* de los afectos, del por qué una persona es o no importante para otra.

La inclinación y la aversión (las formas menos intensas de amor y odio) no impulsan a otra cosa que a buscar o evitar el contacto. El amor y el odio, intensificados, en ciertos casos superan ampliamente este límite. El *ser* del objeto del amor y el *no ser* del objeto del odio pueden convertirse en fines en sí mismos: quisiera sacrificarme por la persona que amo y destruir a la persona que odio.

Para juzgar las formas intensivas de los afectos de orientación, hay que someter a análisis el *contenido* (sobre todo moral) y la motivación (sobre todo moral) de los sentimientos. En realidad, incluso su sola existencia no es indiferente en el plano del valor. Mientras que las parejas antipatía-simpatía e inclinación-aversión no tienen ni siquiera tendencialmente un contenido de valor, al amor y al odio se atribuyen en cuanto tales valores. En abstracto se juzga que el amor constituye un valor y el odio un desvalor. Evidentemente, esto no significa que todo amor sea positivo y todo odio negativo en tal plano, sino solamente que —considerando la *media* de los contactos humanos— el amor cumple más bien una función positiva y el odio más bien una función negativa; que —aunque ambos puedan ser manifestaciones que acompañan al comportamiento particular— en general el odio caracteriza la particularidad (pero siempre y sólo tendencialmente).

Sin embargo, lo que establece el contenido de valor de un amor o de un odio concretos, es en primer lugar *quién, por qué* y *cómo* se ama o se odia. Los tipos son innumerables, pero el elemento fundamental de la valoración viene dado por el grado en que el particular (la institución) que amo u odio es *objetivamente merecedor de amor o de odio,* por la cantidad de valores o desvalores genéricos incorporados en él. Cuanto más importantes son para la persona concreta los particulares (y las instituciones) merecedoras de amor, y cuanto más expresamente el afecto está *motivado* por este merecer amor, tanto más cargado de valor está el amor mismo; y viceversa: cuanto más netamente el odio está motivado por el merecer odio y *cuanto más exclusiva es esta motivación,* tanto más positivo es el contenido de valor del odio. Pero es universalmente sabido que una persona merecedora de amor puede ser amada *de un modo justo,* pero también *de un modo equivocado* (y viceversa: una persona merecedora de odio puede ser odiada *de un modo equivocado* al igual que de un modo justo), o sea que los sentimientos pueden suscitar reacciones (acciones) adecuadas, pero también inadecuadas.

Repetimos: los afectos de orientación explican su función esencial en los contactos cotidianos. Sin embargo, dos de ellos, el amor y el odio, operan también como motivaciones en los contactos genéricos y en las objetivaciones genéricas para-sí. El desarrollo de la moral, de la política, del arte y de la ciencia es inconcebible sin grandes amores y grandes odios. En estos casos el éxito o fracaso en el seno de la esfera respectiva es uno de los criterios para establecer si la individualización (el conocimiento) de lo que es merecedor de amor y de lo que es merecedor de odio es correcta. El amor equivocado y el odio equivocado conducen en estas objetivaciones completamente a descarríos, mientras que es sabido por ejemplo que a menudo un gran artirsta sólo está en condiciones de reproducir en su obra de arte la jerarquía de valores reales en contraposición a sus preferencias cotidianas por determinados tipos (piénsese en lo que dice Engels sobre la predilección de Balzac por los héroes del *ancien régime*).

La indiferencia (el afecto de la ausencia de afectos) *no interviene de ningún modo en las objetivaciones genéricas para-sí*, a pesar de que es extremadamente frecuente en los contactos cotidianos. En cuanto al contenido de valor, es la mayoría de las veces neutral. Pero cuando la indiferencia se convierte en un *modo de comportamiento* general, cuando reprime a los otros afectos de orientación, posee un contenido de valor negativo. Es decir, sobre la base de la indiferencia generalizada el particular no podrá nunca elevarse a las esferas genéricas para-sí, no podrá formarse una actitud consciente hacia la genericidad.

Los afectos de orientación de la vida cotidiana son factores decisivos en las *relaciones*. Se recordará que según nuestra definición las relaciones son aquellos contactos sistemáticos (u organizados) caracterizados —en primero o segundo lugar, pero siempre muy intensamente— por los afectos anteriores. Toda relación contiene una «carga» de amor o de odio, aunque evidentemente el amor y el odio no siempre indican la presencia de una relación. Y esto no sólo porque una relación únicamente puede surgir entre personas, mientras que el amor y el odio (analógicamente) pueden también referirse a otros seres vivos, a las cosas, a las instituciones, etc., sino también porque se puede amar a una persona en secreto (lo que no implica una relación), el amor puede ser unilateral (también aquí sin relación), etcétera. Y lo mismo puede decirse del odio.

El carácter de los sentimientos constitutivos de relaciones es, por tanto, la *reciprocidad*. Cuando falta este rasgo esencial y no ha existido nunca, como máximo se puede hablar de posibilidad de una relación; cuando desaparece, se debe hablar del fin de una relación. Puedo enamorarme de alguien, pero esto sólo implica una relación amorosa cuando existe reciprocidad; puedo alimentar sentimientos de amistad hacia una persona sin que de ellos se derive nunca una amistad (como relación), etcétera. Sin embargo, la reciprocidad no implica que los sentimientos deban ser igualmente intensos por parte de ambos lados y tener el mismo contenido. Es indudable, por ejemplo, que entre el amo y su fiel siervo existe una relación humana, pero ésta se basa en una relación de desigualdad, por lo cual la naturaleza y el contenido de los respectivos sentimientos de afecto son radicalmente distintos. La relación no paritaria también puede realizarse —dentro de la propia categoría— cuando los sentimientos tengan contenidos distintos; en tales casos las relaciones paritarias permanecen, por el contrario, irrealizadas, insatisfechas. (Lo cual siempre sucede cuando se da una desigual intensidad de sentimientos.)

Las relaciones se dividen tendencialmente en dos grupos: las libremente elegidas y las no elegidas libremente. Señalemos rápidamente que —prescindiendo por un momento del contenido de la relación y de la intensidad de los sentimientos— el contenido de valor de las relaciones libremente elegidas es más elevado. Sin embargo, no existe entre los dos tipos un muro insalvable. La relación entre padres e hijos no es por su naturaleza libremente elegida, sino que se basa en un azar biológico. Pero ya hemos puesto de relieve la presencia de momentos de libre elección en la misma familia patriarcal (la relación entre Jacob y José). También aquí podemos decir que el contenido de valor de las relaciones en el seno de la familia es tanto más elevado, cuanto más intensas las hace la motivación del «merecer amor». A medida que avanza el proceso de disolución del matrimonio monogámico, se clarifica también cada vez más con respecto a la familia la libre elección de las relaciones. Pero es difícil imaginarse una relación libremente elegida en la que el azar no intervenga en absoluto. Es ya un azar el que dos personas se encuentren. Cuando un niño es inscrito en una escuela, se encuentra, pongamos, entre otros treinta niños y entre éstos elige libremente aquellos con los que quería establecer una relación (es universalmente sabido que en las sociedades clasistas este proceso es regulado o circunscrito por prescripciones, prejuicios, etc., sociales). No obstante, admitido que tenga *la misma posibilidad* de elegir a los treinta niños, al final elige sólo dos, los que considera (o siente) más importantes para él. También aquí ha intervenido el azar: si el niño no es inscrito en esa escuela o no va a esa clase, no encuentra a esos treinta niños, y por tanto dirigirá sus relaciones hacia otros. No por eso las relaciones tienen algo de «fatal». El particular con que hemos instaurado una relación, no es nunca el único compañero posible. Pero cuando la relación tiene lugar, la sentimos —precisamente a causa de su integridad— como irrepetible, «destinada», como «hecho ineluctable».

Desde el punto de vista de nuestro desarrollo humano las relaciones son los contactos más esenciales, más ricos de contenido, de nuestra vida cotidiana. Cuanto más *intensas* son, cuanto más basadas están en la *igualdad*, cuanto más interviene en ellas *el momento de la libre elección*, cuantas más relaciones libremente elegidas, surgidas *sobre la base del «merecer amor»*, marcan la vida de las personas, tanto más rica de contenido, tanto más humanizada es su vida. Estas relaciones son *el valor más alto de la vida cotidiana.*

El espacio cotidiano

El contacto cotidiano tiene siempre su espacio peculiar. Este espacio es *antropocéntrico*: en su centro está siempre un hombre que vive su vida cotidiana. Su *articulación* está siempre fijada por la vida cotidiana, donde la *experiencia interior espacial* y la *representación del espacio* están indisolublemente interrelacionados. Por el contrario, así se encuentra el *concepto de espacio*, que desciende de la ciencia a la vida cotidiana; en la vida cotidiana se convierte en representación, pero no se transforma nunca en un modo de vivir el espacio, en una experiencia interior que oriente la vida cotidiana. Examinaremos ahora las categorías de representación y experiencia interior del espacio; pasaremos, por tanto, brevemente al concepto de espacio, refiriéndonos finalmente al «punto fijo» en el espacio.

Derecha e izquierda

Derecho e izquierda son modos intuitivos de vivir el espacio que sirven para *orientarse* en él. Esta experiencia interior (representación) espacial no tiene casi ningún fundamento objetivo y sólo está presente en el particular (las diferentes habilidades de nuestras manos, la colocación de los órganos más importantes en el cuerpo, etcétera). En el espacio no existe objetivamente ni derecha ni izquierda, nos orientamos en base a estas categorías relacionándonos nosotros mismos con el espacio. Además, el diferente valor que se otorga a estas palabras es también puramente antropocéntrico, en cuanto hay que remitirlo a las diferentes habilidades de nuestras manos y de nuestros pies; este hecho es posteriormente transformado en significado simbólico (ya no unido a la orientación) de la derecha («diestro») y de la izquierda («zurdo», «siniestro»).

Arriba y abajo

También arriba y abajo son principalmente categorías de la representación o experiencia interior del espacio que sirven para la orientación. Pero hay aquí algo más objetivo (natural) que en derecha e izquierda. De hecho el sistema de referencia natural de la vida y del pensamiento cotidiano es la *tierra*; en el caso de arriba y abajo referimos las cosas a la tierra. Por lo cual la diferencia de valor ligada a estas categorías es también más objetiva y no se basa únicamente en las características biológicas del hombre. Todo lo que para el hombre tiene valor —el fruto, la espiga— está **arriba** (respecto al tronco del árbol o al tallo del grano). De «arriba» luce el sol y cae la lluvia; el «arriba» es visible, el «abajo» (subterráneo) invisible. (En arriba y abajo, al igual que en derecha e izquierda, aparece también la transferencia de la acentuación valorativa a significados no espaciales.) Es fácil comprender la importancia de la objetivación de arriba y abajo en nuestra representación del espacio. Cuando se mira en un espejo, la derecha y la izquierda aparecen invertidas sin que se tenga la sensación de un «mundo invertido». Pero si uno se ve con la cabeza hacia abajo, siente aquel espacio como «contra natura».

Cerca y lejos

La distinción entre cerca y lejos sirve ante todo para designar el campo de acción de nuestros actos: es más fácil actuar sobre lo que está cerca que sobre lo que está lejos. «Muy lejana» es una cosa que está fuera del radio de acción de nuestros actos, y con ello viene dada también la entidad del esfuerzo necesario para alcanzar ese puesto. Por tanto, no es simplemente una paradoja decir: Barcelona está más cerca de París que una pequeña aldea a sesenta kilómetros. De hecho, en la actualidad es más fácil y menos fatigoso llegar a París por vía aérea que no a una pequeña aldea mal comunicada, para lo cual hay que cambiar de tren varias veces y quizás esperar largo tiempo el transbordo. Cerca y lejos indican también igualdad o diferencia de usos. Nos son cercanos aquellos lugares, regiones, etc., donde el comportamiento es similar al nuestro, son lejanos aquellos lugares en los que el comportamiento es distinto. A este tipo de diversidad se refieren las fórmulas introductorias de los cuentos: detrás de las siete montañas, detrás del monte de cristal, en el fin del mundo, etcétera. Según Simmel [13] no es casual ni siquiera el hecho de que las relaciones humanas sean indicadas como cercanas y lejanas: en las comunidades naturales la intensidad de las relaciones interpersonales depende efectivamente de la proximidad o lejanía. Pariente próximo es aquel con el cual —en su tiempo— se ha vivido bajo el mismo techo, un pariente lejano vive lejos. En la aldea el que está próximo es el «vecino», el que está lejos es el forastero, porque viene de fuera y tiene costumbres distintas de las nuestras, etcétera.

El límite

El límite es la frontera del espacio en el que se mueven nuestras acciones. Para aquel que en el curso de su vida no ha sali-

13. G. Simmel, *Soziologie*, Lipsia, Dunker und Humboldt, 1908.

do nunca de su aldea, el límite es la aldea. Y en un doble sentido: por una parte, sus acciones sólo están motivadas por experiencias efectuadas dentro de ese espacio determinado; por otra, el radio de acción de sus actos no supera los límites de ese espacio. En el primer sentido el límite es muy elástico. Durante largos períodos históricos el saber cotidiano de la media de los hombres se ha producido dentro de límites relativamente restringidos. En la actualidad los conocimientos conciernen a todo el globo terrestre, el espacio —en este sentido— se ha extendido mucho. En principio tenemos la posibilidad de viajar, en otros términos, tenemos la posibilidad de transformar lo que está lejos en algo cercano, en experiencia vivida personalmente. Sin embargo, en este sentido existen también los límites. Tampoco hoy nadie conoce todo el globo terrestre por experiencia personal; pero se trata del aspecto menos importante del límite espacial. Más importante es el problema del radio de acción de nuestros actos. Por extenso que pueda ser el espacio, *el radio de acción del hombre que vive su vida cotidiana permanece siempre dentro de límites determinados*. Sólo la elevación a la esfera de las objetivaciones genéricas para-sí permite por principio superar todo límite terrestre.

Como hemos dicho, *el concepto de espacio* desciende de la ciencia a la vida cotidiana. Toda persona civilizada tiene en la actualidad conceptos relativamente precisos sobre la *efectiva distancia* de los continentes, de las ciudades, etcétera. Aun sintiéndose más próximos a Londres a causa de las comunicaciones aéreas (la experiencia interior espacial cerca-lejos ha cambiado), todos saben perfectamente que Londres está más lejos que la pequeña aldea mal comunicada. Los actuales hombres civilizados saben además que el cosmos es infinito. En casos excepcionales este saber puede convertirse en una experiencia directa (se experimenta lo infinitamente pequeño del globo terrestre frente al cosmos), pero en la praxis cotidiana este concepto espacial no tiene ningún efecto de relieve. La tierra —al menos hoy— es el espacio máximo (en la media) de nuestras acciones; los viajes a la luna no tienen efectos sobre la humanidad. Nuestras percepciones continúan siendo referidas a la tierra. Sabemos que arriba y abajo son categorías antropocéntricas (o bien geocéntricas), pero a pesar de esto también el físico se orienta en la vida cotidiana con los conceptos de arriba y abajo y de derecha e izquierda.

El punto fijo en el espacio: la casa

Nos hemos referido ya a la importancia en la vida cotidiana de los hombres de lo conocido y de lo habitual, que son al mismo tiempo el fundamento de nuestras acciones y una necesidad nuestra. Poseer un *punto fijo en el espacio,* del cual «partir» (cada día o bien a intervalos más largos) y al cual volver siempre, forma parte de la vida cotidiana de la media de los hombres. Este punto fijo es la *casa.* La casa no es simplemente el edificio, la habitación o la familia. Hay personas que, aun siendo propietarias de una habitación y poseyendo una familia, no tienen casa. Por ello lo conocido y lo habitual son necesarios para crear un sentido de familiaridad, pero no agotan la categoría de casa. Es necesario que exista también el sentido de la *seguridad*: la casa protege. Contribuyen además *relaciones afectivas intensas y sólidas*: el calor del hogar. Ir a casa significa moverse en la dirección de un punto fijo en el espacio donde nos esperan cosas conocidas, habituales, la seguridad y una fuerte dosis de sentimiento.

EL TIEMPO COTIDIANO

El tiempo de la vida cotidiana, al igual que el espacio, es antropocéntrico. Así como el espacio cotidiano se refiere al aquí del particular, el tiempo se refiere a su ahora. El sistema de referencia del tiempo cotidiano es el *presente.* Y esto no sólo sucede en la vida cotidiana, sino también en numerosas objetivaciones genéricas para-sí, sobre todo en la política y (dentro de ciertos límites) en la historiografía. Sin embargo, en esta esfera el presente es el de una integración o del género humano, mientras que en la vida cotidiana se trata del presente del particular y de su ambiente. El presente «separa» el pasado del futuro: en la consciencia cotidiana las dimensiones temporales sirven también para la orientación práctica. En este sentido lo finito (lo que ya no actúa sobre el presente) se distingue del *pasado* (que aún actúa sobre el presente), siguen luego el *presente*, por tanto lo *incierto* (hacia el que se mueven nuestros objetivos) y finalmente lo *imprevisible.* [14]

Al igual que las experiencias interiores espaciales de la vida cotidiana, las temporales sólo son influenciadas por el desarrollo de la ciencia cuando ésta produce posibilidades de acción. Quien conoce bien la teoría de la relatividad, opera en la vida cotidiana con conceptos temporales cotidianos, y éstos no pierden su contenido de verdad en el sentido del saber cotidiano. Pero al concepto de tiempo le ha sucedido servir para una tentativa en dirección opuesta. Esto es, se ha intentado elevar a concepto científico un aspecto muy peculiar de la vida

14. Las categorías de las dimensiones temporales en la vida cotidiana las hemos extraído de H. LEFÈBVRE, *Critique de la vie quotidienne*, vol. II.

cotidiana y muy importante en ella: la categoría de experiencia interior temporal, de la duración (*durée*). Pero por mucho que haya sido tratada como categoría filosófica, la duración ha seguido siendo una categoría cotidiana, de una forma mitificada. De los numerosos aspectos del tiempo cotidiano examinaremos ahora los más importantes.

La irreversibilidad

El concepto filosófico del tiempo se reduce a la irreversibilidad de los acontecimientos y de los hechos. La irreversibilidad en cuanto concepto no aparece en el pensamiento cotidiano, pero *el hecho de la irreversibilidad* es parte orgánica de nuestra consciencia temporal cotidiana. Basta pensar en el frecuente lamento por las ocasiones perdidas, que no se han aprovechado, o bien en las también frecuentes reflexiones cotidianas según las cuales «las cosas pasadas ya no volverán», «lo que está hecho, hecho está, y no tiene remedio», etcétera. Pero, aunque en general nota la irreversibilidad (¿qué otra cosa podría hacer?), el pensamiento cotidiano *no puede resignarse a ella* y se afana continuamente en torno a lo irremediablemente pasado, jugando con las posibilidades de «lo que habría sucedido si». Cuanto más mísera es la vida de una persona, tanto menos consigue aceptar conscientemente la irreversibilidad de los acontecimientos pasados. También de aquí nace aquella necesidad religiosa que impulsa a creer que los hechos negativos han acontecido por disposición divina, que el arrepentimiento cancela nuestras culpas y que el más allá, la «vida eterna», cumple una función de *reparación* en el infinito. Cuanto más libre es la relación de una persona con su destino (respecto a los factores objetivos y subjetivos), más es capaz de tener en cuenta la irreversibilidad de los acontecimientos y tanto menor es su necesidad religiosa. Por ello la aceptación de la irreversibilidad constituye el pilar básico de la *moral estoico-epicúrea*.

El límite (la muerte, la generación)

La no resignación a la irreversibilidad por parte de los hombres es un modo de reaccionar al hecho irrevocable de la finitud de la vida, su *limitación*. El saber relativo al fin de la vida, a la *muerte* (la nuestra y la de otros), penetra *todo* el campo de acción de la actuación y del pensar cotidianos. Según Spinoza el sabio no piensa en la muerte, sino en la vida. Sin embargo, los hombres en general no son sabios y no consiguen prescindir de la muerte en sus acciones. Hablando de la moral (en la segunda parte) hemos puesto ya de relieve que si no existiese la muerte los hombres en su inmensa mayoría serían honestos, porque la deshonestidad es a menudo una consecuencia de la falta de tiempo: el temor a perder para siempre lo que no se haya obtenido hoy. Esto no significa que la gente sólo piense en la muerte. Al contrario: en la vida cotidiana media dominan los objetivos a alcanzar, el trabajo, los proyectos, el dolor por las desgracias sufridas, los intereses y el pensamiento de los intereses, y no domina en absoluto el pensamiento torturante de la muerte. (El sentimiento existencial de «ser para la muerte» sólo caracteriza a los intelectuales de determinadas épocas; lo cual no demuestra en absoluto que se trate de un sentimiento «elevado».) No obstante, basta una enfermedad, el funeral de un vecino, un mal sueño, y de inmediato la muerte aparece en el horizonte de la vida cotidiana como fuerza motivadora de determinadas acciones. El modo de reaccionar a la consciencia de la muerte depende en gran parte de los períodos, de los estratos sociales y, en su seno, de los particulares.

El análisis histórico de la actitud hacia la muerte requeriría en sí un estudio. No entraremos, por tanto, en las diferencias históricas y sólo tomaremos en consideración tres *tipos* de actitud. La primera está caracterizada por la *insensibilidad*. Son insensibles aquellos que *aún* sienten la muerte como un hecho natural, y por ello no se ocupan de ella. Para ellos es *insignificante* tanto la muerte de los otros como la suya propia en cuanto que, no teniendo una individualidad desarrollada, ni siquiera poseen el sentido de la unicidad de las personas. El temor a la muerte es característico del segundo tipo. Las personas de este tipo no son insensibles, comprenden ya su propia unicidad y la de los otros, por lo cual su fantasía —continuamente o sólo en situaciones de crisis— se ocupa de la muerte. De ello se derivan dos comportamientos aparentemente contradictorios. Uno está constituido por la no resignación, por la rebelión, por la perenne pregunta: «¿Por qué debo morir?»; el otro está constituido por la resignación, que puede llegar incluso al deseo entusiasta de la muerte. El tercer tipo, finalmente, siente *ya* la muerte (sobre todo la propia) como algo natural, pero solamente la muerte *natural*, mientras se rebela contra todo género de muerte provocada por la mano del hombre. Estas personas son individualidades que también respetan la individualidad, la unicidad del otro, por insignificante que sea el «otro». El individuo no se resigna a la muerte, pero *la acepta como parte orgánica de la vida* y se esfuerza en vivir de manera sensata, de un modo digno del hombre, para que su muerte tenga también un sentido. Ni siquiera este tipo es sabio y, aunque edifique su propia vida, piensa también en la muerte; pero sus acciones *no están nunca motivadas por su propia muerte.*

Digamos algunas palabras sobre la relación entre los límites de la vida del particular y los puntos-límite históricos. Estos últimos periodizan el destino de una interpretación, fijan el marco de su desarrollo. Pero la «densidad» de estos puntos-límite históricos, no es indiferente respecto de la conducta de la vida cotidiana. Cuanto más próximos están, cuanto más breve es el período de tiempo que los separa frente a la vida de los particulares, tanto más intensamente «se ingiere» la historia en el modo de vida de éstos. Ernst Fischer [15] dice justamente que la *generación*, hecho importantísimo para la vida cotidiana actual, es una consecuencia de la mayor densidad de estos puntos-límite y, en cuanto fenómeno *típico*, nace en el período antecedente a la Revolución Francesa. Son miembros de una generación los hombres que han vivido y absorbido determinados puntos-límite históricos más o menos a la misma edad, y no aquellos que simplemente pertenecen más o menos a la misma edad. La generación, por tanto, es el momento *discreto* en la *continuidad* de los nacimientos de los hombres que se deriva de la interacción entre «límite» histórico y duración de la vida de los particulares.

La medida y la división del tiempo

La división *natural* (correspondiente a la naturaleza) del tiempo es ciertamente más imprecisa que la del espacio, pero también utilizable en más direcciones y con mayor elasticidad. Con los pasos se puede medir un pedazo de tierra, a palmos un pedazo de tela, pero es muy dificultoso medir la distancia entre dos pueblos. La jornada (del alba, al ocaso) y el año son divisiones «naturales» del tiempo mediante las cuales se pueden medir con suficiente exactitud tanto el tiempo como el espacio. Es conocido el uso de los pueblos primitivos —uso surgido antes que el concepto de número— de comunicar la distancia de un pueblo a través de un movimiento que indica el número de albas y de ocasos (a pie tres jornadas, a caballo una jornada, etcétera). Aún hoy, después de haber acordado la división del espacio (y la división del tiempo dentro de la jornada), en la vida cotidiana comunicamos las distancias con definiciones temporales. No decimos que hasta la estación hay dos kilómetros, sino que a pie dista media hora y en tranvía veinte minutos.

La división unitaria del tiempo dentro de la jornada (la subdivisión en horas) es fundamentalmente distinta de la división en años y días. De hecho —exactamente igual que en la división del espacio— en la división del tiempo aparecen *homogeneizados*

15. Ernst FISCHER, *Problemas de la generación joven*, ed. Ciencia Nueva, Madrid, 1967.

sobre base cuantitativa elementos cualitativamente distintos: una hora es una hora cuando el sol surge, cuando está en el zenit, cuando oscurece, etc. Son los factores precientíficos de nuestro saber cotidiano.

La importancia social de la división del espacio y como consecuencia su importancia en la vida cotidiana es mucho menor que la de la división del tiempo. El espacio debe ser dividido en primer lugar refiriéndolo a la naturaleza (en los trabajos de construcción, etc.); incluso hoy bastan en la vida cotidiana los conceptos puramente empíricos de «grande», «relativamente grande», «muy alto», etcétera. La importancia de la división del tiempo, por el contrario, está en continuo *aumento* en la vida social (y por tanto cotidiana) de los hombres. La «distribución del tiempo» es una consecuencia necesaria de la finitud de la vida y de la economía en la cotidianidad de la que ya hemos hablado. Cuantas más cosas deben ser hechas cada día y cuanto más rápidamente (por exigencias internas y externas), tanto más es necesario aprender a distribuir bien el tiempo. La «puntualidad» es un importante atributo temporal en la vida cotidiana. Distribuir bien el tiempo significa también «organizarlo». Los hombres deben desarrollar en sí mismos la capacidad de actuar simultáneamente. Por otra parte, para entender la distinta importancia de las dos cosas, basta observar cuántas personas en la actualidad llevan encima un reloj y cuántas un metro.

La enorme importancia de la división del tiempo en nuestra época —mucho mayor que en el pasado— es un simple hecho. No podemos detenernos aquí en su contenido de valor. Sin embargo, quisiéramos poner de relieve que, junto a la *falta de tiempo*, vuelve continuamente a estar presente la experiencia interior del *exceso de tiempo* (en la historia pasada de la humanidad sobre todo entre las clases no trabajadoras, en la actualidad, paralelamente a la disminución del horario de trabajo, incluso entre los trabajadores). Este exceso es una consecuencia del crecimiento de la cantidad de tiempo no usado para una actividad; el fenómeno subjetivo (afectivo) concomitante es el *aburrimiento*. Según la creencia popular el remedio contra el aburrimiento es el trabajo: el rey que se aburre y por ello está siempre enfermizo, aprende a cortar leña y se cura. Sin embargo, Kierkegaard sostiene justamente que el aburrimiento no sólo proviene de la inactividad, sino también de la *monotonía* de una actividad cotidiana febril, demasiado ligada a la «distribución del tiempo». De hecho, el antídoto contra el aburrimiento no es, en realidad, la actividad pura y simple, y ni siquiera en todos los casos la que nos es requerida, sino la actividad *que tiene un sentido*, que permite desarrollar nuestras capacidades humanas. Cuanto más numerosos tipos de actividades sensatas son posibles para los particulares de una determinada sociedad, y cuanto mejor saben explotar estas posibilidades (donde son igualmente importantes tanto el factor subjetivo como el factor objetivo, aunque el segundo sea el socialmente decisivo), menos se aburrirán los hombres. Y entre las actividades sensatas no corresponde ciertamente el último lugar a las acciones verbales (el discurso) y a las acciones interpersonales intensas basadas en la igualdad.

El ritmo del tiempo

El tiempo no «camina» ni veloz ni lento: todo hecho es igualmente irreversible. Por el contrario, el ritmo del tiempo cambia notablemente según los períodos históricos. Hay épocas en las cuales la estructura social apenas cambia durante siglos, y épocas en las cuales un siglo o quizás un decenio ve una serie de acontecimientos resolutivos. La *aceleración* del ritmo del tiempo es —al menos desde la aparición del capitalismo— una tendencia general de la historia.

El cambio del ritmo de la historia tiene siempre efectos sobre la vida cotidiana, pero no sobre la de cada particular, ni toca con la misma intensidad cada aspecto suyo. Afecta en primer lugar a las clases y estratos sociales que toman parte activa en los acontecimientos históricos o que son afectados por los cambios históricos. Hay estructuras sociales en las que ciertos estratos «quedan fuera» de la historia, y no sólo en cuanto no toman parte en ella, sino debido a que la historia no provoca en ellos ninguna modificación. Según Marx, son de este tipo las antiguas sobrestructuras sociales del modo de producción asiático. Desde la aparición del capitalismo el cambio del ritmo de la historia afecta cada vez más a toda la sociedad. Lukács pone de relieve, por ejemplo, que las novelas de Balzac están ligadas a puntos históricos muy firmes; la vida (cotidiana) de sus héroes sólo podía configurarse del modo en el que se configura en estas novelas, por influjo de determinados acontecimientos históricos concretos, sólo en un determinado momento. Pero también aquí se notan las diferencias que hay entre quien participa activamente y quien simplemente sufre el influjo de la historia.

La aceleración del ritmo histórico hace, ante todo, que la vida de los hombres *dentro de una generación* (a veces incluso más frecuentemente) se transforme, que un hombre en el curso de su vida se halle frente a situaciones cada vez nuevas. (Es éste uno de los motivos por los que surge la tendencia a orientarse hacia el futuro, de la que ya hemos hablado.) La vida, por tanto, debe ser «reordenada» con frecuencia. Esta reestructuración concierne sobre todo *al contenido,* pero a menudo opera sobre el mismo ritmo de la vida. Cuando, por ejemplo, el capitalismo disolvió las comunidades originarias y los viejos tipos de trabajo, la gente tuvo que adaptarse no sólo a otros sistemas de exigencias, sino también a un ritmo de vida más rápido. Lo mismo sucede a las personas particulares que se trasladan a un país que se encuentre a un nivel productivo más elevado, que sea más capitalista. Basta pensar en las dificultades mediante las cuales los emigrantes a los Estados Unidos se habitúan a los más rápidos ritmos de vida y de trabajo.

Sean cuales sean los efectos sobre el contenido y sobre el ritmo de la vida cotidiana causados por la aceleración del ritmo de los acontecimientos históricos, *dentro de cada rasgo de la vida cotidiana el ritmo debe ser relativamente estable*. Esta estabilidad es requerida ante todo por el trabajo (hay que trabajar tantas horas al día, la jornada debe estar organizada sobre esta base), pero también por la economía de la vida cotidiana. Además, un ritmo más seguro y estable constituye un «descargo», mientras que un modo de vida «irregular», que cambia continuamente de ritmo, deteriora el organismo humano y el sistema nervioso: quien vive así, se vuelve incapaz de realizar tareas heterogéneas, muy articuladas. No contradicen a este ritmo unitario los cambios —también ellos regulados— temporales (durante las fiestas, en vacaciones); de hecho el reposo viene dado, no por la simple pausa durante la actividad, sino por un diverso ritmo de vida. El ritmo de vida regulado y el descanso no son sinónimos de *tensión* y *relajamiento*. Estas dos categorías se refieren a la obligatoriedad del trabajo alienado y al placer de estar liberados de él. El descanso bajo la forma de relajamiento es la contrapartida del trabajo alienado y constituye también un fenómeno de alienación. Schiller afirma con razón (hablando principalmente de arte) que el hombre que viva entre tensiones del trabajo y relajamiento, no es un sujeto adecuado para las actividades genéricas para-sí.

El momento

La importancia del «momento» emerge ya en la vida cotidiana tomando en consideración el trabajo. El éxito del trabajo depende en parte (a menudo en gran parte) de haber juntado a los animales en el momento justo, de haber sembrado y recogido el grano en el momento oportuno. Pero no menos importante es la elección del momento justo en los contactos cotidianos. «La situación está madura para pasar a los hechos» significa que ha llegado el momento justo, que no se podía actuar ni antes ni después con éxito positivo. Una declaración de amor, un gesto amistoso, un castigo, etc., producen el máximo efecto cuando se ha encontrado el momento más apto. Por ello la *paciencia* es tan decisiva; hay que *esperar* el momento justo. El sentido de la irreversibilidad, del que ya hemos hablado, es sentido a menudo precisamente cuando se ha perdido el momento justo y se sabe que ya no volverá.

La elección del momento adecuado es aún más importante en el caso de acciones que se desarrollen en el plano de la genericidad para-sí, y esto vale ante todo para la *actividad política*. En este caso la elección del momento justo puede ser decisiva para el destino de clases sociales o pueblos enteros; el talento político se revela en gran medida en la capacidad de captar el momento justo. Cuanto más rápido es el ritmo de la historia, tanto más importante es aprovechar el momento. Lo comprendió bien Maquiavelo, quien también analizó a fondo este problema, como condición necesaria para el éxito de una acción política. [16]

Pero en la vida cotidiana el momento tiene también un significado más usual: la *observancia* del término temporal prometido o aceptado. La convivencia social sería simplemente imposible si los hombres (globalmente) no respetasen los términos temporales comprometidos. Si uno llegase a una ciudad con horas o días de retraso, la palabra «cita» no tendría sentido. Sin embargo, respetar los términos temporales significa cosas notablemente distintas según las épocas, y este significado varía en gran medida según el tipo de acción a que se refiere. Lo que hoy, en nuestro tiempo acelerado, pasa ya por un retraso, en el Medioevo no lo era en absoluto (ni siquiera se le hacía caso). Lo que es calculado como retraso en el lugar de trabajo, no lo es en un encuentro entre amigos. No obstante, en cada contexto hay siempre una especie de *metro*, en base al cual se puede hablar de una inobservancia de los términos temporales.

El tiempo vivido

Mientras que las precedentes categorías temporales, aunque antropomórficas, eran siempre objetivas, el tiempo vivido es no sólo antropomórfico, sino también *subjetivo*. La *experiencia interior temporal* de la persona particular no es mesurable de ningún modo, o mejor, no se la puede expresar (describir, captar) con la cantidad de tiempo transcurrida. Cada uno sabe cómo puede suceder que el tiempo «no pase nunca» o bien que «vaya muy rápido», y cómo estas experiencias temporales interiores no tienen ninguna correlación con el tiempo efectivamente transcurrido, con la cantidad de tiempo medido en base a una convención social.

El tiempo vivido es una función de la carga o de la ausencia (del vacío) de experiencias interiores del sujeto. Es decir, la

16. Para un examen más extenso de las concepciones de Maquiavelo, remitimos a nuestro volumen *A reneszánsz ember, op. cit.*

experiencia interior temporal varía según el grado de saturación de experiencias interiores o con su ausencia. Pero esto no significa que la proporción deba ser siempre directa. Hay horas en las que vivimos cosas muy importantes para nuestro destino, horas que determinan nuestra vida más que algunos largos años. Pero este hecho puede producir dos distintas o incluso opuestas experiencias interiores temporales. Las horas cargadas de acontecimientos pueden ser sentidas como «extremadamente largas» porque en ellas ha sucedido «muchísimo», o bien —y por el mismo motivo— como «extremadamente breves». Es sobre todo el *contenido* del acontecimiento el que establece si la experiencia interior será «muy larga» o «muy breve». Si soy torturado para que confiese, cinco minutos pueden parecerme una eternidad; por el contrario, las horas felices transcurren como minutos. Y lo mismo vale para la experiencia interior de la ausencia de acontecimientos. Cuando estoy esperando algo bello, los minutos de la espera me parecen días: son minutos vacíos, que no «pasan nunca». Por el contrario, cuando miro hacia atrás en mi vida sin acontecimientos, tengo la sensación de que ha «volado», los decenios se reducen a breves instantes.

En la experiencia interior temporal tienen una particular función la *fantasía*, la *memoria* y la *imaginación*. Proust testimonia cómo es posible revivir en la memoria la vida entera en un breve instante. El tiempo de la memoria es la más subjetiva de las experiencias interiores temporales. Lo que yo revivo, en efecto es irreversible; el recuerdo es simplemente un momento de esta irreversibilidad, y *objetivamente* no es nada más. El tiempo vivido es, por tanto, subjetivo porque es *mi* tiempo; cada persona tiene un tiempo vivido *distinto*. Sin embargo, no hay que creer que los contactos sociales no influyan en el tiempo vivido de los sujetos particulares. Cuanto más numerosos son los hechos importantes, cuanto más ricos son de contenido los contactos humanos (relaciones), cuanta más iniciativa individual, acción autónoma, reflexión, es requerida a los hombres por el mundo, tanto más «denso» será el mundo interior de los particulares (pero sólo en la media), más tiempo vivirán los particulares en el curso del mismo fragmento de tiempo. En el arte esto aparece siempre muy claro. En las novelas los acontecimientos de varios años a veces son condensados en pocas páginas, mientras que luego aparecen distintos capítulos en los que se describe la historia (determinante para el destino de los personajes) de una jornada o quizá de una noche. Resulta así evidente que son *del todo* independientes del mundo, de las sociedades, el momento y el número en que se producen aquellos «instantes cargados de contenido» más largos que los años.

LAS COLISIONES DE LA VIDA COTIDIANA

Entre las muchísimas colisiones cotidianas eligiremos solamente, como es habitual, las típicas en las que es posible ordenar la heterogénea variedad de todas las otras.

La disputa

La más común de las colisiones cotidianas es la disputa. Entendemos por disputa la *colisión entre intereses particulares*. Cuanto más numerosos intereses particulares (incluidos los afectos particulares) posee una persona, además cuanto más particular es el interés de las personas con que tiene contactos cotidianos, en mayor grado su cotidianidad está caracterizada por la disputa. Pero dado que nadie, ni siquiera un individuo, está totalmente libre de motivaciones particulares y en ningún ambiente están totalmente ausentes, no existe ninguna persona que no haya nunca disputado. Sin embargo, la disputa se convierte en una *forma de vida* sólo para aquéllos en quienes las motivaciones particulares han echado profundas raíces, han crecido exhuberantemente y se han convertido en parte orgánica de todo un comportamiento particular. Piénsese en los *Pequeñoburgueses* de Gorki.

Que la disputa está motivada por intereses particulares no significa, empero, que cuando es «suspendida» la particularidad desaparezca. Ante todo, no se puede disputar *con cualquiera.* A menudo, en las relaciones sociales basadas en la desigualdad, el que se encuentra en situación de dependencia no puede disputar con la persona de que depende. El amo puede reñir a su siervo, pero no viceversa. La suspensión de la disputa en la persona dependiente sólo implica, por tanto, la aceptación del *status quo,* quizá sea oportunismo, pero no una virtud. Una virtud, en todo caso, sería disputar con la persona de la que se depende, lo que equivaldría —aunque en una forma no precisamente elevada— a *reivindicar la igualdad en una situación de desigualdad,* a proclamar que los propios intereses particulares son iguales a los intereses del que está encima.

A menudo la disputa es verbal, raramente el conflicto genera hasta llegar a las manos. Sin embargo, la disputa verbal no puede ser considerada un debate. Debates y discusiones sólo se dan —también en la vida cotidiana— cuando uno escucha los argumentos del otro. En la disputa, por el contrario, las personas no se responden; cada uno repite sus argumentos, los correspondientes a sus intereses y afectos particulares.

El conflicto es la forma de aquellas fricciones cotidianas en las que también pueden estar presentes los intereses y afectos particulares, pero *cuya motivación principal viene dada por valores genéricos y principalmente morales*. Cuando un hijo entra en conflicto con su padre porque éste le da poco dinero para gastar, nos hallamos frente a una disputa; por el contrario, si la causa del conflicto es que el padre le prohíbe participar en un movimiento revolucionario, el hijo entra en conflicto con él. En un conflicto, aquel de los dos contendientes que posee valores motivantes superiores (en primer lugar morales) posee el contenido de valor positivo. A menudo, el que inicia un conflicto se encuentra con ello en contradicción con su particularidad (por ejemplo, cuando está en conflicto con alguien que ama, o bien con alguien ligado a él por intereses), por lo cual *el acto mismo* representa un contenido de valor positivo. Sin embargo, *buscar* el conflicto sólo es positivo cuando se trata de una cuestión efectivamente importante y decisiva, de no ser así constituye un signo de intolerancia.

También en el caso del conflicto la forma más frecuente es la acción verbal. Pero, contrariamente a la disputa, se da realmente un *debate*: moral contra moral, concepción del mundo contra concepción del mundo; a ello hay que añadir la reflexión sobre los argumentos del adversario (es irrelevante aquí la eventual profundidad o superficialidad de la reflexión), los cuales son tenidos en cuenta.

La disputa forma parte de la vida de los particulares orientados en base a la particularidad, por lo cual la sola disputa no produce nunca un cambio de esta forma de vida. Después de una disputa o de una riña, todo permanece como antes, ni siquiera la misma disputa se desplaza a un nivel superior, lo que por otra parte sería imposible. El nivel permanece inmutable, tanto si la motivación es la misma como si es otra. El conflicto, por el contrario, implica ya en sí la posibilidad del cambio de la forma de vida, o bien va repitiéndose a niveles más elevados. Pero las vías de este cambio son muy distintas. Una posibilidad —típica— es que uno de los contendientes cambie de posición (o que ambos llegan a puntos comunes), de modo que el conflicto ya no existe o bien lentamente llega a un punto muerto. La otra posibilidad —igualmente típica— es que los dos puntos de vista se vayan distanciando cada vez más y el conflicto se agudice, llevando así a la ruptura. En el seno de un determinado grupo de personas el número de contrastes —dado que por principio éstos sólo pueden repetirse a niveles cada vez superiores— no puede ser infinito.

Cuando el conflicto se manifiesta bajo la forma de contraste, las dos partes asumen también las *consecuencias*. Lo que —si la situación lo exige— puede llevar a la *tragedia*. Piénsese en Nora, de Ibsen que asume hasta el fondo todas las consecuencias sociales y personales del conflicto con su marido, y esto la lleva a la ruptura no sólo con él, sino con toda su forma de vida precedente.

Las mismas personas pueden disputar hasta el infinito,[17] pero no estar en conflicto perenne. Sin embargo, también las disputas acaban, y entonces se está *en disputa, en discordia*. Se puede estar en disputa durante un cierto tiempo (como en general sucede) o bien para siempre. La discordia definitiva significa simplemente que dos personas ya no se pueden soportar mutuamente, que la eventual proximidad perjudicaría sus intereses particulares más que la interrupción de los contactos. Por el contrario, el término del conflicto no es la discordia, sino la *ruptura*, la comprensión de que las respectivas ideas morales o concepciones del mundo son incompatibles.

En la disputa y en la discordia el afecto dominante es el rencor. Luego, en las reconciliaciones subsiguientes a las disputas, el rencor es refrenado, no muestra síntomas, o quizá desaparece efectivamente. Una nueva disputa provoca, por tanto, nuevos accesos de odio (en las personas bien educadas, accesos de aversión). En los conflictos, por el contrario, no es raro que el afecto dominante siga siendo el amor. Se puede amar a una persona incluso cuando sus principios y puntos de vista son para nosotros intolerables.

De todo esto queda claro que la disputa y el conflicto constituyen efectivamente dos grupos distintos de fricciones, pero *en la praxis sus límites a menudo desaparecen*. La disputa puede elevarse a conflicto y éste puede degenerar en disputa. A veces ésta última es elevada al rango de conflicto para autoconfirmarse en el plano moral, o bien un auténtico conflicto puede acabar con un compromiso. Sólo el individuo moralmente evolucionado está en condiciones de mantener sus conflictos a un determinado nivel: ni desciende cada día a los litigios particulares, ni resuelve sus conflictos mediante un compromiso.

Cuando decimos que la disputa y el conflicto concluyen respectivamente con la discordia y con la ruptura, nos referimos a los conflictos que intervienen en el seno de un grupo de personas o de una comunidad. Pero, simplemente lo mencionamos, tales tipos de colisión no sólo son posibles en el seno de comunidades (grupos, relaciones) sino también en otro sentido. Se disputa con el policía cuando no se quiere pagar la multa, pero se entra en conflicto con él durante una manifestación política. En el primer caso el modo en que se resuelve el conflicto es personal, pero no privado (porque tiene lugar ante un funcionario público), en el segundo caso no sólo no es privado, sino que además es colectivo.

---

17. *Cf.* La comedia de Edward ALBEE, *¿Quién teme a Virginia Woolf?*

La enemistad es típica de la vida cotidiana por otro aspecto. Consiste en un conflicto cotidiano *estabilizado*, que no exige obligatoriamente (como la disputa o el contraste) el contacto personal. El mantenimiento y agudización del conflicto se convierte más o menos en un *fin autónomo*. Una enemistad puede tener origen en causas muy diversas, tanto por conflictos particulares como por conflictos genéricos. Pero sucesivamente es posible que se separe del conflicto de partida, precisamente porque se ha convertido en un fin autónomo. Y puede verificarse tanto entre hombres particulares como entre integraciones. No sólo se dan enemistades entre los *burgraves* y los poetas, sino entre familias enteras, pueblos, etcétera.

La enemistad no implica la voluntad de hacer valer una opinión (una posición); constituye una especie de *competición*. Los participantes no quieren persuadirse recíprocamente, sino vencer o dominar al adversario. Esta competición no es una rivalidad de juego, sino una venganza particular, una lucha que no siempre es resuelta con medios pacíficos. La enemistad termina cuando uno de los participantes *sucumbe* o se *rinde* (no cuando está satisfecho o bien reconciliado).

La enemistad entre integraciones es ya una forma intermedia entre los conflictos cotidianos y los políticos. Asume la forma de lucha política cuando en su base se encuentran los intereses efectivos de la integración. Por el contrario, cuando la enemistad queda como un fin en sí misma, no va más allá de la esfera de los contactos cotidianos.

El idilio

Denominamos idilio a la vida cotidiana sin conflictos. En la vida del conjunto social no han estado nunca ausentes los conflictos, ni lo estarán nunca en el futuro; el idilio, por tanto, sólo es posible en la vida cotidiana de aquellas personas que viven relativamente alejadas del mundo de las luchas sociales. He aquí por qué la idea de una vida idílica está siempre relacionada con la idea del aislamiento de la sociedad. Si consideramos que el enfrentamiento con las grandes objetivaciones genéricas constituye también un hecho cargado de conflictos, deben quedar excluidos de la vida idílica tanto la ciencia y el arte de alto nivel, como las colisiones políticas y morales. Pero también una vida cotidiana ajena a las objetivaciones para-sí sólo está exenta de conflictos si los hombres no están obligados a conquistar día a día su vida enfrentándose con otros hombres. Por tanto, en la idea de idilio está comprendida también la *ausencia de necesidades*, la simplicidad y la falta de intereses. Y de hecho el atributo de idílico ha estado unido a la vida simple de los pastores, a la edad de oro, cuando cada uno recibía de la naturaleza todo ya preparado, a la familia cerrada, satisfecha de sí, contenta, etcétera.

El ideal del idilio es, por tanto, en cierto modo, el ideal de la pequeñez, de la limitación (en el sentido en que Marx usaba el término de *Borniertheit*). El hombre no-limitado, interesado en las objetivaciones genéricas, nunca satisfecho de sí, nunca evita las fricciones, especialmente cuando se trata de conflictos. No se contenta con el «calor de establo» (como dice Thomas Mann) de las comunidades simples y autosuficientes, aspira al conocimiento y a acciones de amplios horizontes. Sin embargo, no se puede liquidar como una simple estupidez el deseo secular de una vida idílica. De hecho, este ideal no ha surgido simplemente como rechazo de los grandes conflictos sociales, frente a los aspectos deshumanizadores de estos conflictos. Y en muchas ocasiones ha nacido como rechazo de los perennes conflictos mezquinamente particulares de la vida cotidiana, de esos conflictos que hemos denominado disputa y enemistad. Aun afirmando que el idilio como *forma estable de vida* no es en absoluto nuestro ideal, lo consideramos, sin embargo, algo bello y deseable, *un* momento entre muchos otros, un *intermedio* de la vida cotidiana. También Shakespeare lo representó de este modo. Recuérdese que la vida idílica en los bosques de las Ardenas terminó súbitamente apenas el duque acaba el exilio y recomienza la vida llena de conflictos en el seno de la sociedad. Pero en el momento determinado —«antes» y «después» de la actividad social llena de conflictos— el idilio cumple una bella y noble función: la del «reposo moral» digno del hombre.

LOS FACTORES DE LA SATISFACCIÓN COTIDIANA

La satisfacción presenta dos factores en la vida moderna: lo *agradable* y lo *útil*. Cuanto *más grande, intensa y continua* es la significación de lo agradable y/o útil, más *satisfecho* está el particular de su vida.

Lo agradable

De estas dos categorías lo agradable tiene relevancia exclusivamente en la vida cotidiana. Entendemos por agradable simplemente un sentimiento del sí que acompaña la condición física o psíquica. También un baño caliente, un largo ocio pueden ser agradables, al igual que una velada con los amigos, una casa bien decorada, una dulce música que nos llega de lejos, etcétera. El sentido de lo agradable y la *alegría* están en cierto modo relacionados. Pero no siempre un sentimiento de agradabilidad es también un sentimiento de alegría, ni éste último es siempre agradable. La alegría es el sentimiento del sí suscitado por *obras* o *hechos* (acontecimientos): esperar un encuentro importante provoca una condición agradable (se siente una agradable tensión), pero la alegría sólo interviene cuando el encuentro tiene lugar realmente y se desarrolla tal como esperábamos. Cuando se ha superado bien una prueba moral, se tiene un sentimiento de alegría aunque la condición momentánea no es agradable. Ver una armonía de colores produce placer, pero no suscita necesariamente alegría. Puedo estar sinceramente contento de que el objeto de mi amor haya encontrado su felicidad con otra persona, pero éste no será ciertamente un sentimiento agradable. No obstante, la alegría contiene también en general la sensación de agradabilidad, mientras que ésta última a menudo está ligada a alegrías pasadas o futuras.

Como hemos dicho, el sentimiento de agradabilidad tiene relevancia exclusivamente en la vida cotidiana. Las grandes obras, o *no* son agradables, o son *más* que agradables. La fatiga con que es producida una obra de arte, la intensa reflexión sobre un problema científico, la participación en la lucha revolucionaria, no pueden ser descritas usando el concepto de agradable. Así como no es agradable el aprendizaje (aunque nos proporciona alegría). Pero todas estas cosas no son tampoco «desagradables»: este par de conceptos es totalmente irrelevante en la descripción de los sentimientos que acompañan a las actividades. La catarsis derivada del goce artístico no es agradable; si, por el contrario, una persona está poseída por un sentimiento de agradabilidad, ello es indicio de que no se ha elevado a la genericidad, sino que permanece en el nivel de la cotidianidad. De hecho, la función de la catarsis es eliminar el simple sentimiento del sí frente a la condición en que nos encontramos (y frente a la condición del mundo) y el incitar a cambiarla. El par de conceptos de alegría y dolor expresa, por el contrario, la relación entre la personalidad y los afectos producidos en la catarsis. Se puede sentir dolor frente al ser-así del mundo, frente al destino del hombre, mientras que suscitan alegría el conocimiento, la revolución, el llevar a término una obra, etcétera.

Si en la vida de una persona la agradabilidad y la alegría están muy próximas e incluso a veces se identifican, esto significa que esa persona abandona raramente o casi nunca el mundo de la «simbiosis» entre genericidad en-sí y particularidad. *Cuanto menos la alegría y el dolor se derivan en la vida de un hombre de lo agradable o de lo desagradable, en mayor medida está presente en sus relaciones la genericidad para-sí.*

Dado que lo agradable y lo desagradable (es decir, el sentimiento del sí o del no hacia nuestra condición) no se constituyen nunca a partir de la genericidad, de una relación consciente hacia la genericidad, son por principio sentimientos particulares. Esto no significa que algunos (pero sólo algunos) tipos de agradabilidad no estén en relación (indirecta) con la particularidad o individualidad del particular. Un baño caliente o vagabundear son *igualmente* agradables para todos y la espera en la calle bajo la lluvia o una inyección son desagradables para todos, de ello no se puede sacar ninguna conclusión sobre el desarrollo moral, humano de la persona en cuestión. Existen luego algunos tipos de agradabilidad que, aun revelando el grado de desarrollo cultural, tampoco indican cuál sea la personalidad del particular. Por ejemplo, un cierto gusto —que lleve a juzgar como agradable a una persona los platos grasos o por el contrario los preparados según la cocina francesa, que le haga sentir como agradables o desagradables determinados colores— está ligado en gran parte al ambiente cultural, pero no a la personalidad individual (moral). Por el contrario, el hecho de que un hombre se sienta a su aire con una compañía donde se bebe, se juega a cartas y se cuentan chistes verdes, o que por el contrario encuentre agradable una compañía donde se discute sobre temas interesantes, es algo que —indirectamente— nos indica algunos aspectos de su personalidad. En tal caso la agradabilidad puede venir acompañada por los sentimientos de alegría que no se derivan de la agradabilidad (he escuchado muchas cosas interesantes, me han clarificado mejor un problema, he estado en compañía de gente formal, etc.).

Por tanto, si un hombre está satisfecho de su vida *exclusivamente* porque ésta le da un estable e intenso sentimiento de agradabilidad, esta vida está construida seguramente sobre la particularidad; tal tipo de satisfacción tiene un contenido de valor negativo. Pero la ausencia estable del sentimiento de agradabilidad lleva —justamente— a un sentimiento de insatisfacción incluso a las personas que poseen una vida individual, cuyo comportamiento está organizado sobre todo, o al menos en parte, sobre la base de una relación consciente con la genericidad. Volvemos aquí a una de las afirmaciones iniciales, que determinadas particularidades son también necesidades vitales del individuo más evolucionado.

Lo útil

La categoría de «útil» ha adquirido en la sociedad de clase —unas veces más, otras menos— un *doble sentido*. Lo «útil para mí» y lo «útil para otros» se han convertido en un par de categorías divergentes. (Lo que no ha podido suceder con lo «agradable», porque aquí se trata de un sentimiento por principio particular; agradable significa siempre «agradable para mí», incluso cuando algo es «agradable para nosotros».) Tal divergencia es un fenómeno de alienación, presente en mayor grado cuanto más se convierte o puede convertirse el hombre en un obstáculo para la actividad, para el autodesarrollo del otro. Allí donde el hombre constituye una parte orgánica de una comunidad hasta el punto de conseguir afirmarse solamente con la mediación de esta comunidad, la divergencia permanece oculta. Por el contrario, cuando las comunidades naturales están disueltas definitivamente (en la sociedad capitalista), la divergencia aparece clarísima. Y es frente a este hecho al que la burguesía reacciona con su teoría utilitaria, según la cual el bien común es precisamente el resultado de alcanzar el propio bien (véase *La fábula de las abejas*, de Mandeville).

Sin embargo, *la búsqueda del bien propio, de lo útil para uno mismo* también puede ser interpretada de diversos modos. En sentido amplio no significa más que pretender el mantenimiento de mi particularidad, el afirmarla a un nivel superior, si es necesario a expensas de otros. Lo que no se limita al denominado «útil material», sino que comprende también el ejercicio del poder, la satisfacción de la vanidad, etc. Pero nada sería más erróneo que hacer derivar de lo «útil personal» todo esfuerzo cuyo *resultado* sea la realización y el desarrollo de la propia personalidad. Si, por ejemplo, la motivación de un acto es nuestra voluntad de comportarnos honestamente no se puede afirmar que lo hagamos porque la honestidad sea «útil». En este caso la acción ha sido motivada directamente por una norma ética, y el desarrollo de la personalidad no ha sido la causa sino el efecto. Sería también absurdo y paradójico afirmar que la abnegación es para el particular una fuente de útil personal, o que es remitible a ello. Además la exigencia de mantener y desarrollar mi particularidad no es siempre puramente particular. Cuando en mi personalidad —si es necesario a expensas de otros— afirmo algunos valores genéricos, la búsqueda de lo útil personal contiene, con la *mediación* de la particularidad, también la genericidad. Y esto incluso cuando el particular no mantiene una relación consciente con la genericidad, cuando no tiene motivaciones morales, políticas, etc. Piénsese en una persona genial que quiera afirmar a cualquier costo su talento y lo consiga. Supongamos que sus motivaciones no sean de naturaleza conscientemente genérica o que las de tal naturaleza no estén en primer plano (quiere afirmar su talento no para ser útil a los otros, sino para hacer carrera). Su motivación, por tanto, es ante todo la búsqueda de las ventajas personales y no —como en el caso de la honestidad o de la abnegación— la moral. A pesar de ello no juzgamos esta búsqueda igual que las acciones de un hombre que pretenda ulteriormente enriquecerse y que con este fin oprima a otros hombres. Nuestro juicio es distinto porque consideramos un valor social (genérico) la afirmación del talento y sólo consideramos «normal» aquella sociedad que no le plantee ningún obstáculo. De modo que es ciertamente legítimo condenar moralmente a este hombre de talento, al igual que una persona que empujada por su amor haga infelices a otras, pero en el juicio moral hay que tener también en cuenta que la búsqueda de las ventajas personales apunta al mismo tiempo a desarrollar valores genéricos (aunque no sea ésta la motivación del acto) y que tales valores se han afirmado efectivamente.

Ninguna sociedad de clase ha estado alienada hasta tal punto que en ella no haya aparecido también, junto a la categoría de la ventaja personal, la exigencia de *ser útil a otros*. Para sentirse en un estado de agradabilidad cotidiana, para que los hombres se sientan satisfechos, deben llevar una vida útil, ser necesarios a otros. No existe un hombre que no tenga necesidad de los demás, que no sienta que los otros le son «útiles», y no sólo como instrumentos (como en la lucha a muerte por la subsistencia cotidiana), sino también como fines. Nada es más útil al hombre que otro hombre, dice Spinoza, entendiendo «el otro hombre» como objetivo y no como instrumento.

La exigencia de hacerse útiles a los demás, la necesidad del otro hombre —sobre todo de una relación con él sobre bases de igualdad— es ya en sí un valor genérico. Cuando realizan estos valores genéricos, los particulares superan sus estrechas motivaciones particulares aunque todo su comportamiento continúa siendo particular. *Motivación* —no necesariamente *consciente*— de la acción se convierte aquí en un momento importante de la esencia humana, a saber, el hecho de que el hombre es un ser social. La exigencia de ser útiles a los otros puede constituirse, por tanto, simplemente a partir de la vida cotidiana, y a este nivel no es necesario que exista una relación consciente con la genericidad. Pero puede también constituirse sobre la base de esta relación, convirtiéndose así en una categoría de la vida cotidiana guiada por la individualidad. Quien, en base a una decisión moral consciente y autónoma, lleva a cabo una acción útil para otro hombre, quien ejerce la actividad política conscientemente en ventaja de los otros, constituye el contenido concreto de la motivación, el ser-útil-a-otros, no partiendo exclusivamente de la cotidianidad, aunque el resultado se dará en la vida cotidiana (o también en ella).

Cuanto más alienada está la sociedad, tanto más conflictiva es la relación entre el par categorial de lo útil, entre la necesidad de favorecerse a uno mismo y la exigencia de ser útiles a los demás. Lo que nosotros denominamos unidad de «bien privado» y «bien común» no es más que el fin de este conflicto derivado de la alienación, o por lo menos su fin como fenómeno *típico*.

Hemos dicho antes que la satisfacción causada solamente por la agradabilidad constituye una característica de la particularidad. Lo mismo podemos afirmar por lo que respecta a la satisfacción de la necesidad de favorecerse a uno mismo. Pero mientras que la sensación de agradabilidad es en sí *pasiva,* constituye una condición, ir a la caza de lo útil es un comportamiento *activo.* Por ello su contenido de valor, aun en el seno de la particularidad, es de signo opuesto. La aspiración a una vida agradable no choca necesariamente con las exigencias de otras personas, las cuales —en este sentido— no representan necesariamente un «límite». El contenido de valor negativo es aquí (y en este sentido) menor que en la búsqueda de lo útil. (Evidentemente intentar obtener diversos tipos de agradabilidad es una forma de búsqueda de lo útil personal —«Sólo el bienestar hace la vida agradable»—, por lo cual el otro hombre se convierte en un límite.) Sin embargo, la búsqueda de lo útil personal, precisamente porque es un comportamiento activo, puede transformarse en motor del progreso humano, aunque se trata de un motor alienado. En este sentido la búsqueda de lo útil propio (también en este caso permaneciendo dentro de la particularidad) posee un acento de valor más positivo que el simple goce de la agradabilidad. Y sucede a menudo que estos dos principios se hallen en conflicto. Por ejemplo, el feudalismo en declive tenía como ideal propio lo agradable, mientras que para la burguesía ascendente el ideal era lo útil. En esta polémica, este último principio era el más progresista, en cuanto que no representaba más que la trasposición a la vida cotidiana de las necesidades de la economía burguesa. (La limitación de la ventaja personal a lo útil material es también una reacción cotidiana de la economía burguesa.)

Como hemos visto, la exigencia de ser útiles a otros posee ya en sí un contenido de valor positivo. Sabemos además que la motivación relativa cala a menudo en la vida cotidiana a partir de las esferas genéricas superiores. *El sentimiento de satisfacción que se obtiene cuando se es útil a otros es por tanto la única satisfacción con un contenido de valor netamente positivo.*

III. La personalidad en la vida cotidiana

No pretendemos entrar en la problemática de la teoría de la personalidad. Nos hemos referido ya a que debe ser el tema de un estudio separado. Tomaremos en consideración aquí la personalidad sólo en vista de su relación *general* con la vida cotidiana. De modo que *volvemos* —desde otro ángulo— a la pregunta con que hemos abierto el libro. Nuestra primera pregunta —ahora que conocemos la estructura de la vida cotidiana— es la siguiente: ¿es siempre la misma la relación de las diversas personalidades con la estructura determinada? Examinaremos, en consecuencia, primeramente al individuo en cuanto personalidad para-sí y a continuación la vida cotidiana en cuanto posible reino del para-nosotros *par excellence*.

LA RELACIÓN DE LA PERSONALIDAD CON LA ESTRUCTURA DE LA VIDA COTIDIANA

Es un hecho que cada uno nace en la estructura de las objetivaciones en-sí. Y es igualmente un hecho que cada uno debe apropiarse de una parte de ellas a través de la praxis y del pensamiento repetitivo. El pragmatismo, la hipergeneralización y el economismo, por poner algunos ejemplos, son también hechos incontestables de la vida cotidiana. Ningún ser humano podría sobrevivir en la vida cotidiana sin apropiarse exactamente de *estas* estructuras *en los modos analizados por nosotros*. ¿Se desprende de ello que todo ser humano se sitúa *de igual modo frente* a estas estructuras que encuentra ya constituidas? ¿Se desprende de ello que el mundo de la vida cotidiana representa siempre y para todos un reino de actividades heterogéneas a apropiar desorgánicamente, de un modo puramente pasivo?

Heidegger,[18] que es entre los pensadores burgueses quien más agudamente ha analizado la vida cotidiana, responde afirmativamente. El mundo de las objetivaciones en-sí es el mundo de «lo que está al alcance de la mano»; el hombre no hace más que emplear el objeto, el uso, el pensamiento que precisamente está al alcance de su mano. La vida cotidiana, por tanto, no puede de ningún modo ser el foro donde actúa la individualidad auténtica. La

---

18. M. HEIDEGGER, *El ser y el tiempo*, México, FCE.

«existencia auténtica», es decir, la personalidad auténtica, sólo puede conservar su propio sí a través del éxodo de este mundo. Pero dado que, como sabe también Heidegger, el éxodo de la vida cotidiana no es posible, el hombre se convierte en un ser doble: una existencia inauténtica, que continúa actuando como antes, exactamente igual que «los otros», como «sí» (sujeto impersonal); y una «existencia auténtica», que corresponde al ser existencial, al ser para la muerte (distribuido sobre la muerte). Pero, considerándola ineliminablemente inauténtica, Heidegger en última instancia *acepta la estructura de la vida cotidiana* en su «ser-así», incluso *en su ser-así alienado.*[19]

Nosotros, por el contrario, hemos respondido ya negativamente a la pregunta. Pero no porque pongamos en duda el impresionante y verdaderamente persuasivo análisis que Heidegger nos proporciona de la vida cotidiana. Negamos solamente que la vida cotidiana sea *necesariamente alienada.* La causa de su alienación no es la estructura cotidiana en sí, sino que son las relaciones sociales (en el mundo analizado por Heidegger son las relaciones de producción y sociales del capitalismo tardío) las que hacen *típica* la relación alienada con la estructura de la vida cotidiana.

Hay que añadir que no pretendemos contestar la afinidad de la vida cotidiana con la alienación. La estructura analizada por nosotros nos hace también capaces de continuar existiendo *con éxito* en la vida alienada. Cuando las objetivaciones genéricas para-sí (exceptuada la religión) están alienadas, la alienación conduce al fracaso en el seno de la esfera determinada. Acertadamente se habla hoy a menudo de la crisis del arte moderno, de la ciencia y de la filosofía modernas, pero nadie puede hablar de una crisis de la vida cotidiana. O mejor, cuando se habla de ello, se hace referencia al contenido moral, a la autonomía de la cotidianidad: es decir, se trata nuevamente del para-sí o del para-nosotros.

Podemos tener éxito en la cotidianidad alienada, porque, como hemos visto, en su medio, en su elemento, también podemos movernos sin una relación consciente con la genericidad. Hacia nuestro mundo, hacia nuestro ambiente, podemos efectivamente tomar una actitud al igual que hacia cualquier cosa que «está al alcance de nuestra mano», porque podemos mantenernos en pie sin la mínima inventiva orientada hacia lo nuevo, sino simplemente adaptándonos a los otros (a través del comportamiento del «sí»). Por ello, si las relaciones económicas y sociales son alienadas, *la vida cotidiana presenta una afinidad con la alienación.*

Pero todo esto no significa, como hemos ya subrayado, que la vida cotidiana deba ser para nosotros necesariamente alienada.

---

19. Aunque con una terminología distinta, Heidegger analiza del mismo modo la relación entre el particular y la vida cotidiana en su estudio postbélico *Helassenheit* (*cf.* en *Werke*, III, Pfullingen, 1959).

Ante todo, cuando el grado de alienación de las relaciones económicas y sociales es objetivamente menor, también la vida cotidiana está objetivamente menos alienada. *La realización del particular al nivel del género humano es también posible en el seno de la esfera cotidiana.* Pero el contenido de la realización, el grado de multilateralidad necesario al individuo, no es simplemente función de la alienación o de su ausencia. En épocas en las que la alienación es menor, cuando el desarrollo del género humano ha alcanzado su culminación dentro del sistema determinado, cuando dentro de ese sistema no es posible una ulterior ascensión, la realización del particular no puede ser más que una *realización limitada (borniert).* El particular, aun siendo capaz de vivir su vida cotidiana de un modo digno del hombre, no puede dilatar su determinado marco de vida, ni tener efecto retroactivo sobre el desarrollo del género humano, ni crear algo nuevo. Es cierto que los intermedios históricos de realización limitada son, en cierto sentido, modelos ejemplares de conducta de vida cotidiana humanizada: en el sentido de que, no obstante, han ofrecido una realización. Pero al mismo tiempo no son ejemplares precisamente a causa de su limitación. Representan mundos en los que la superación de los límites era imposible.

A pesar de todo, incluso con una alienación objetiva, incluso mediante relaciones económicas y sociales en las que la alienación sea relativamente elevada, es posible una *revuelta subjetiva* contra ella. La creación de una vida cotidiana subjetivamente no alienada constituye, en tales condiciones, ya un acto heroico en sí, una declaración de guerra a la alienación. Pero además, estas revueltas subjetivas, estas luchas por crear una vida cotidiana digna del hombre, constituyen una de las premisas para que la humanidad elimine en el futuro la alienación *objetivamente,* y, en consecuencia, para que la relación subjetiva no alienada con la cotidianidad se convierta en *típica.*

Toda forma de comportamiento particular hacia las objetivaciones cotidianas es alienado. La superación subjetiva de la alienación, por consiguiente, sólo puede constituirse en una relación consciente con la genericidad (con los valores o las objetivaciones genéricas). Pero así se propone también —parcialmente— la presencia de las objetivaciones genéricas para-sí. Y no sólo esto, en ello está implícito que en la vida cotidiana del hombre cotidiano particular aparecen continuamente *necesidades* que lo impulsan a superar la pura particularidad. Pero ¿de dónde surgen estas necesidades? ¿Cómo es que —al menos hasta hoy— se han demostrado inextirpables? ¿Cuáles son las razones del hecho que denominamos —en sentido amplio— *invencibilidad de la sustancia humana?* Estamos en condiciones de dar un nombre al hecho, podemos suscitar el problema, pero no responder a la pregunta. La necesidad de convertirse en individuos ha existido siempre y existe también hoy. La necesidad de objetivaciones para-sí —la necesidad de definir los conflictos en el plano de la genericidad— ha existido siempre y existe también hoy. Pero el por qué —en el marco de este trabajo— queda sin respuesta.

Dijimos ya que en cada época cada hombre se halla frente a las mismas estructuras cotidianas. Ahora bien, permaneciendo firme la estructura de la vida cotidiana, ¿cómo es posible tomar una actitud frente a ella en parte como hombres particulares y en parte como individuos?

Repitamos una vez más que no se puede ser *igualmente* individuos en *todo* tipo de vida. Dado que la mayor parte del tiempo de las personas está ocupado por la *actividad laboral* (nos referimos al trabajo *sensu lato*), el tipo de trabajo que un hombre determinado debe (o puede) desarrollar le fija en gran medida los límites dentro de los cuales puede elevarse a la individualidad. El trabajo artesanal, por ejemplo, era el ideal de los anticapitalistas románticos precisamente porque permite el desarrollo de las capacidades individuales en el interior mismo del proceso de trabajo. Pero ya hemos discutido ampliamente sobre este tema en la segunda parte de este libro; diremos solamente aquí que la premisa necesaria para hacer que cada persona se convierta en un individuo, es la superación de la alienación del trabajo y la eliminación de aquellos tipos de trabajo (sustituidos por la actividad de las máquinas) que no ofrecen ninguna o escasísimas posibilidades de desarrollar las capacidades individuales.

Es evidente que la relación con *el mismo* trabajo puede ser individual, pero puede también no serlo. Ante todo porque también trabajos que en el fondo dejan bastante espacio al desarrollo de la individualidad se convierten al igual en alienados. Por ejemplo, la enseñanza, que ocupa un puesto particularmente importante en la división del trabajo, puede convertirse en una actividad mecánica, estereotipada, basada en clichés, pero también puede ocupar toda la personalidad del hombre, su inventiva, etc. Por tanto, no es el tipo de trabajo, sino la relación con él, la que establece si la persona que enseña a los niños a leer y a escribir lo hace como individuo o como hombre particular.

Como es bien sabido, es inevitable que en la vida cotidiana nuestra praxis y nuestro pensamiento se hagan repetitivos frente a determinados tipos de acciones. Y es también inevitable que las formas de esta praxis repetitiva las tomemos preformadas de las objetivaciones genéricas en-sí. En la vida de los hombres individuales estas repeticiones son también innumerables. El individuo se sirve de la misma lengua, mantiene contactos, se lava, se nutre, para satisfacer sus necesidades maneja los objetos «preformados», al igual que el hombre particular. La diferencia —y se trata de una diferencia que implica dos mundos distintos completos— es que el individuo sabe dónde debe cesar la repetición, dónde hay que recurrir a la inventiva para resolver una situación; sabe dónde hay que someter a discusión la costumbre, sea cual sea su origen, etcétera.

También el individuo actúa en la media de la vida sobre la base del pragmatismo y decide en base a valores de probabilidad. Sin embargo, *sabe* dónde, por qué y cuándo suspender el pragmatismo, cuándo algo debe convertirse en objeto de una actitud teorética; sabe cuáles son las decisiones y las acciones en las que es suficiente actuar en base a la probabilidad y cuándo, por el contrario, hay que buscar la certeza absoluta, etc.

El sistema conceptual del individuo en la vida cotidiana está también lleno de hipergeneralizaciones. Pero el individuo sabe cuándo una hipergeneralización se traduce en prejuicio. También los actos del individuo están acompañados por la fe; sin embargo, no se trata de la fe ciega, sino de la confianza. El individuo interioriza también los sistemas de usos que se encuentra, pero sabe cuándo y por qué hay que actuar *contra* una norma aceptada, etcétera.

El individuo, por tanto, tiene una *actitud relativamente libre* hacia las objetivaciones genéricas en-sí y hacia todos los sistemas de exigencias y de usos que encuentra preformados en la vida cotidiana. Pero ¿cómo sabe lo que sabe?, y ¿de dónde le viene esa libertad? El hecho es que el individuo, como hemos dicho ya en la primera parte, edifica también su vida cotidiana a partir de una relación consciente con una o más objetivaciones o integraciones para-sí. Mide los sistemas de exigencias de la vida cotidiana usando como metro las normas, los conocimientos, las exigencias de las objetivaciones e integraciones genéricas para-sí o en-sí y para-sí y además las necesidades de la vida cotidiana que se mueven en su dirección; y rechaza esos sistemas cuando en la balanza aparecen demasiado ligeros, cuando son opuestos a los valores inmediatamente genéricos interiorizados sacándolos de las objetivaciones genéricas de tipo superior o bien a las necesidades que de ellas se derivan.

Esto no significa que el individuo viva «filosóficamente» su vida cotidiana, que la transforma en una especie de medio homogéneo. Si bien es cierto que en un sentido particular la *homogeniza* efectivamente, esto es, cuando la *jerarquiza* conscientemente.

Las actividades cotidianas poseen ya en sí una jerarquía creada por la misma vida económica y social. Donde los hombres deben trabajar doce horas al día, en el vértice de la pirámide está la actividad laboral. Donde están obligados a participar en la vida pública, la actividad política asume de por sí un puesto de primer plano entre las actividades cotidianas. Por el contrario, la jerarquía que el individuo construye partiendo de su relación consciente con la genericidad en-sí, tiene un carácter diverso. *Esta jerarquía apunta a lo que es esencial o inesencial para la genericidad humana.* El particular, en su relación consciente con la genericidad, decide qué es esencial desde el punto de vista de la vida y, por tanto, qué es lo que puede realizar, en cuanto a los aspectos significativos, teniendo en cuenta sus caracteres y necesidades personales así como el máximo desarrollo posible de su personalidad, y lo que se desprenda de ello será lo que pondrá en el vértice de la pirámide. Esta jerarquía individual puede también hallarse en contradicción con la producida en las objetivaciones genéricas en-sí. Por ejemplo, en una sociedad orientada hacia la vida privada uno puede elegir ponerse al servicio del interés público y organizar su vida sobre esta base (o viceversa).

El individuo, una vez construida en su vida una jerarquía consciente, mide en ella la tradición con que se encuentra, aceptando lo que se corresponde con ella y en el modo en que se corresponde. Puede suceder que sea rechazado a la periferia de la sociedad determinada (Shaw describe a menudo a los *outsiders* individuales como misántropos), pero no necesariamente. Incluso no es raro que una conducta de vida constituida sobre la base de objetivaciones genéricas para-sí se convierta en el modelo de comunidades enteras, por lo cual el modo de vida individual, la jerarquía individual se convierte —quizá sólo tendencialmente— en la jerarquía de una comunidad.

Por tanto, como hemos dicho, los valores genéricos para-sí (la relación con ellos) establecen la jerarquía individual. Sin embargo, esto no siempre implica el ejercicio de actividades *inmediatamente* genéricas. Si esto fuese obligatorio, sería necesario ser artistas, filósofos o científicos, quizás hombres de Estado, para poder llevar una vida individual. Pero las cosas no son en absoluto así. La constitución de una jerarquía de vida individual está a menudo mediada, es decir, pasa a través de la mediación de la *concepción del mundo*. La concepción del mundo no es la síntesis científica o filosófica, y ni siquiera la ideología política; es la forma, *plasmada en el particular*, con que se manifiesta el valor-vector de todos estos (o de alguno de ellos) factores, su interiorización en la vida cotidiana del particular. En confirmación del hecho de que la relación consciente con los valores genéricos es aquella que forma la individualidad y la jerarquía individual, podemos añadir ahora que esto siempre tiene lugar *con la mediación* de la concepción del mundo, la cual conduce los valores genéricos para-sí al nivel del particular y los transforma en el motor de sus acciones.

De este modo —mirando a la totalidad de la vida y no a cada momento suyo particular separadamente— es reconstruida la *unidad de la motivación y del objeto de la acción*. Sabemos que en el hombre la acción (en las objetivaciones en-sí) surge precisamente porque el objeto y la motivación de la acción se separan el uno de la otra. Ahora están reunidos de nuevo, pero ya no espontáneamente, sino más bien a través de la consciencia, no para poder satisfacer las necesidades fundamentales de la vida, sino como satisfacción de la *necesidad de una vida humana*.

Así la vida del individuo ya no está fraccionada en una pura sucesión o yuxtaposición de actividades heterogéneas. Ciertamente, la heterogeneidad continúa estando presente igual que antes; sin embargo, cada actividad tiene ahora su «puesto», que se le ha atribuido conscientemente, en la vida del hombre. De este modo la vida humana se hace *unitaria*, por numerosos que puedan ser los *tipos de actividad* heterogéneos, preformados, a desarrollar en base a la simple praxis repetitiva.

La personalidad se objetiva en un sujeto de tipo definido. Si, como hemos afirmado precedentemente, la personalidad particular es el sujeto en-sí, *la personalidad individual es el sujeto objetivado que es para-sí.*

LA INDIVIDUALIDAD COMO PARA-SÍ DE LA PERSONALIDAD

Recordemos brevemente los criterios de los tipos del para-sí. El primero era que el para-sí (contrariamente al en-sí) no es un carácter obligatorio de la socialidad. Sabemos que existen y pueden existir sociedades cuyos miembros son tendencialmente personas puramente particulares. Aunque la individualidad desde la aparición de la sociedad de clases aparezca —bajo forma de tipos diversos— en toda sociedad que exhiba un desarrollo «clásico», en general sigue siendo una excepción. La sociedad no funciona a través suyo.

El segundo criterio era que el para-sí sólo puede existir cuando haya una intención dirigida sobre él. Y, efectivamente, como sabemos, no hay individualidad que no sea objeto consciente de su propio pensamiento y de su propia acción. El individuo, como hemos visto, extrae los motivos de la reflexión y acción sobre sí mismo (la autoconsciencia) con la mediación de la concepción del mundo, de la relación consciente con la genericidad para-sí.

El tercer criterio era que el para-sí no se basa en el «sí», sino sobre «otro». La individualidad se fundamenta en la personalidad particular y en sus necesidades: proviene de ella. No puede cambiar los caracteres innatos, pero puede modificarlos conforme a las exigencias genéricas. Además la vida del individuo constituye una respuesta a las cuestiones planteadas por la genericidad en-sí, al igual que toda objetivación para-sí. Constituye una respuesta a la pregunta de no escaso relieve: *¿cómo hay que vivir?*

A propósito del para-nosotros hemos afirmado, en un plano totalmente general, que se trata de una forma de expresión de la libertad, la libertad alcanzada por el género humano en ese determinado momento. En este sentido, el grado de desarrollo de la individualidad constituye el metro con el que medir la libertad individual desde el punto de vista de la personalidad.

En cuanto a las objetivaciones genéricas en-sí hemos visto que proporcionan el material para las objetivaciones para-sí, pero sin determinar su estructura interna. Lo mismo sucede, y lo demuestra el problema de la jerarquía, en el caso de la personalidad particular e individual. La jerarquía producida por las objetivaciones genéricas en-sí constituye efectivamente el material con que es elaborada la jerarquía de vida del individuo, pero ésta se forma autónomamente.

La individualidad, en consecuencia, en cuanto para-sí de la personalidad, *tiene un valor autónomo*, aunque existan individuos con contenido de valor negativo (así como existen objetivaciones para-sí fetichistas). Los hombres advierten instintivamente este valor autónomo. Las individualidades irradian un *appeal*, que es tanto más fuerte, cuanto más significativas son. Ciertamente, no sólo los individuos poseen fascinación. Hay cualidades personales, valores morales, que también atraen cuando no caracterizan a individuos evolucionados (la belleza, el coraje, etcétera). Pero este tipo de *appeal* es en general casual, temporal, o mejor, sólo ejerce una acción duradera sobre personas particulares (como, por ejemplo, el coraje de un hombre que no conozca la sensación del miedo). Una acción realmente duradera —especialmente sobre las individualidades— sólo es ejercida por el *appeal* del individuo. Incluso las bellas facciones resultan «desvalorizadas» cuando no se convierten en expresión de una individualidad; e incluso sucede lo contrario, o sea, que una persona se convierta en bella, porque gracias a su contenido de valor, espiritualiza sus propias facciones. El coraje resulta menos atrayente cuando se comprende qué ha sido provocado por la casualidad (o por la falta de la sensación del miedo); por el contrario, nos sentimos más atraídos por el coraje de un individuo, cuanto más se desarrolla su individualidad o cuanto más se la conoce a fondo. En sí ni siquiera la atracción de lo *demoníaco* (a la que Kierkegaard dedica palabras tan bellas) tiene nada de místico; se deriva de la imperturbable y homogénea individualidad con la que un Don Juan o un Mefistófeles rechazan toda norma corriente en base a un comportamiento constituido a partir de la *Weltanschauung* del «mal».

Es cierto que todos han advertido siempre que la individualidad es en sí un valor, pero no todos lo han *sabido* en todas las épocas. Una cierta admiración temerosa hacia las personalidades de relieve ha tenido lugar incluso en aquellas comunidades en las que la individualidad (evolucionada) era considerada en sí como una cosa —por principio— mala (como perversidad, violación de la norma). La consciencia a un nivel superior del valor del individuo sólo ha tenido lugar en la Antigüedad clásica y, posteriormente, de nuevo a partir del Renacimiento.

La encontramos sintetizada en la inolvidable estrofa del *Diván occidental-oriental*:

> *Volk und Knecht und Überwinder*
> *Sie gesteht zu jeder Zeit;*
> *Höchstes Glück der Erdenkinder*
> *Sei nur die Persönlichkeit.*
> *Jedes Leben sei zu führen,*
> *Wenn man nicht sich selbst vermbt:*
> *Alles könne man verlieren,*
> *Wenn man bliebe, was man ist.*[20]

Sabemos, además, que la ciencia encarna las máximas posibilidades del saber genérico existente; el arte, la consciencia genérica existente, y que la filosofía finalmente encarna la unidad de consciencia y autoconsciencia.

Pues bien, la personalidad para-sí encarna las posibilidades existentes *dentro de la vida del particular* de desarrollar libremente las capacidades humanas. El campo de acción de la personalidad para-sí (es decir, de la individualidad) no es, por tanto, sólo la vida cotidiana, sino la vida en cuanto tal, de la que la vida cotidiana, como sabemos, es fundamento y (en parte) espejo. Desde el momento en que la individualidad constituye la concepción del mundo que guía la vida cotidiana en el ámbito de la relación consciente hacia la genericidad, es evidente que ningún individuo saca sus motivaciones exclusivamente de las objetivaciones genéricas en-sí. Más bien, los valores en mayor o menor grado para-sí (que a menudo no son constituidos en las actividades cotidianas) son puestos por él en relación retroactiva con su relación hacia el en-sí. No podemos detenernos aquí en los efectos, en esta relación retroactiva, del mayor o menor grado del para-sí y también de la —posible— alienación de la individualidad. Y no podemos detenernos tampoco en el modo en que esta última es formada o deformada por el contenido de los valores elegidos. Examinaremos, por el contrario, un tipo de individuo sin duda entre los más ricos de valor, a saber, el individuo moral.

Cuando afirmamos que la concepción del mundo es eso a través de lo cual el particular ordena de un modo unitario y jerárquico su cotidianidad, no decimos aún *en qué* se objetiva la personalidad. De hecho, el contenido de valor y conceptual de la concepción del mundo puede ser idéntico en personalidades totalmente distintas, para las cuales la jerarquía de su vida cotidiana puede también ser tendencialmente la misma. De modo

---

20. «El pueblo, el siervo y el vencedor / lo admiten en todo momento; / el máximo bien de los mortales/ es solamente la personalidad./ Cualquier vida puede ser vivida, / cuando nos poseemos a nosotros mismos: / todo se puede perder,/ cuando se sigue siendo lo que se es.»

que podemos hablar de los tipos de individuos distinguidos según este criterio. Sin embargo, estableciendo simplemente a qué tipo pertenece no llegaremos nunca a captar la individualidad del individuo. En él la *irrepetibilidad* y *unicidad*, que caracterizan a todo ser humano, se elevan a un nivel superior. Los irrepetibles conjuntos de cualidades innatos en el particular, en el momento en que es elaborada la jerarquía de vida con la mediación de la concepción del mundo, se funden en un todo unitario o bien son regulados de modo que hagan surgir la unidad de la personalidad. Y ésta es la razón por la que decimos que el hombre hace «única» la concepción del mundo que le sirve de mediadora, la «adapta» a su individualidad. La moral es el motor de esta individualización, *la moral práctica y no la abstracta*. Cuanto más evolucionada está la individualidad moral, menos se da una subordinación del particular a las exigencias morales predominantes —o aceptadas—, y tanto más, por el contrario, convierte el hombre la moral interiorizada en su propia esencia, en su propia *sustancia*. O sea, humaniza sus cualidades e inclinaciones innatas y extrae de sí mismo las normas y modelos. Es función de las grandes personalidades el humanizar en su irrepetibilidad sus propias cualidades —casuales y preformadas—, el elevarlas a norma y modelo, y de este modo (superando sus características y motivaciones particulares) elevarse a sí mismas a la genericidad, al nivel de *representantes de la genericidad*.

¿Pero qué significa vivir la vida de tal modo que se convierta en campo de acción y de autorrealización de una personalidad humanizada? Significa que la vida cotidiana se convierte en ser-para-nosotros. Su en-sí se convierte en ser-para-nosotros porque nosotros, *cada uno a medida de su propia individualidad*, nos ponemos en relación con él.

Repitámoslo una vez más, aunque lo hemos afirmado a menudo: el grado en que la vida cotidiana puede convertirse en ser-para-nosotros, no depende o no depende principalmente del sujeto. Cuanto más alienada está la vida cotidiana en general, más dificultoso es crear el para-nosotros de la vida, en mayor medida esta operación se hace posible solamente a personas excepcionales. Para Marx *el comunismo es una sociedad en la cual todo sujeto está en condiciones de hacer su propia vida ser-para-él*.

EL PARA-NOSOTROS DE LA VIDA COTIDIANA

El para-nosotros de la vida cotidiana se caracteriza en dos tipos, el uno es la *felicidad*, y el otro *la vida sensata*.

*La felicidad es el para-nosotros de la vida cotidiana en el
sentido de la realización limitada.* Es un para-nosotros concluso,
que por principio no es posible desarrollar, edificar ulteriormente, que es en sí un término y un límite.

Precisamente por esto en el centro de la ética antigua estaba
la felicidad. El mundo del hombre de la Antigüedad clásica es el
mundo de la realización limitada (en la forma más elevada entre
las conocidas); sus límites no eran límites a superar, sino un
punto extremo; y dado que la personalidad antigua era una individualidad limitada, en este mundo la felicidad era el máximo
bien. En otros términos, la vida es para-nosotros en el mundo
pensable y actuable dentro del mundo de la realización limitada.

De modo que no es casual que precisamente en Platón —quien
advirtió mejor que otros la crisis de la antigua polis— aparezca, junto al usual, otro concepto de felicidad: *la felicidad del
instante.* Según Platón estos instantes de realización se obtienen
en el amor y en la contemplación de lo bello (de la ideas).

En la Antigüedad la realización limitada —la felicidad— es
considerada sin más como una categoría positiva; y de hecho
una realización distinta, más elevada, no es posible. Pero después de la disolución de las comunidades naturales (a partir
del Renacimiento) esta forma limitada de realización va per-
diendo cada vez más su contenido de valor. A partir de entonces ser felices significa plasmar una vida en continua transformación, grávida de continuos conflictos, en continua superación
de sí misma, haciendo de ella algo que es definitiva y unívocamente para-nosotros. Pero ahora esto sólo es posible para
el particular que se cierre a los conflictos del mundo, que se
«aísle en un recinto». En la vida del hombre moderno la transformación de la realidad en un para-nosotros implica también
enfrentarse con los conflictos del mundo, la perenne superación
del presente, la conquista de lo nuevo *in statu nascendi* y todas
las pérdidas que en tales operaciones puede sufrir el particular:
es decir, también la *infelicidad*.

Es Goethe el primero que, en el *Fausto*, tiene en cuenta este
nuevo problema. En el momento en que alcanza la felicidad,
Fausto debe ir al infierno, el diablo posee su alma. La excelente solución de Goethe consiste en que su héroe, en lugar de
la felicidad, alcanza la visión de la vida sensata, escapando
así a los perjuicios. El poeta húngaro Attila József halló insuperables palabras para expresar el desprecio del hombre moderno hacia la felicidad de la realización limitada:

> He visto la felicidad:
> Era rubia y tierna, y de un buen quintal y medio.

415

Pero la felicidad, aun adquiriendo como para-nosotros de la vida cotidiana un acento de valor negativo, no ha perdido totalmente importancia en la vida cotidiana de los individuos. Queda intacta la función que le asignó Platón de *para-nosotros del instante*, pero sin que el instante asuma el significado de algo último, de una condición de vida. La unión en el amor, la contemplación de lo bello, la realización de una obra, la firmeza de ánimo, etc., continúan en realidad produciendo cada vez un inolvidable y fuerte sentido del para-nosotros de la vida. Pero la vida no se limita a estos instantes, no encuentra su conclusión. Constituyen los grandes domingos de la vida cotidiana, que no agotan o subrogan su perenne ser-para-nosotros.

La satisfacción está contrapuesta a la felicidad. Como hemos visto aquélla no se deriva del para-nosotros de la realidad, de la vida en general, sino de la satisfacción del sentimiento de agradabilidad y de utilidad. Por ello, incluso cuando provenga del hecho de ser útiles a otro hombre, la satisfacción es un tipo de condición de grado inferior respecto a la felicidad. Es cierto que la satisfacción, al igual que la felicidad del instante, forma parte del para-nosotros de tipo superior, pero también ella es sólo un momento suyo. Los instantes de satisfacción llevan a la insatisfacción, porque para la realización no existen «límites», especialmente cuando proviene de la utilidad para otros.

La vida sensata

La «*vida sensata*» *es el para-nosotros de la vida cotidiana en un mundo «abierto», caracterizado por la posibilidad de un desarrollo infinito, por el continuo emerger de nuevos conflictos.* El hombre que lleva una vida sensata, plasma su propio mundo en un para-nosotros *cambiándolo y transformándolo continuamente* —y cambiándose y transformándose continuamente también a sí mismo. El individuo que vive siguiendo un sentido no es una sustancia cerrada, sino una sustancia en desarrollo que tiene en cuenta perennemente los nuevos conflictos del mundo —del gran mundo— y (también) en éstos desarrolla —ilimitadamente— su personalidad. Los límites de esta vida vienen dados solamente por la muerte. Este individuo no encierra su personalidad en límites de ningún tipo, se mide a sí mismo con el metro del universo, en el interior de los límites determinados elige por sí mismo sus valores, su mundo, el universo que asume como metro.

Aristóteles, cuando habla de la felicidad, afirma que para obtenerla no sólo es necesaria la moral, sino también ciertos bienes de fortuna (riqueza, belleza, inteligencia, etcétera). Pues bien, una vida sensata requiere también estos «bienes de fortuna». Ante todo es necesario que el mundo en que vive el hombre *ofrezca la posibilidad de llevar una vida sensata.* Cuanto más alienado está el mundo, tanto más necesarios son los bienes de fortuna. Si hay que trabajar sin sentido durante doce horas al día, no se puede llevar una vida sensata. Pero «bienes» indispensables son también la inteligencia y los dotes, que luego son difícilmente separables de la moral. La moral puede ser también un dote, así como el ingenio puede ser sólo materia prima.

Así como a la felicidad se contrapone la simple satisfacción, así también la vida sensata tiene un contrapunto: el *saber vivir.* Aquel que sabe vivir transforma también su vida cotidiana en algo que es para-él. El que sabe vivir, al igual que el hombre que lleva una vida sensata, tiene también en cuenta lo nuevo y plasma en consecuencia su actividad. El saber vivir va también acompañado de un constante autodesarrollo de la personalidad. La diferencia es que quien sabe vivir tiene *una única* intención, la de hacer de su vida cotidiana algo que es para-él. Cuando ciertos conflictos, que no es posible negar, le impiden hacerlo, los deja simplemente de lado. Entre los principios del que sabe vivir no está el de «ser útil a otro hombre», así como no siente dolor por el sufrimiento de otros. El que sabe vivir quiere una vida sensata, pero sin preguntarse si los otros tienen la posibilidad de llevar la misma vida. *El saber vivir es aristocrático, mientras que el principio de la vida sensata es democrático.* El motivo recurrente de ésta última es siempre la *extensibilidad,* o sea, el intento de dar a otras personas, quizás a todos los hombres de la tierra, la posibilidad de llevar una vida sensata.

En las condiciones de la realización limitada se da también una *conducta de vida:* también en este caso el individuo debe ordenar y jerarquizar conscientemente su vida. Sin embargo, en este caso ésta tiene una función subordinada, en cuanto ordena la vida cotidiana del particular conforme a tablas de valores fijas, y por añadidura lo hace de una vez por todas (si no intervienen casos imprevistos). En la vida sensata, por el contrario, tiene una importancia mucho mayor. Guía al individuo permitiéndole tener constantemente en cuenta lo nuevo, volver a plasmar constantemente su vida y personalidad, y, al mismo tiempo, conservar la unidad de la personalidad, la jerarquía que ha elegido. *En la conducta de vida el hombre reconquista continuamente el para-nosotros de la vida cotidiana.*

Es tarea —comprendida y aceptada— de los individuos de nuestra época que llevan una vida sensata, el crear una sociedad en la que ya no exista la alienación, en la que cada uno tenga a su disposición los «bienes de fortuna» con los cuales es posible plasmar una vida sensata. Y decimos precisamente sensata, y no una vida feliz. Con el comunismo ya no podrá retornar el mundo de la realización limitada. La historia verdadera será

417

efectivamente *historia*, es decir, un acontecer continuamente grávido de nuevos conflictos y en continua superación de las condiciones alcanzadas. Pero esta historia, en cuanto historia verdadera, —plasmada conscientemente por los hombres a su imagen— hará posible que la vida cotidiana de cada hombre se convierta todavía más en para-él y que la tierra, en consecuencia, sea verdaderamente el hogar del género humano.

Sumario

Cuarta parte: Los gérmenes en la vida cotidiana
de las necesidades y de las objetivaciones
que se dirigen a la genericidad para-sí